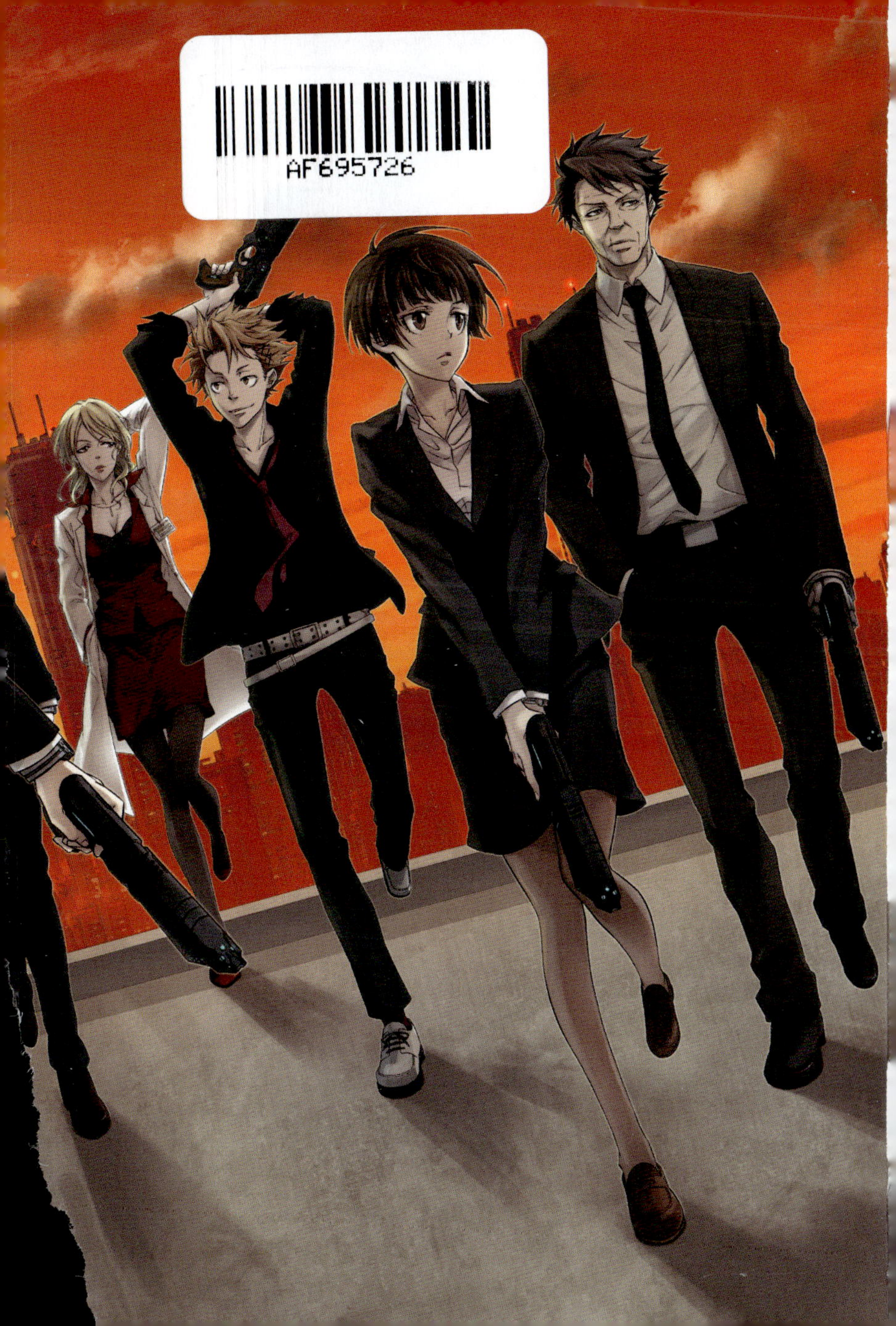

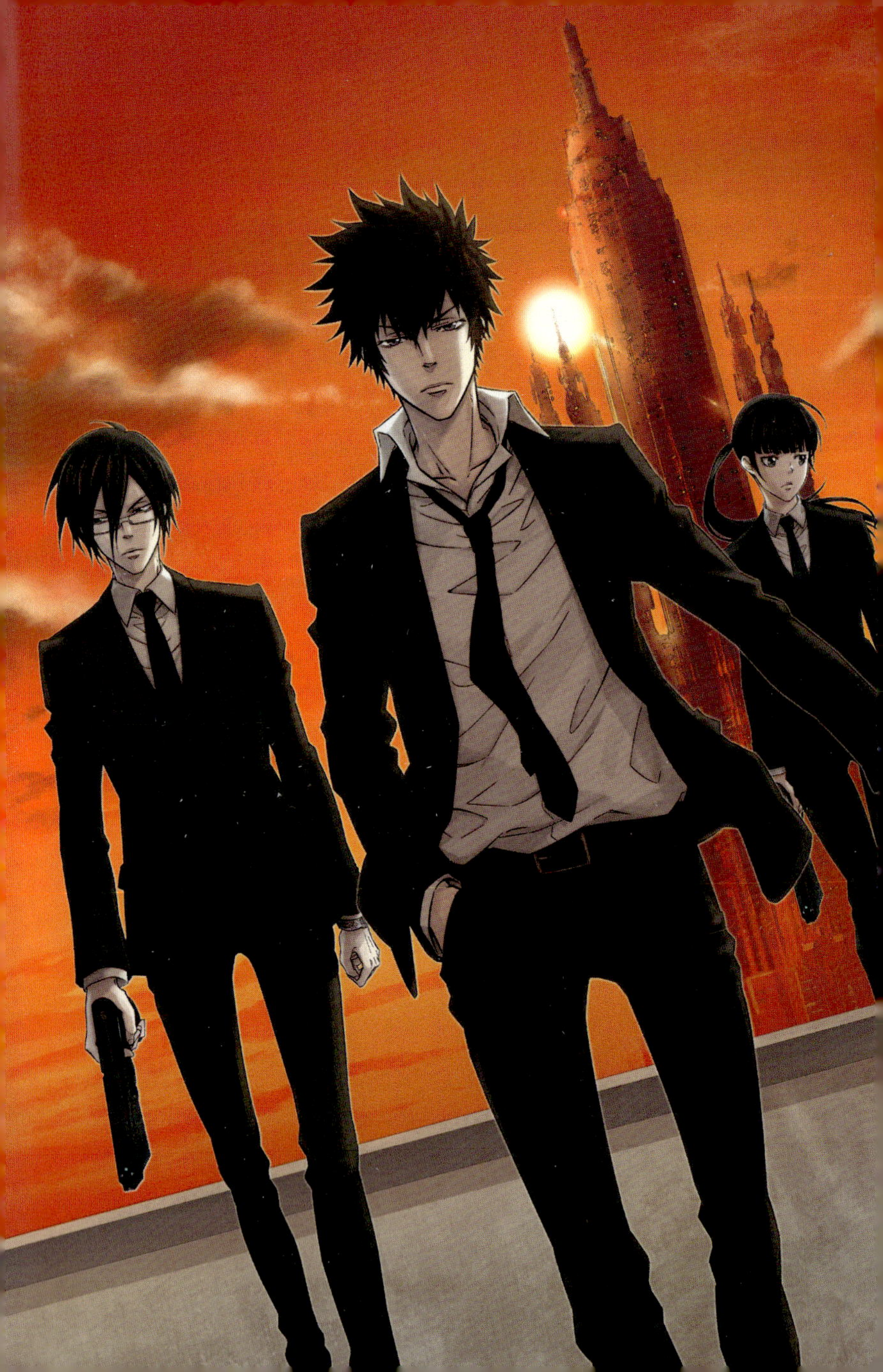

INSPECTOR
AKANE TSUNEMORI

1

MANGA	**HIKARU MIYOSHI**
ORIGINAL STORY	PSYCHO-PASS COMMITTEE
CHARACTER DESIGN	AKIRA AMANO
STORYBOARD	GEN UROBUCHI (NITROPLUS)

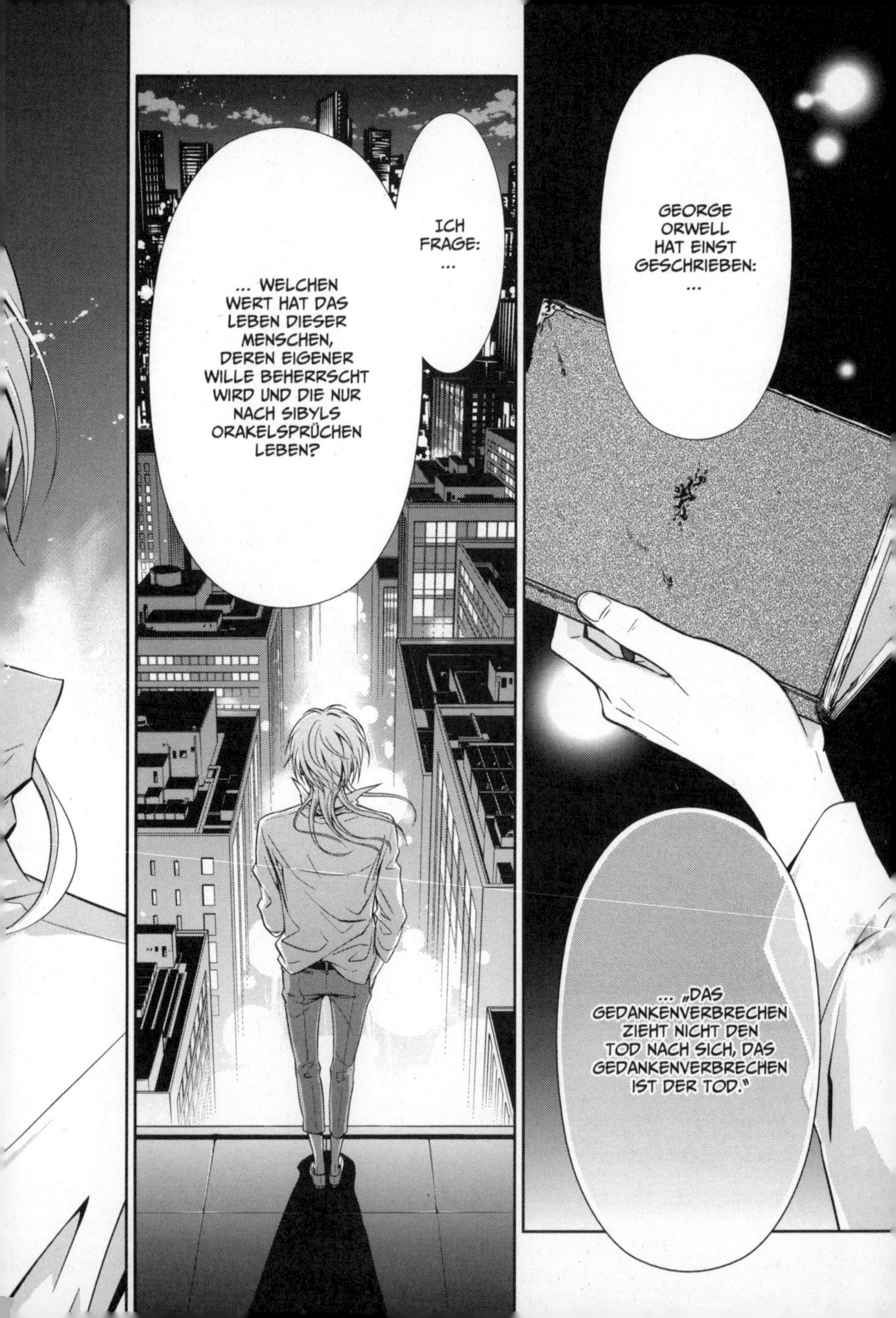
GEORGE ORWELL HAT EINST GESCHRIEBEN: ...
... „DAS GEDANKENVERBRECHEN ZIEHT NICHT DEN TOD NACH SICH, DAS GEDANKENVERBRECHEN IST DER TOD."
ICH FRAGE: ...
... WELCHEN WERT HAT DAS LEBEN DIESER MENSCHEN, DEREN EIGENER WILLE BEHERRSCHT WIRD UND DIE NUR NACH SIBYLS ORAKELSPRÜCHEN LEBEN?

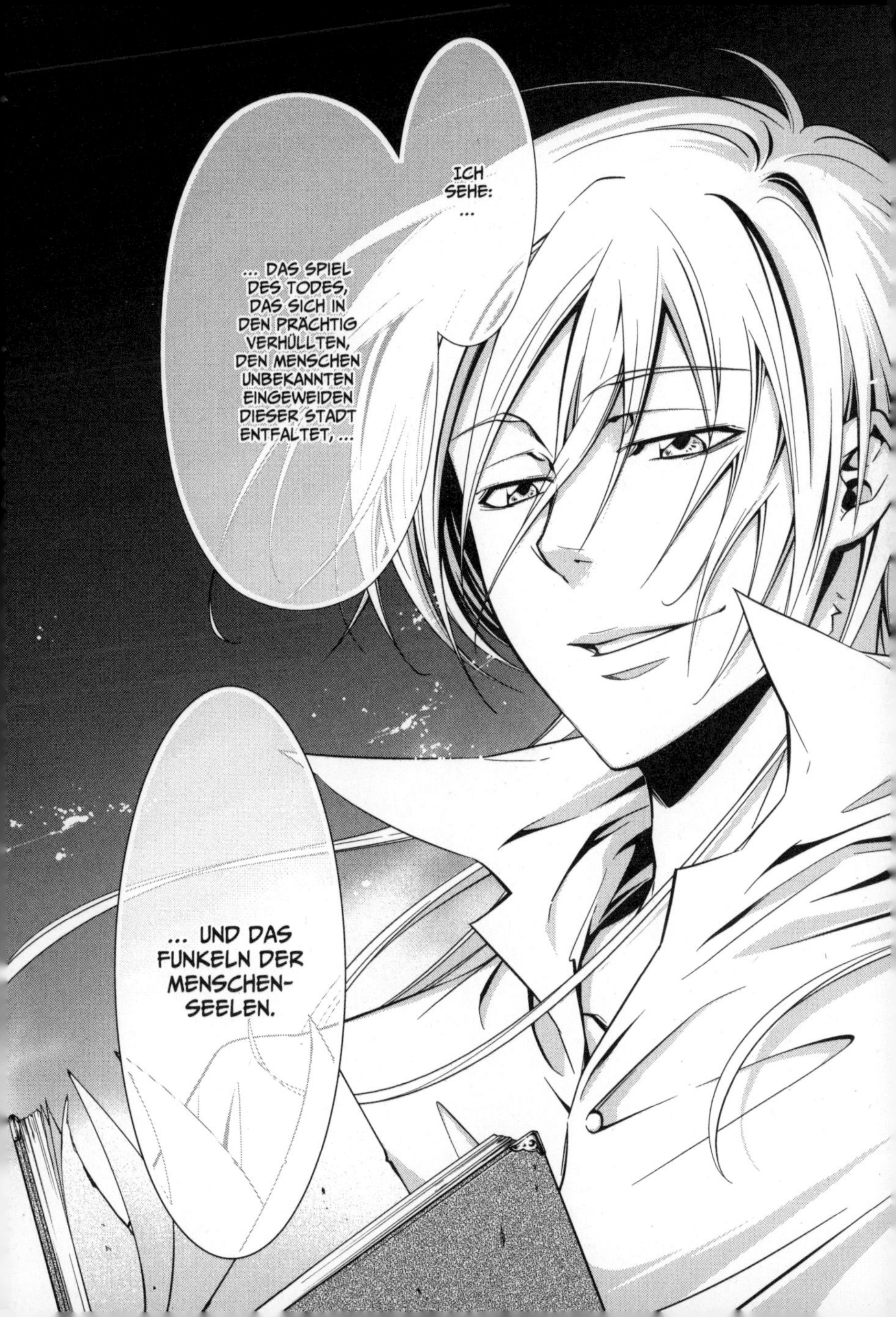
ICH SEHE: ...
... DAS SPIEL DES TODES, DAS SICH IN DEN PRÄCHTIG VERHÜLLTEN, DEN MENSCHEN UNBEKANNTEN EINGEWEIDEN DIESER STADT ENTFALTET, ...
... UND DAS FUNKELN DER MENSCHEN-SEELEN.

INSPECTOR
AKANE TSUNEMORI

1

INSPECTOR AKANE TSUNEMORI

INHALT

#01 Kriminalkoeffizient 009

#02 Die Fähigen 089

#03 Züchtungsmethoden (Teil eins) 151

#01 Kriminalkoeffizient

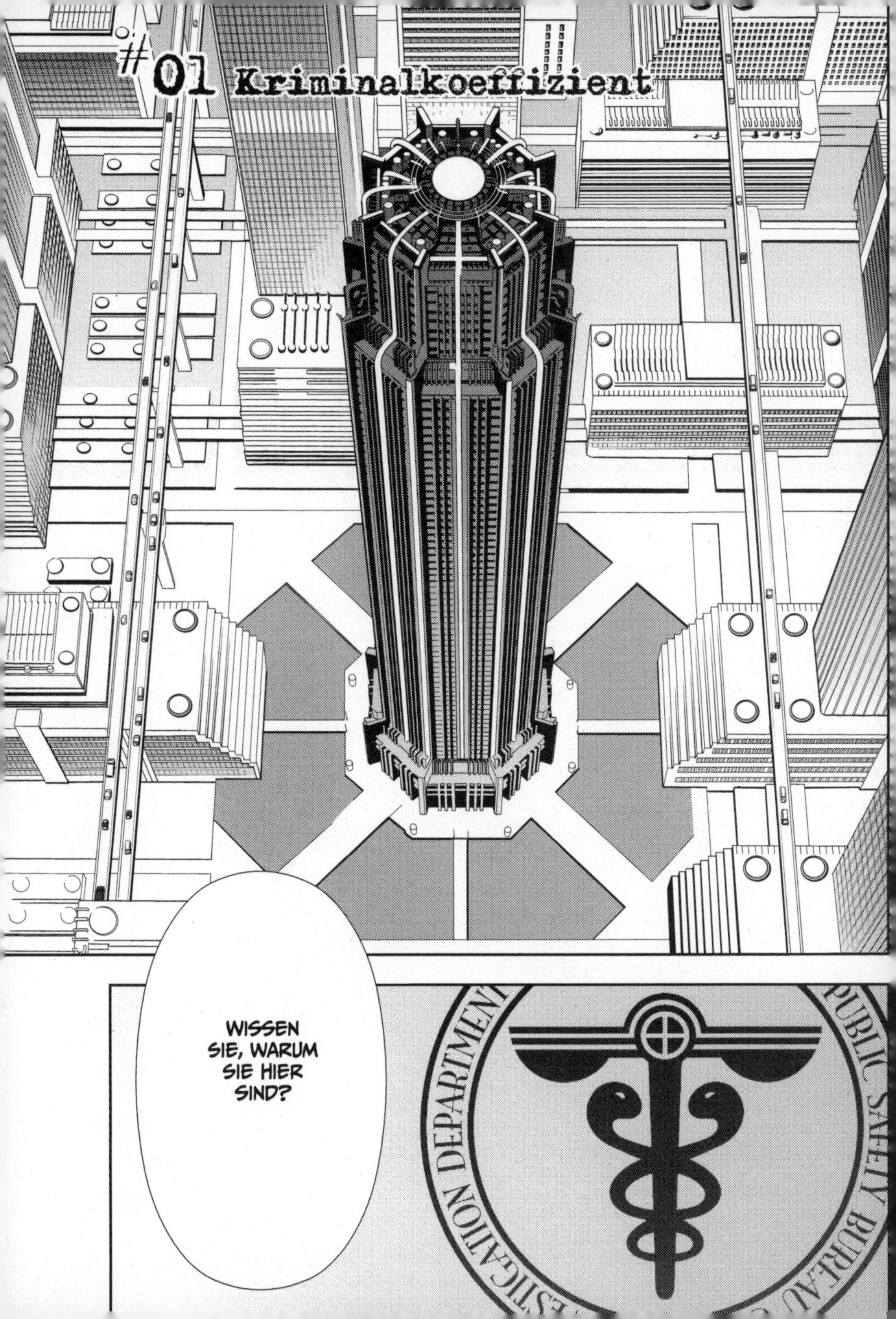

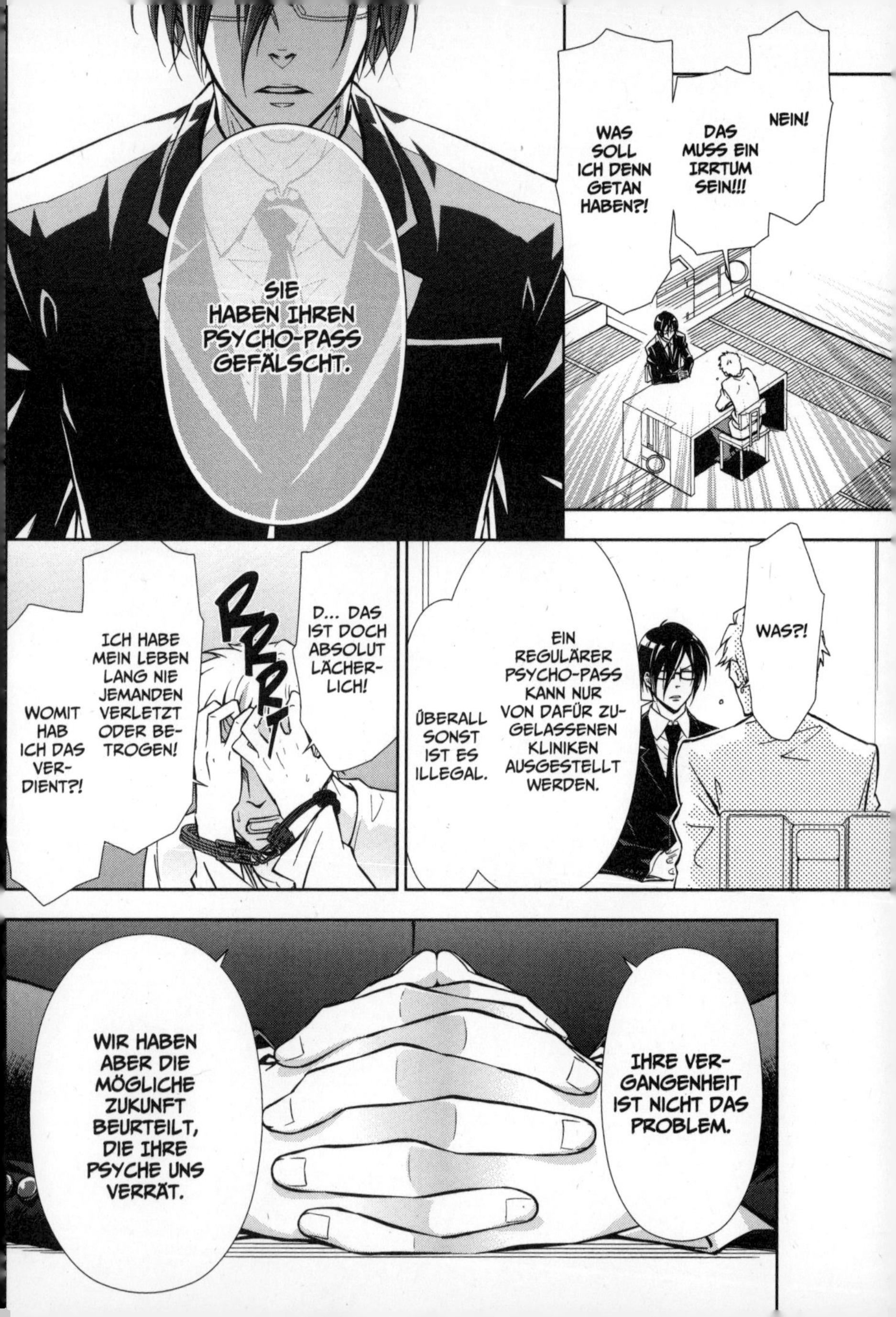
SIE HABEN IHREN PSYCHO-PASS GEFÄLSCHT.
NEIN!
DAS MUSS EIN IRRTUM SEIN!!!
WAS SOLL ICH DENN GETAN HABEN?!
WAS?!
EIN REGULÄRER PSYCHO-PASS KANN NUR VON DAFÜR ZU-GELASSENEN KLINIKEN AUSGESTELLT WERDEN.
ÜBERALL SONST IST ES ILLEGAL.
D... DAS IST DOCH ABSOLUT LÄCHERLICH!
RRRT
ICH HABE MEIN LEBEN LANG NIE JEMANDEN VERLETZT ODER BE-TROGEN!
WOMIT HAB ICH DAS VER-DIENT?!
IHRE VER-GANGENHEIT IST NICHT DAS PROBLEM.
WIR HABEN ABER DIE MÖGLICHE ZUKUNFT BEURTEILT, DIE IHRE PSYCHE UNS VERRÄT.

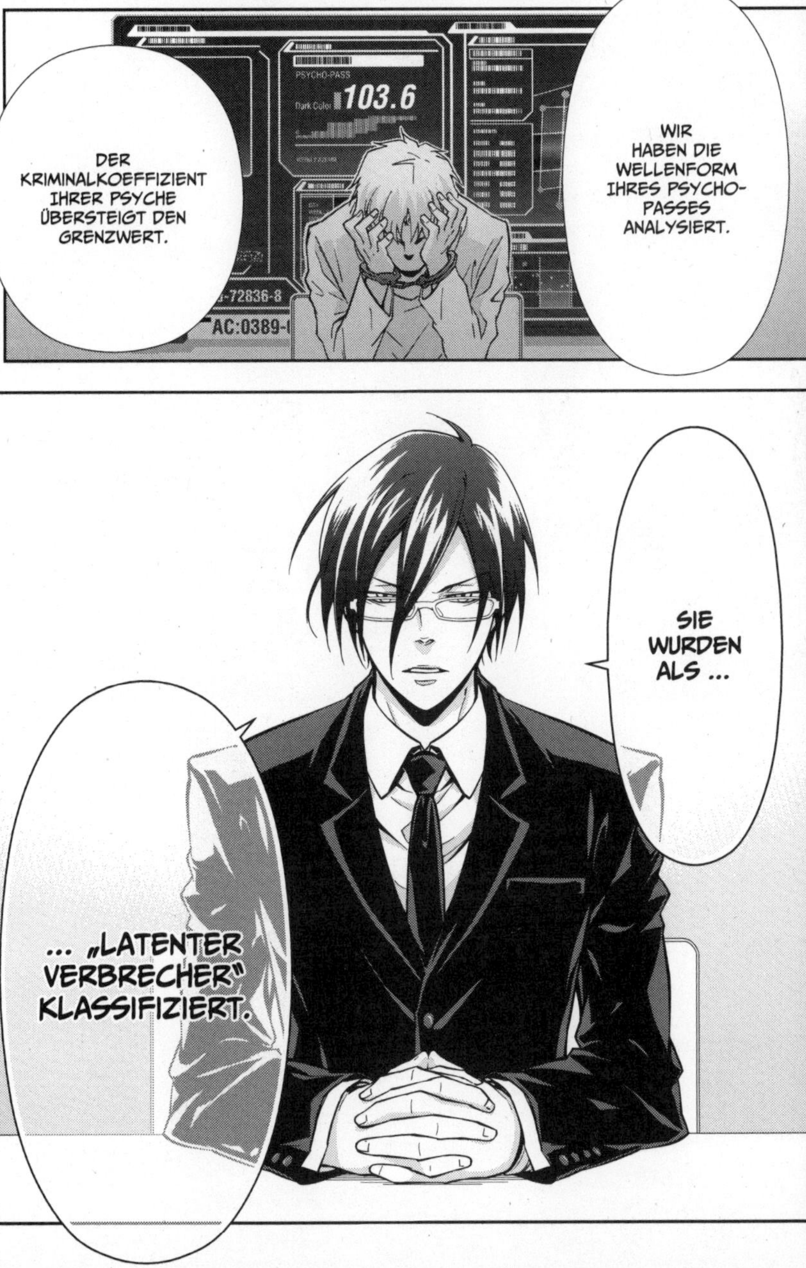
WIR HABEN DIE WELLENFORM IHRES PSYCHO-PASSES ANALYSIERT.
PSYCHO-PASS
Dark Color 103.6
DER KRIMINALKOEFFIZIENT IHRER PSYCHE ÜBERSTEIGT DEN GRENZWERT.
SIE WURDEN ALS ...
... „LATENTER VERBRECHER" KLASSIFIZIERT.

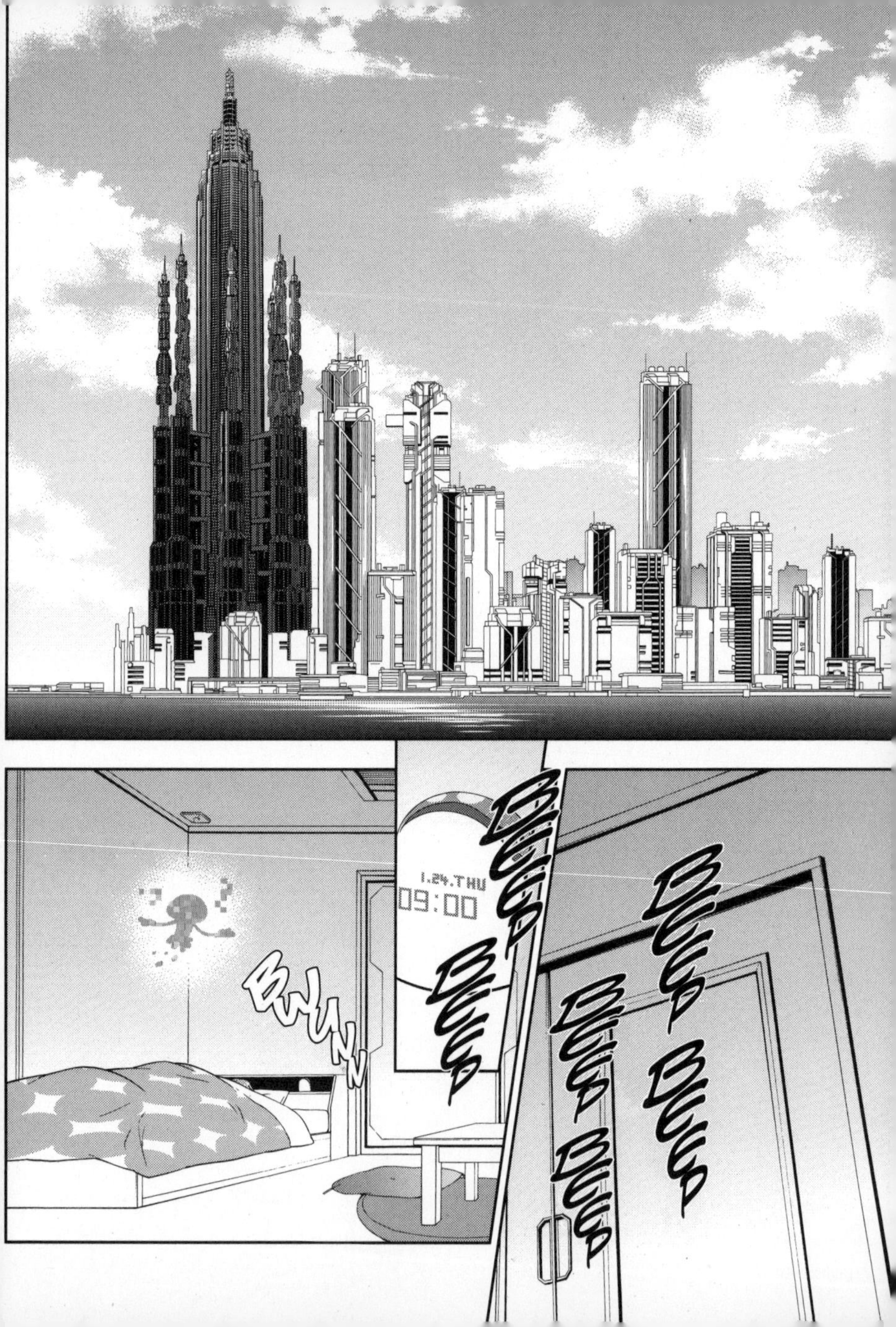

1.24.THU
09:00
BEEP BEEP
BEEP BEEP
BEEP BEEP
BEEP
BWUNN

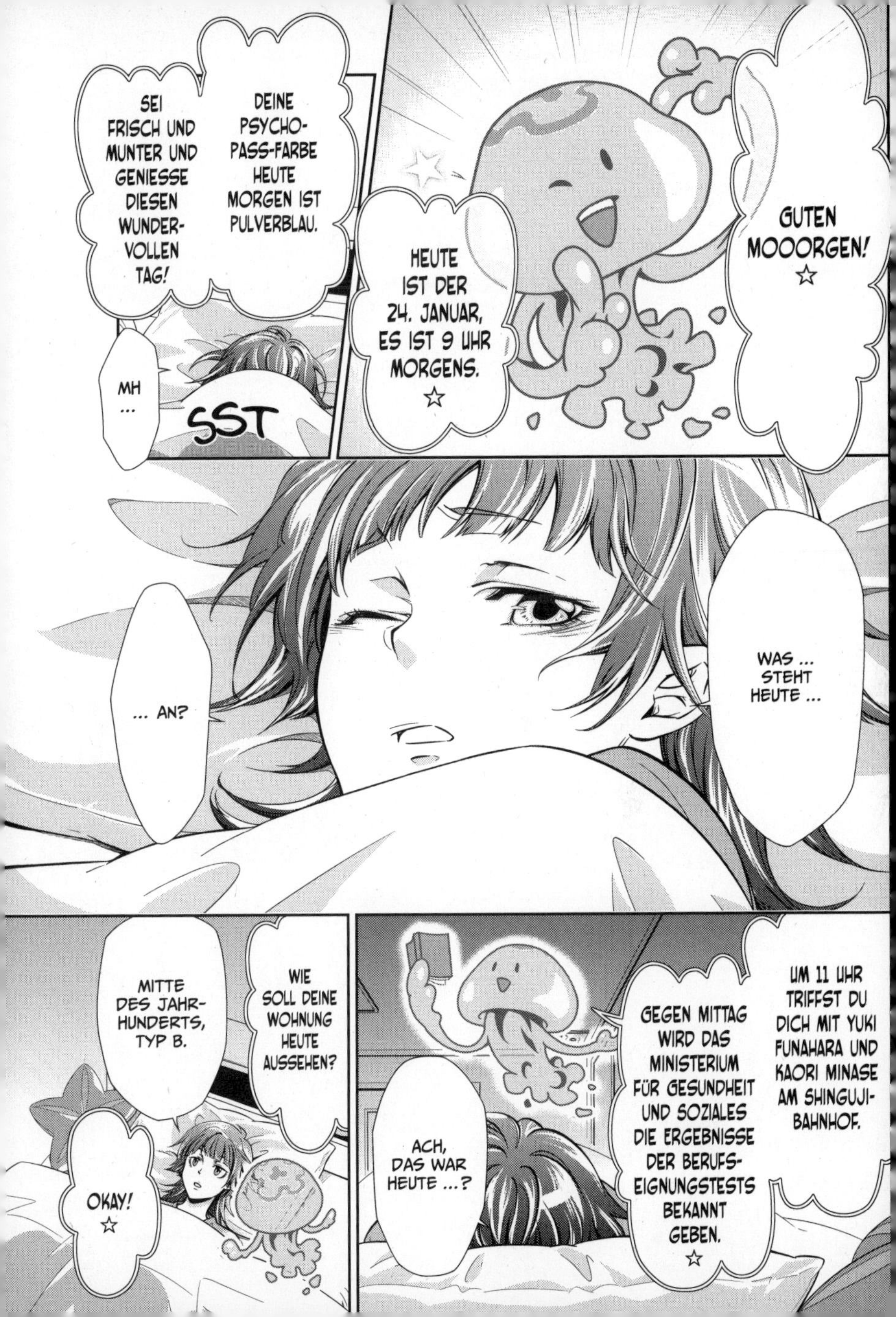
GUTEN MOOORGEN! ☆
HEUTE IST DER 24. JANUAR, ES IST 9 UHR MORGENS. ☆
DEINE PSYCHO-PASS-FARBE HEUTE MORGEN IST PULVERBLAU.
SEI FRISCH UND MUNTER UND GENIESSE DIESEN WUNDERVOLLEN TAG!
MH ...
SST
WAS ... STEHT HEUTE ...
... AN?
UM 11 UHR TRIFFST DU DICH MIT YUKI FUNAHARA UND KAORI MINASE AM SHINGUJI-BAHNHOF.
GEGEN MITTAG WIRD DAS MINISTERIUM FÜR GESUNDHEIT UND SOZIALES DIE ERGEBNISSE DER BERUFS-EIGNUNGSTESTS BEKANNT GEBEN. ☆
ACH, DAS WAR HEUTE ...?
WIE SOLL DEINE WOHNUNG HEUTE AUSSEHEN?
MITTE DES JAHRHUNDERTS, TYP B.
OKAY! ☆

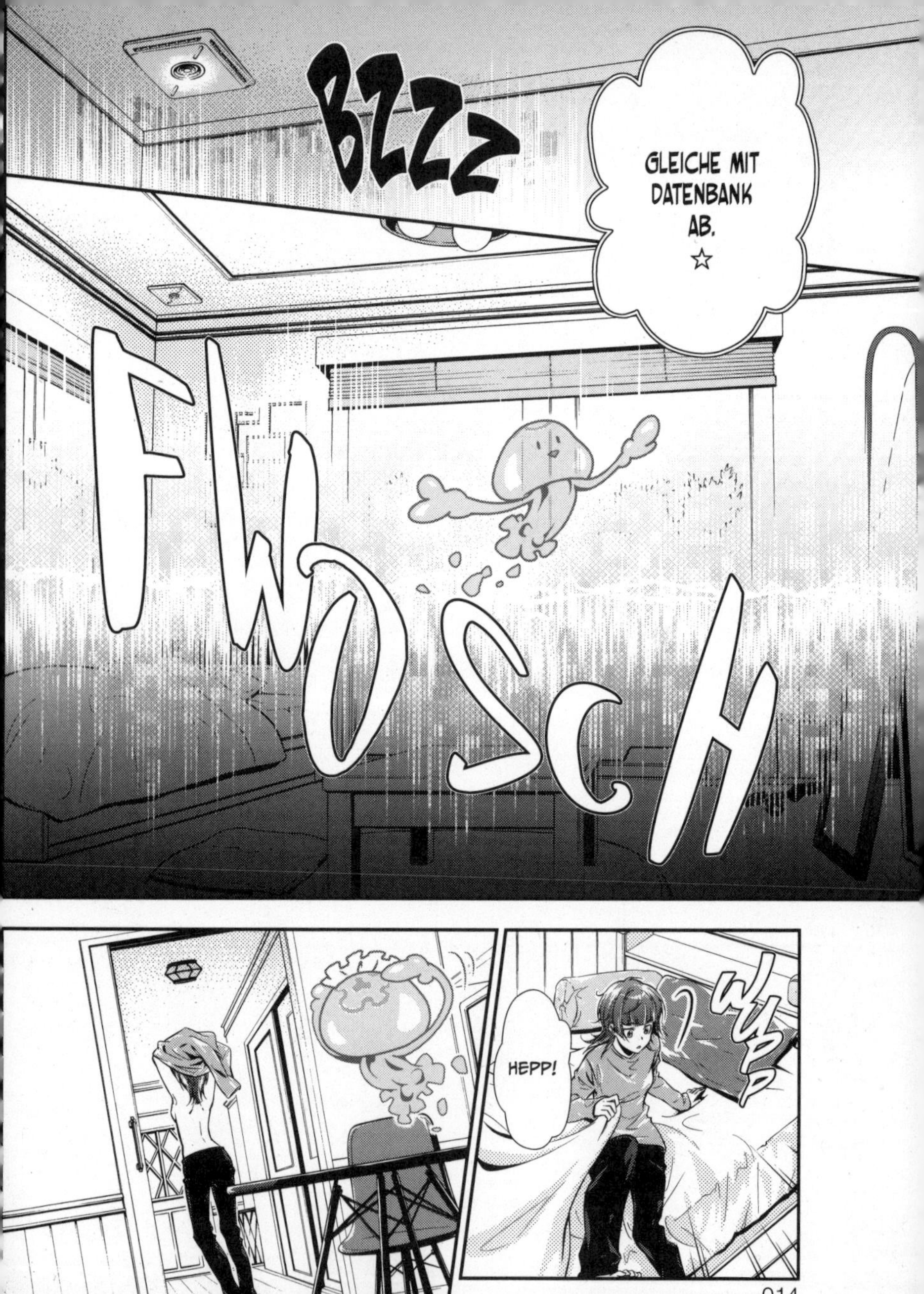
BZZZ
GLEICHE MIT DATENBANK AB. ☆
FWOSCH
HEPP!

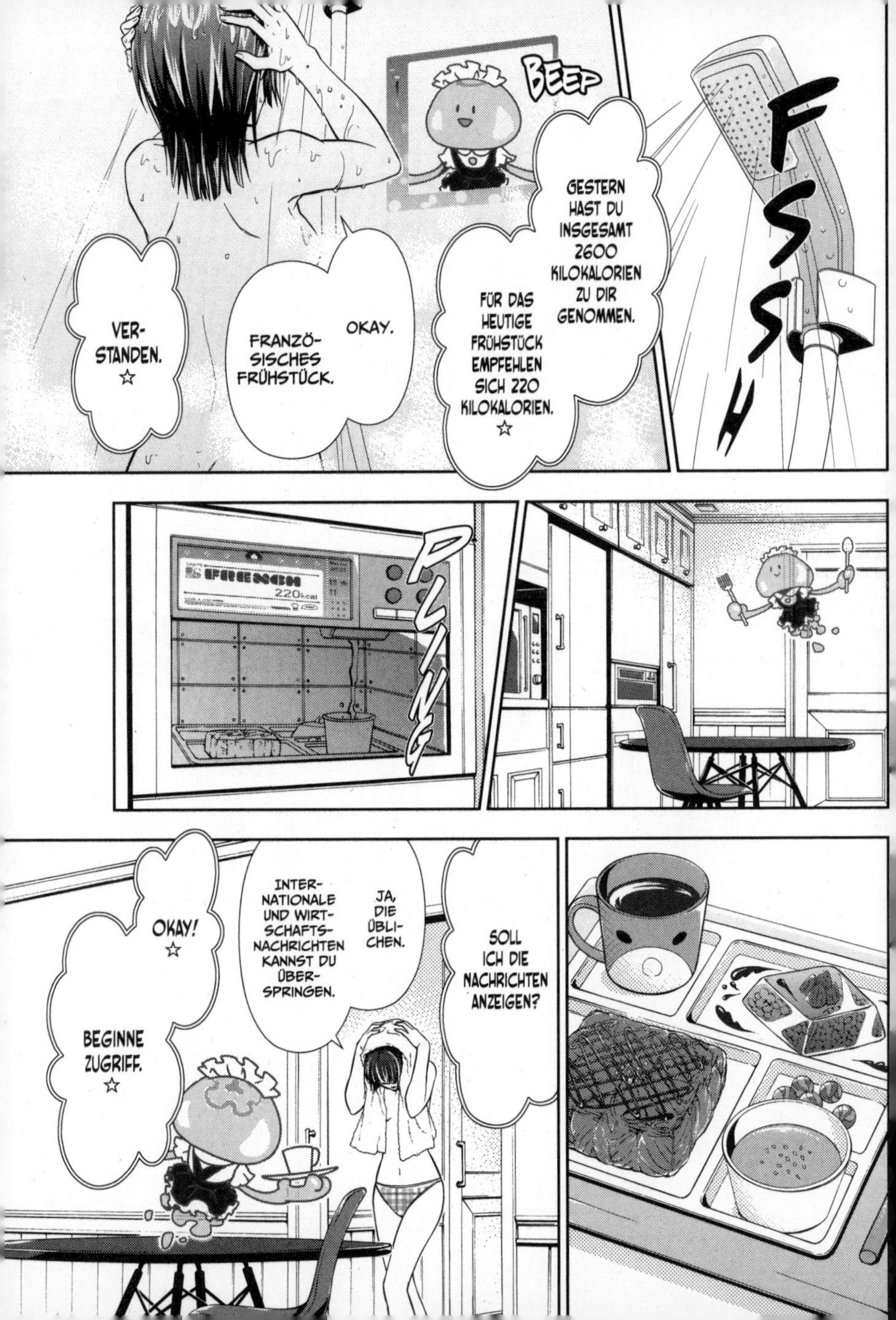
BEEP
FSSSH
GESTERN HAST DU INSGESAMT 2600 KILOKALORIEN ZU DIR GENOMMEN.
FÜR DAS HEUTIGE FRÜHSTÜCK EMPFEHLEN SICH 220 KILOKALORIEN. ☆
OKAY.
FRANZÖSISCHES FRÜHSTÜCK.
VERSTANDEN. ☆
220kcal
PLING
SOLL ICH DIE NACHRICHTEN ANZEIGEN?
JA, DIE ÜBLICHEN.
INTERNATIONALE UND WIRTSCHAFTSNACHRICHTEN KANNST DU ÜBERSPRINGEN.
OKAY! ☆
BEGINNE ZUGRIFF. ☆

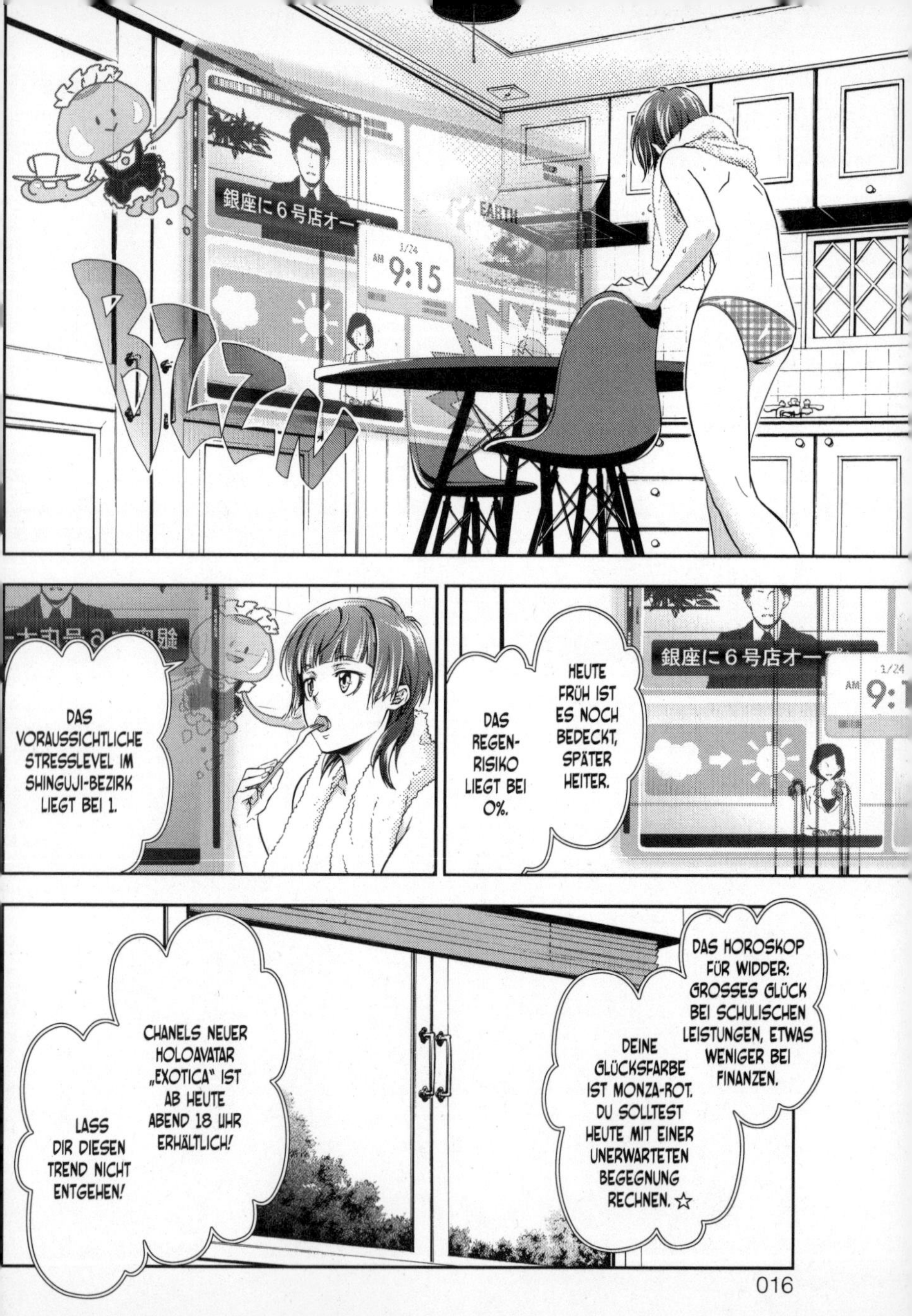

EARTH
1/24
AM 9:15
HEUTE FRÜH IST ES NOCH BEDECKT, SPÄTER HEITER.
DAS REGEN-RISIKO LIEGT BEI 0%.
DAS VORAUSSICHTLICHE STRESSLEVEL IM SHINGUJI-BEZIRK LIEGT BEI 1.
DAS HOROSKOP FÜR WIDDER: GROSSES GLÜCK BEI SCHULISCHEN LEISTUNGEN, ETWAS WENIGER BEI FINANZEN.
DEINE GLÜCKSFARBE IST MONZA-ROT. DU SOLLTEST HEUTE MIT EINER UNERWARTETEN BEGEGNUNG RECHNEN. ☆
CHANELS NEUER HOLOAVATAR „EXOTICA" IST AB HEUTE ABEND 18 UHR ERHÄLTLICH!
LASS DIR DIESEN TREND NICHT ENTGEHEN!

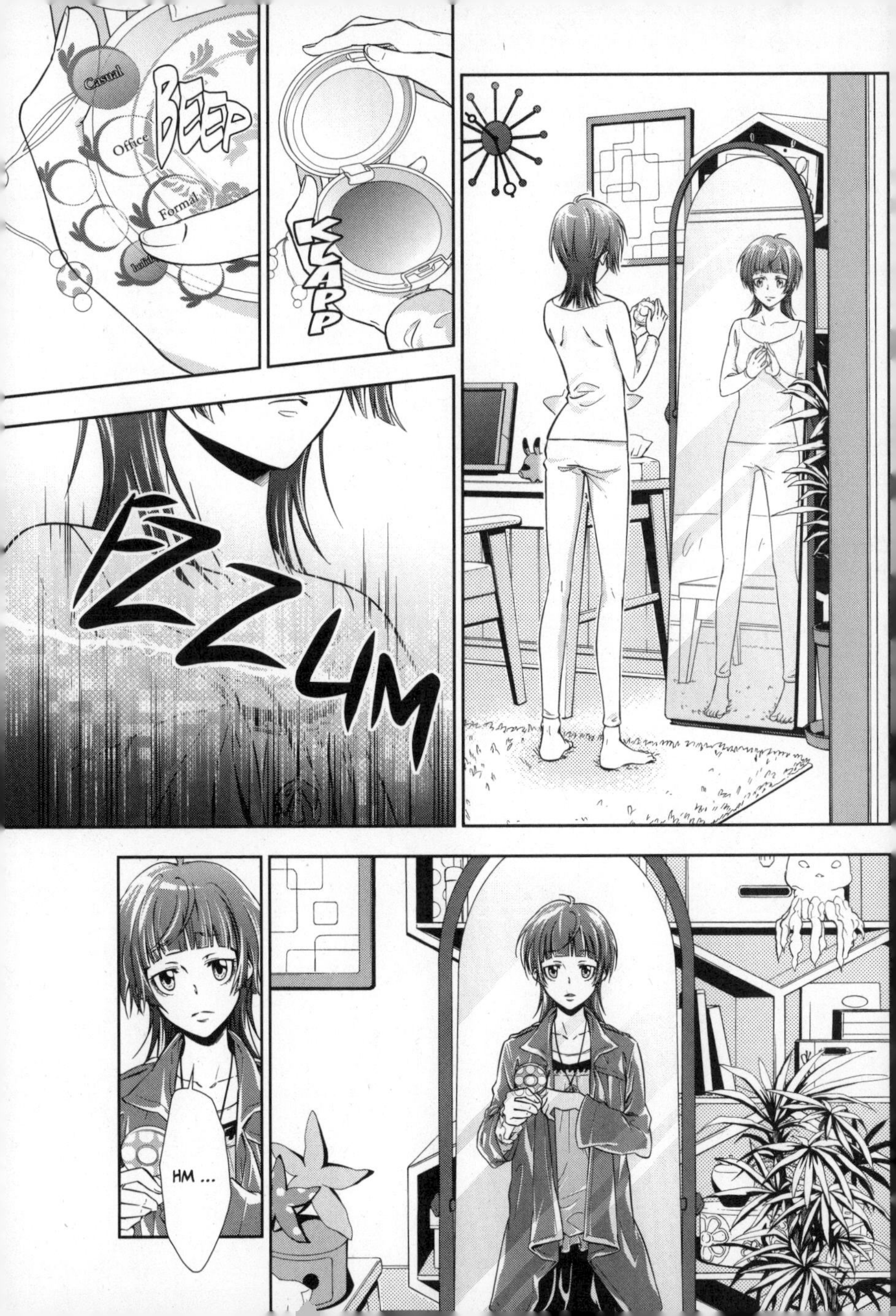

Casual
Office
Formal
BEEP
KLAPP
BZZUM
HM ...

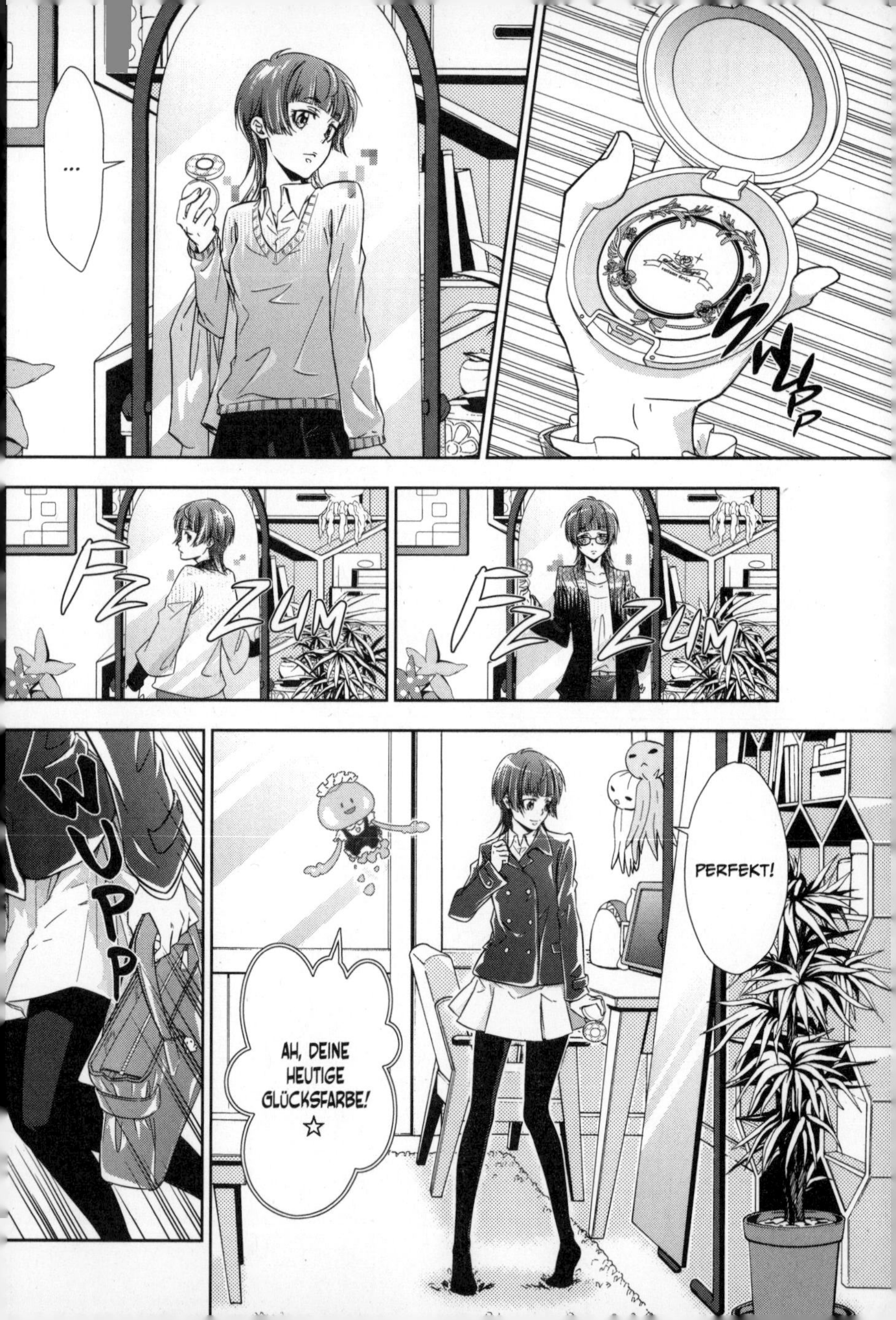

SWUPP
...
FZ ZUM
FZ ZUM
PERFEKT!
AH, DEINE HEUTIGE GLÜCKSFARBE! ☆
WUPP

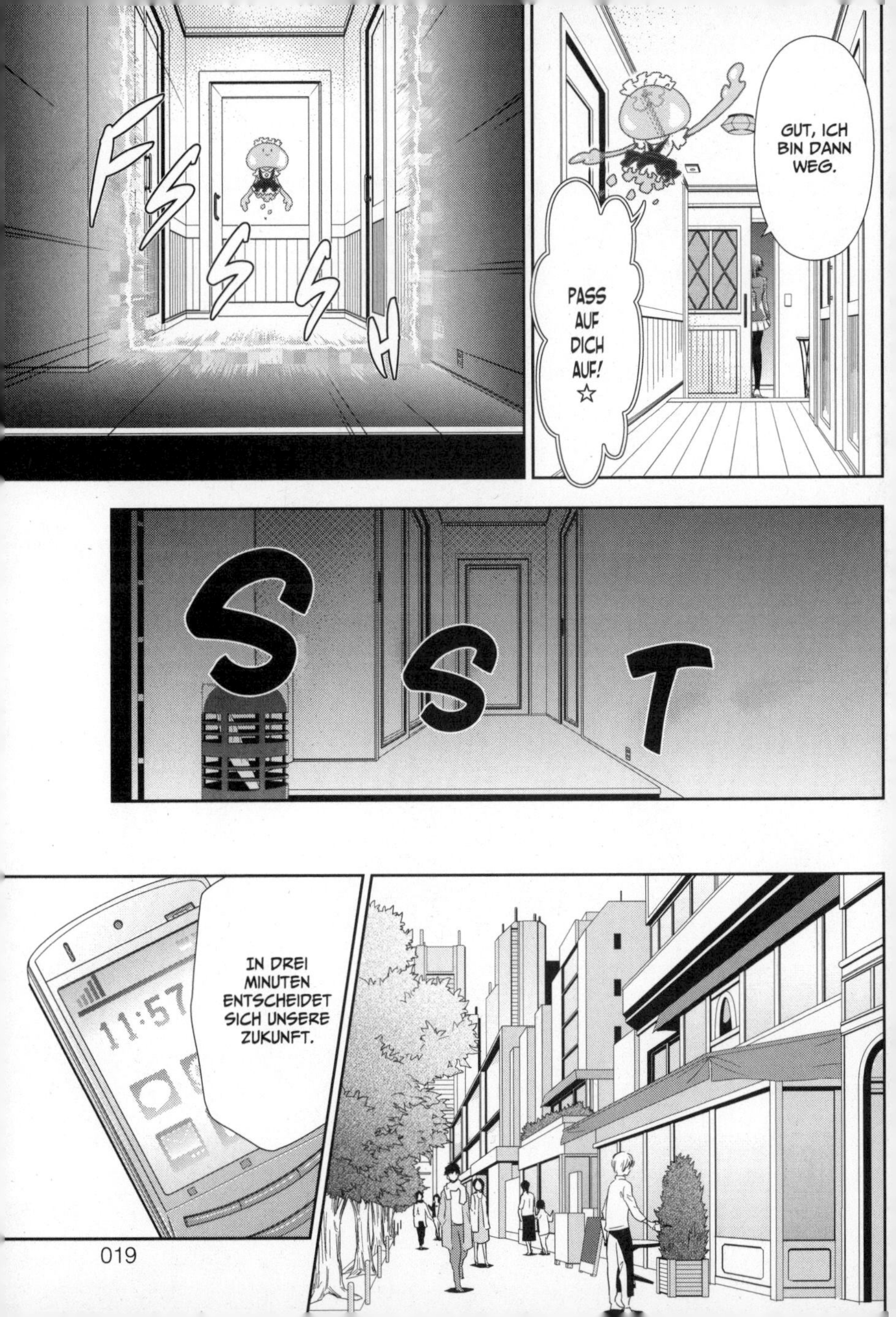
GUT, ICH BIN DANN WEG.
PASS AUF DICH AUF! ☆
FSSSSH
SST
IN DREI MINUTEN ENTSCHEIDET SICH UNSERE ZUKUNFT.

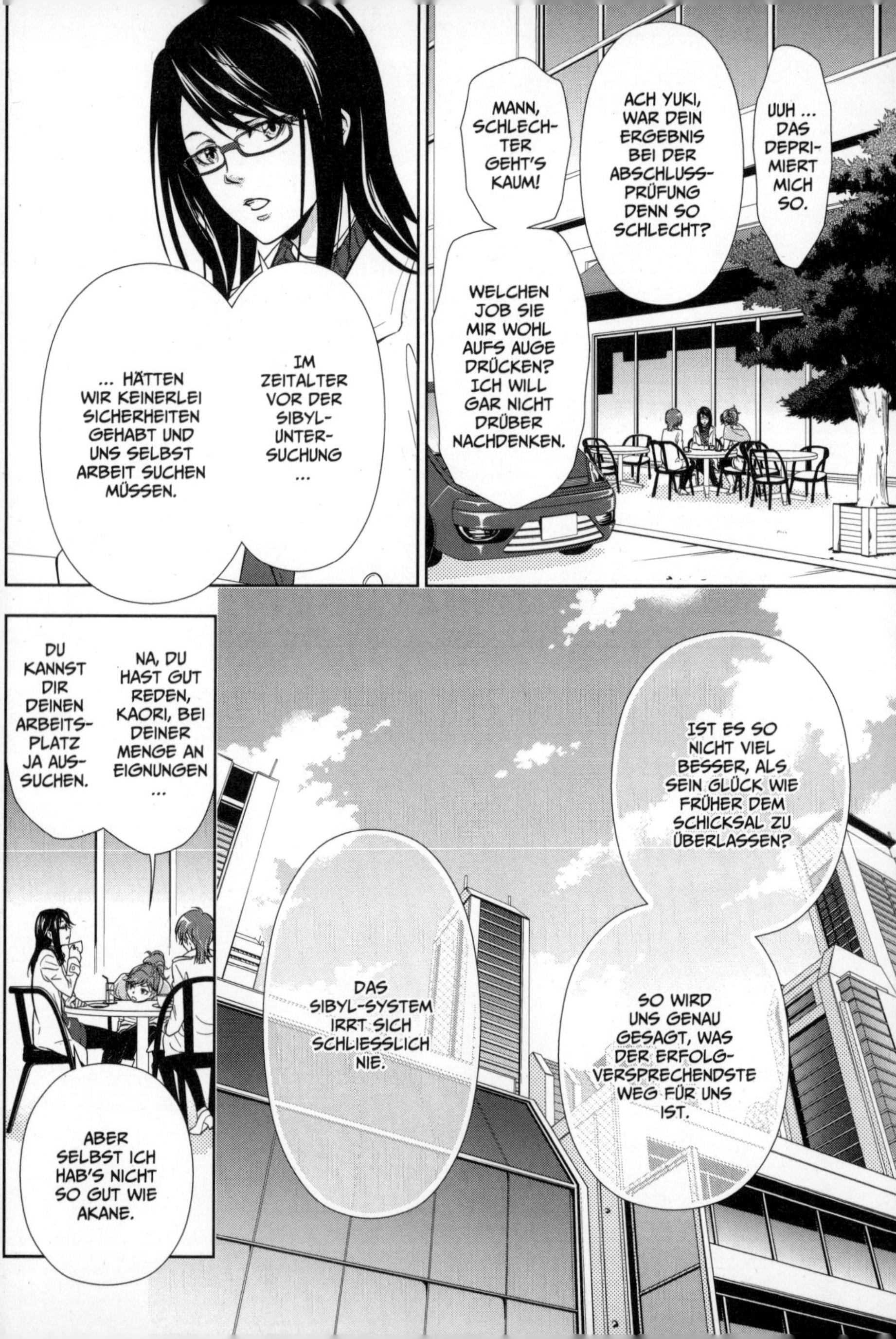
UUH ... DAS DEPRIMIERT MICH SO.
ACH YUKI, WAR DEIN ERGEBNIS BEI DER ABSCHLUSSPRÜFUNG DENN SO SCHLECHT?
MANN, SCHLECHTER GEHT'S KAUM!
WELCHEN JOB SIE MIR WOHL AUFS AUGE DRÜCKEN? ICH WILL GAR NICHT DRÜBER NACHDENKEN.
IM ZEITALTER VOR DER SIBYL-UNTERSUCHUNG ...
... HÄTTEN WIR KEINERLEI SICHERHEITEN GEHABT UND UNS SELBST ARBEIT SUCHEN MÜSSEN.
IST ES SO NICHT VIEL BESSER, ALS SEIN GLÜCK WIE FRÜHER DEM SCHICKSAL ZU ÜBERLASSEN?
SO WIRD UNS GENAU GESAGT, WAS DER ERFOLGVERSPRECHENDSTE WEG FÜR UNS IST.
DAS SIBYL-SYSTEM IRRT SICH SCHLIESSLICH NIE.
NA, DU HAST GUT REDEN, KAORI, BEI DEINER MENGE AN EIGNUNGEN ...
DU KANNST DIR DEINEN ARBEITSPLATZ JA AUSSUCHEN.
ABER SELBST ICH HAB'S NICHT SO GUT WIE AKANE.

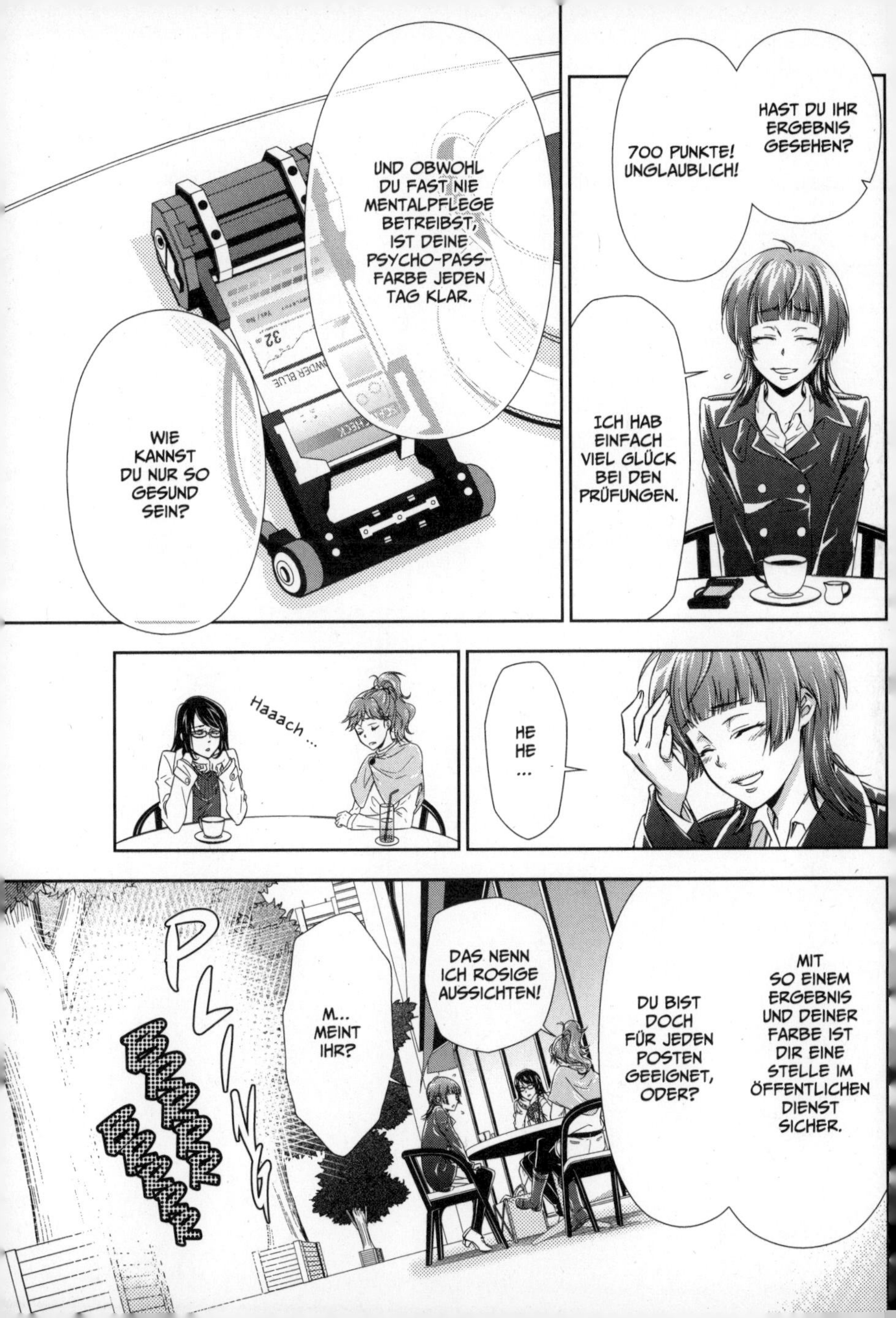
HAST DU IHR ERGEBNIS GESEHEN?
700 PUNKTE! UNGLAUBLICH!
ICH HAB EINFACH VIEL GLÜCK BEI DEN PRÜFUNGEN.
UND OBWOHL DU FAST NIE MENTALPFLEGE BETREIBST, IST DEINE PSYCHO-PASS-FARBE JEDEN TAG KLAR.
WIE KANNST DU NUR SO GESUND SEIN?
HE HE ...
Haaach ...
MIT SO EINEM ERGEBNIS UND DEINER FARBE IST DIR EINE STELLE IM ÖFFENTLICHEN DIENST SICHER.
DU BIST DOCH FÜR JEDEN POSTEN GEEIGNET, ODER?
DAS NENN ICH ROSIGE AUSSICHTEN!
M... MEINT IHR?

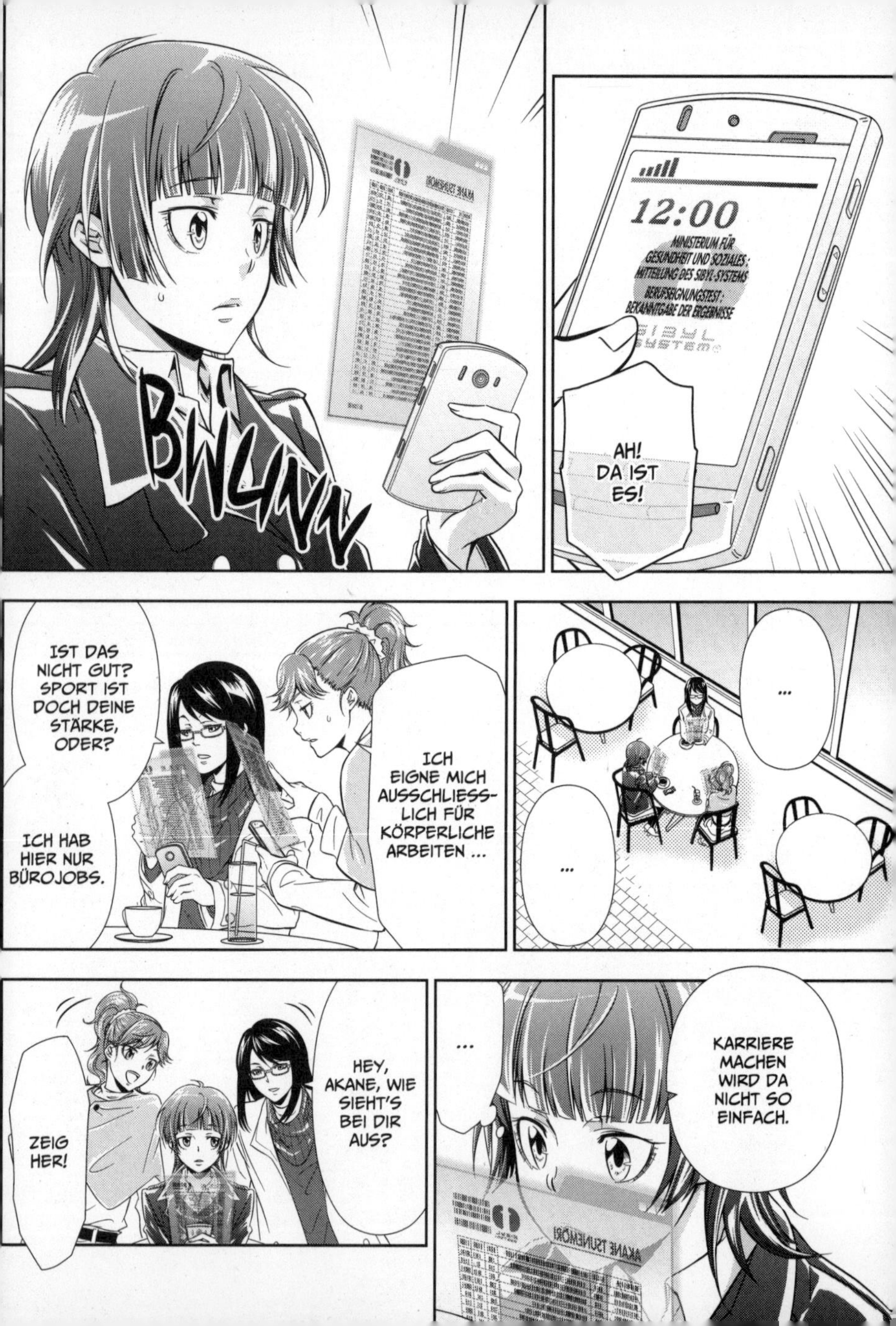
12:00
MINISTERIUM FÜR GESUNDHEIT UND SOZIALES : MITTEILUNG DES SIBYL-SYSTEMS
BERUFSEIGNUNGSTEST : BEKANNTGABE DER ERGEBNISSE
SIBYL SYSTEM
AH! DA IST ES!
BWUNN
AKANE TSUNEMORI
...
...
ICH EIGNE MICH AUSSCHLIESS-LICH FÜR KÖRPERLICHE ARBEITEN ...
IST DAS NICHT GUT? SPORT IST DOCH DEINE STÄRKE, ODER?
ICH HAB HIER NUR BÜROJOBS.
KARRIERE MACHEN WIRD DA NICHT SO EINFACH.
...
HEY, AKANE, WIE SIEHT'S BEI DIR AUS?
ZEIG HER!

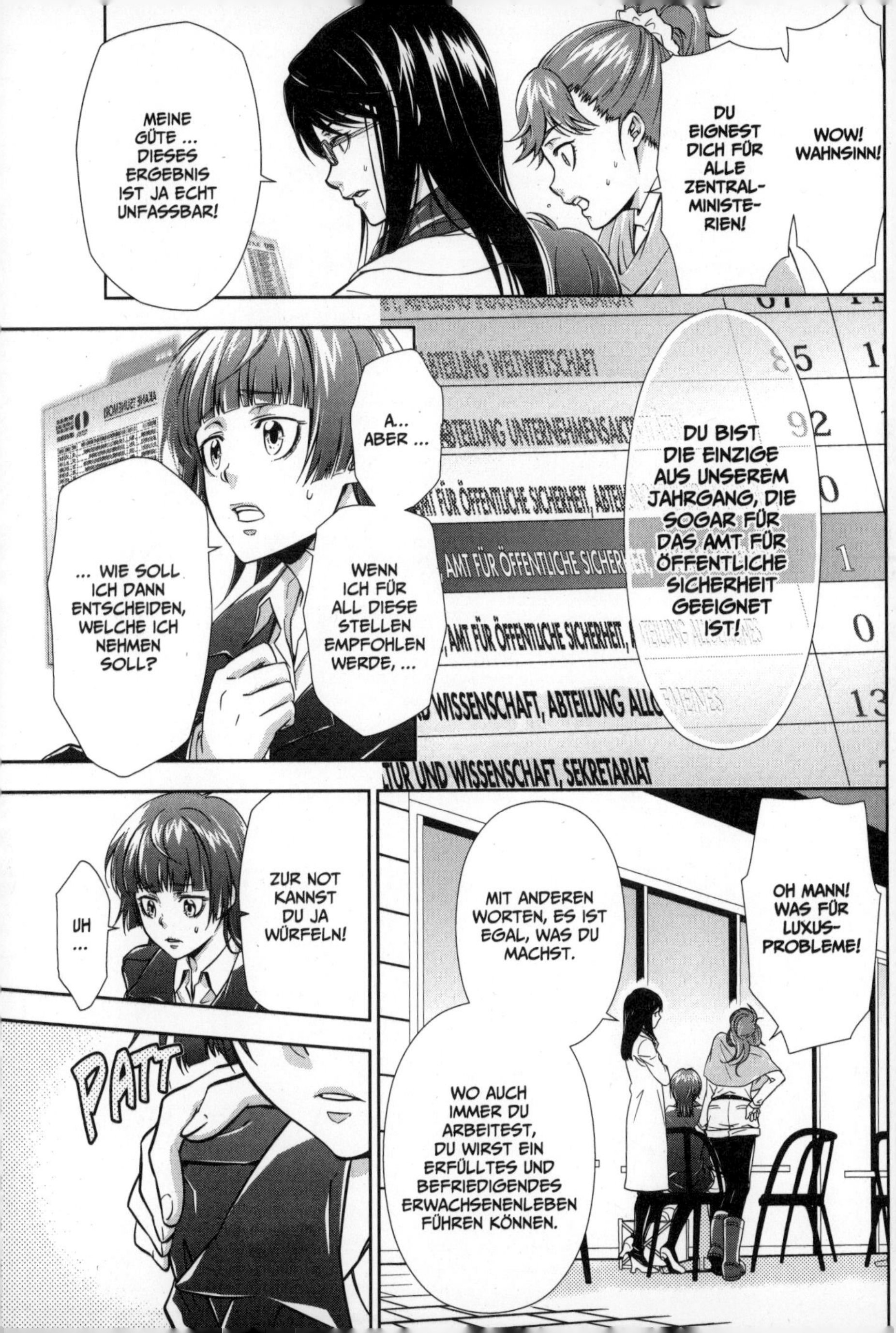
WOW! WAHNSINN!
DU EIGNEST DICH FÜR ALLE ZENTRAL-MINISTE-RIEN!
MEINE GÜTE ... DIESES ERGEBNIS IST JA ECHT UNFASSBAR!
DU BIST DIE EINZIGE AUS UNSEREM JAHRGANG, DIE SOGAR FÜR DAS AMT FÜR ÖFFENTLICHE SICHERHEIT GEEIGNET IST!
A... ABER ...
WENN ICH FÜR ALL DIESE STELLEN EMPFOHLEN WERDE, ...
... WIE SOLL ICH DANN ENTSCHEIDEN, WELCHE ICH NEHMEN SOLL?
OH MANN! WAS FÜR LUXUS-PROBLEME!
MIT ANDEREN WORTEN, ES IST EGAL, WAS DU MACHST.
WO AUCH IMMER DU ARBEITEST, DU WIRST EIN ERFÜLLTES UND BEFRIEDIGENDES ERWACHSENENLEBEN FÜHREN KÖNNEN.
ZUR NOT KANNST DU JA WÜRFELN!
UH ...
PATT

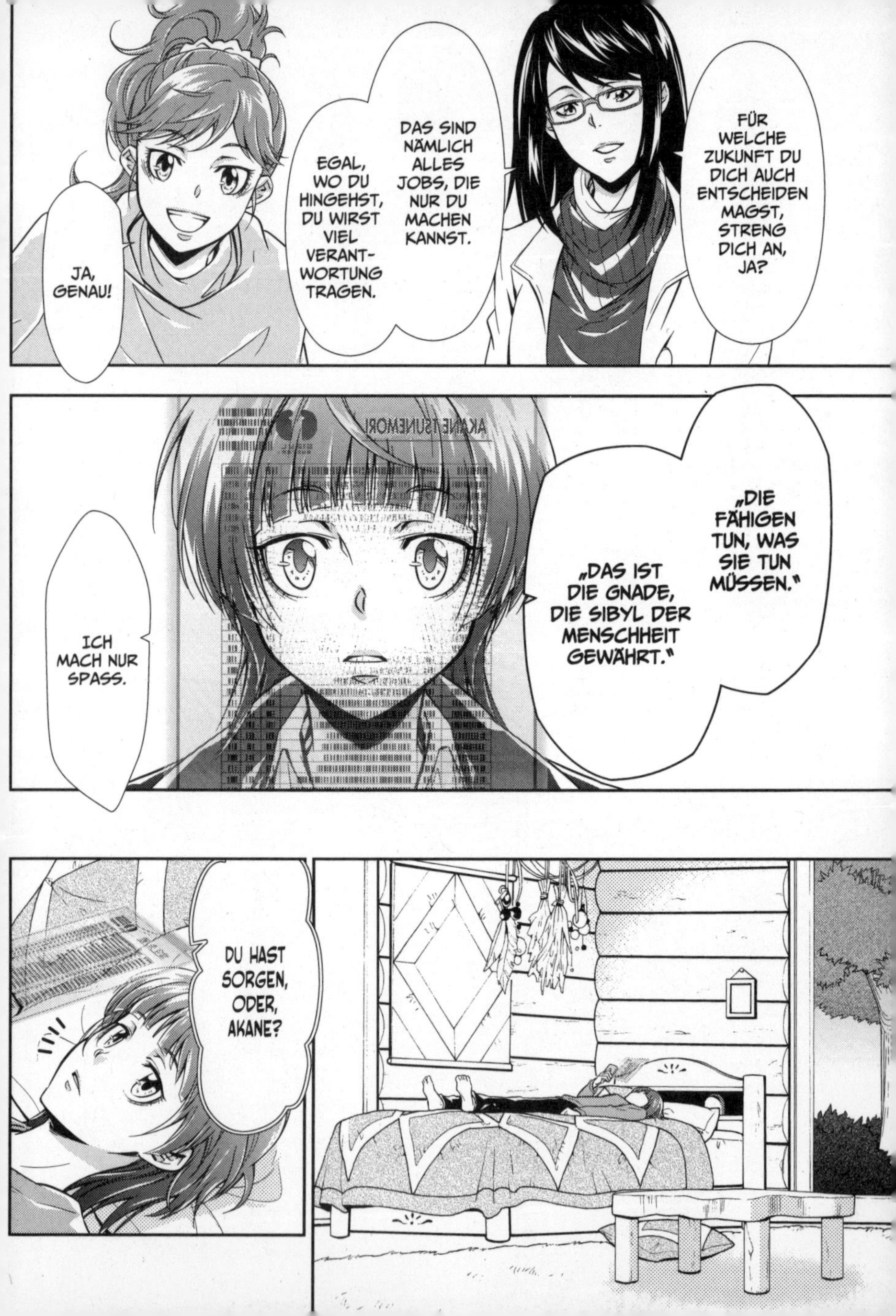
FÜR WELCHE ZUKUNFT DU DICH AUCH ENTSCHEIDEN MAGST, STRENG DICH AN, JA?
DAS SIND NÄMLICH ALLES JOBS, DIE NUR DU MACHEN KANNST.
EGAL, WO DU HINGEHST, DU WIRST VIEL VERANT-WORTUNG TRAGEN.
JA, GENAU!
„DIE FÄHIGEN TUN, WAS SIE TUN MÜSSEN."
„DAS IST DIE GNADE, DIE SIBYL DER MENSCHHEIT GEWÄHRT."
ICH MACH NUR SPASS.
DU HAST SORGEN, ODER, AKANE?

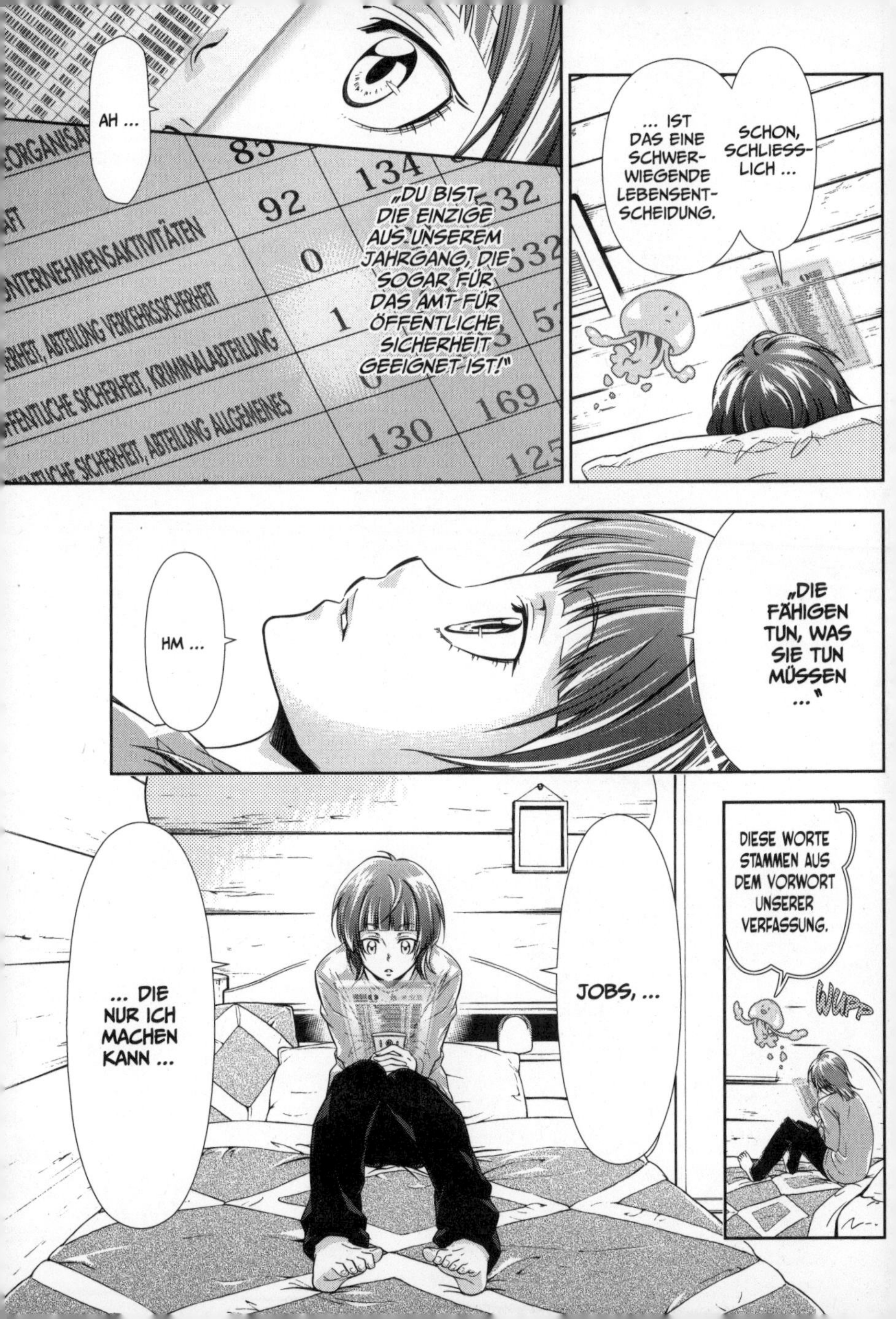
SCHON, SCHLIESS-LICH ...
... IST DAS EINE SCHWER-WIEGENDE LEBENSENT-SCHEIDUNG.
AH ...
„DU BIST DIE EINZIGE AUS UNSEREM JAHRGANG, DIE SOGAR FÜR DAS AMT FÜR ÖFFENTLICHE SICHERHEIT GEEIGNET IST!"
„DIE FÄHIGEN TUN, WAS SIE TUN MÜSSEN ..."
HM ...
DIESE WORTE STAMMEN AUS DEM VORWORT UNSERER VERFASSUNG.
WUPP
JOBS, ...
... DIE NUR ICH MACHEN KANN ...

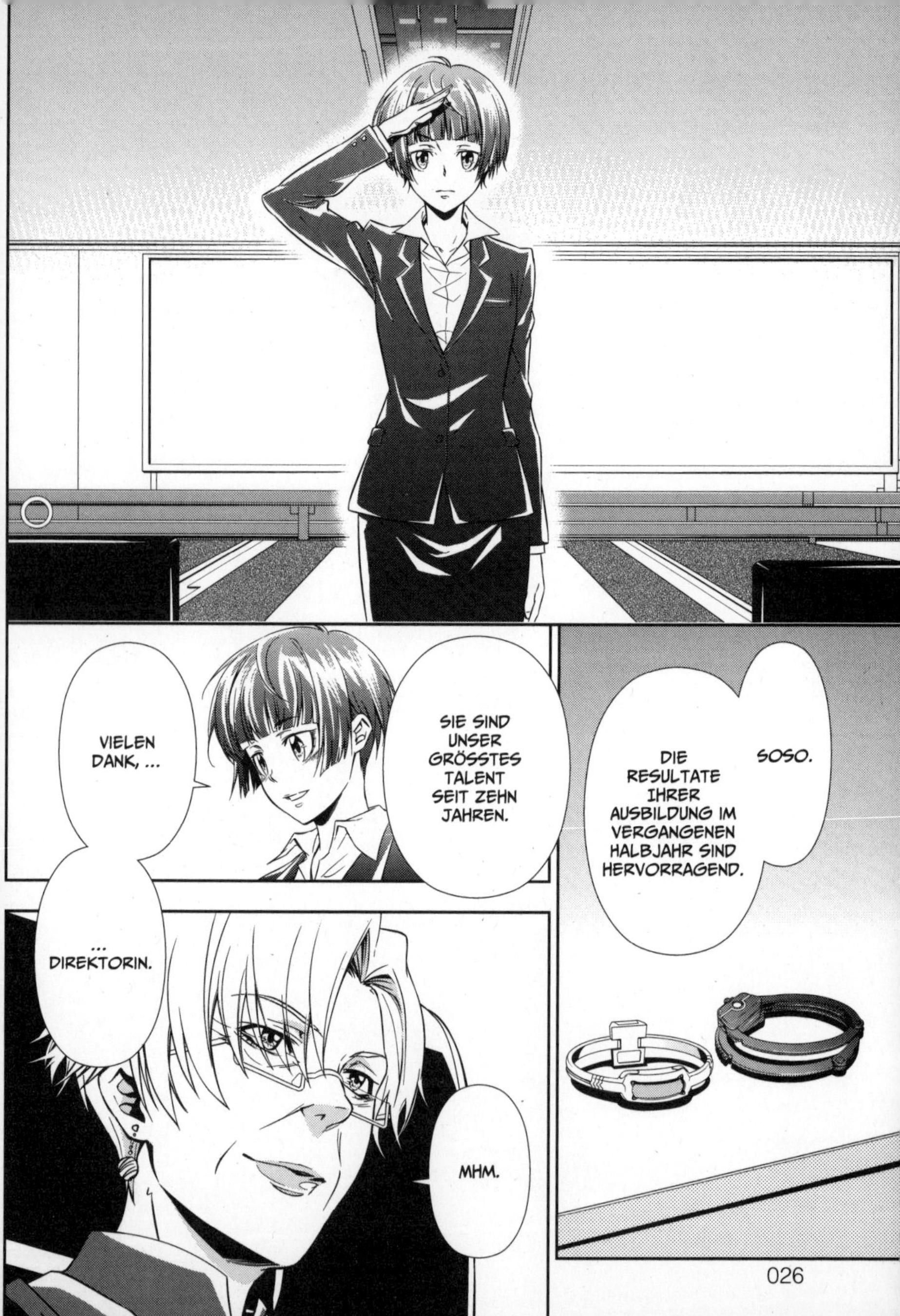
SOSO.
DIE RESULTATE IHRER AUSBILDUNG IM VERGANGENEN HALBJAHR SIND HERVORRAGEND.
SIE SIND UNSER GRÖSSTES TALENT SEIT ZEHN JAHREN.
VIELEN DANK, ...
... DIREKTORIN.
MHM.

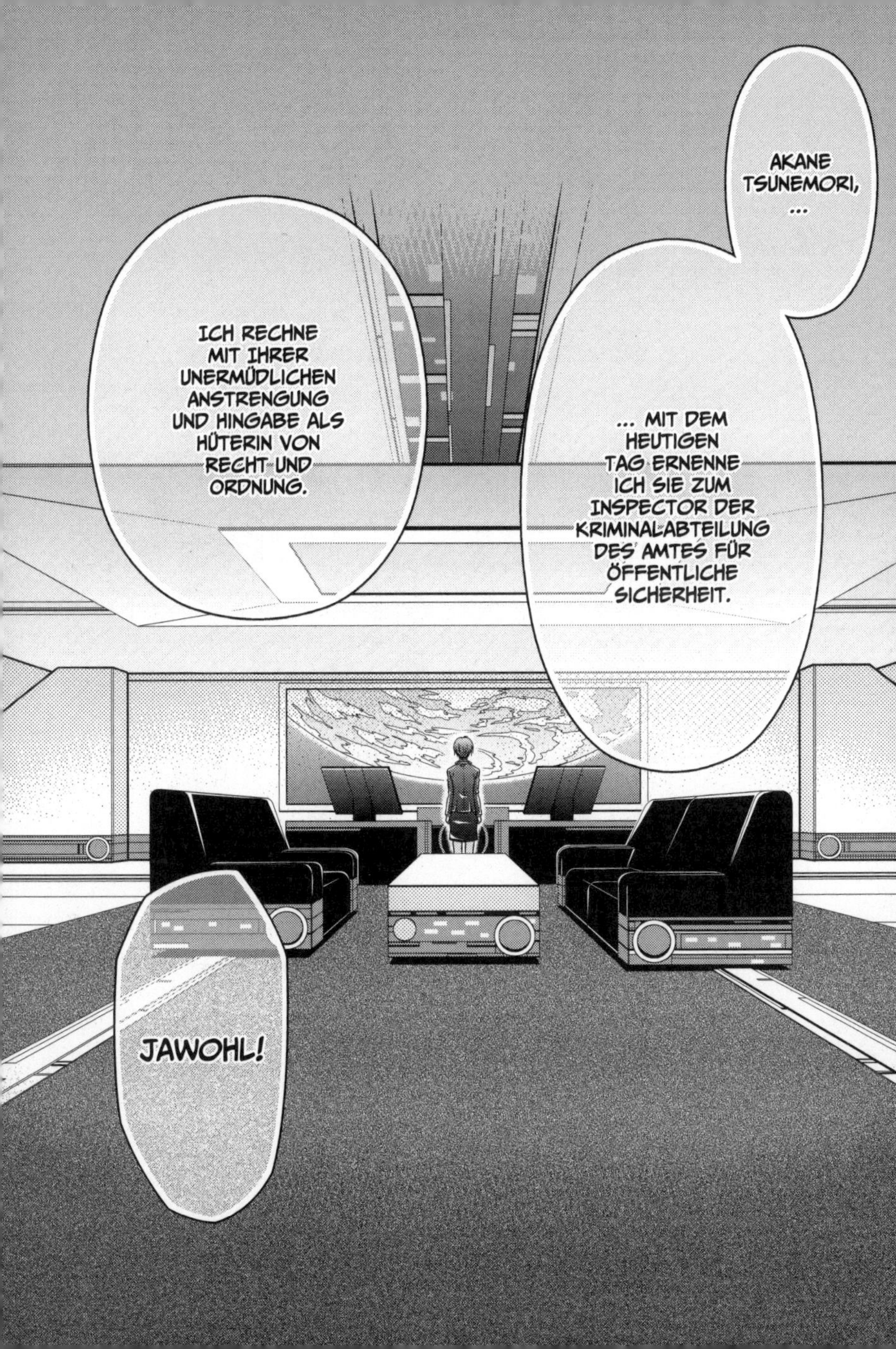
AKANE TSUNEMORI, ...
... MIT DEM HEUTIGEN TAG ERNENNE ICH SIE ZUM INSPECTOR DER KRIMINALABTEILUNG DES AMTES FÜR ÖFFENTLICHE SICHERHEIT.
ICH RECHNE MIT IHRER UNERMÜDLICHEN ANSTRENGUNG UND HINGABE ALS HÜTERIN VON RECHT UND ORDNUNG.
JAWOHL!

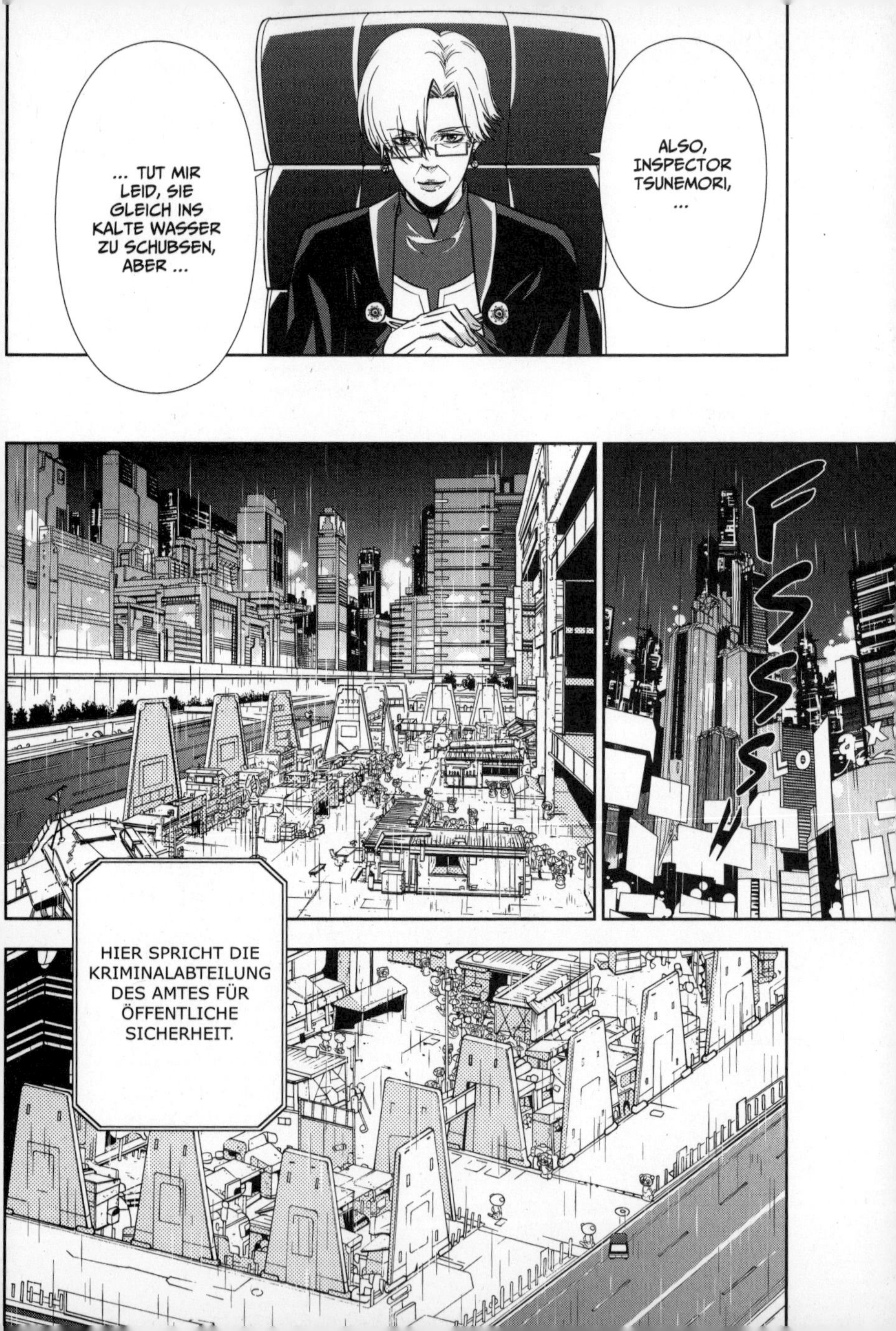
ALSO, INSPECTOR TSUNEMORI, ...
... TUT MIR LEID, SIE GLEICH INS KALTE WASSER ZU SCHUBSEN, ABER ...
FSSSSH
HIER SPRICHT DIE KRIMINALABTEILUNG DES AMTES FÜR ÖFFENTLICHE SICHERHEIT.

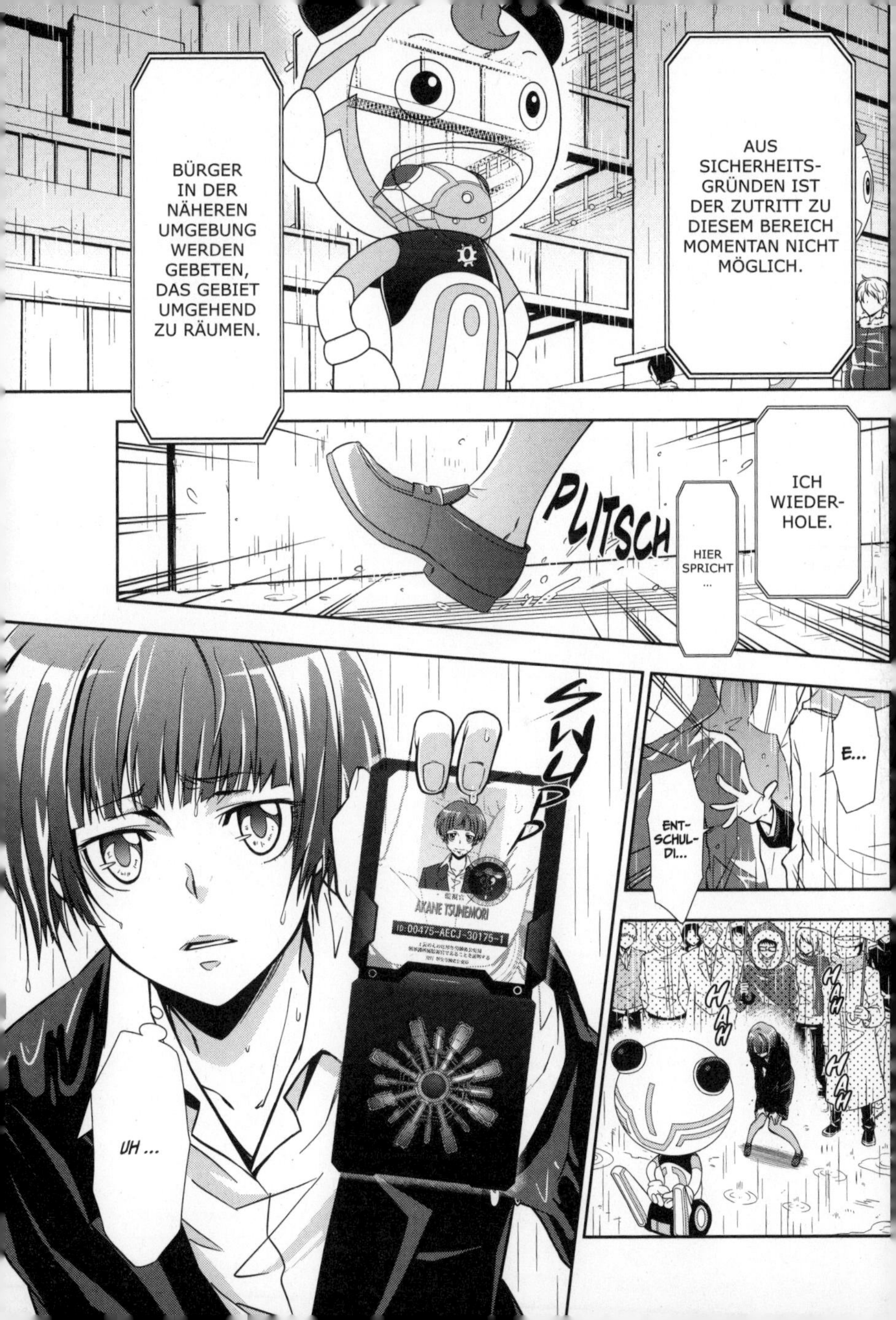
AUS SICHERHEITS-GRÜNDEN IST DER ZUTRITT ZU DIESEM BEREICH MOMENTAN NICHT MÖGLICH.
BÜRGER IN DER NÄHEREN UMGEBUNG WERDEN GEBETEN, DAS GEBIET UMGEHEND ZU RÄUMEN.
ICH WIEDER-HOLE.
HIER SPRICHT ...
PLITSCH
E...
ENT-SCHUL-DI...
HAH
HAH
HAH
HAH
SWUPP
AKANE TSUNEMORI
ID:00475-AECJ-30175-1
UH ...

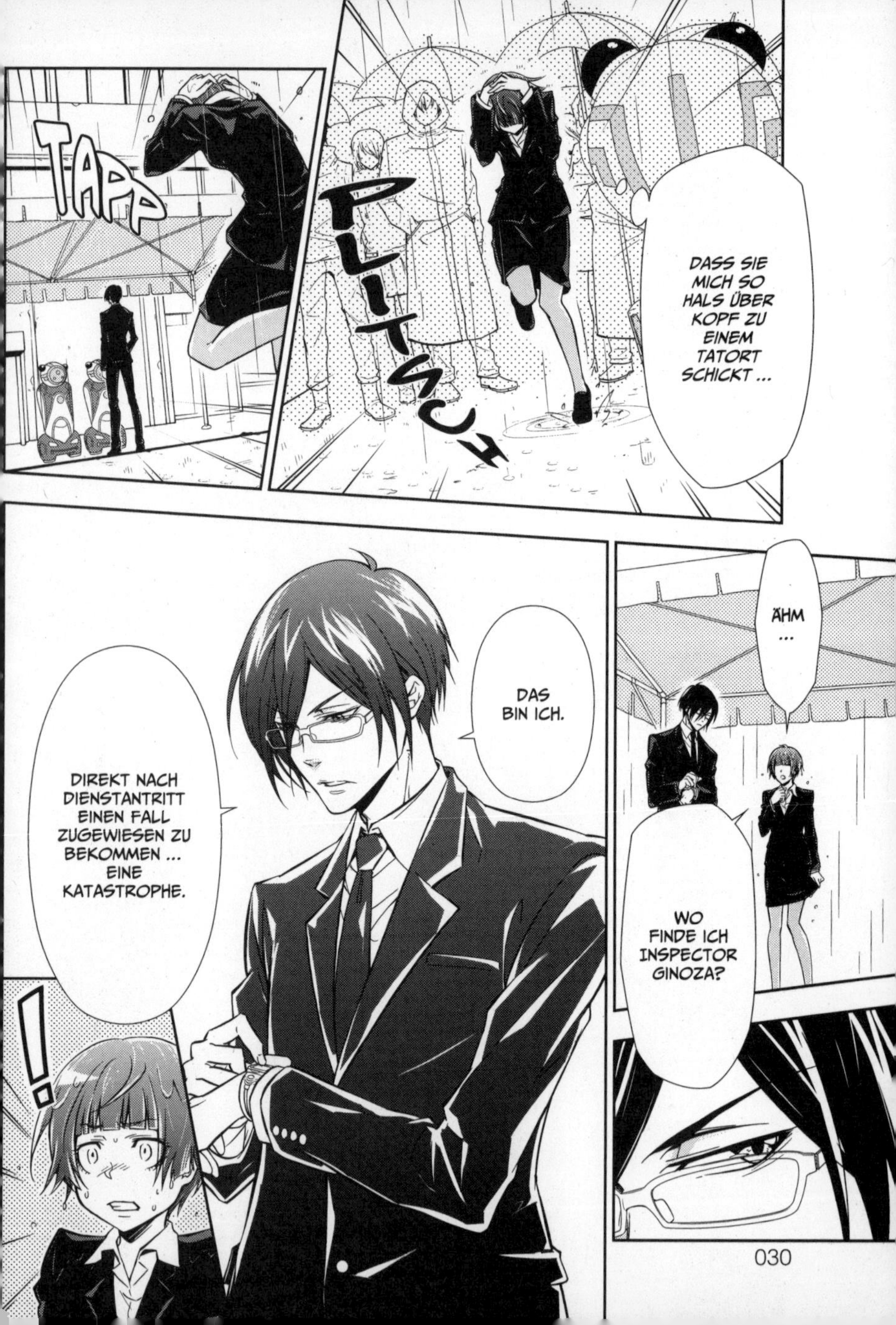
TAPP
PLITSCH
DASS SIE MICH SO HALS ÜBER KOPF ZU EINEM TATORT SCHICKT ...
ÄHM ...
WO FINDE ICH INSPECTOR GINOZA?
DAS BIN ICH.
DIREKT NACH DIENSTANTRITT EINEN FALL ZUGEWIESEN ZU BEKOMMEN ... EINE KATASTROPHE.
!

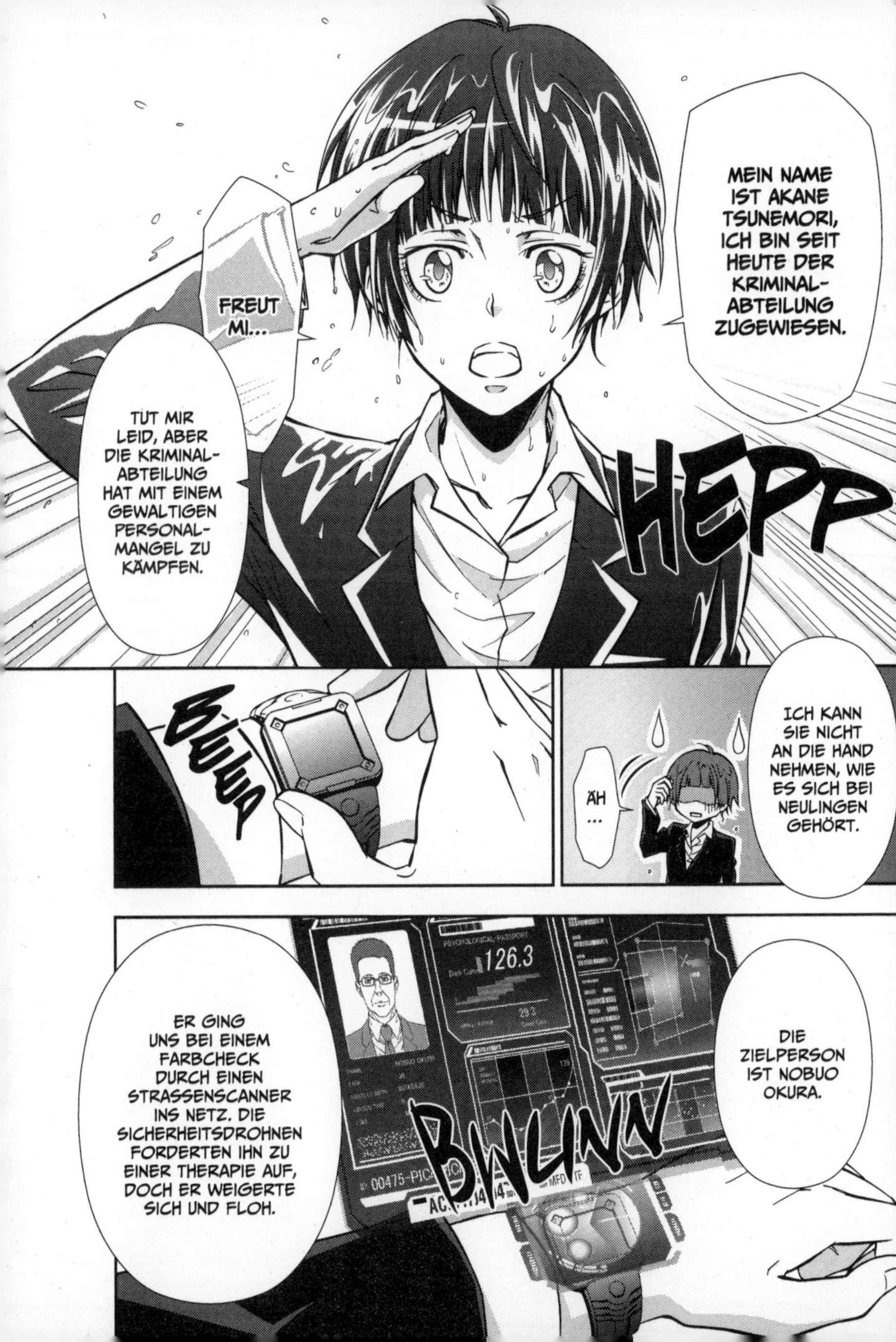
MEIN NAME IST AKANE TSUNEMORI, ICH BIN SEIT HEUTE DER KRIMINAL-ABTEILUNG ZUGEWIESEN.
FREUT MI...
HEPP
TUT MIR LEID, ABER DIE KRIMINAL-ABTEILUNG HAT MIT EINEM GEWALTIGEN PERSONAL-MANGEL ZU KÄMPFEN.
ICH KANN SIE NICHT AN DIE HAND NEHMEN, WIE ES SICH BEI NEULINGEN GEHÖRT.
ÄH ...
BEEEP
DIE ZIELPERSON IST NOBUO OKURA.
ER GING UNS BEI EINEM FARBCHECK DURCH EINEN STRASSENSCANNER INS NETZ. DIE SICHERHEITSDROHNEN FORDERTEN IHN ZU EINER THERAPIE AUF, DOCH ER WEIGERTE SICH UND FLOH.
BWUMM
PSYCHOLOGICAL-PASSPORT
126.3

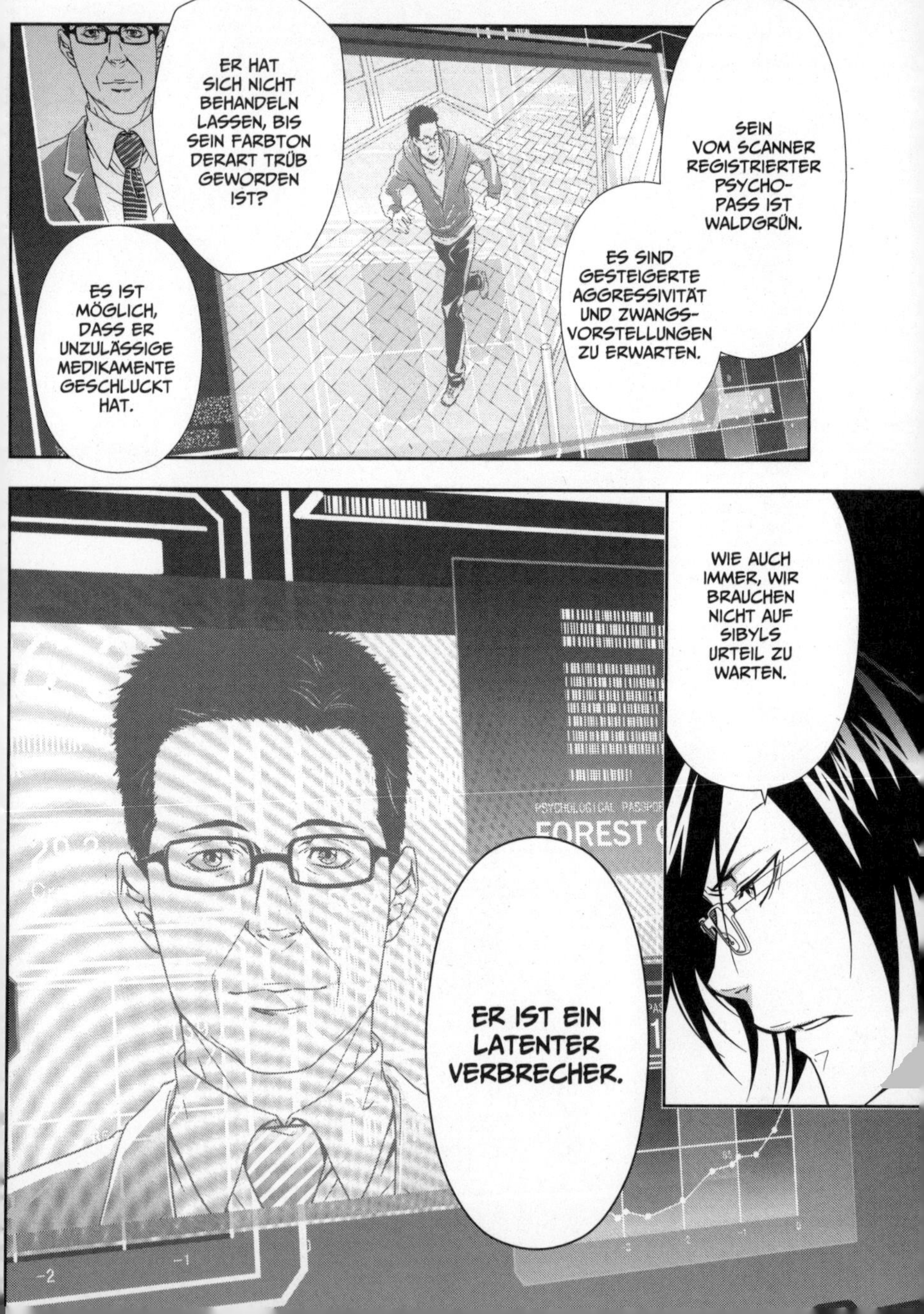

SEIN VOM SCANNER REGISTRIERTER PSYCHO-PASS IST WALDGRÜN.
ES SIND GESTEIGERTE AGGRESSIVITÄT UND ZWANGS-VORSTELLUNGEN ZU ERWARTEN.
ER HAT SICH NICHT BEHANDELN LASSEN, BIS SEIN FARBTON DERART TRÜB GEWORDEN IST?
ES IST MÖGLICH, DASS ER UNZULÄSSIGE MEDIKAMENTE GESCHLUCKT HAT.
WIE AUCH IMMER, WIR BRAUCHEN NICHT AUF SIBYLS URTEIL ZU WARTEN.
ER IST EIN LATENTER VERBRECHER.

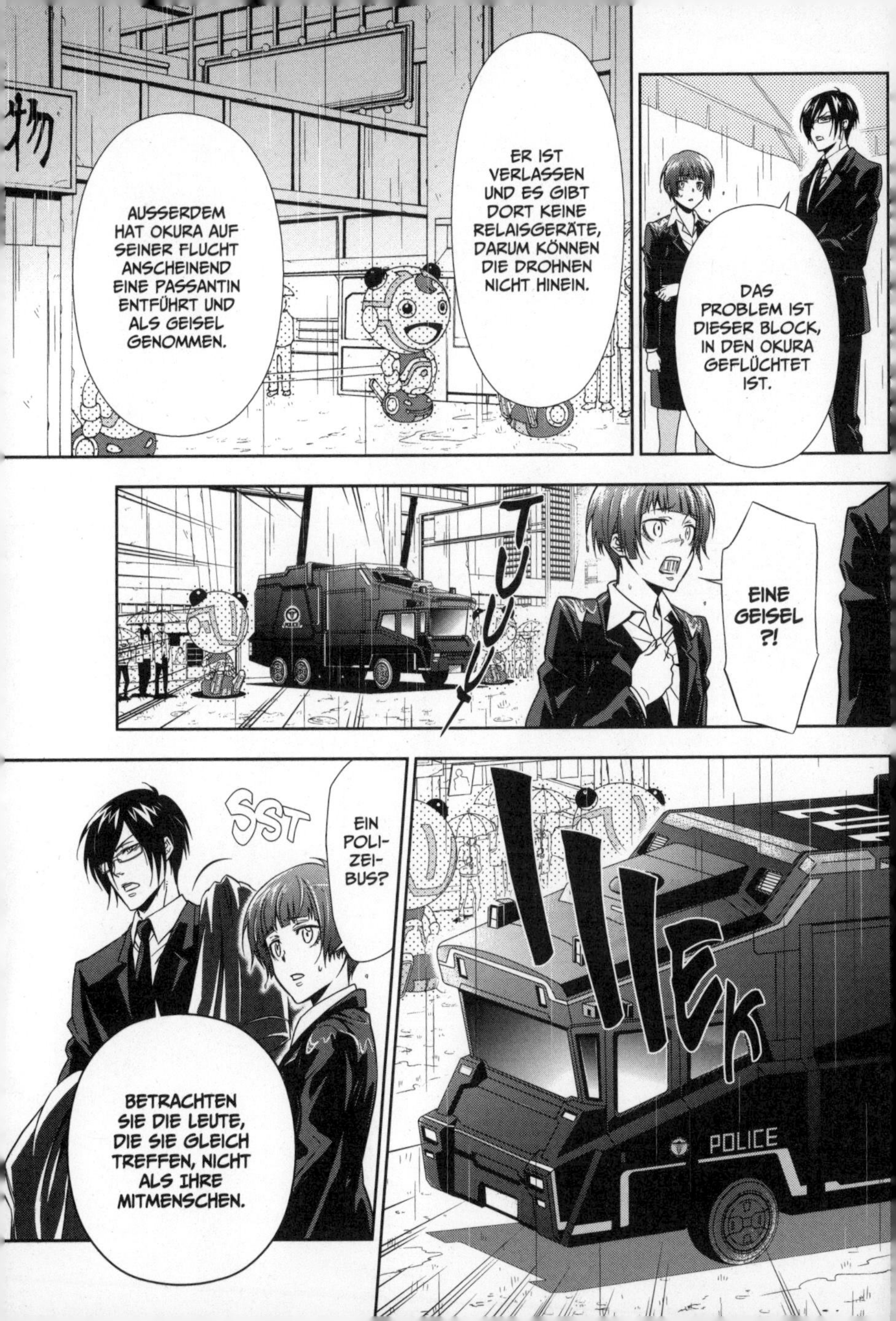
DAS PROBLEM IST DIESER BLOCK, IN DEN OKURA GEFLÜCHTET IST.
ER IST VERLASSEN UND ES GIBT DORT KEINE RELAISGERÄTE, DARUM KÖNNEN DIE DROHNEN NICHT HINEIN.
AUSSERDEM HAT OKURA AUF SEINER FLUCHT ANSCHEINEND EINE PASSANTIN ENTFÜHRT UND ALS GEISEL GENOMMEN.
EINE GEISEL ?!
POLICE
EIN POLI-ZEI-BUS?
SST
BETRACHTEN SIE DIE LEUTE, DIE SIE GLEICH TREFFEN, NICHT ALS IHRE MITMENSCHEN.

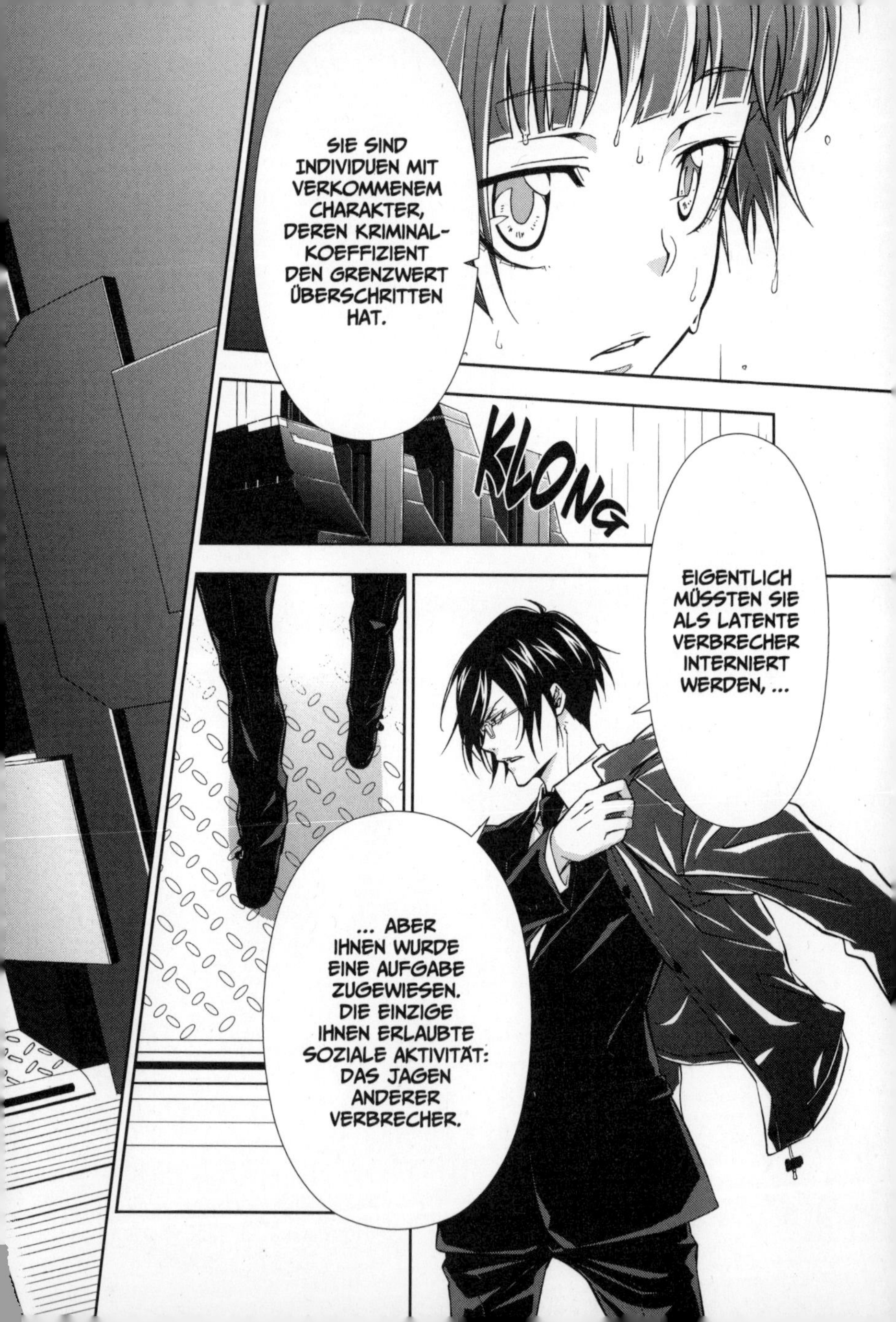
SIE SIND INDIVIDUEN MIT VERKOMMENEM CHARAKTER, DEREN KRIMINAL-KOEFFIZIENT DEN GRENZWERT ÜBERSCHRITTEN HAT.
KLONG
EIGENTLICH MÜSSTEN SIE ALS LATENTE VERBRECHER INTERNIERT WERDEN, ...
... ABER IHNEN WURDE EINE AUFGABE ZUGEWIESEN. DIE EINZIGE IHNEN ERLAUBTE SOZIALE AKTIVITÄT: DAS JAGEN ANDERER VERBRECHER.

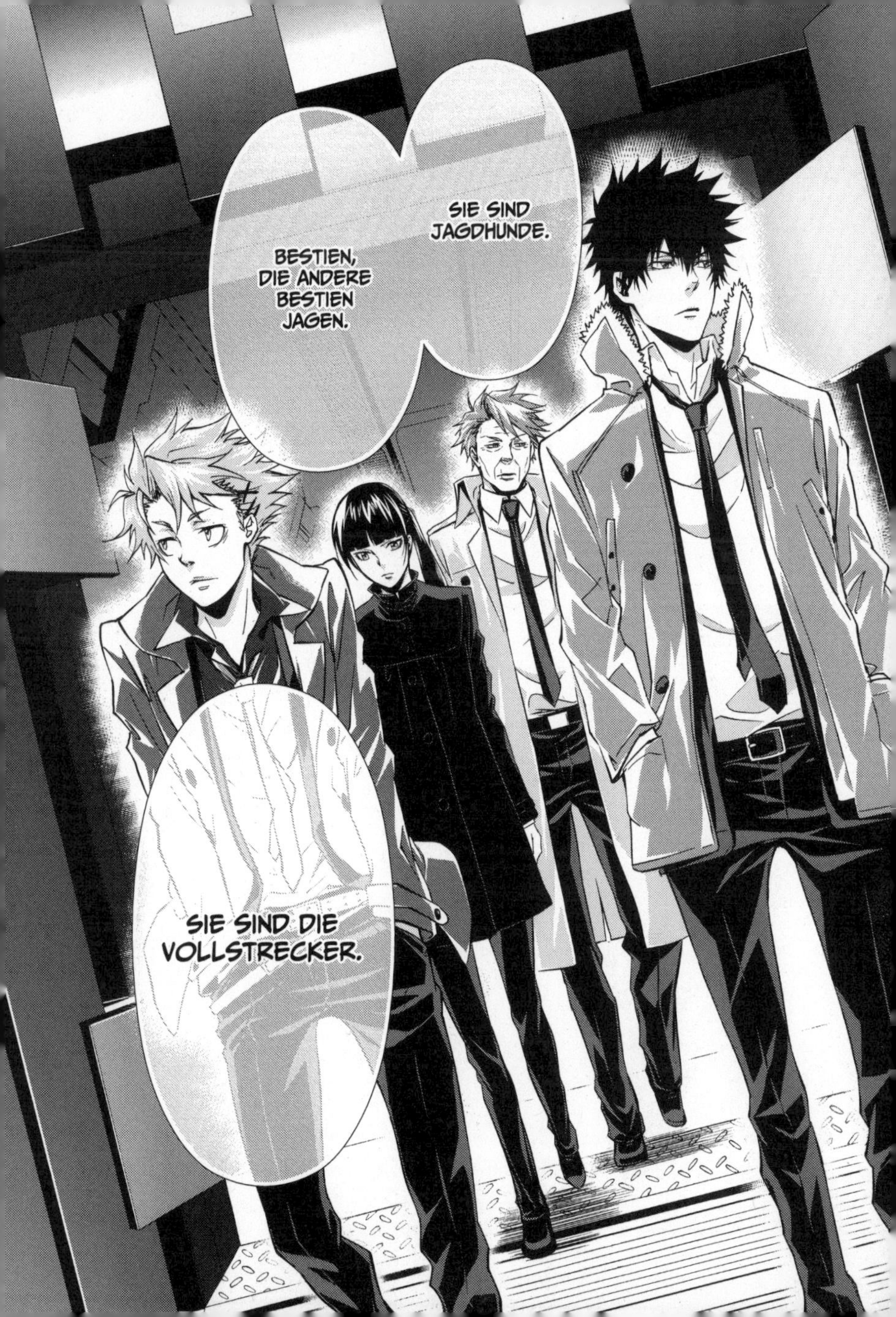
SIE SIND JAGDHUNDE.
BESTIEN, DIE ANDERE BESTIEN JAGEN.
SIE SIND DIE VOLLSTRECKER.

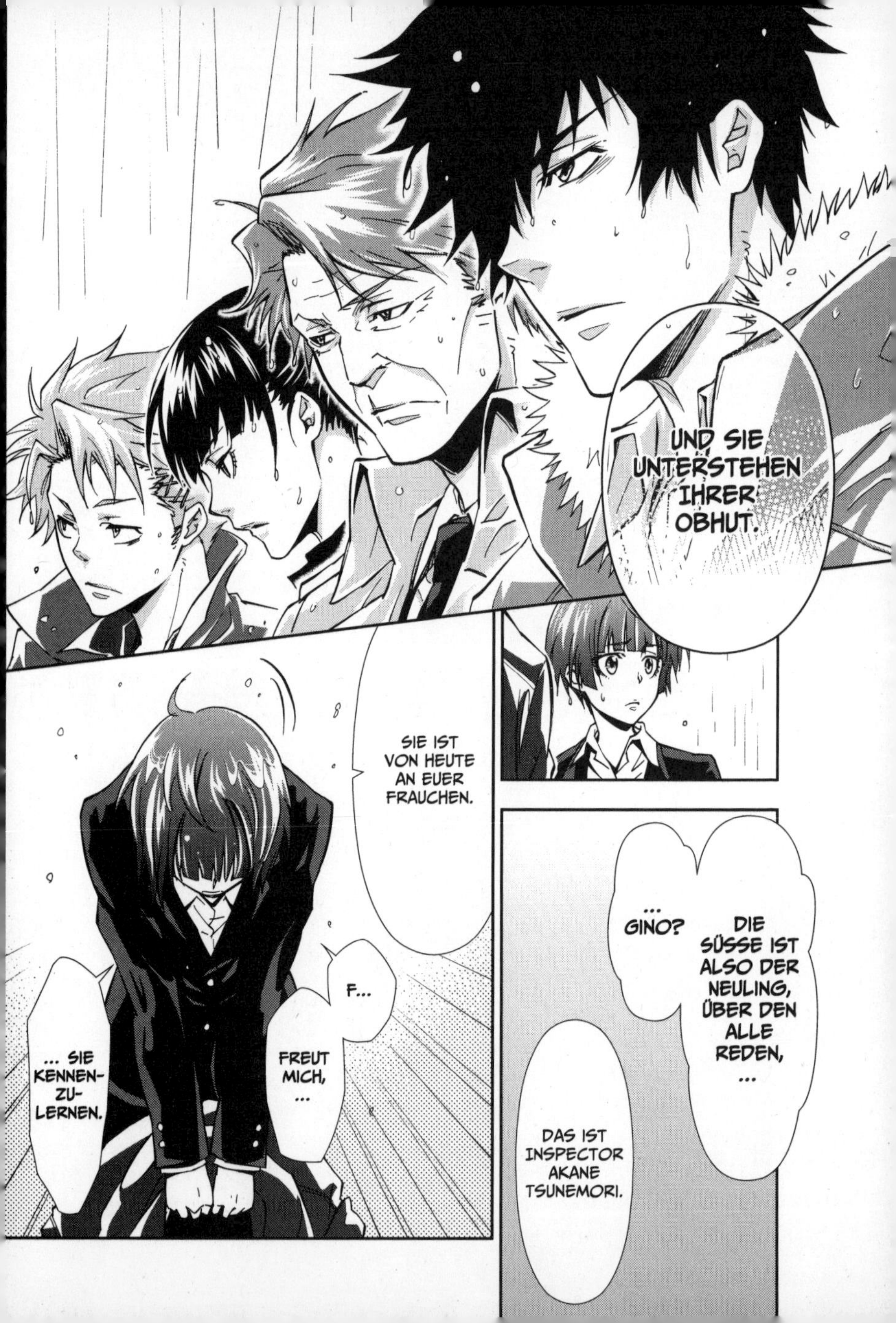
UND SIE UNTERSTEHEN IHRER OBHUT.
DIE SÜSSE IST ALSO DER NEULING, ÜBER DEN ALLE REDEN, ...
... GINO?
DAS IST INSPECTOR AKANE TSUNEMORI.
SIE IST VON HEUTE AN EUER FRAUCHEN.
F...
FREUT MICH, ...
... SIE KENNEN-ZU-LERNEN.

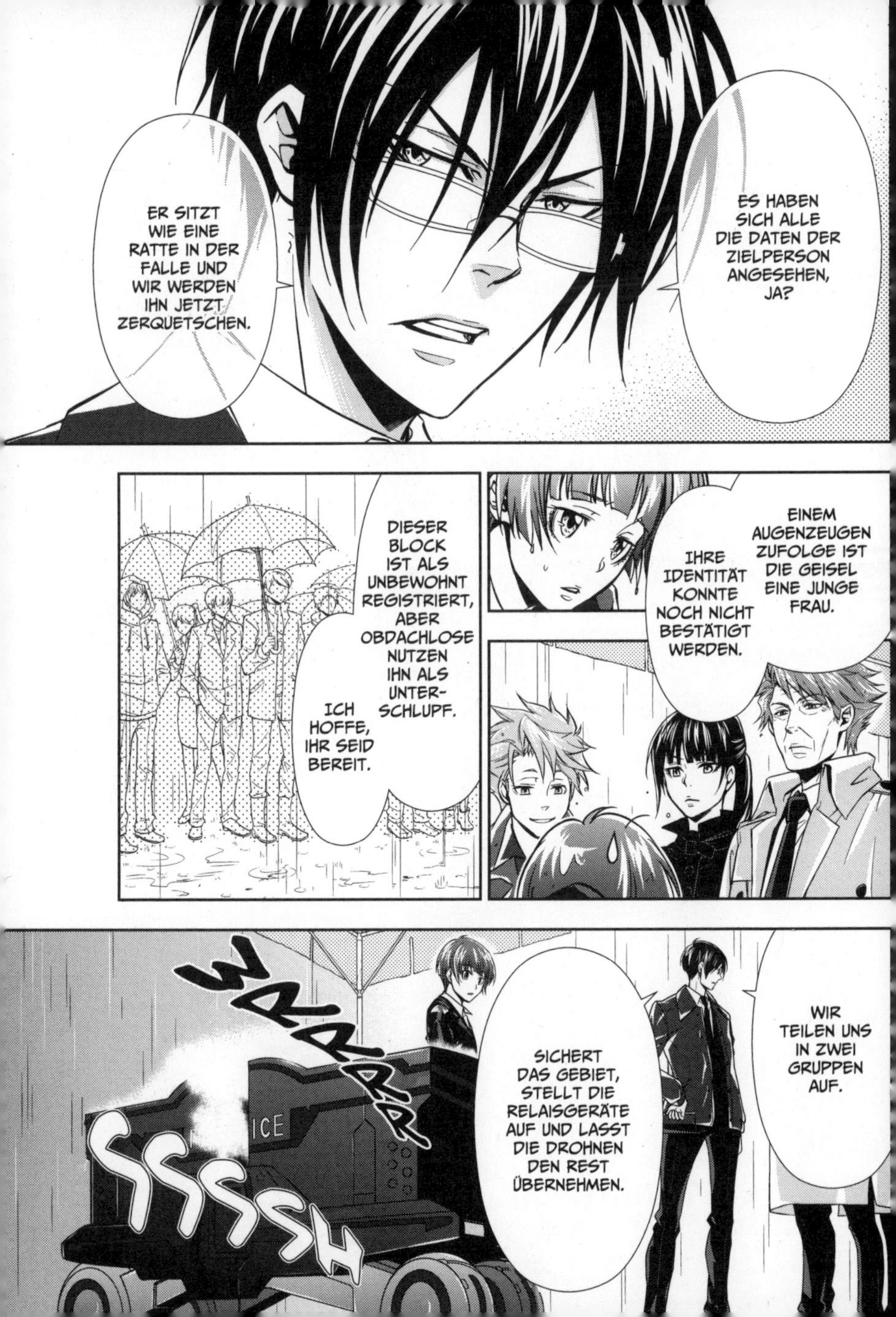
ES HABEN SICH ALLE DIE DATEN DER ZIELPERSON ANGESEHEN, JA?
ER SITZT WIE EINE RATTE IN DER FALLE UND WIR WERDEN IHN JETZT ZERQUETSCHEN.
EINEM AUGENZEUGEN ZUFOLGE IST DIE GEISEL EINE JUNGE FRAU.
IHRE IDENTITÄT KONNTE NOCH NICHT BESTÄTIGT WERDEN.
DIESER BLOCK IST ALS UNBEWOHNT REGISTRIERT, ABER OBDACHLOSE NUTZEN IHN ALS UNTER-SCHLUPF.
ICH HOFFE, IHR SEID BEREIT.
WIR TEILEN UNS IN ZWEI GRUPPEN AUF.
SICHERT DAS GEBIET, STELLT DIE RELAISGERÄTE AUF UND LASST DIE DROHNEN DEN REST ÜBERNEHMEN.
SSSSH

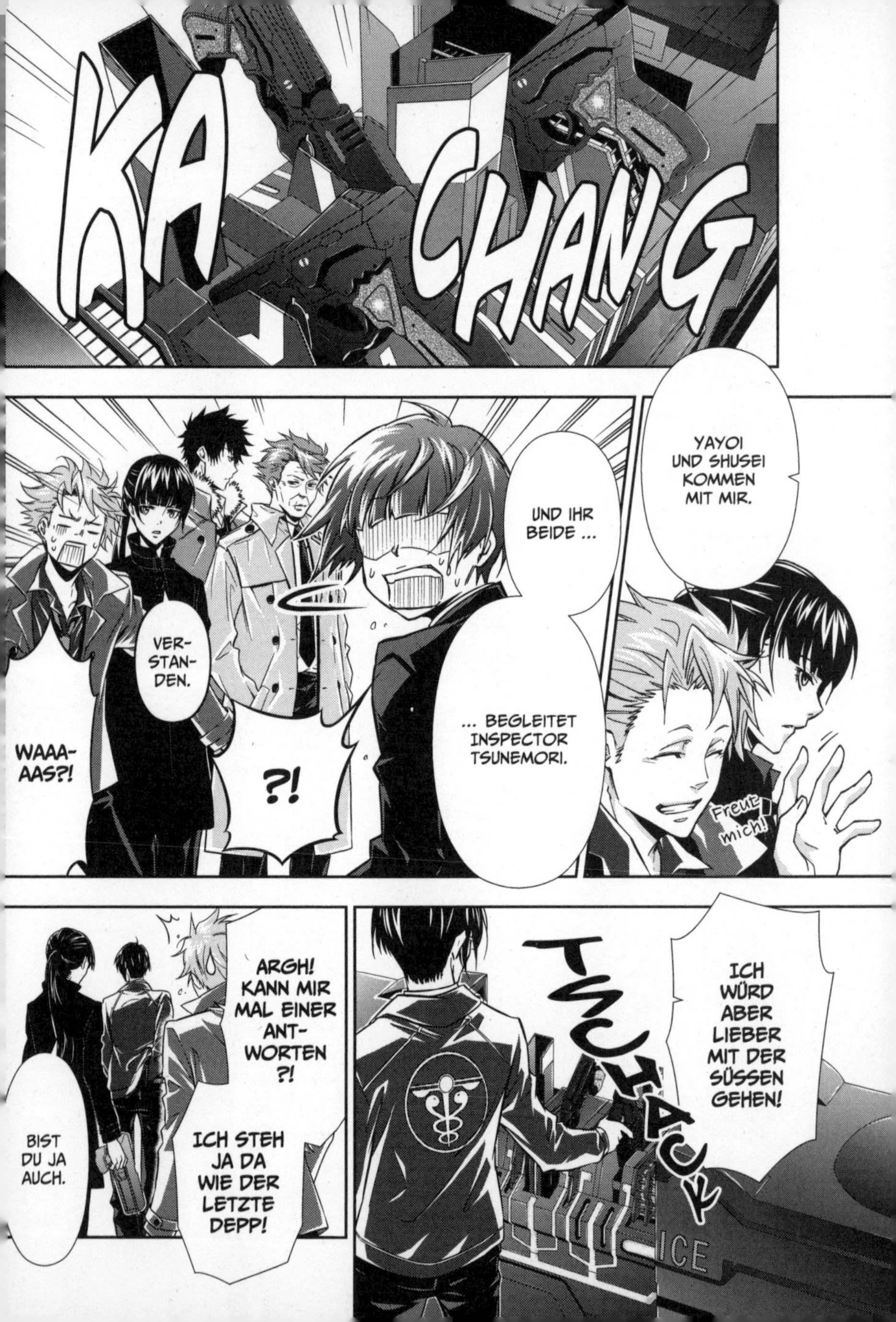
KA CHANG
YAYOI UND SHUSEI KOMMEN MIT MIR.
UND IHR BEIDE ...
... BEGLEITET INSPECTOR TSUNEMORI.
Freut mich!
?!
VER-STAN-DEN.
WAAAA-AAS?!
ICH WÜRD ABER LIEBER MIT DER SÜSSEN GEHEN!
TSCHACK
ARGH! KANN MIR MAL EINER ANT-WORTEN ?!
ICH STEH JA DA WIE DER LETZTE DEPP!
BIST DU JA AUCH.

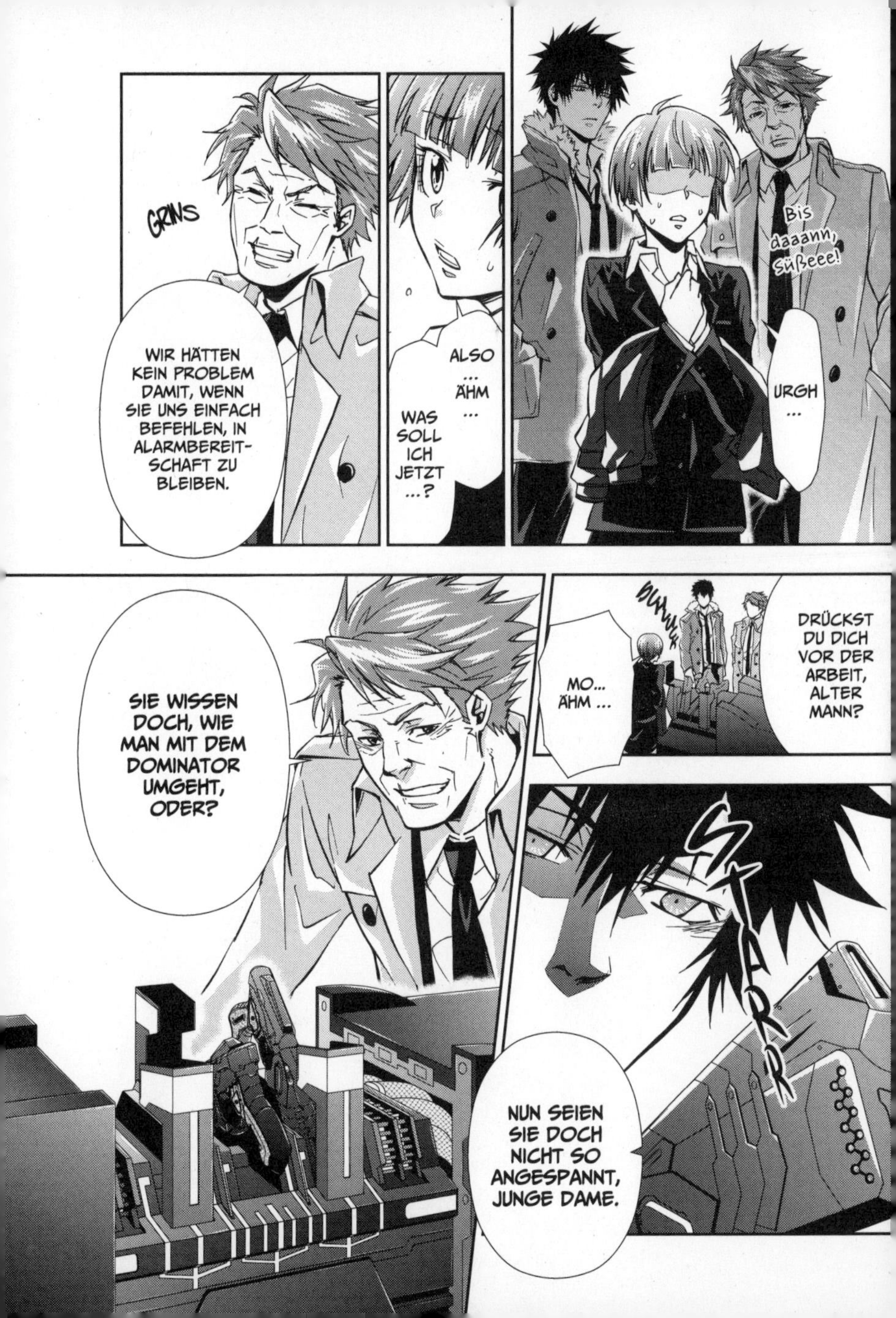
Bis daaann, Süßeee!
URGH ...
ALSO ... ÄHM ...
WAS SOLL ICH JETZT ...?
GRINS
WIR HÄTTEN KEIN PROBLEM DAMIT, WENN SIE UNS EINFACH BEFEHLEN, IN ALARMBEREIT-SCHAFT ZU BLEIBEN.
DRÜCKST DU DICH VOR DER ARBEIT, ALTER MANN?
MO... ÄHM ...
SIE WISSEN DOCH, WIE MAN MIT DEM DOMINATOR UMGEHT, ODER?
NUN SEIEN SIE DOCH NICHT SO ANGESPANNT, JUNGE DAME.

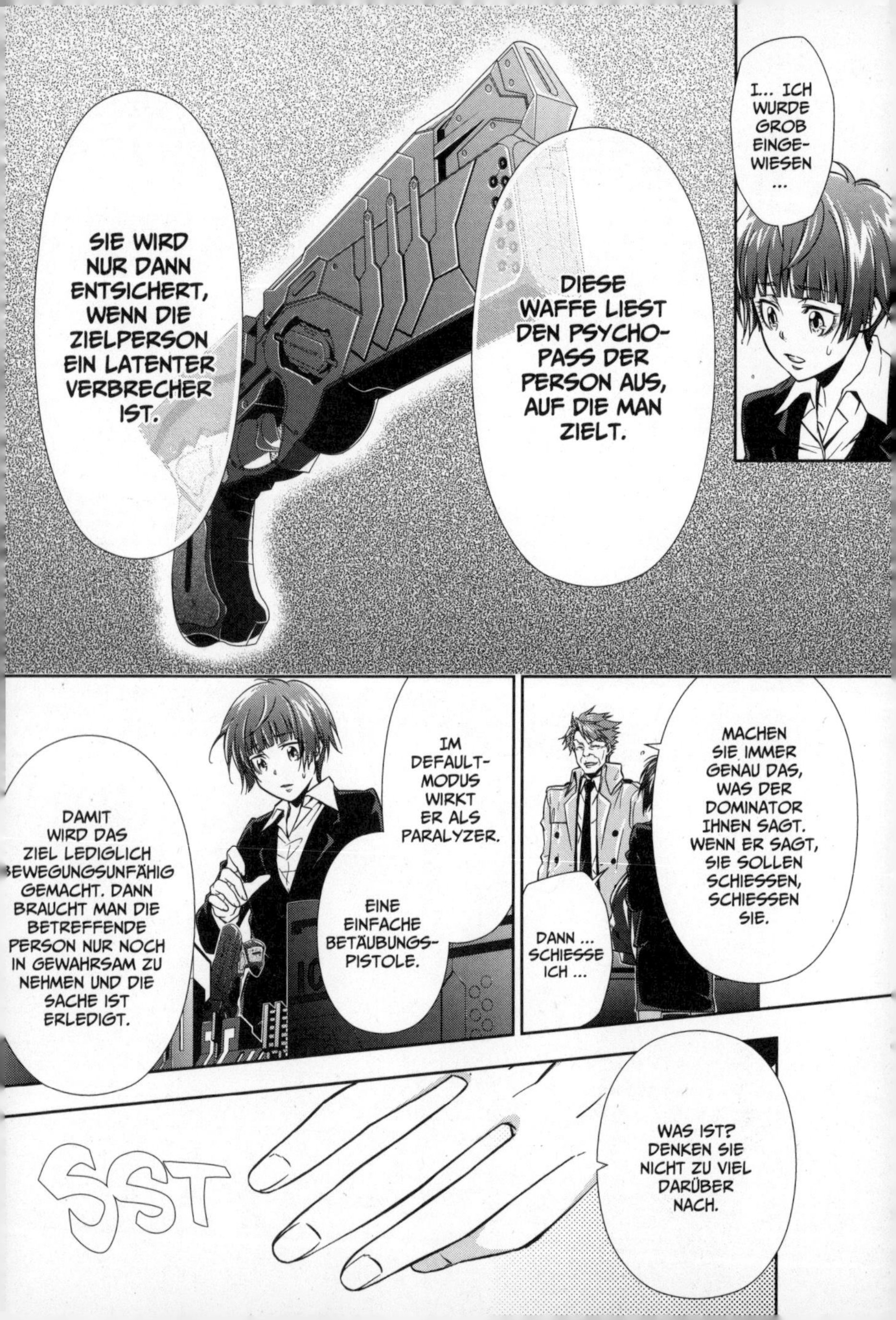

I... ICH WURDE GROB EINGE-WIESEN ...
DIESE WAFFE LIEST DEN PSYCHO-PASS DER PERSON AUS, AUF DIE MAN ZIELT.
SIE WIRD NUR DANN ENTSICHERT, WENN DIE ZIELPERSON EIN LATENTER VERBRECHER IST.
MACHEN SIE IMMER GENAU DAS, WAS DER DOMINATOR IHNEN SAGT. WENN ER SAGT, SIE SOLLEN SCHIESSEN, SCHIESSEN SIE.
DANN ... SCHIESSE ICH ...
IM DEFAULT-MODUS WIRKT ER ALS PARALYZER.
EINE EINFACHE BETÄUBUNGS-PISTOLE.
DAMIT WIRD DAS ZIEL LEDIGLICH BEWEGUNGSUNFÄHIG GEMACHT. DANN BRAUCHT MAN DIE BETREFFENDE PERSON NUR NOCH IN GEWAHRSAM ZU NEHMEN UND DIE SACHE IST ERLEDIGT.
WAS IST? DENKEN SIE NICHT ZU VIEL DARÜBER NACH.
SST

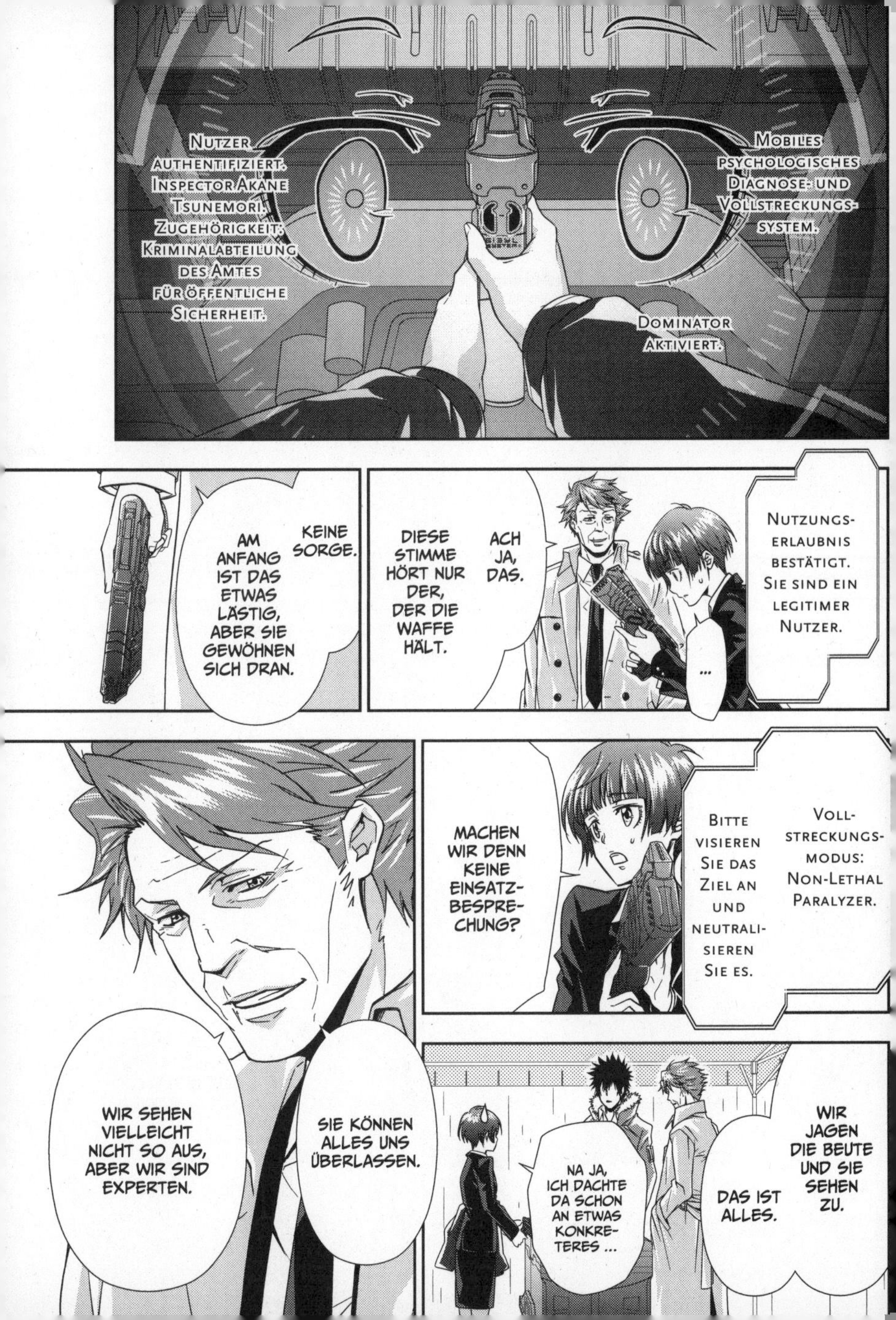

Mobiles psychologisches Diagnose- und Vollstreckungssystem.
Nutzer authentifiziert. Inspector Akane Tsunemori. Zugehörigkeit: Kriminalabteilung des Amtes für öffentliche Sicherheit.
Dominator aktiviert.
Nutzungserlaubnis bestätigt. Sie sind ein legitimer Nutzer.
...
Ach ja, das.
Diese Stimme hört nur der, der die Waffe hält.
Keine Sorge.
Am Anfang ist das etwas lästig, aber Sie gewöhnen sich dran.
Vollstreckungsmodus: Non-Lethal Paralyzer.
Bitte visieren Sie das Ziel an und neutralisieren Sie es.
Machen wir denn keine Einsatzbesprechung?
Wir jagen die Beute und Sie sehen zu.
Das ist alles.
Na ja, ich dachte da schon an etwas konkreteres ...
Sie können alles uns überlassen.
Wir sehen vielleicht nicht so aus, aber wir sind Experten.

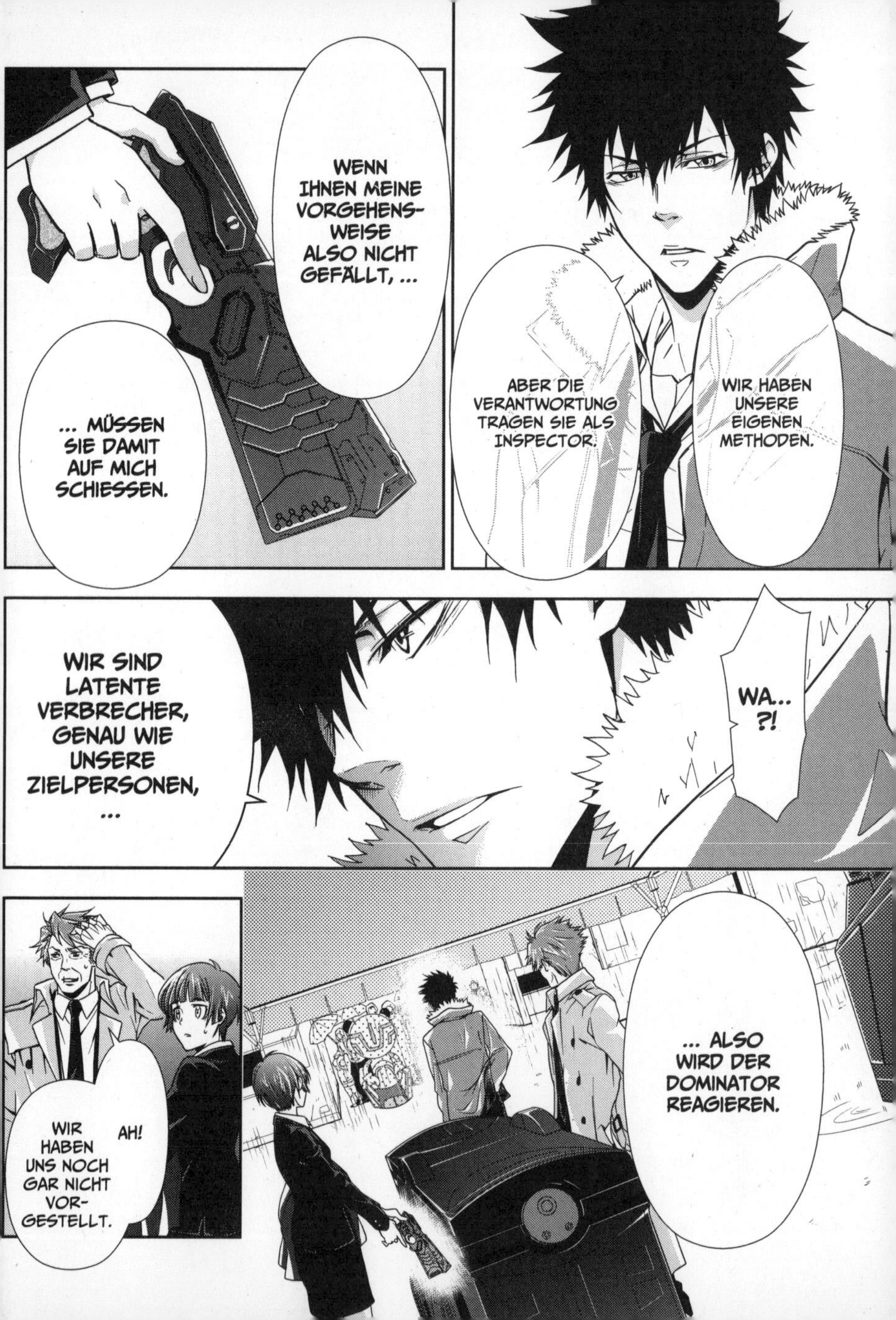
WIR HABEN UNSERE EIGENEN METHODEN.
ABER DIE VERANTWORTUNG TRAGEN SIE ALS INSPECTOR.
WENN IHNEN MEINE VORGEHENS-WEISE ALSO NICHT GEFÄLLT, ...
... MÜSSEN SIE DAMIT AUF MICH SCHIESSEN.
WA... ?!
WIR SIND LATENTE VERBRECHER, GENAU WIE UNSERE ZIELPERSONEN, ...
... ALSO WIRD DER DOMINATOR REAGIEREN.
AH!
WIR HABEN UNS NOCH GAR NICHT VOR-GESTELLT.

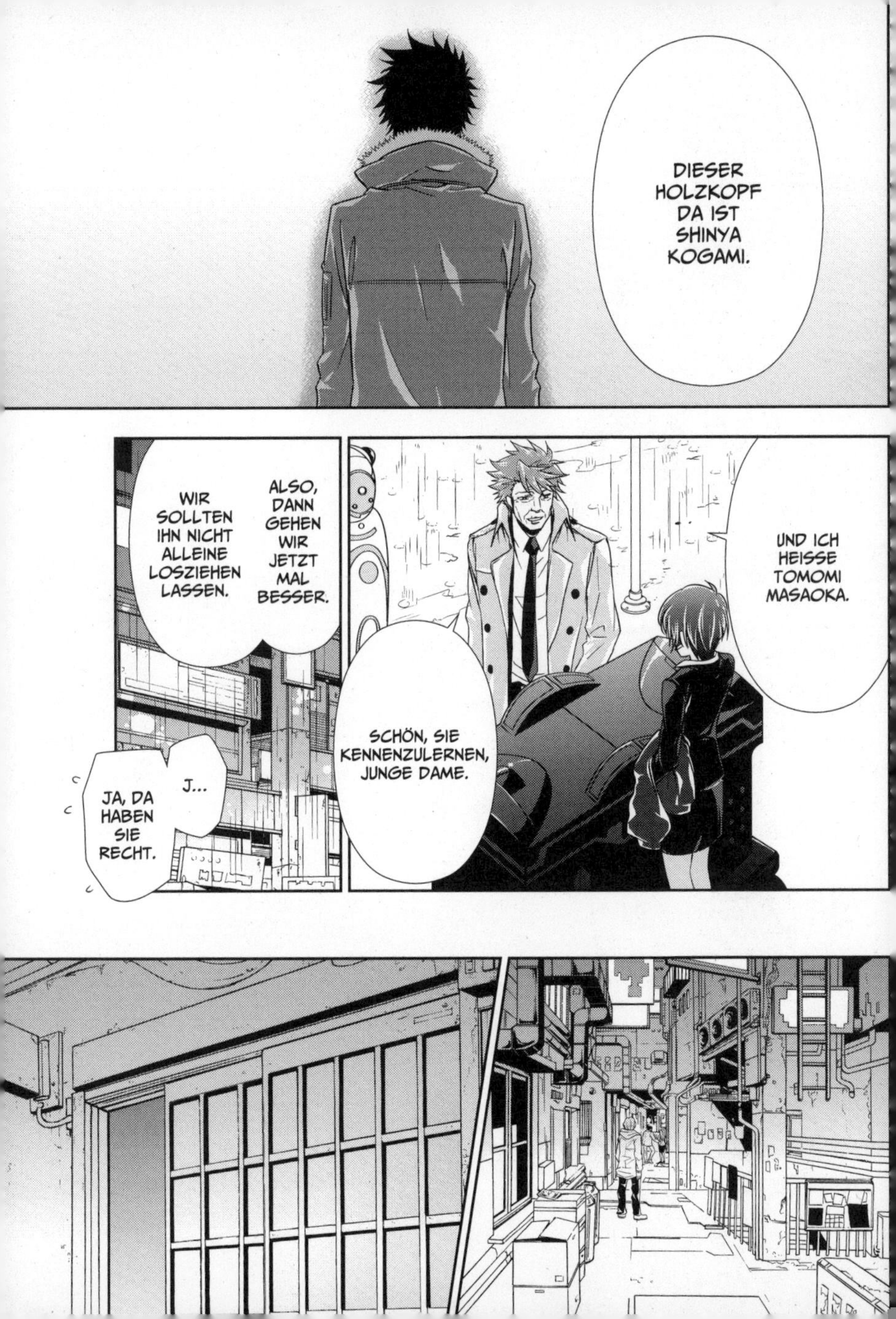
DIESER HOLZKOPF DA IST SHINYA KOGAMI.
UND ICH HEISSE TOMOMI MASAOKA.
SCHÖN, SIE KENNENZULERNEN, JUNGE DAME.
ALSO, DANN GEHEN WIR JETZT MAL BESSER.
WIR SOLLTEN IHN NICHT ALLEINE LOSZIEHEN LASSEN.
J...
JA, DA HABEN SIE RECHT.

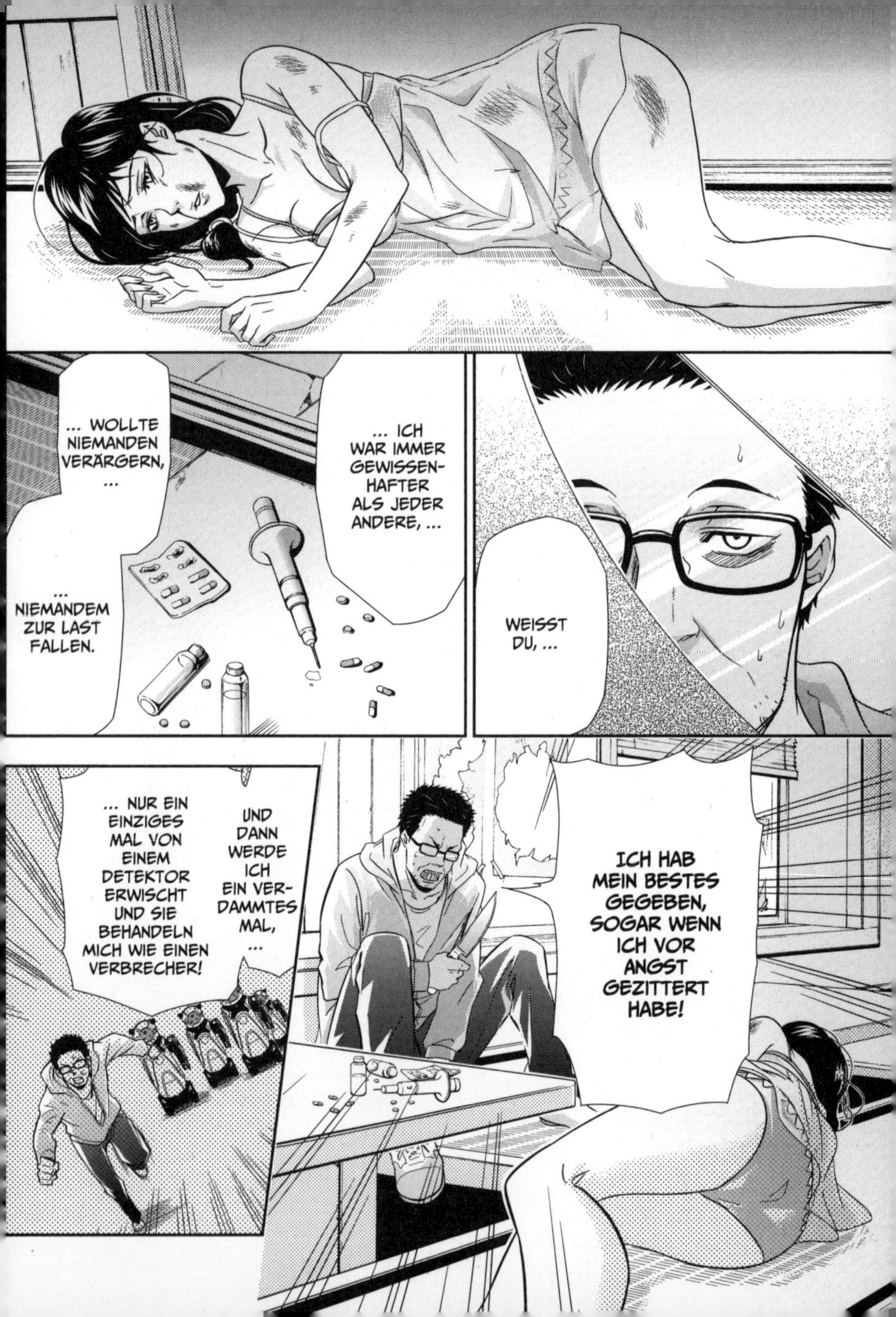
WEISST DU, ...
... ICH WAR IMMER GEWISSENHAFTER ALS JEDER ANDERE, ...
... WOLLTE NIEMANDEN VERÄRGERN, ...
... NIEMANDEM ZUR LAST FALLEN.
ICH HAB MEIN BESTES GEGEBEN, SOGAR WENN ICH VOR ANGST GEZITTERT HABE!
UND DANN WERDE ICH EIN VERDAMMTES MAL, ...
... NUR EIN EINZIGES MAL VON EINEM DETEKTOR ERWISCHT UND SIE BEHANDELN MICH WIE EINEN VERBRECHER!

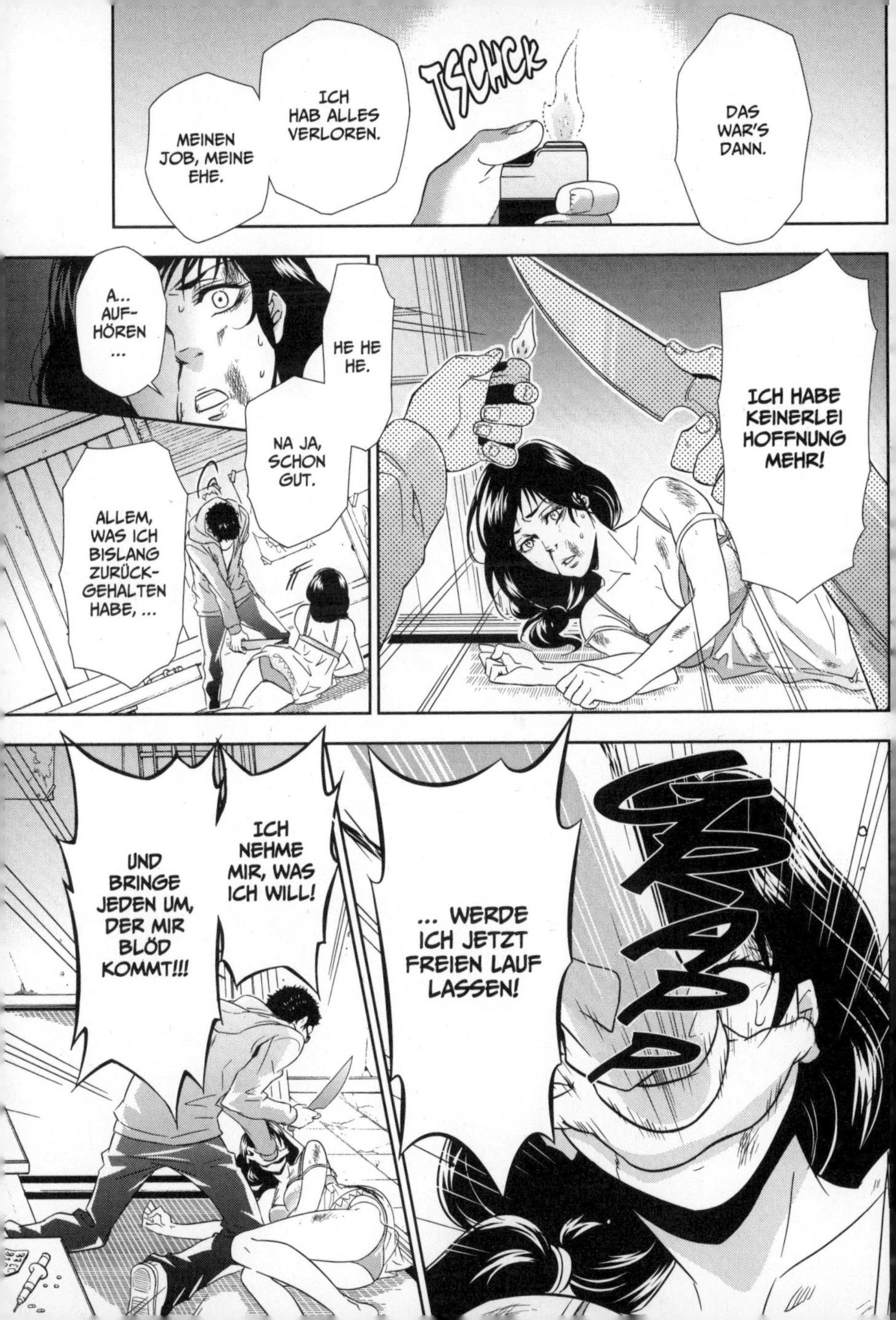

MEINEN JOB, MEINE EHE.
ICH HAB ALLES VERLOREN.
TSCHCK
DAS WAR'S DANN.
A... AUF-HÖREN ...
HE HE HE.
NA JA, SCHON GUT.
ICH HABE KEINERLEI HOFFNUNG MEHR!
ALLEM, WAS ICH BISLANG ZURÜCK-GEHALTEN HABE, ...
... WERDE ICH JETZT FREIEN LAUF LASSEN!
ICH NEHME MIR, WAS ICH WILL!
UND BRINGE JEDEN UM, DER MIR BLÖD KOMMT!!!

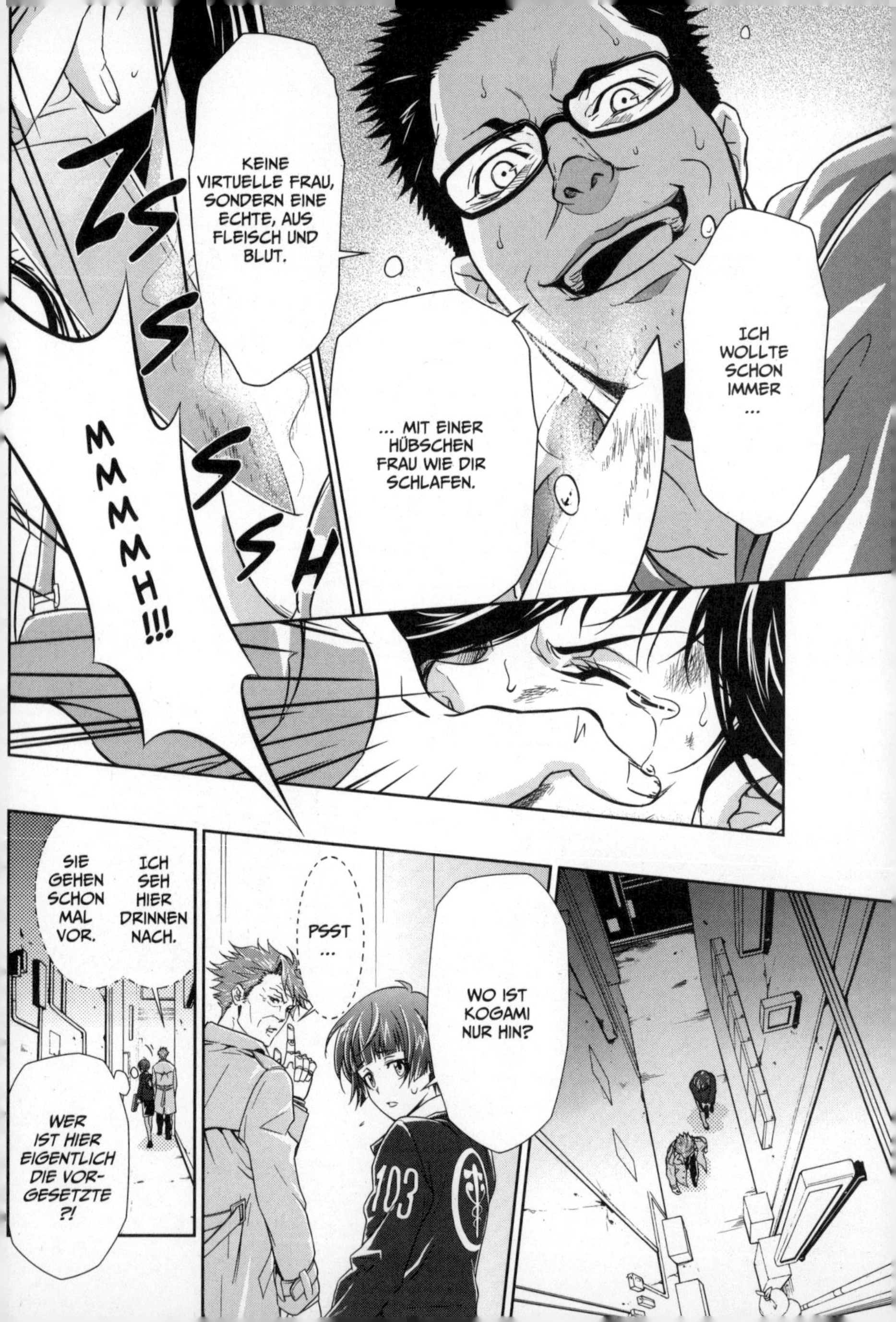
ICH WOLLTE SCHON IMMER ...
... MIT EINER HÜBSCHEN FRAU WIE DIR SCHLAFEN.
KEINE VIRTUELLE FRAU, SONDERN EINE ECHTE, AUS FLEISCH UND BLUT.
ZSSSSH
MMMMMH!!!
WO IST KOGAMI NUR HIN?
PSST ...
ICH SEH HIER DRINNEN NACH.
SIE GEHEN SCHON MAL VOR.
WER IST HIER EIGENTLICH DIE VOR-GESETZTE ?!
103

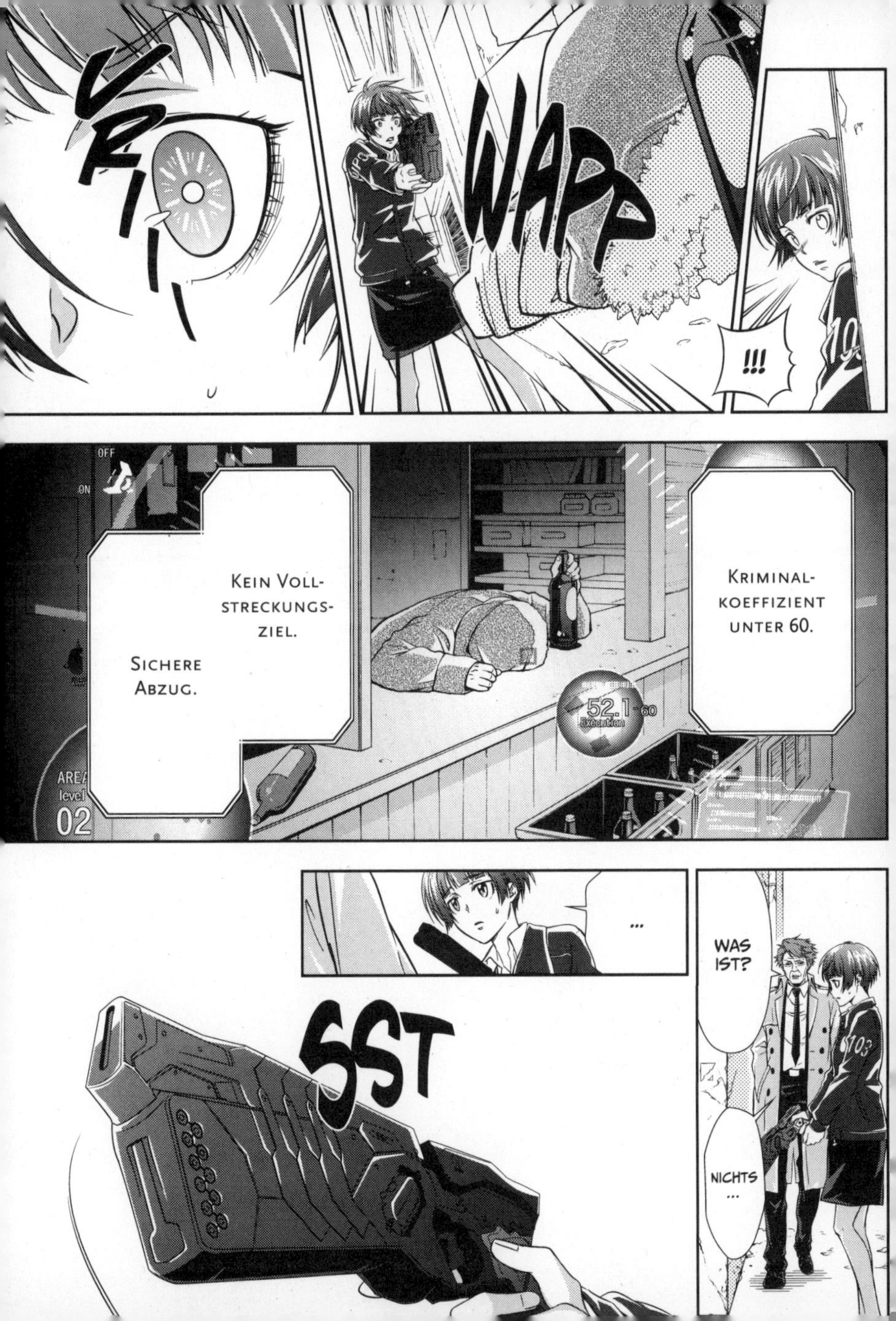

!!!
WAPP
VRI
OFF
ON
Kriminal-
koeffizient
unter 60.
Kein Voll-
streckungs-
ziel.
Sichere
Abzug.
52.1
60
Execution
AREA
level
02
Was
ist?
...
Nichts
...
SST

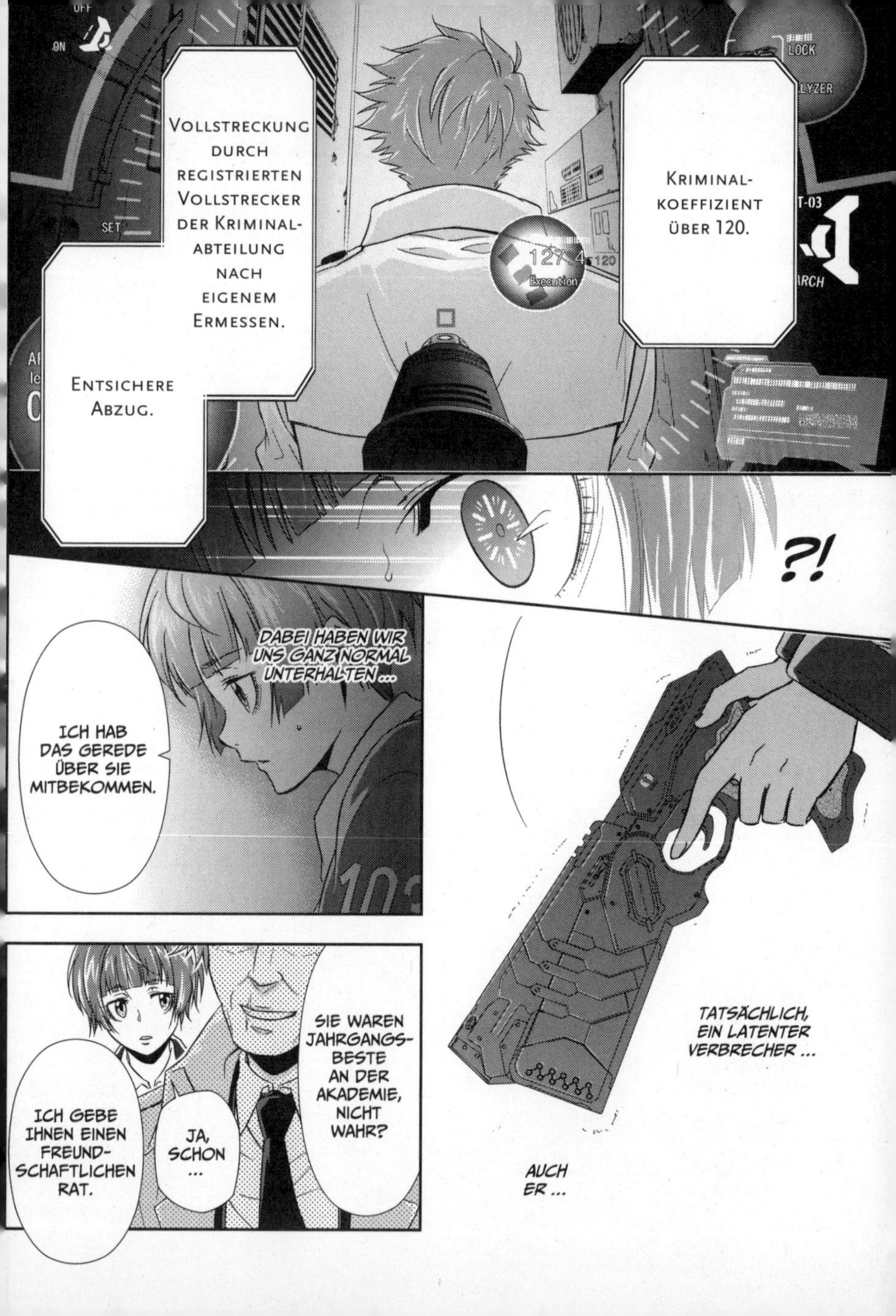
LOCK
Kriminalkoeffizient über 120.
127.4
120
Execution
Vollstreckung durch registrierten Vollstrecker der Kriminalabteilung nach eigenem Ermessen.
Entsichere Abzug.
?!
Dabei haben wir uns ganz normal unterhalten ...
Ich hab das Gerede über Sie mitbekommen.
Tatsächlich, ein latenter Verbrecher ...
Auch er ...
Sie waren Jahrgangsbeste an der Akademie, nicht wahr?
Ja, schon ...
Ich gebe Ihnen einen freundschaftlichen Rat.

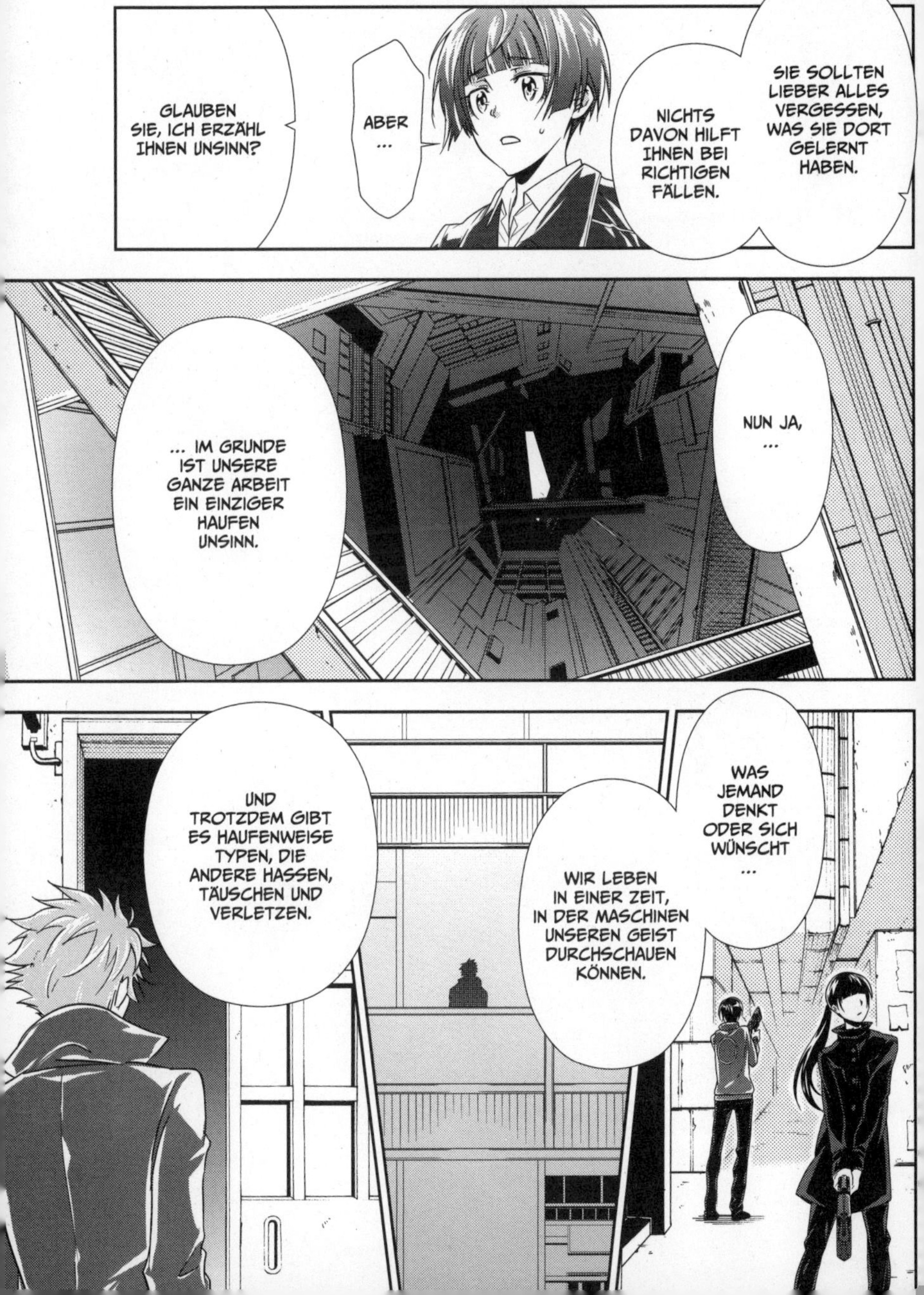
SIE SOLLTEN LIEBER ALLES VERGESSEN, WAS SIE DORT GELERNT HABEN.
NICHTS DAVON HILFT IHNEN BEI RICHTIGEN FÄLLEN.
ABER ...
GLAUBEN SIE, ICH ERZÄHL IHNEN UNSINN?
NUN JA, ...
... IM GRUNDE IST UNSERE GANZE ARBEIT EIN EINZIGER HAUFEN UNSINN.
WAS JEMAND DENKT ODER SICH WÜNSCHT ...
WIR LEBEN IN EINER ZEIT, IN DER MASCHINEN UNSEREN GEIST DURCHSCHAUEN KÖNNEN.
UND TROTZDEM GIBT ES HAUFENWEISE TYPEN, DIE ANDERE HASSEN, TÄUSCHEN UND VERLETZEN.

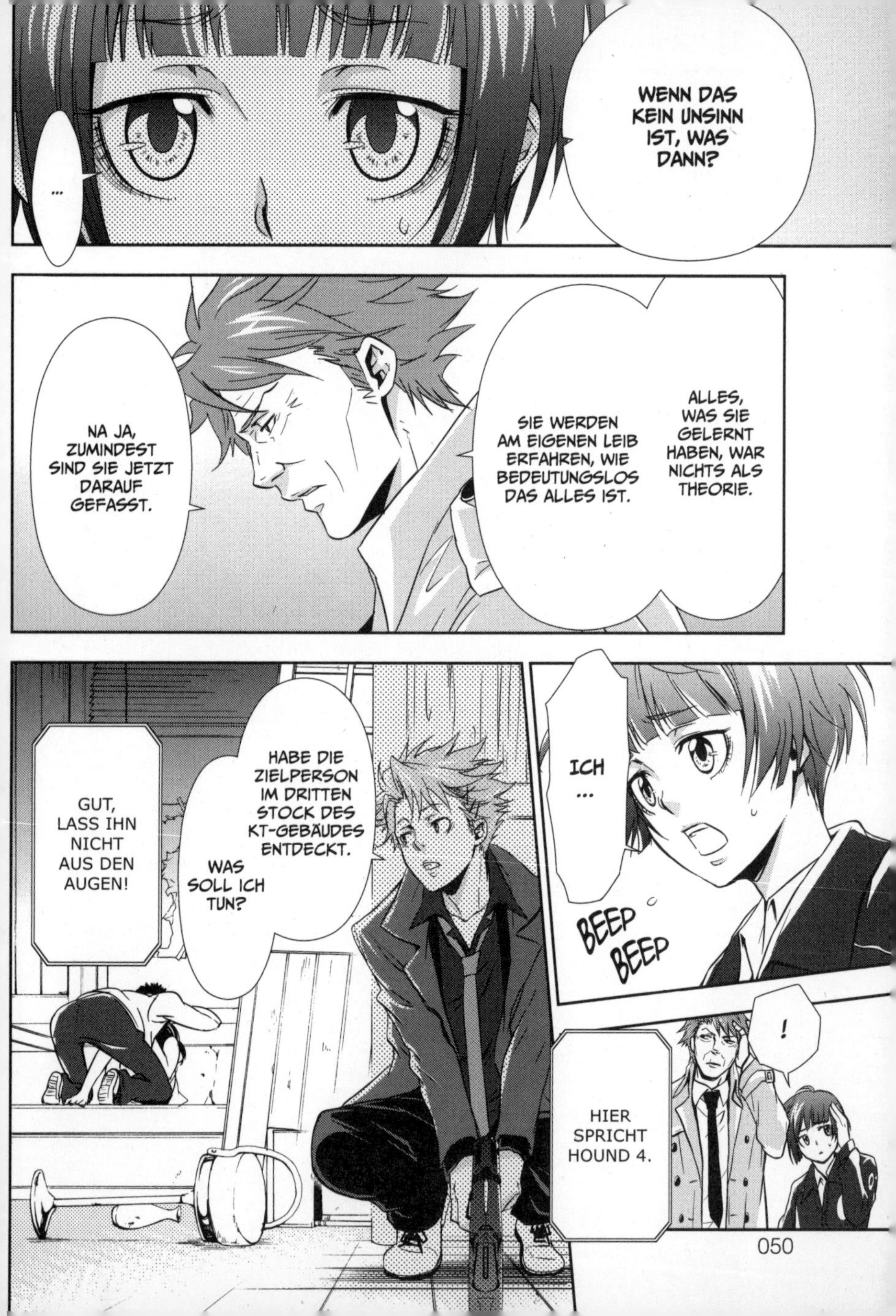
WENN DAS KEIN UNSINN IST, WAS DANN?
...
ALLES, WAS SIE GELERNT HABEN, WAR NICHTS ALS THEORIE.
SIE WERDEN AM EIGENEN LEIB ERFAHREN, WIE BEDEUTUNGSLOS DAS ALLES IST.
NA JA, ZUMINDEST SIND SIE JETZT DARAUF GEFASST.
ICH ...
BEEP BEEP
!
HIER SPRICHT HOUND 4.
HABE DIE ZIELPERSON IM DRITTEN STOCK DES KT-GEBÄUDES ENTDECKT.
WAS SOLL ICH TUN?
GUT, LASS IHN NICHT AUS DEN AUGEN!

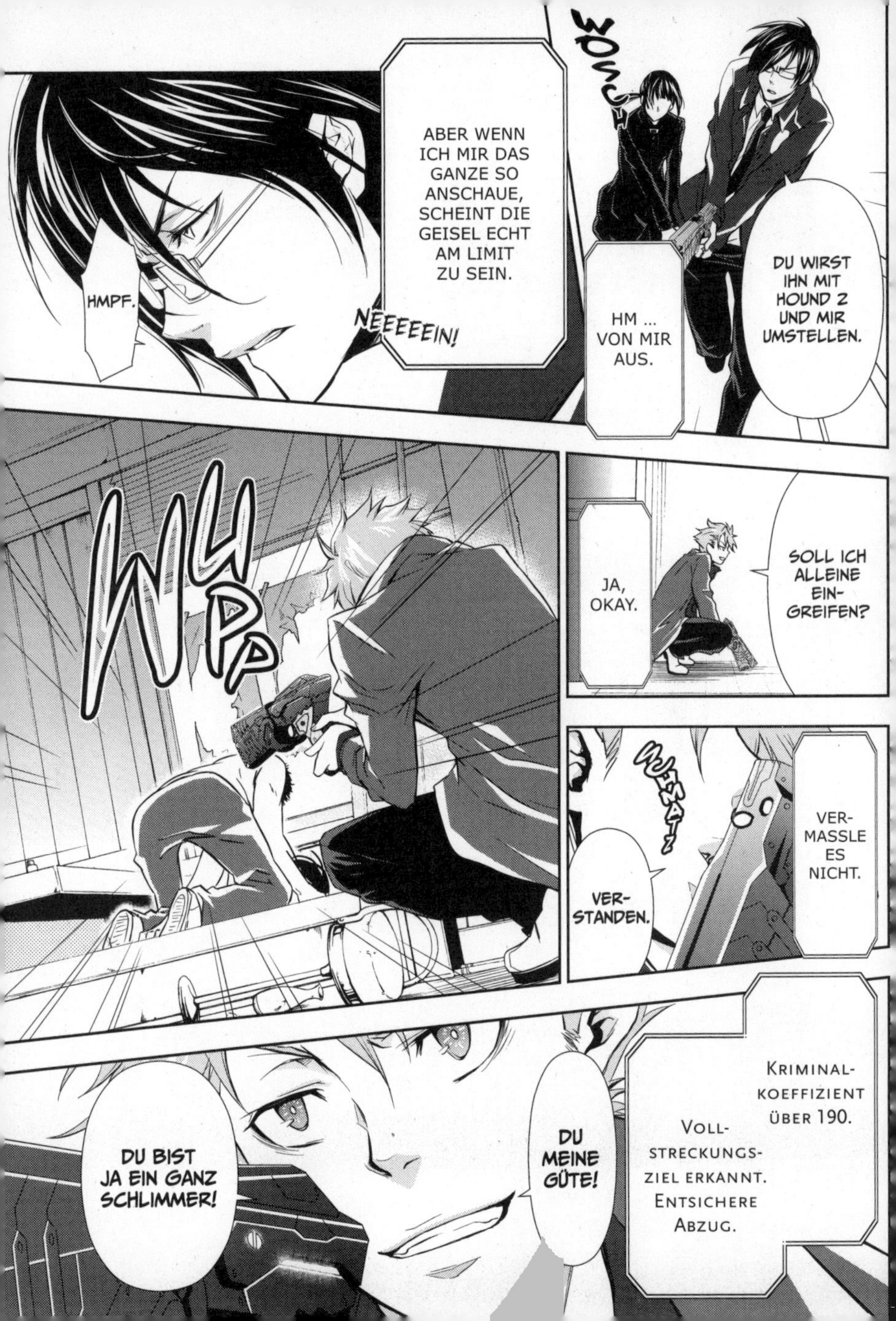
DU WIRST IHN MIT HOUND 2 UND MIR UMSTELLEN.
HM ... VON MIR AUS.
ABER WENN ICH MIR DAS GANZE SO ANSCHAUE, SCHEINT DIE GEISEL ECHT AM LIMIT ZU SEIN.
NEEEEEEIN!
HMPF.
SOLL ICH ALLEINE EIN-GREIFEN?
JA, OKAY.
WUPP
VER-MASSLE ES NICHT.
VER-STANDEN.
KRIMINAL-KOEFFIZIENT ÜBER 190.
VOLL-STRECKUNGS-ZIEL ERKANNT. ENTSICHERE ABZUG.
DU MEINE GÜTE!
DU BIST JA EIN GANZ SCHLIMMER!

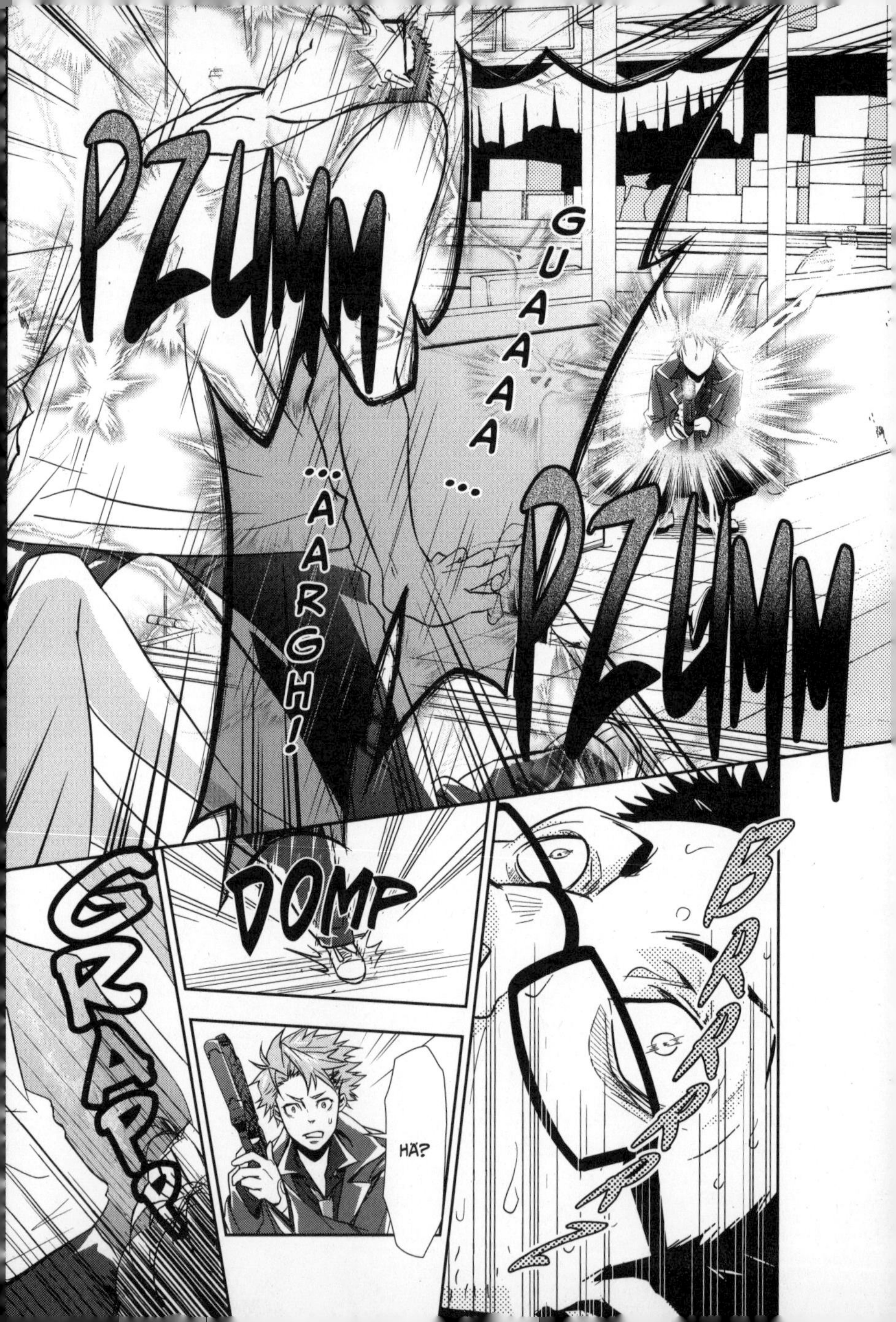
PZUMM
GUAAAAA...
...ÄAARGH!
PZUMM
BKXXXX
DOMP
HÄ?
GRAP...

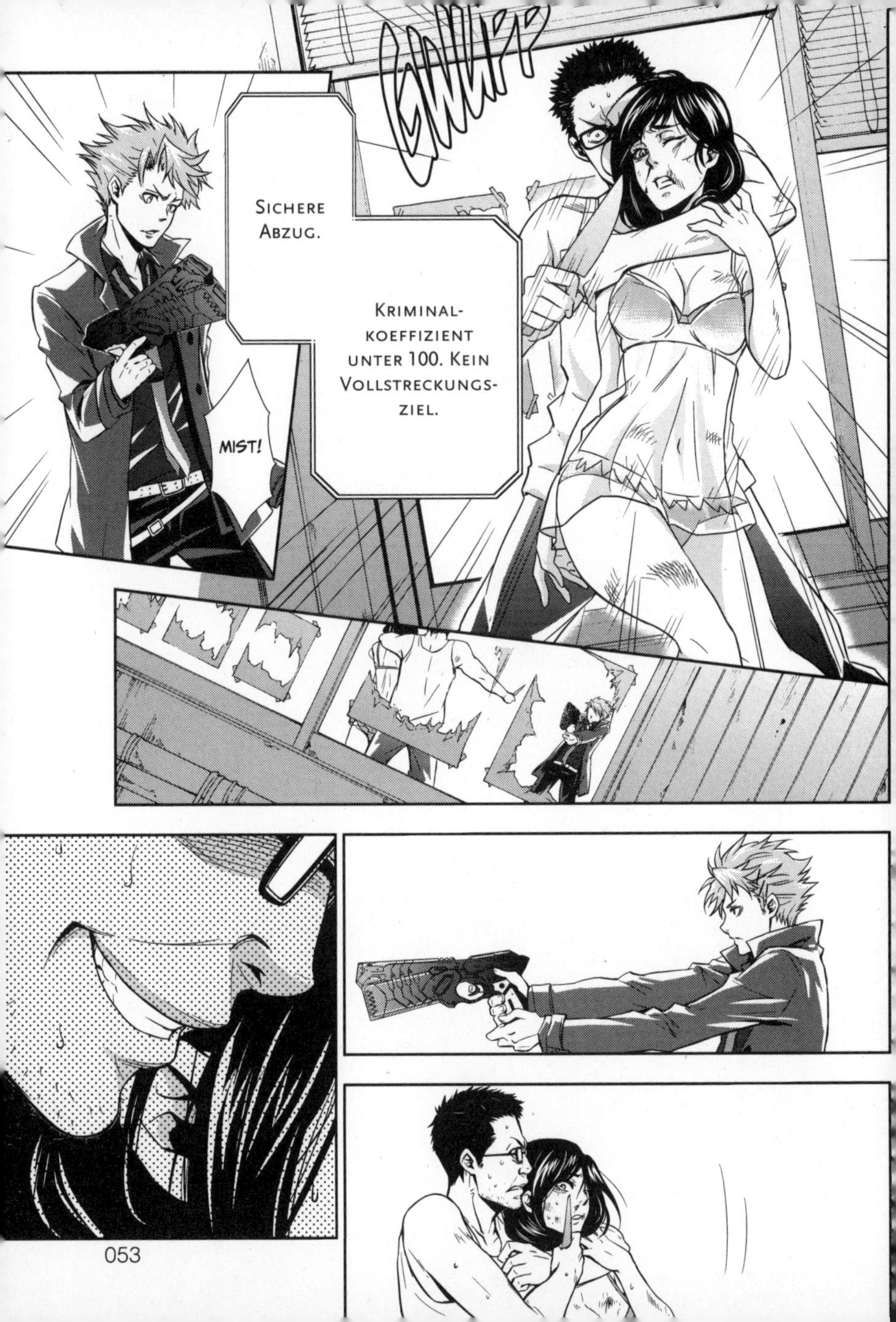
Sichere Abzug.
Kriminal-koeffizient unter 100. Kein Vollstreckungs-ziel.
Mist!

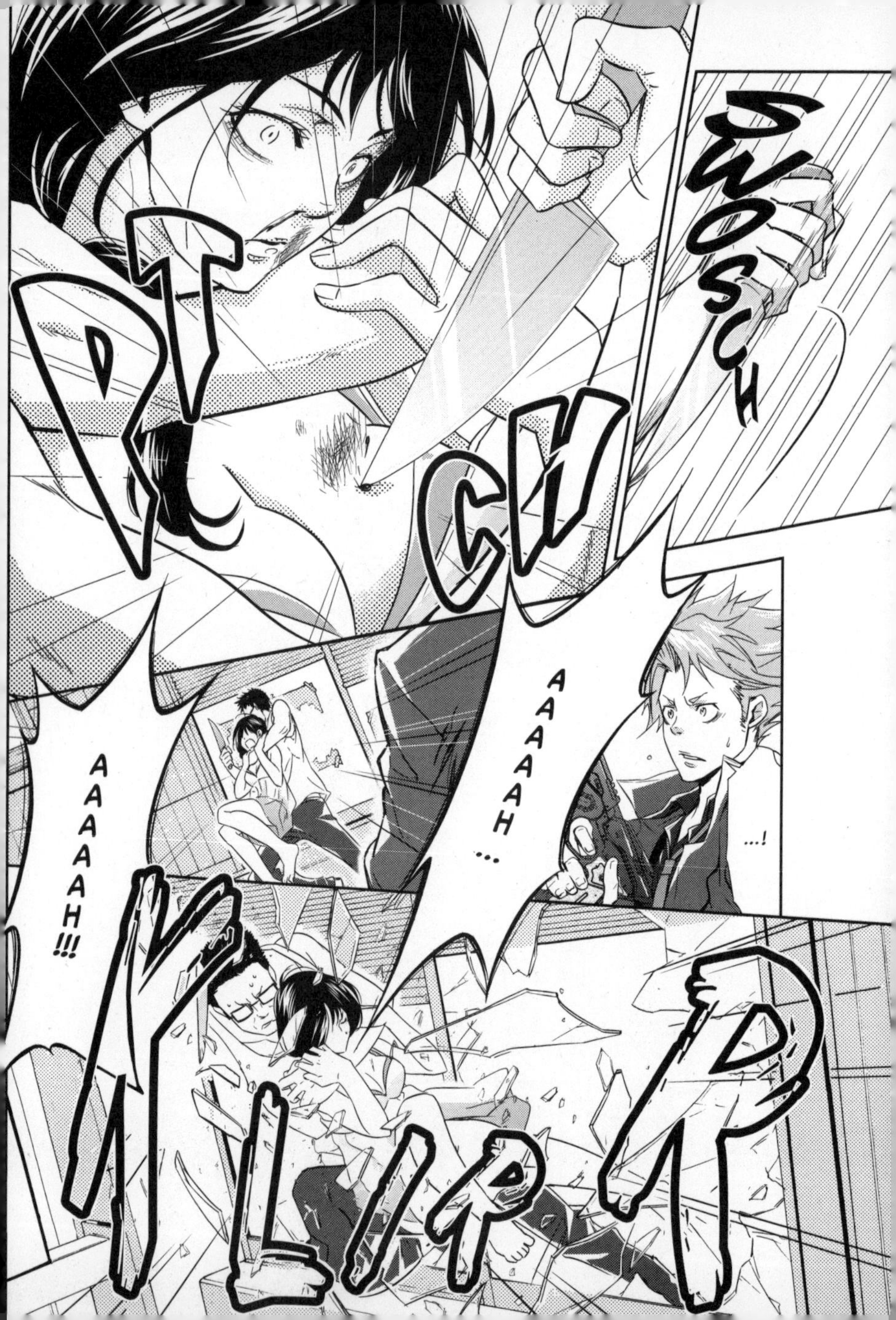
SWOSCH
PITCH
AAAAAAAH...
...!
AAAAAAAH!!!
KLIRR

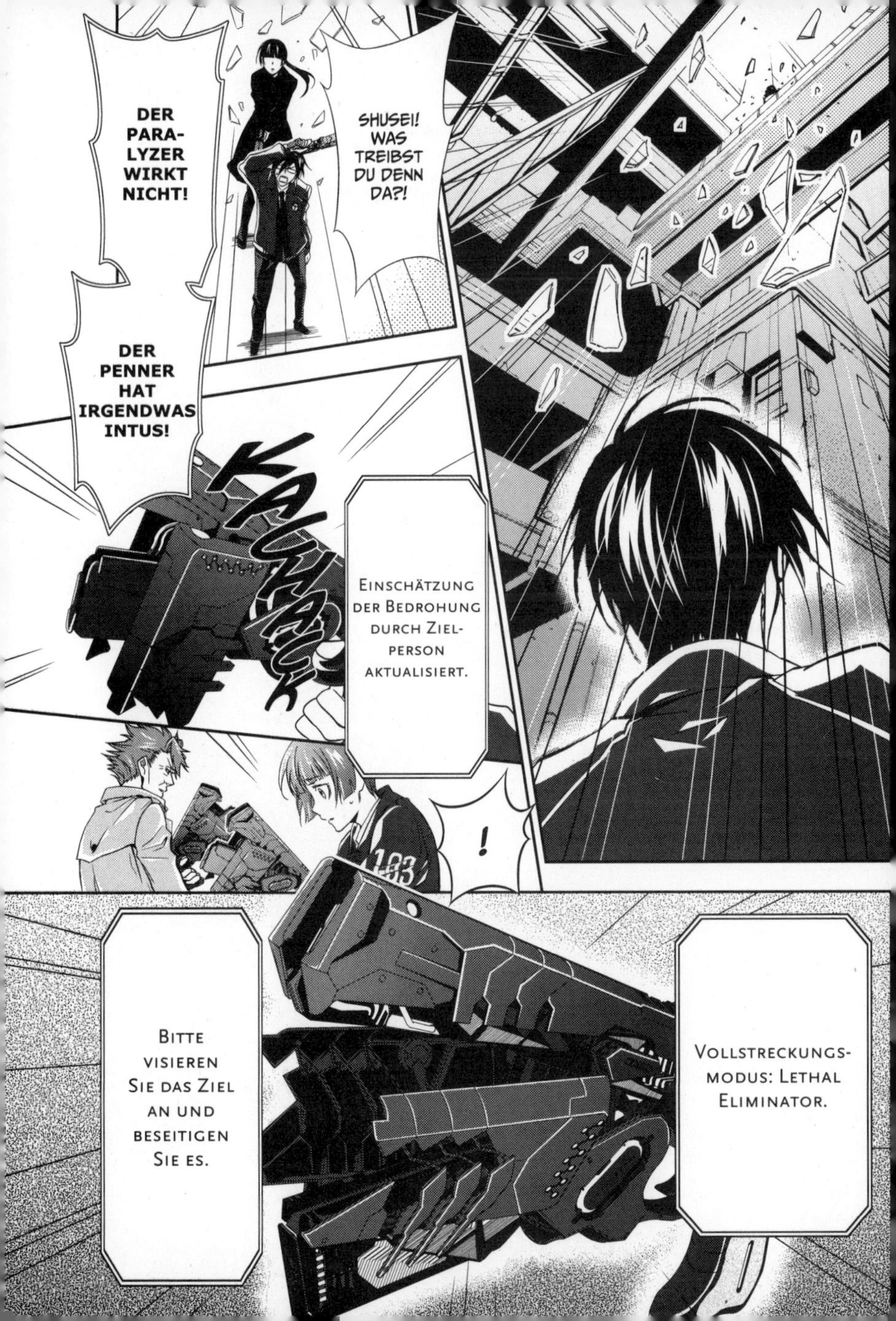
SHUSEI! WAS TREIBST DU DENN DA?!
DER PARALYZER WIRKT NICHT!
DER PENNER HAT IRGENDWAS INTUS!
Einschätzung der Bedrohung durch Zielperson aktualisiert.
!
Vollstreckungsmodus: Lethal Eliminator.
Bitte visieren Sie das Ziel an und beseitigen Sie es.

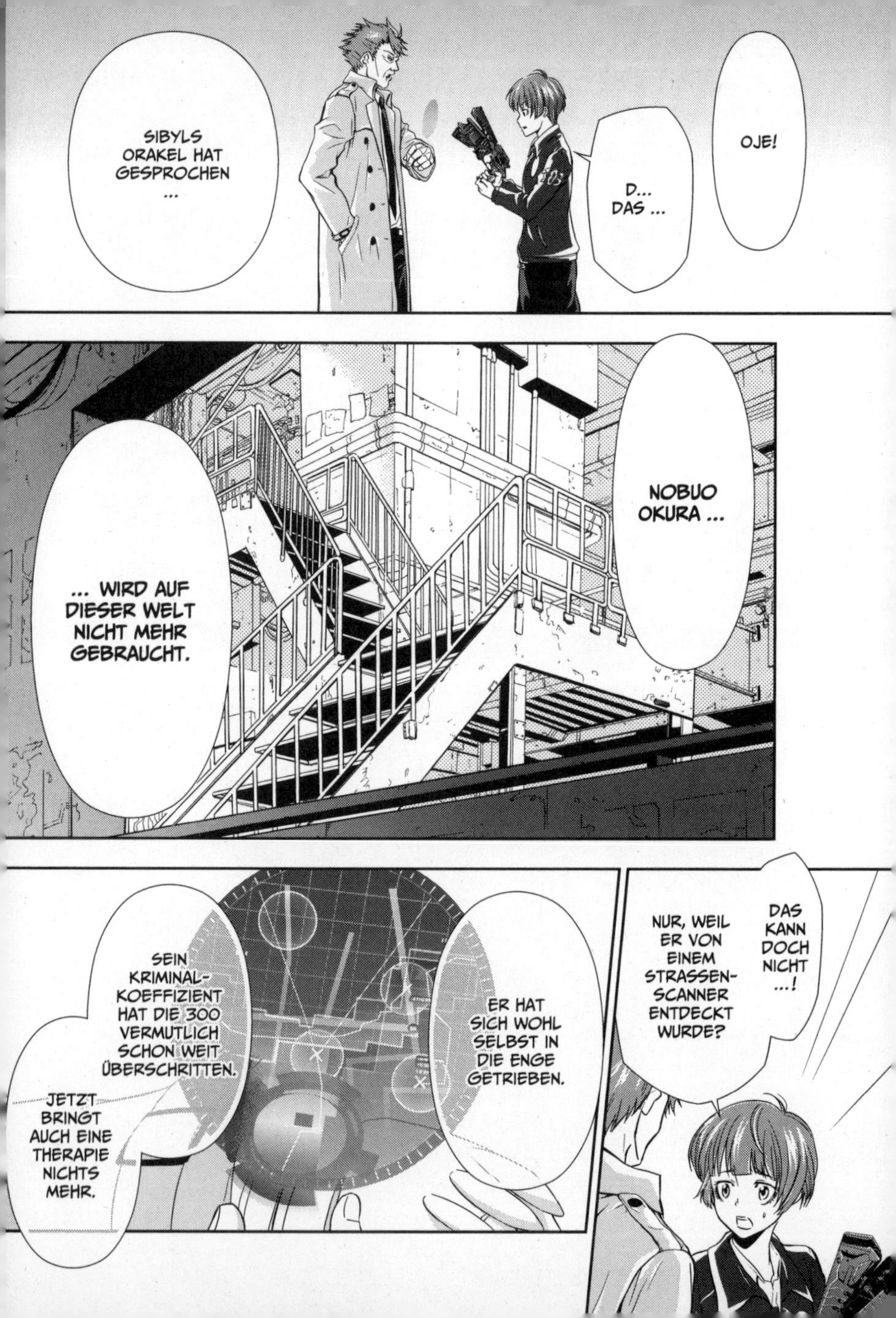
OJE!
D... DAS ...
SIBYLS ORAKEL HAT GESPROCHEN ...
NOBUO OKURA ...
... WIRD AUF DIESER WELT NICHT MEHR GEBRAUCHT.
DAS KANN DOCH NICHT ...!
NUR, WEIL ER VON EINEM STRASSEN-SCANNER ENTDECKT WURDE?
ER HAT SICH WOHL SELBST IN DIE ENGE GETRIEBEN.
SEIN KRIMINAL-KOEFFIZIENT HAT DIE 300 VERMUTLICH SCHON WEIT ÜBERSCHRITTEN.
JETZT BRINGT AUCH EINE THERAPIE NICHTS MEHR.

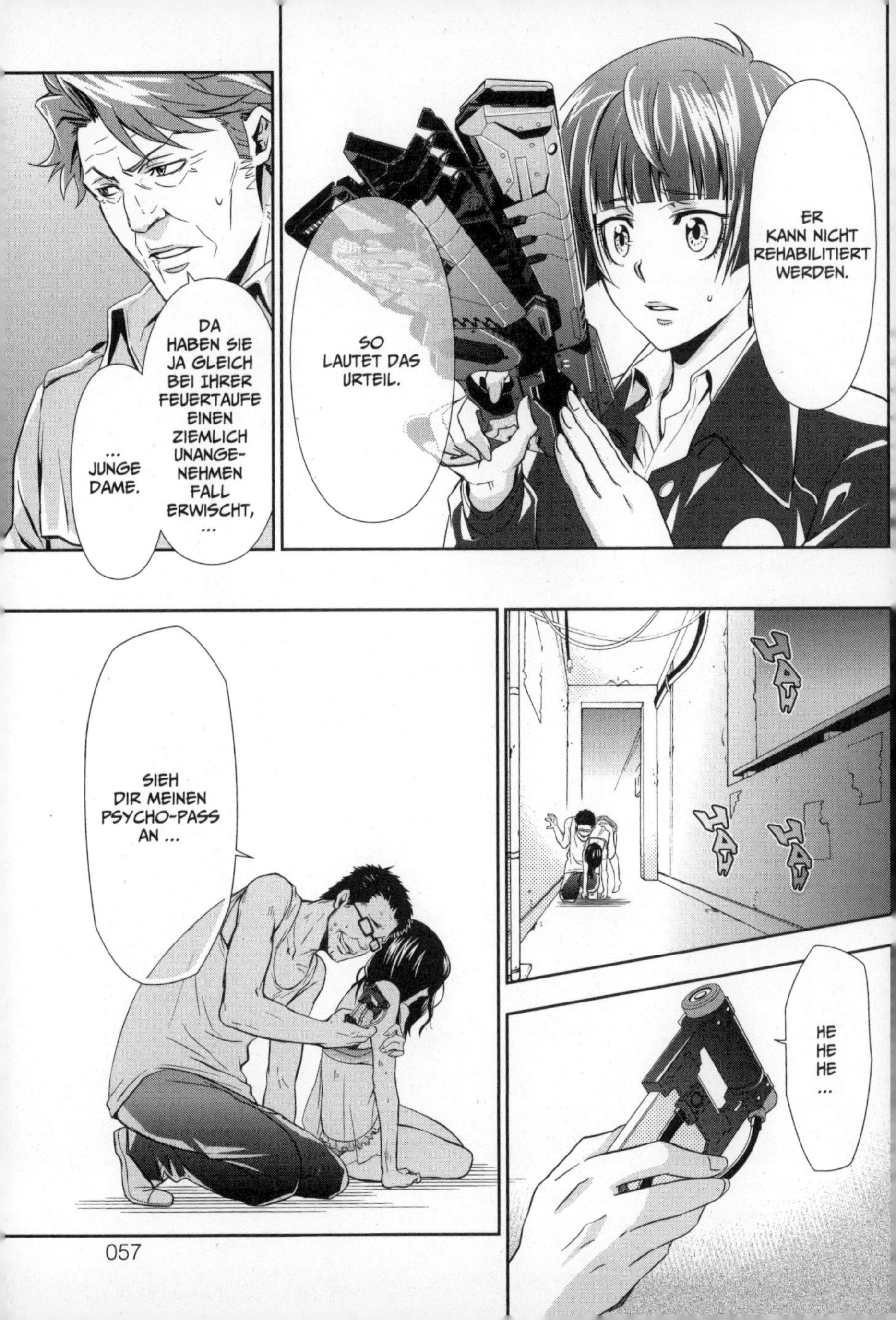
ER KANN NICHT REHABILITIERT WERDEN.
SO LAUTET DAS URTEIL.
DA HABEN SIE JA GLEICH BEI IHRER FEUERTAUFE EINEN ZIEMLICH UNANGENEHMEN FALL ERWISCHT, ...
... JUNGE DAME.
HA
HA
HA
HE HE HE ...
SIEH DIR MEINEN PSYCHO-PASS AN ...

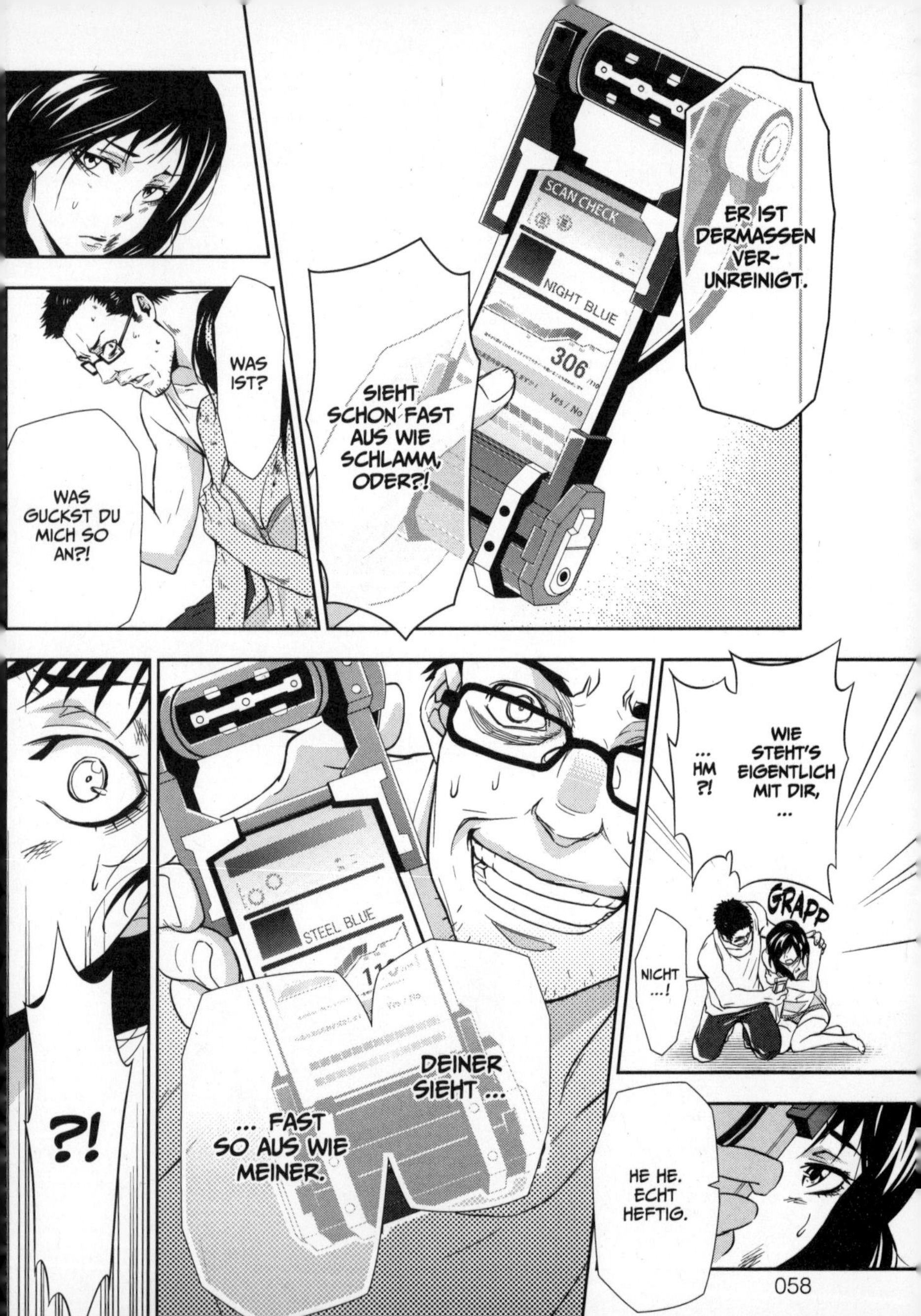
SCAN CHECK
NIGHT BLUE
306
ER IST DERMASSEN VER- UNREINIGT.
SIEHT SCHON FAST AUS WIE SCHLAMM, ODER?!
WAS IST?
WAS GUCKST DU MICH SO AN?!
WIE STEHT'S EIGENTLICH MIT DIR, ...
... HM ?!
GRAPP
NICHT ...!
STEEL BLUE
DEINER SIEHT ...
... FAST SO AUS WIE MEINER.
HE HE. ECHT HEFTIG.
?!

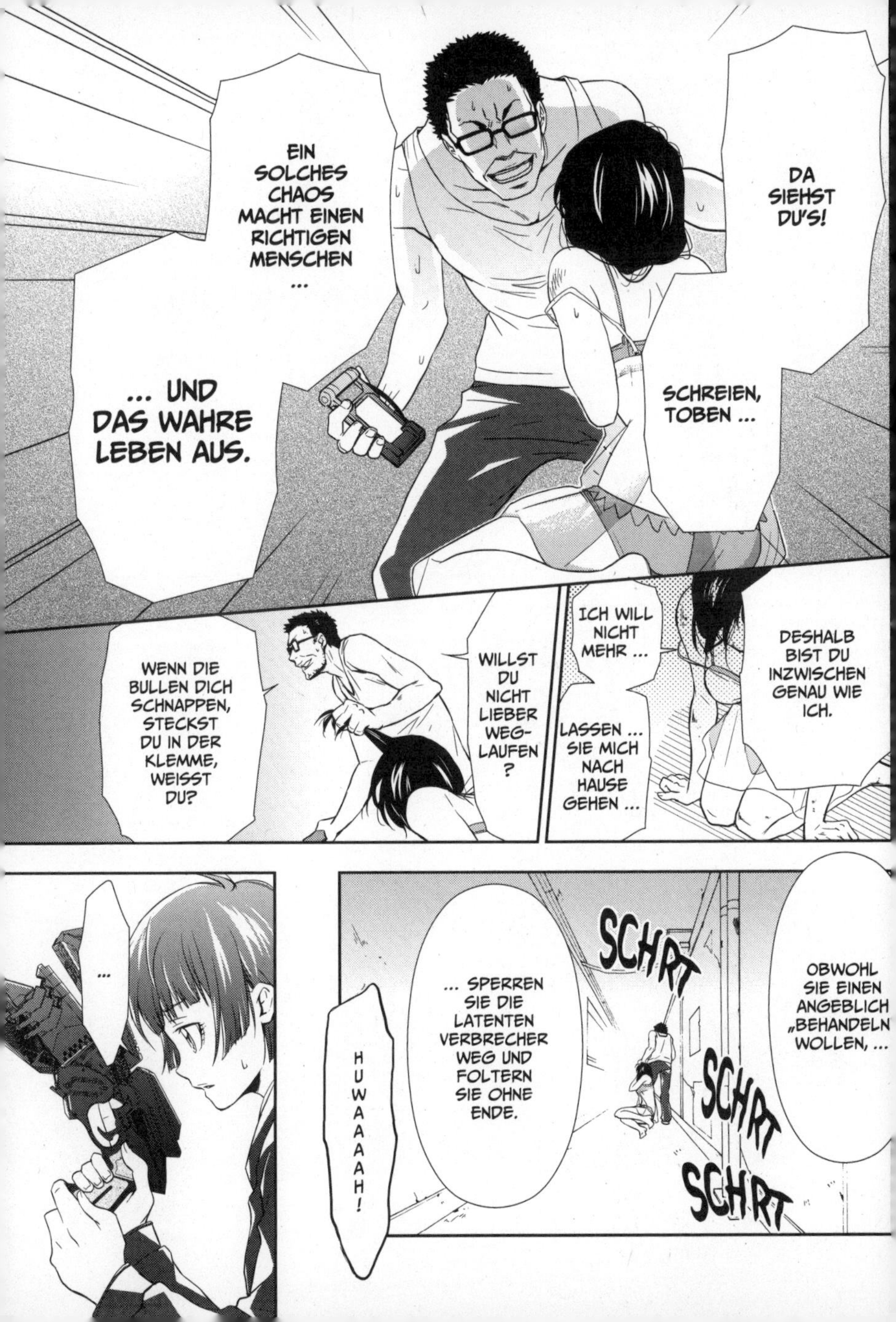
DA SIEHST DU'S!
SCHREIEN, TOBEN ...
EIN SOLCHES CHAOS MACHT EINEN RICHTIGEN MENSCHEN ...
... UND DAS WAHRE LEBEN AUS.
DESHALB BIST DU INZWISCHEN GENAU WIE ICH.
ICH WILL NICHT MEHR ...
LASSEN ... SIE MICH NACH HAUSE GEHEN ...
WILLST DU NICHT LIEBER WEG-LAUFEN ?
WENN DIE BULLEN DICH SCHNAPPEN, STECKST DU IN DER KLEMME, WEISST DU?
OBWOHL SIE EINEN ANGEBLICH „BEHANDELN WOLLEN, ...
SCHRT
SCHRT
SCHRT
... SPERREN SIE DIE LATENTEN VERBRECHER WEG UND FOLTERN SIE OHNE ENDE.
HUWAAAAAH!
...

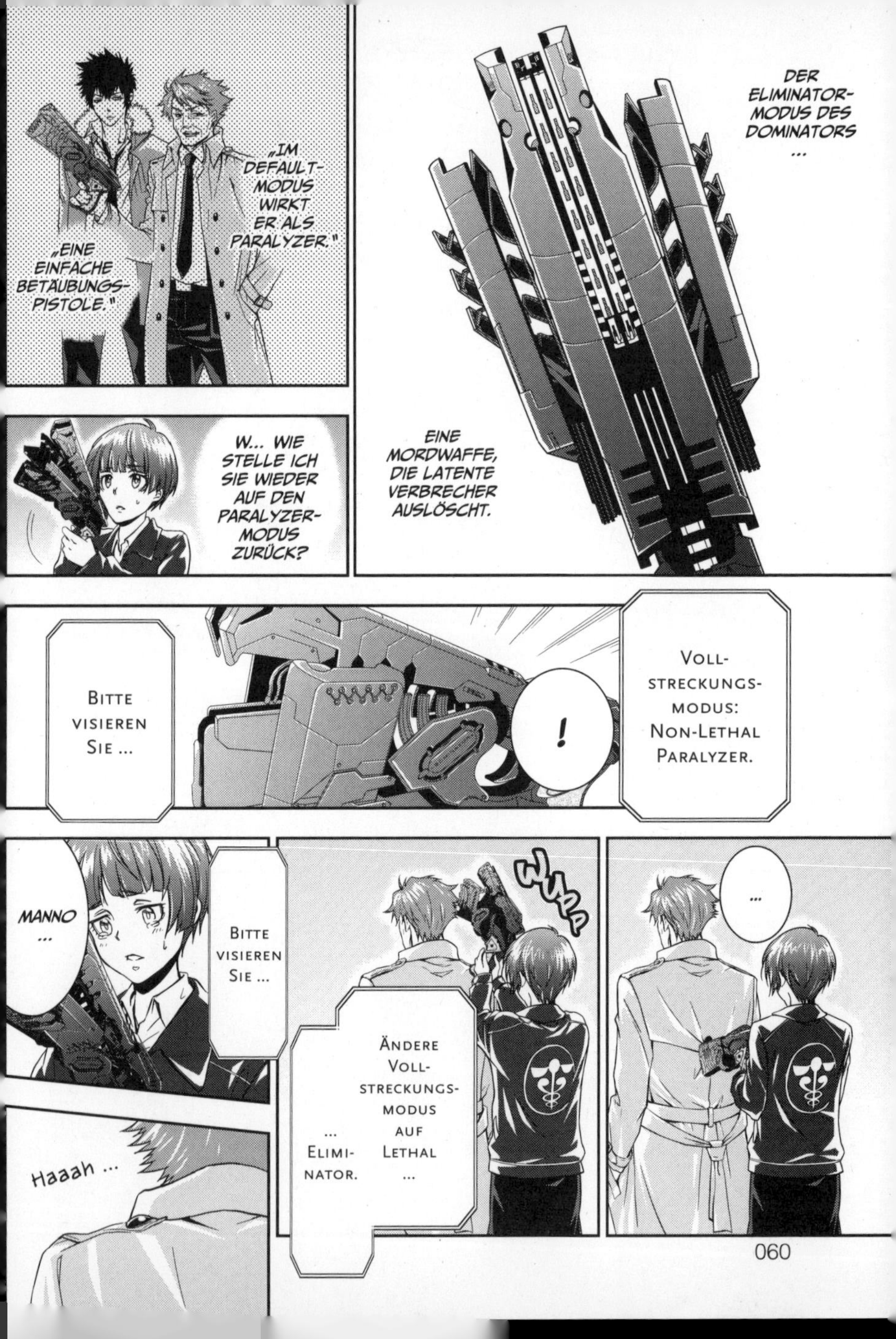
DER ELIMINATOR-MODUS DES DOMINATORS ...
EINE MORDWAFFE, DIE LATENTE VERBRECHER AUSLÖSCHT.
„IM DEFAULT-MODUS WIRKT ER ALS PARALYZER."
„EINE EINFACHE BETÄUBUNGS-PISTOLE."
W... WIE STELLE ICH SIE WIEDER AUF DEN PARALYZER-MODUS ZURÜCK?
Voll-streckungs-modus: Non-Lethal Paralyzer.
!
Bitte visieren Sie ...
...
WUPP
Ändere Voll-streckungs-modus auf Lethal ...
... Elimi-nator.
Bitte visieren Sie ...
MANNO ...
Haaah ...

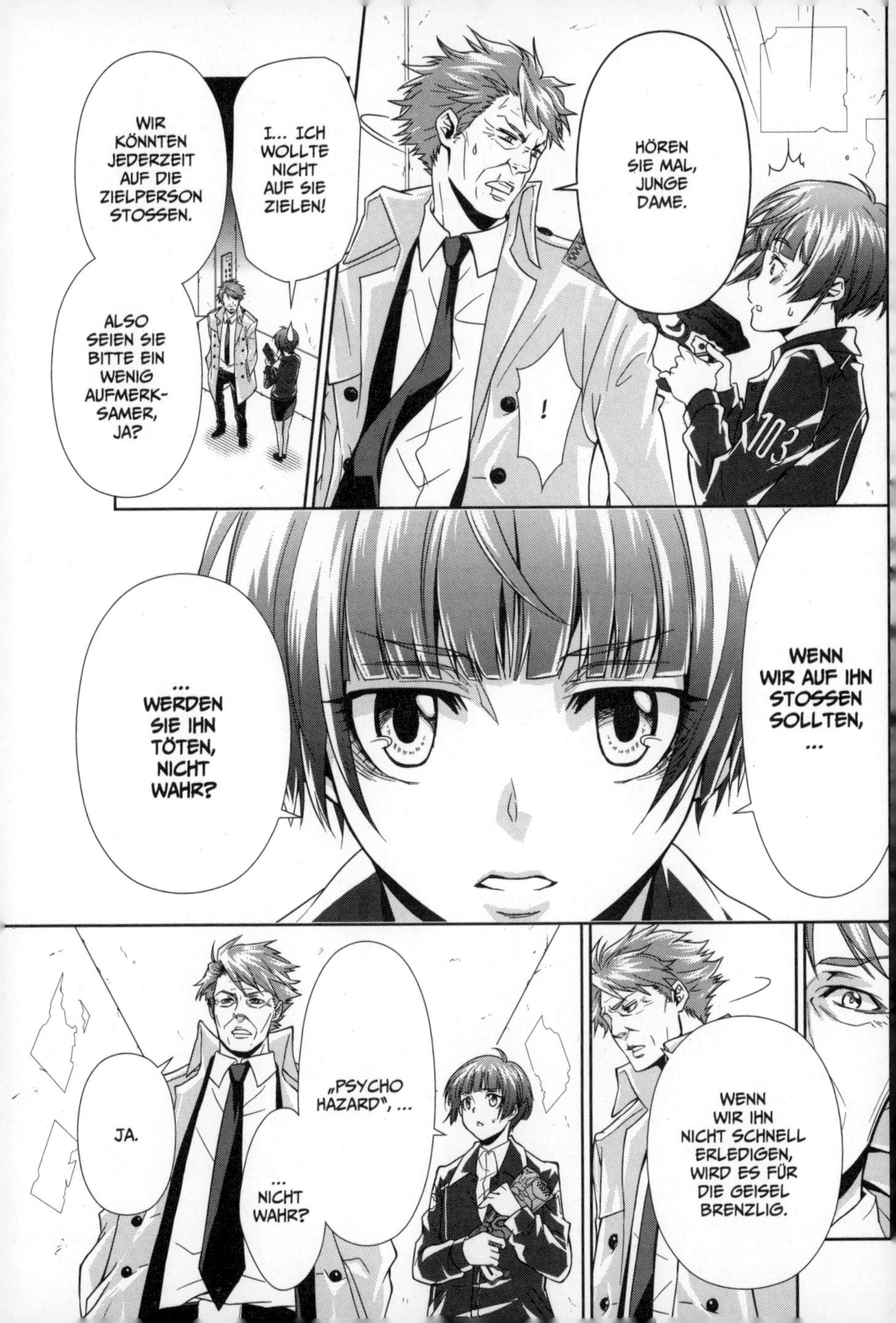
HÖREN SIE MAL, JUNGE DAME.
!
I... ICH WOLLTE NICHT AUF SIE ZIELEN!
WIR KÖNNTEN JEDERZEIT AUF DIE ZIELPERSON STOSSEN.
ALSO SEIEN SIE BITTE EIN WENIG AUFMERKSAMER, JA?
WENN WIR AUF IHN STOSSEN SOLLTEN, ...
... WERDEN SIE IHN TÖTEN, NICHT WAHR?
WENN WIR IHN NICHT SCHNELL ERLEDIGEN, WIRD ES FÜR DIE GEISEL BRENZLIG.
„PSYCHO HAZARD", ...
... NICHT WAHR?
JA.

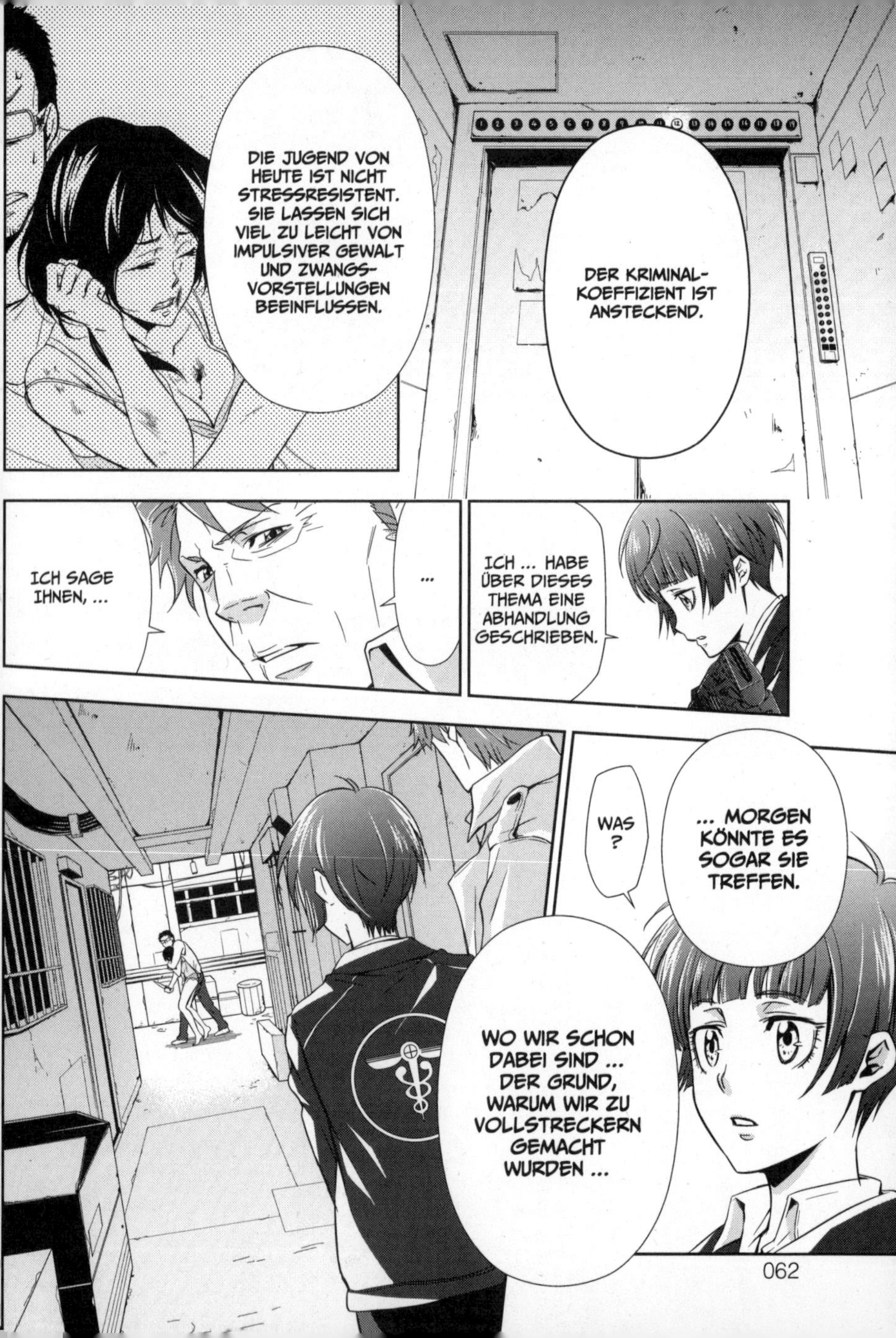
DER KRIMINAL-KOEFFIZIENT IST ANSTECKEND.
DIE JUGEND VON HEUTE IST NICHT STRESSRESISTENT. SIE LASSEN SICH VIEL ZU LEICHT VON IMPULSIVER GEWALT UND ZWANGS-VORSTELLUNGEN BEEINFLUSSEN.
ICH ... HABE ÜBER DIESES THEMA EINE ABHANDLUNG GESCHRIEBEN.
...
ICH SAGE IHNEN, ...
... MORGEN KÖNNTE ES SOGAR SIE TREFFEN.
WAS?
WO WIR SCHON DABEI SIND ... DER GRUND, WARUM WIR ZU VOLLSTRECKERN GEMACHT WURDEN ...

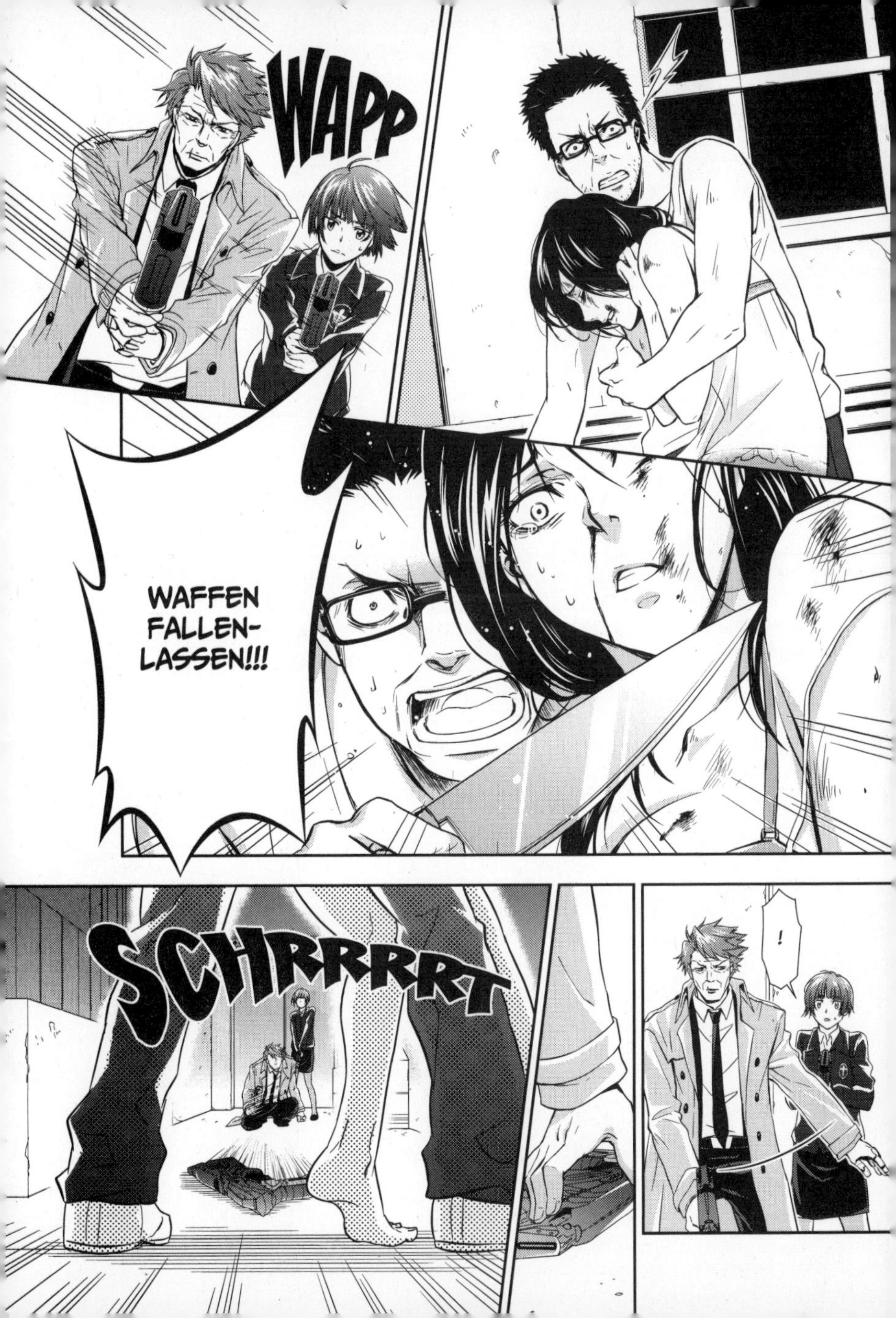
WAPP
WAFFEN FALLEN-LASSEN!!!
!
SCHRRRRT

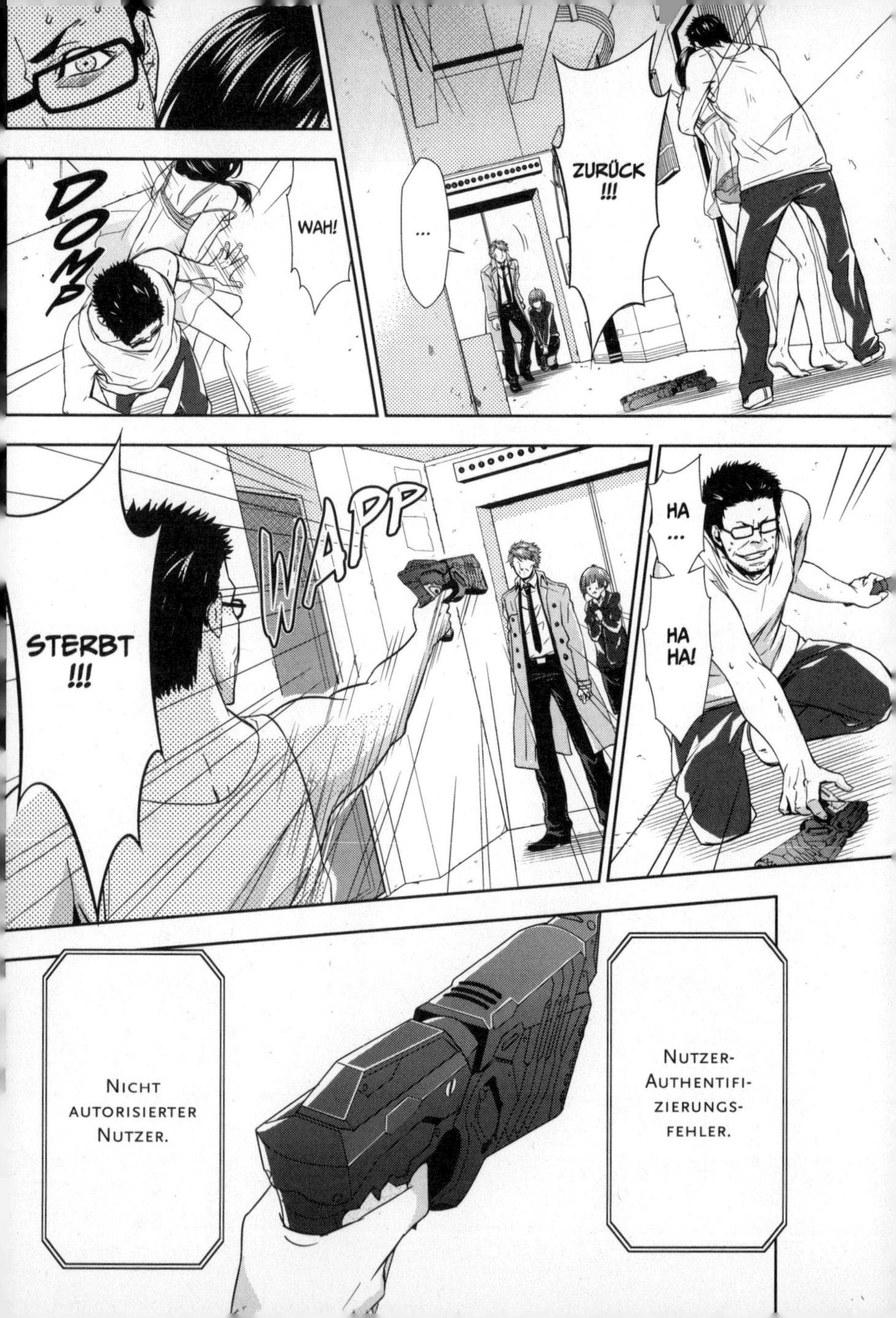
ZURÜCK !!!
...
WAH!
DOMP
HA ...
HA HA!
WAPP
STERBT !!!
Nutzer-Authentifizierungsfehler.
Nicht autorisierter Nutzer.

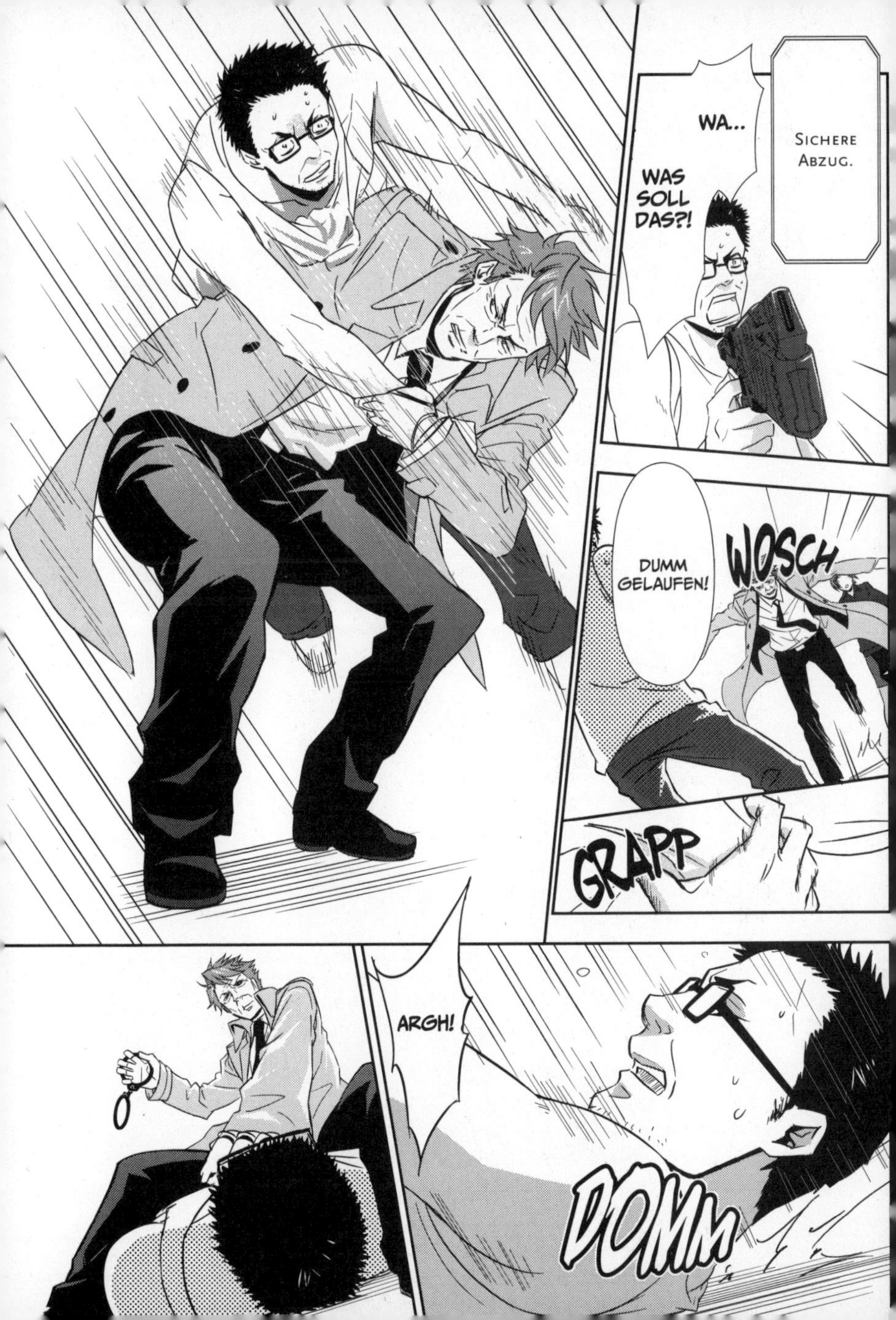
Sichere Abzug.
Wa...
Was soll das?!
Dumm gelaufen!
WOSCH
GRAPP
ARGH!
DOMM

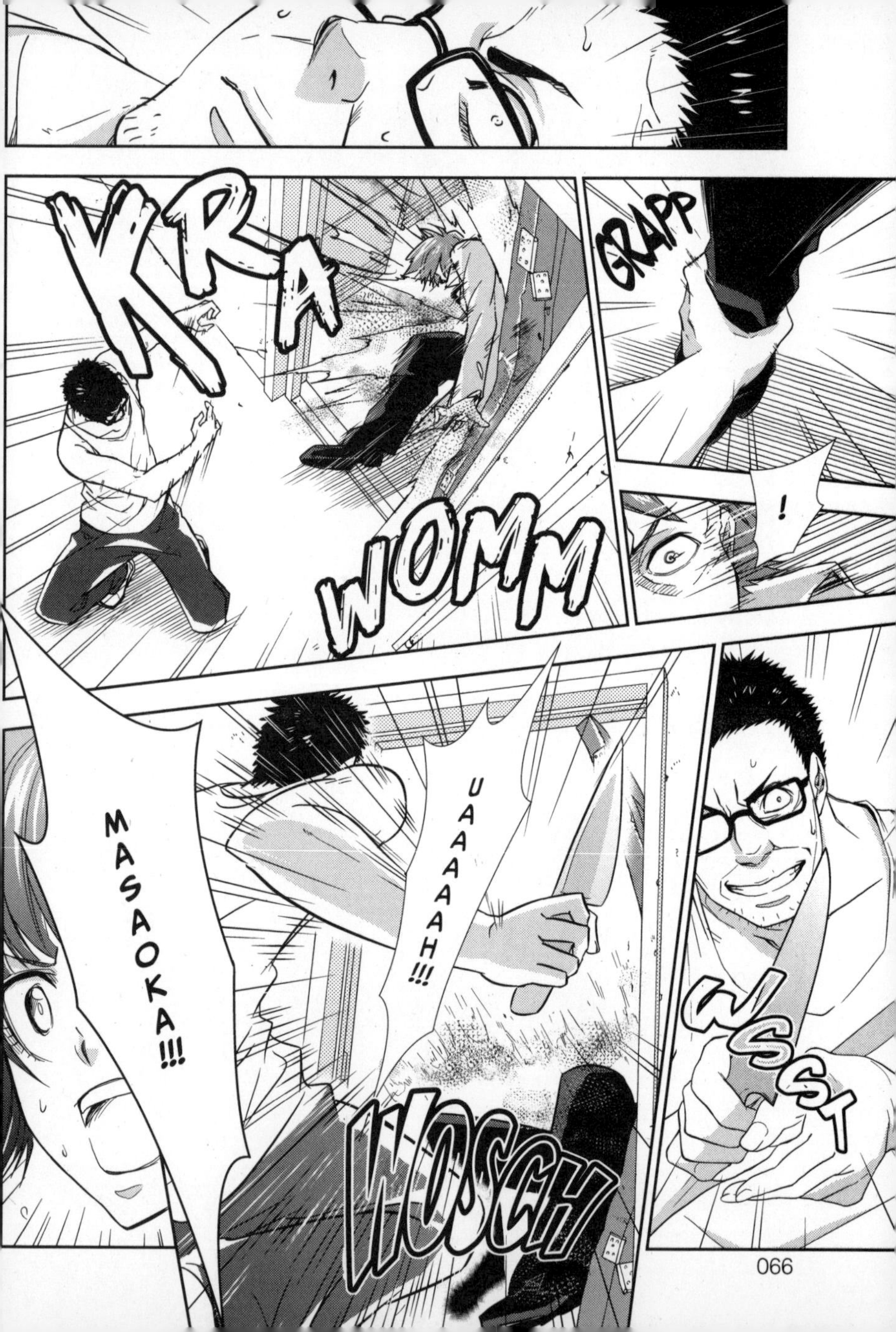
GRAPP
!
KRA
WOMM
WSST
UAAAAAAAH!!!
MASAOKA!!!
WOSCH

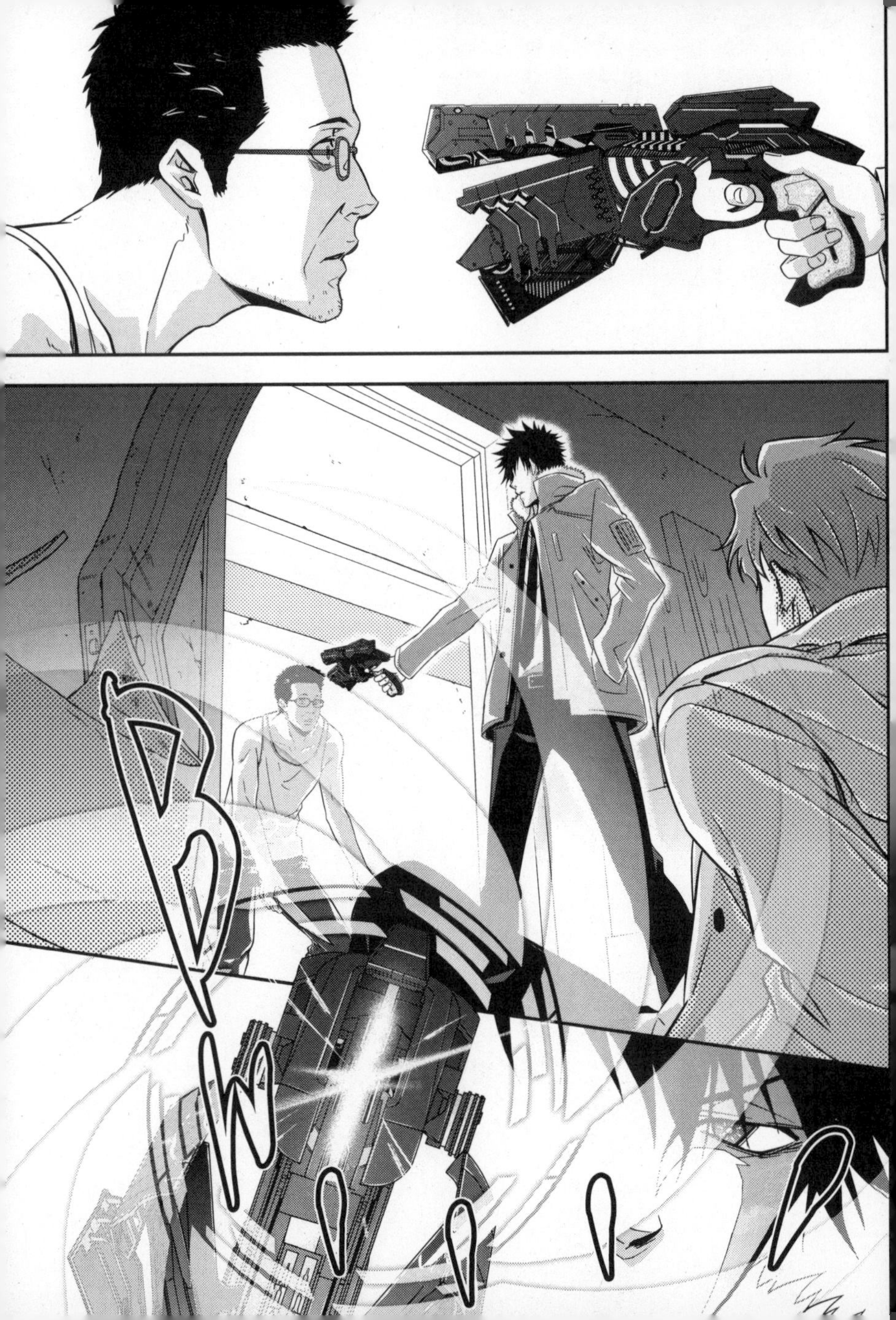

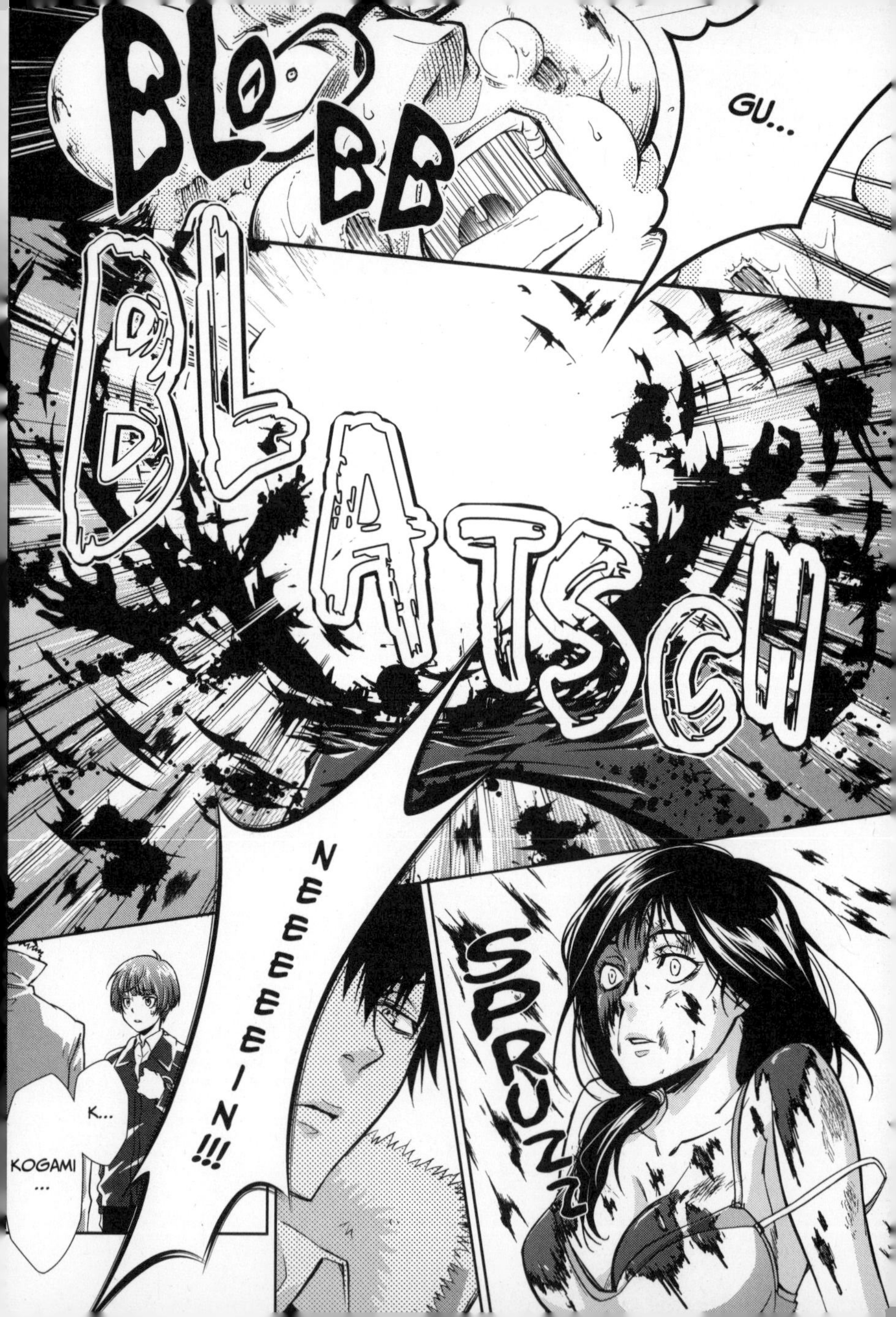

BLOBB
GU...
BLATSCH
NEEEEEIN!!!
SPRUZZ
K... KOGAMI ...

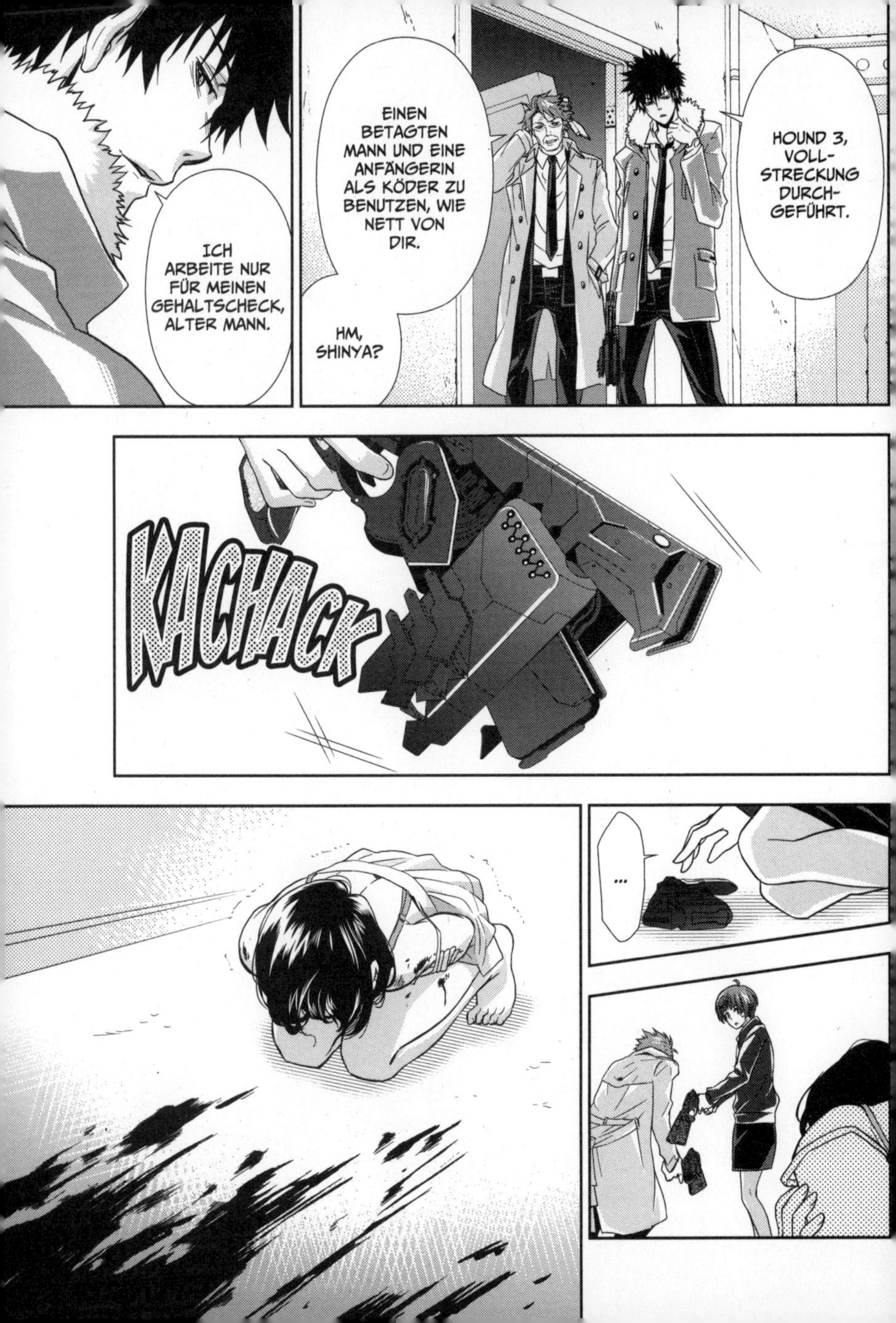
HOUND 3, VOLL-STRECKUNG DURCH-GEFÜHRT.
EINEN BETAGTEN MANN UND EINE ANFÄNGERIN ALS KÖDER ZU BENUTZEN, WIE NETT VON DIR.
HM, SHINYA?
ICH ARBEITE NUR FÜR MEINEN GEHALTSCHECK, ALTER MANN.
KACHACK
...

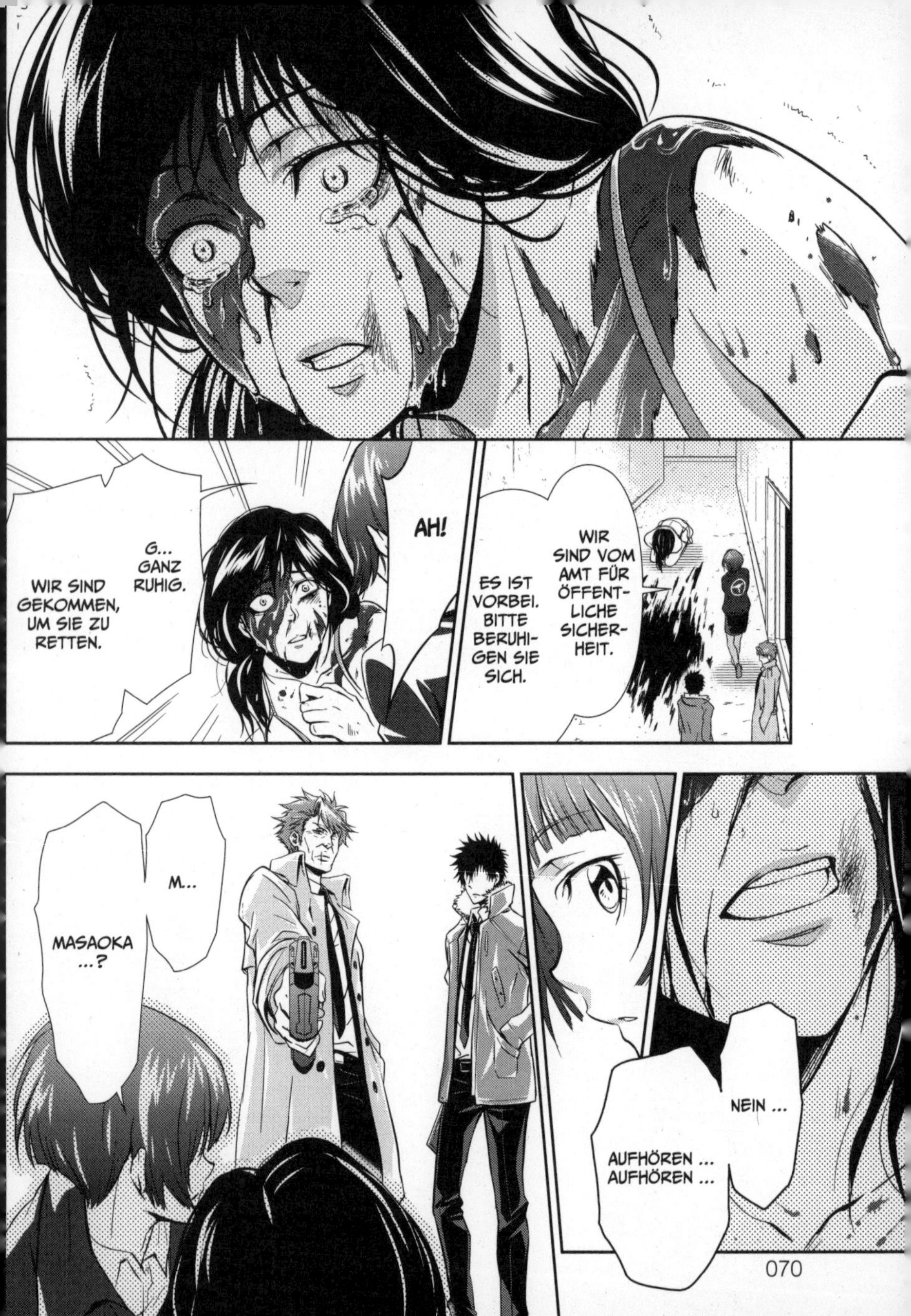
WIR SIND VOM AMT FÜR ÖFFENT-LICHE SICHER-HEIT.
ES IST VORBEI. BITTE BERUHI-GEN SIE SICH.
AH!
G... GANZ RUHIG.
WIR SIND GEKOMMEN, UM SIE ZU RETTEN.
NEIN ...
AUFHÖREN ... AUFHÖREN ...
M...
MASAOKA ...?

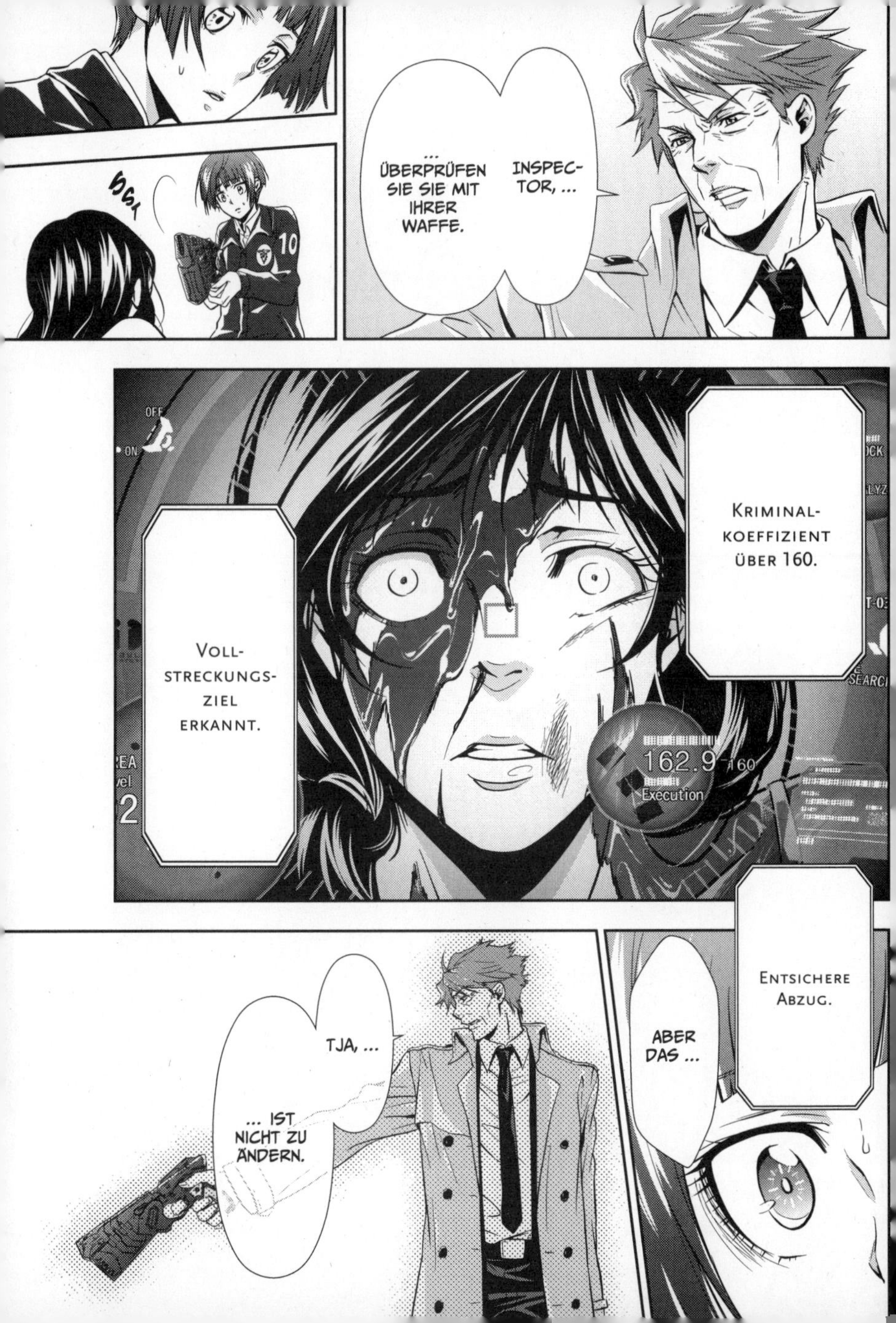

INSPECTOR, ...
... ÜBERPRÜFEN SIE SIE MIT IHRER WAFFE.
Kriminalkoeffizient über 160.
OFF
ON
162.9
160
Execution
Vollstreckungsziel erkannt.
Entsichere Abzug.
ABER DAS ...
TJA, ...
... IST NICHT ZU ÄNDERN.

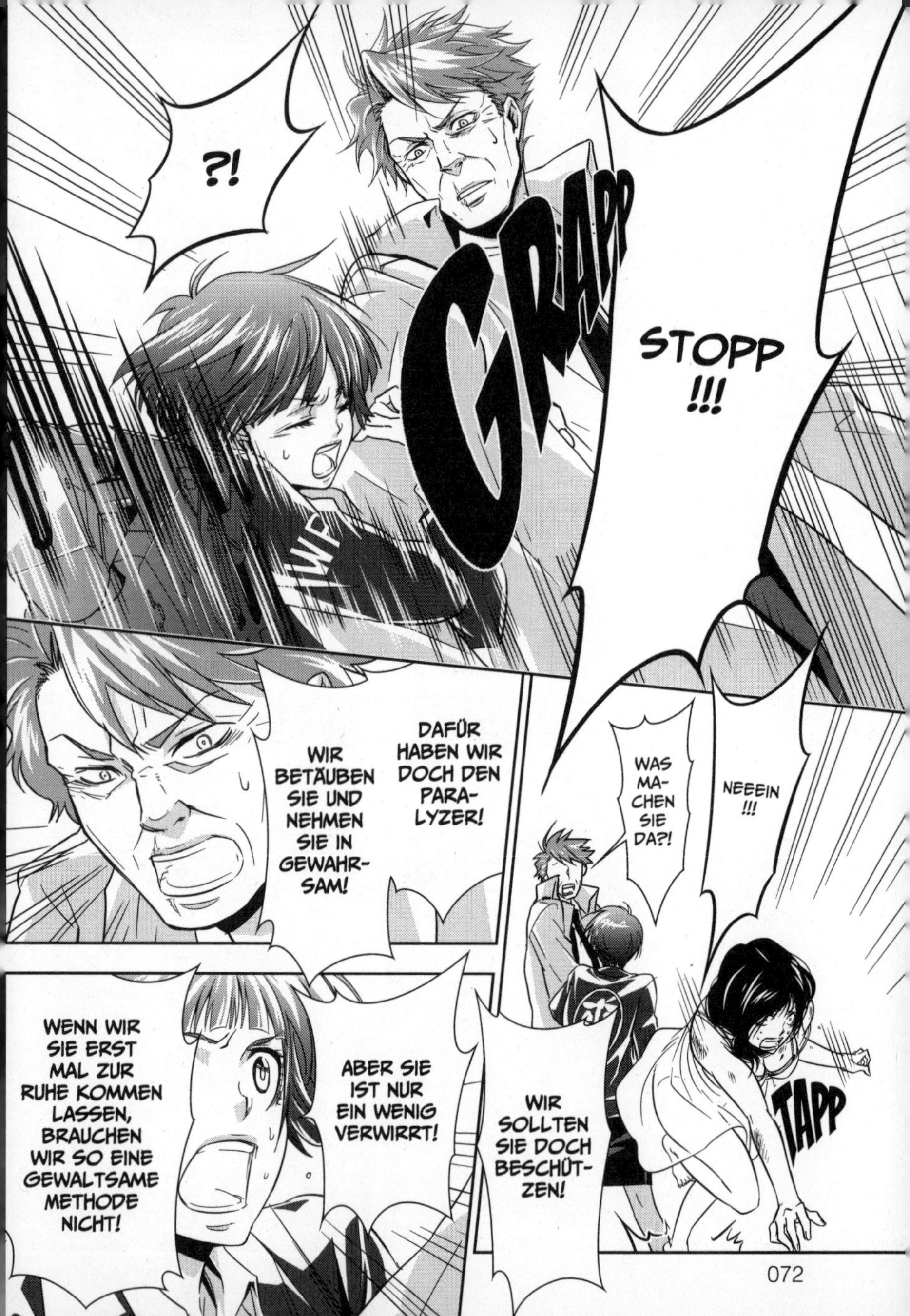
STOPP !!!
GRAPP
?!
NEEEIN !!!
WAS MA-CHEN SIE DA?!
DAFÜR HABEN WIR DOCH DEN PARA-LYZER!
WIR BETÄUBEN SIE UND NEHMEN SIE IN GEWAHR-SAM!
TAPP
WIR SOLLTEN SIE DOCH BESCHÜT-ZEN!
ABER SIE IST NUR EIN WENIG VERWIRRT!
WENN WIR SIE ERST MAL ZUR RUHE KOMMEN LASSEN, BRAUCHEN WIR SO EINE GEWALTSAME METHODE NICHT!

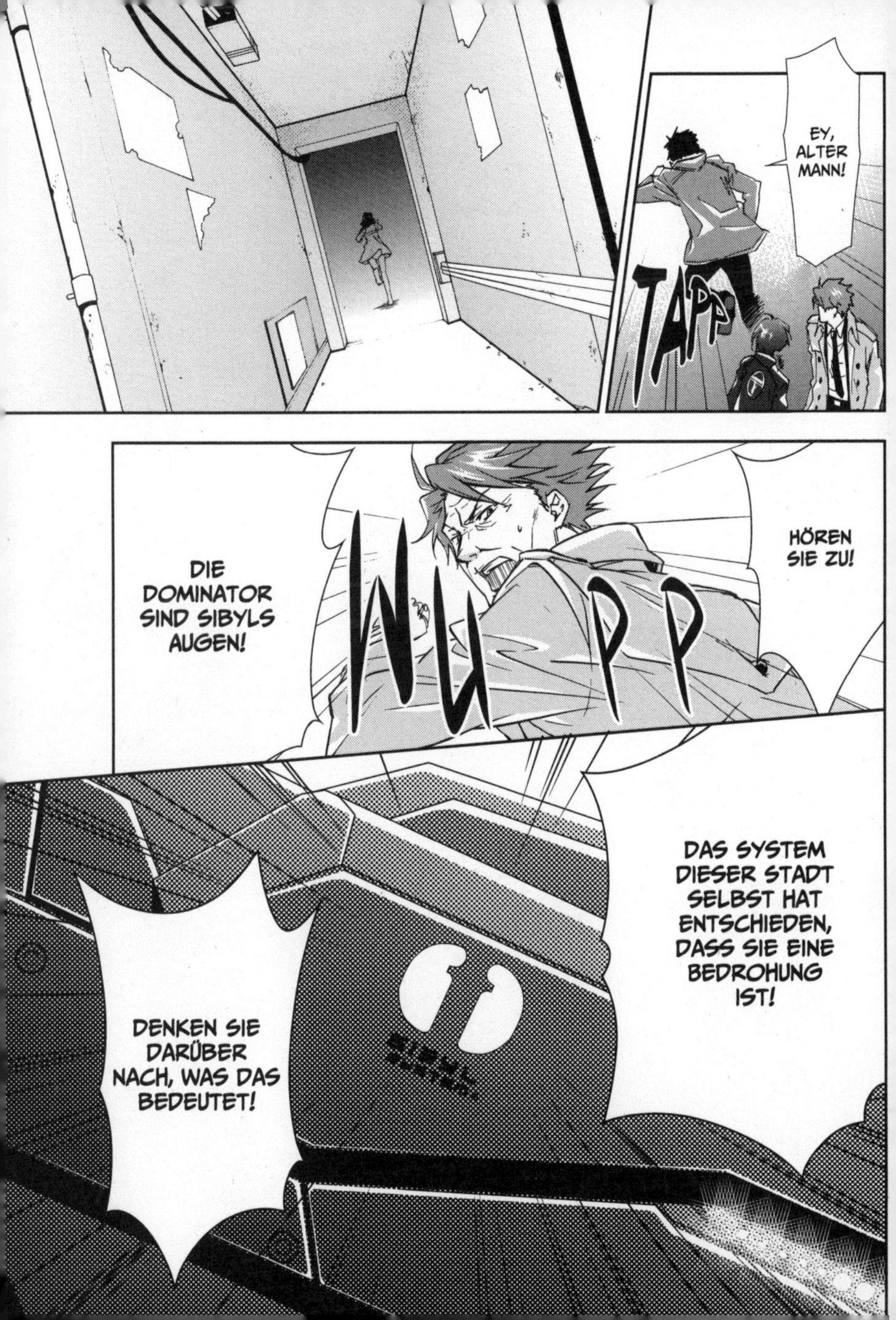
EY, ALTER MANN!
TAPP
HÖREN SIE ZU!
WUPP
DIE DOMINATOR SIND SIBYLS AUGEN!
DAS SYSTEM DIESER STADT SELBST HAT ENTSCHIEDEN, DASS SIE EINE BEDROHUNG IST!
DENKEN SIE DARÜBER NACH, WAS DAS BEDEUTET!

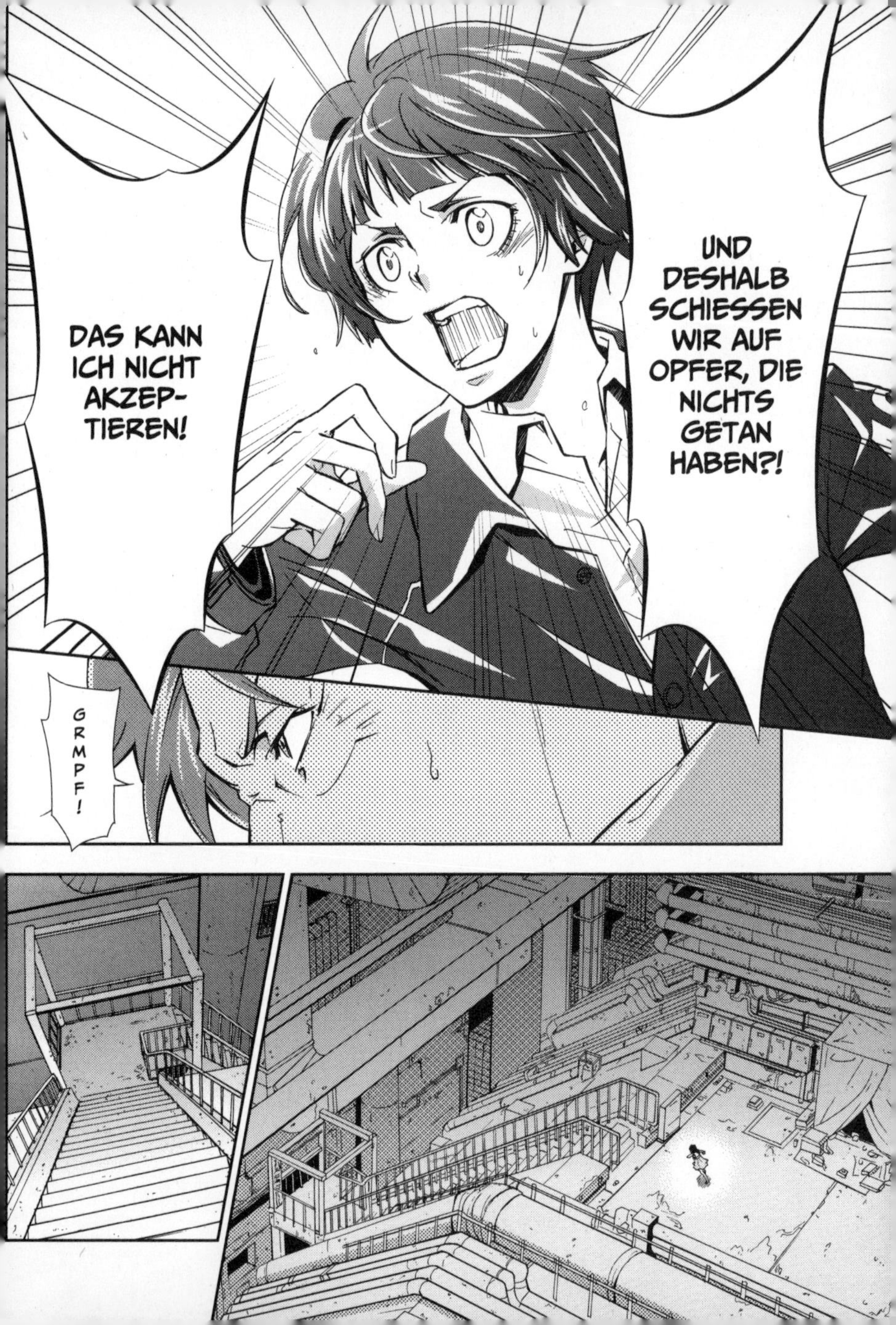
UND DESHALB SCHIESSEN WIR AUF OPFER, DIE NICHTS GETAN HABEN?!
DAS KANN ICH NICHT AKZEP-TIEREN!
GRMPF!

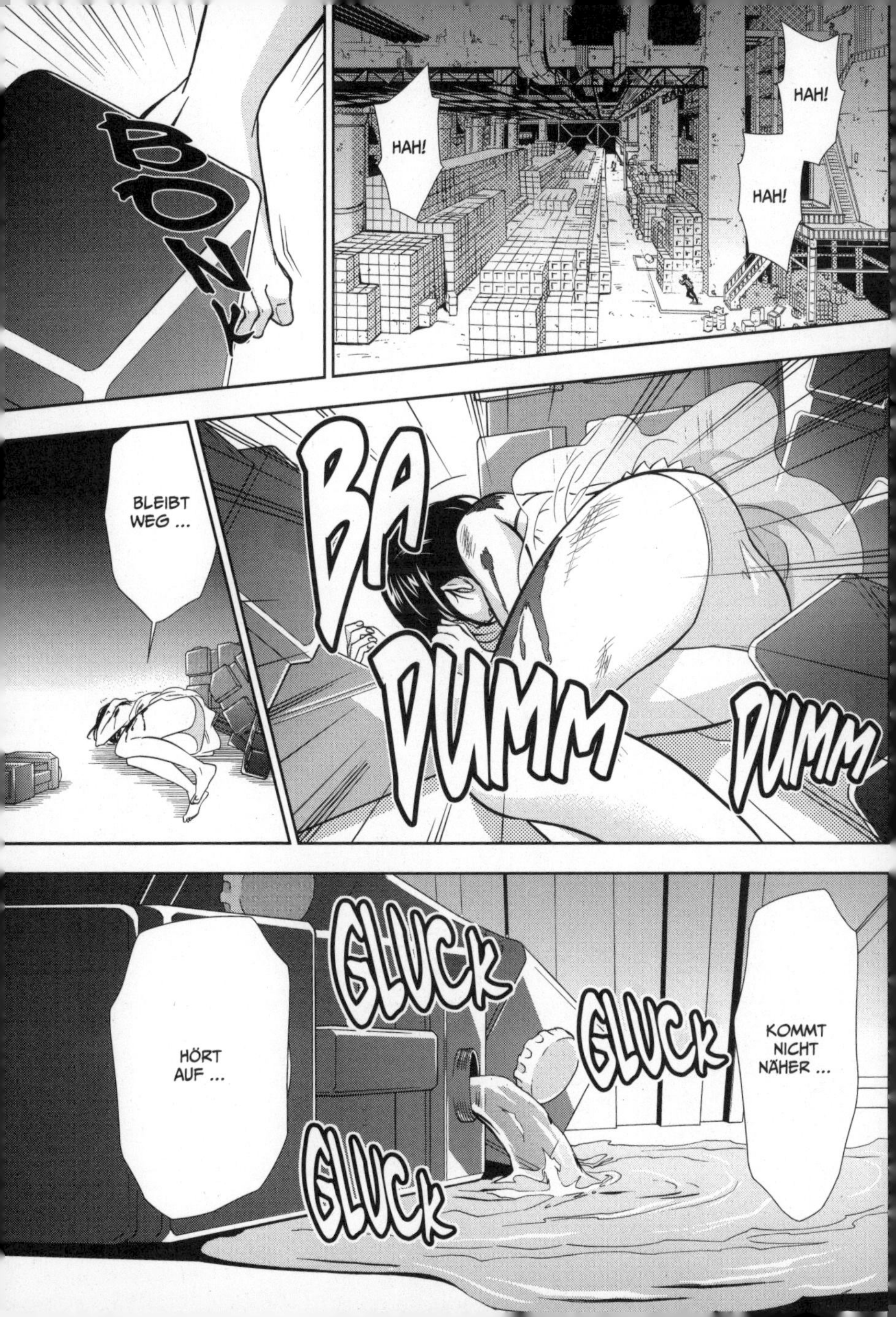
HAH!
HAH!
HAH!
BONK
BA
DUMM
DUMM
BLEIBT WEG ...
KOMMT NICHT NÄHER ...
GLUCK
GLUCK
GLUCK
HÖRT AUF ...

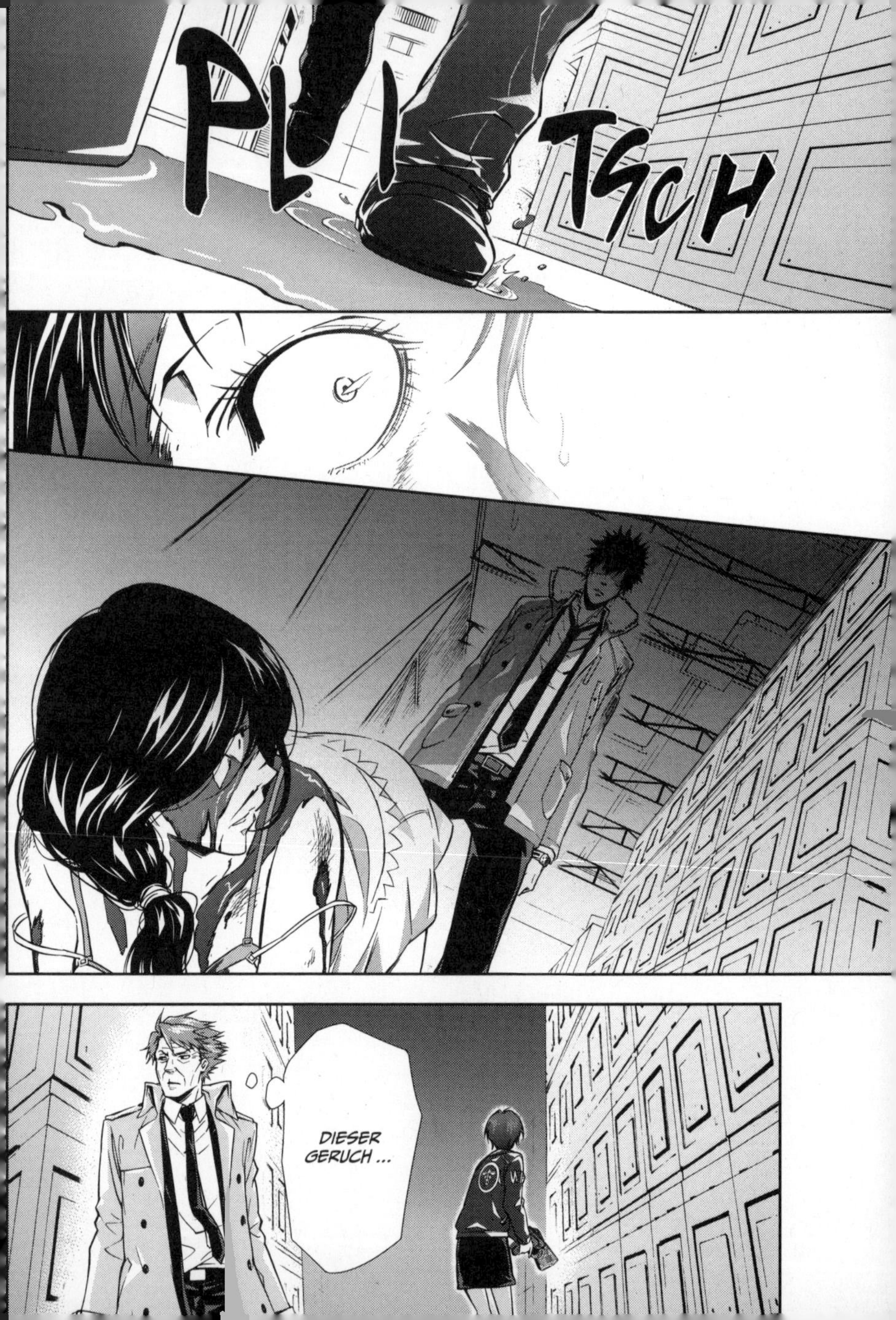
PLITSCH
DIESER GERUCH ...

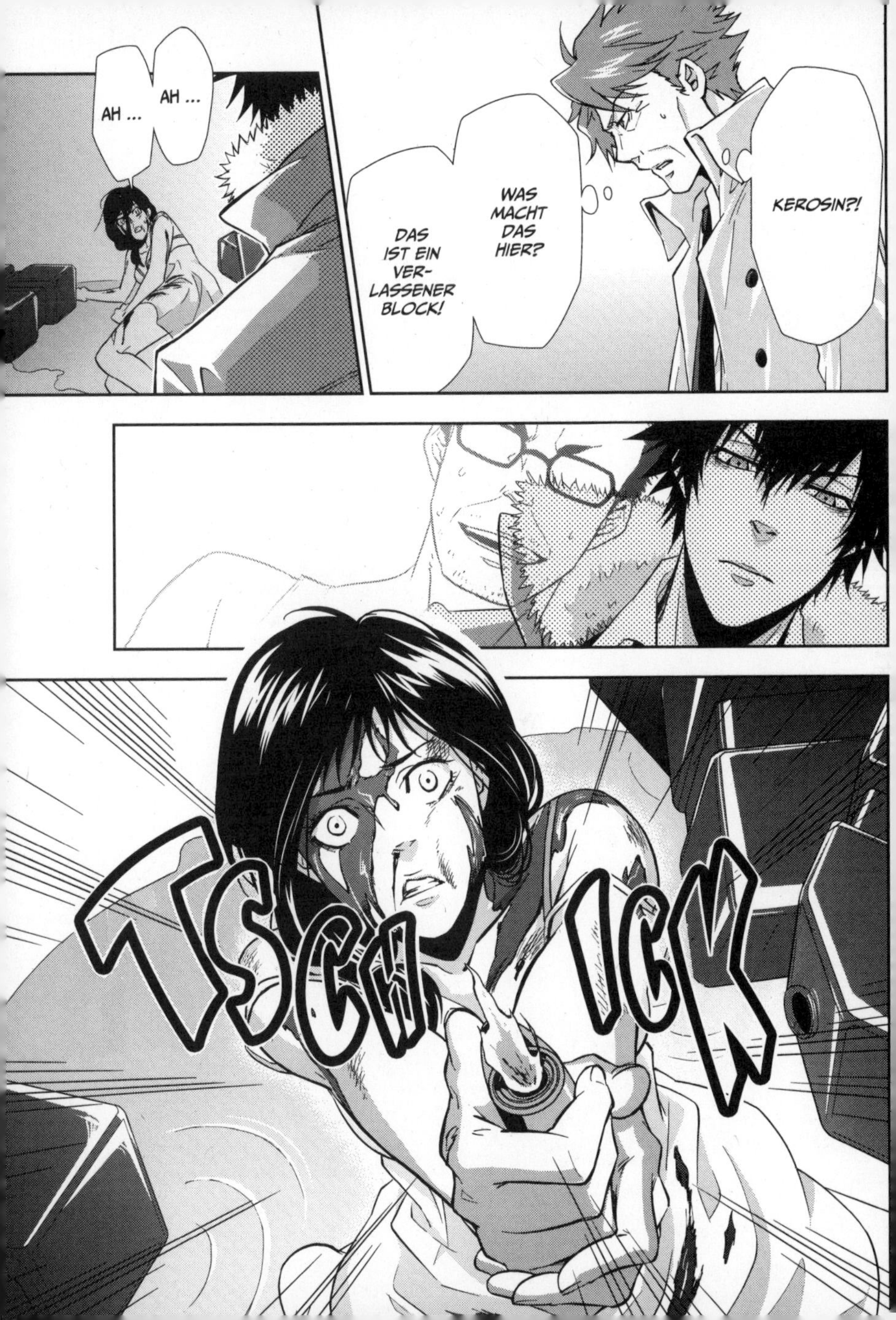
KEROSIN?!
WAS MACHT DAS HIER?
DAS IST EIN VER-LASSENER BLOCK!
AH ...
AH ...
TSCHICK

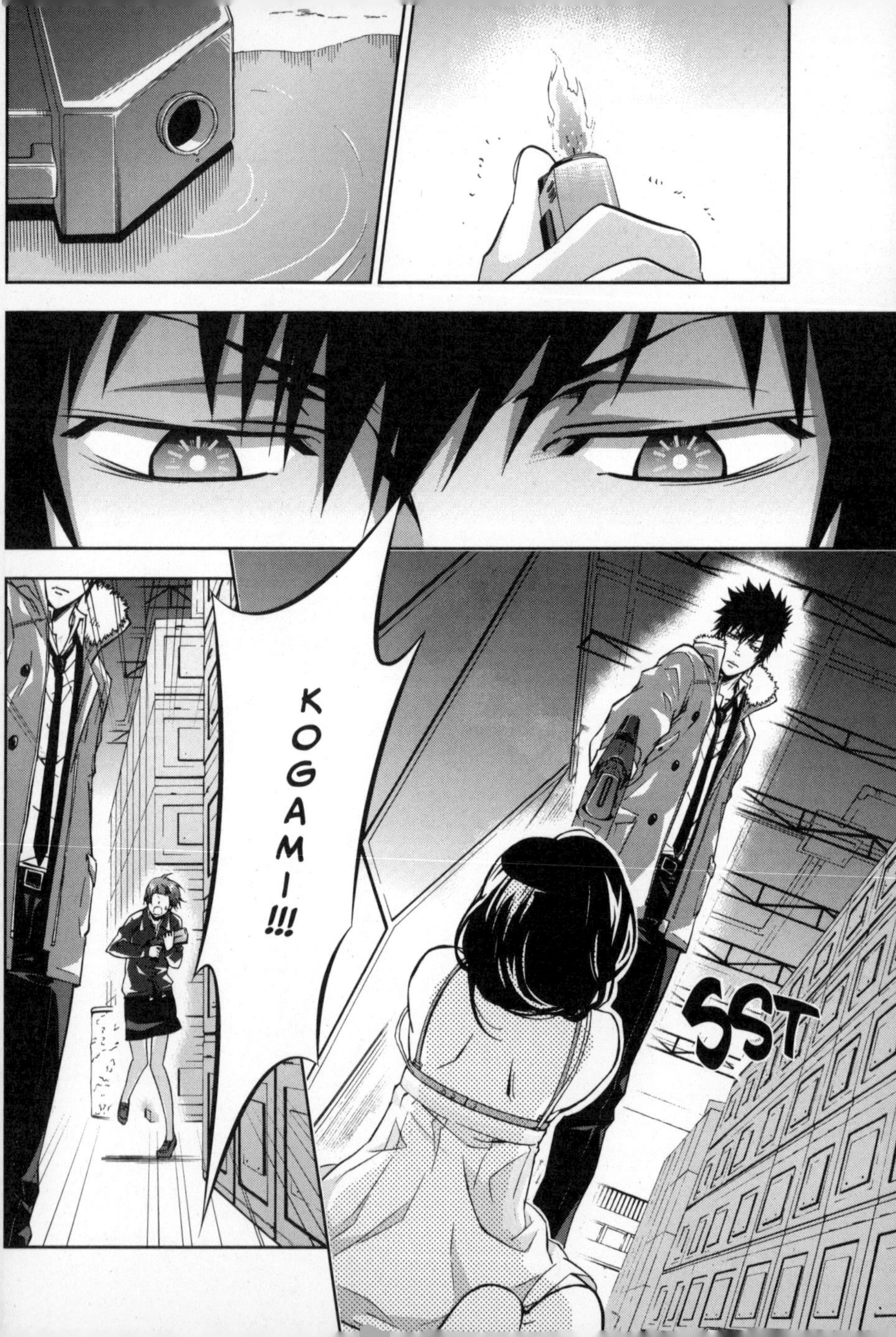
KOGAMI!!!
SST

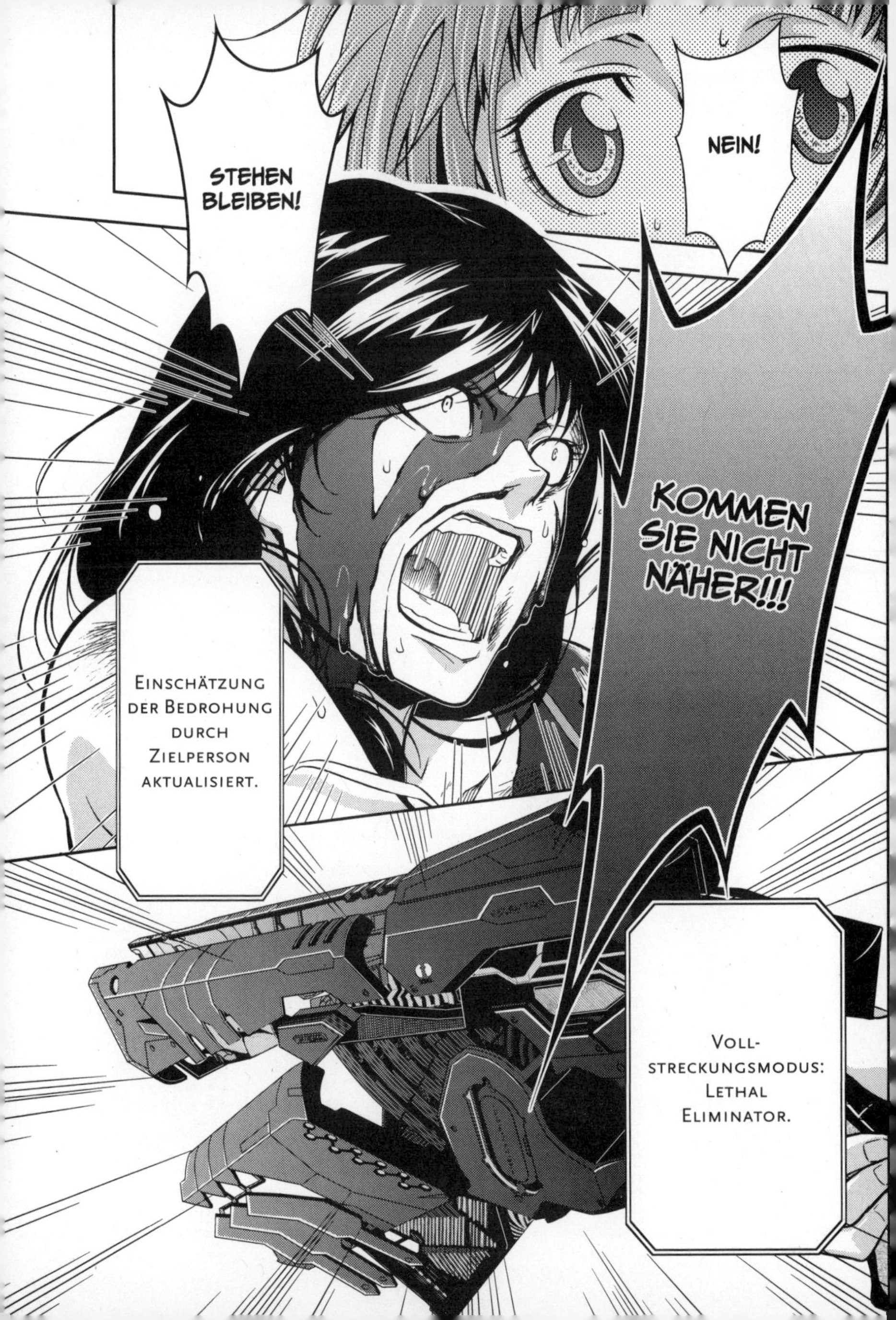
NEIN!
STEHEN BLEIBEN!
KOMMEN SIE NICHT NÄHER!!!
Einschätzung der Bedrohung durch Zielperson aktualisiert.
Voll-streckungsmodus: Lethal Eliminator.

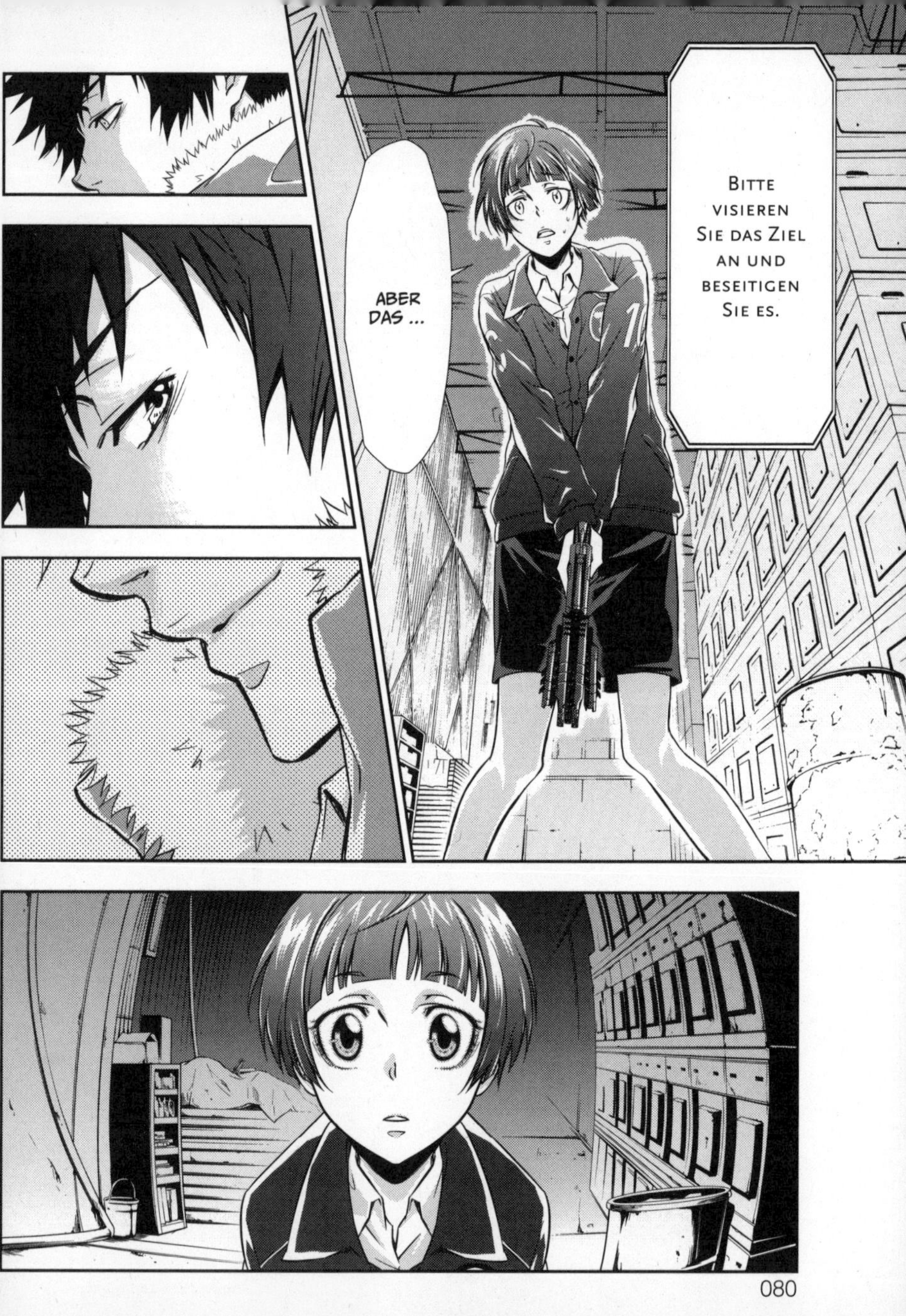
Bitte visieren Sie das Ziel an und beseitigen Sie es.
Aber das ...

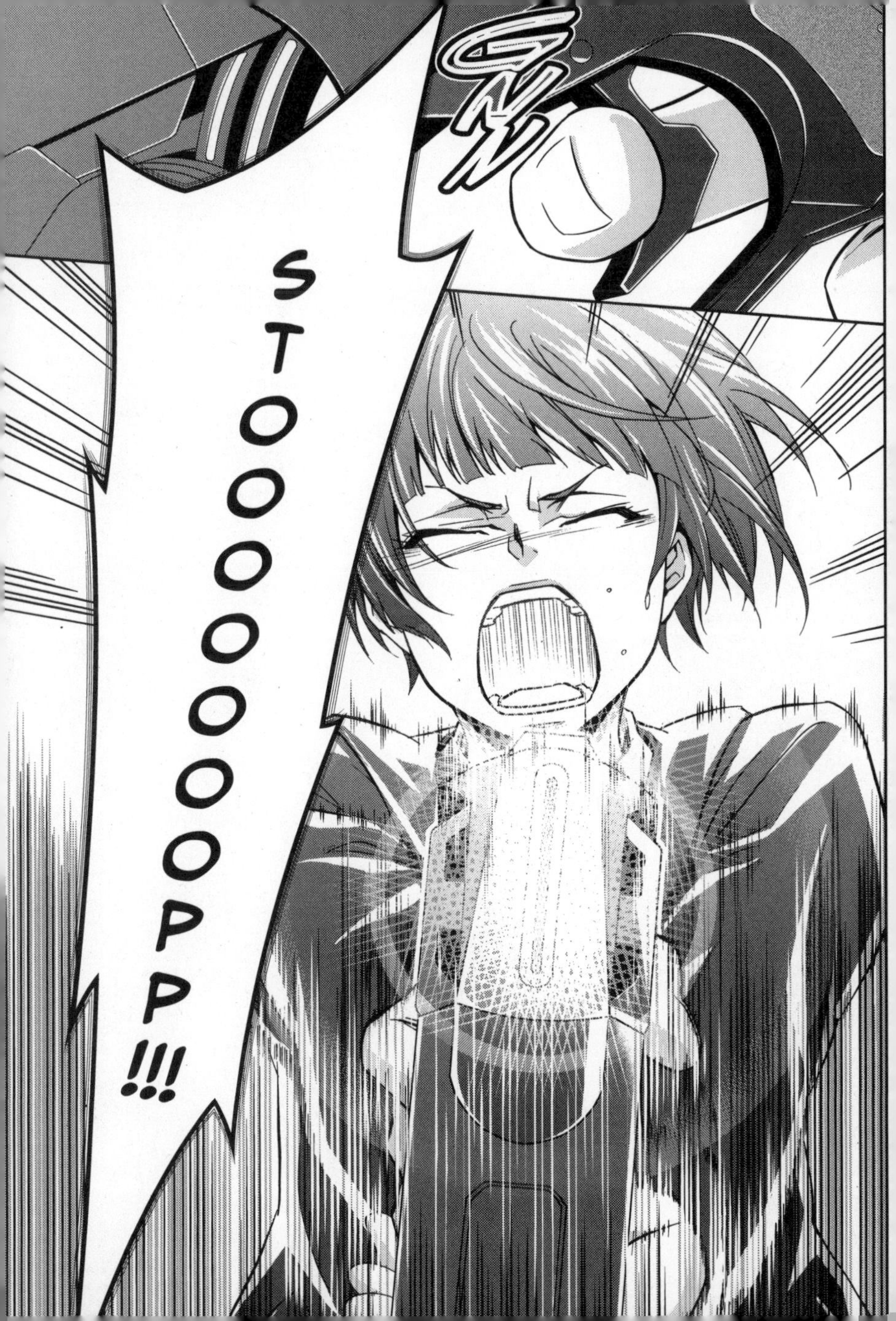
GNN
STOOOOOOOPP!!!

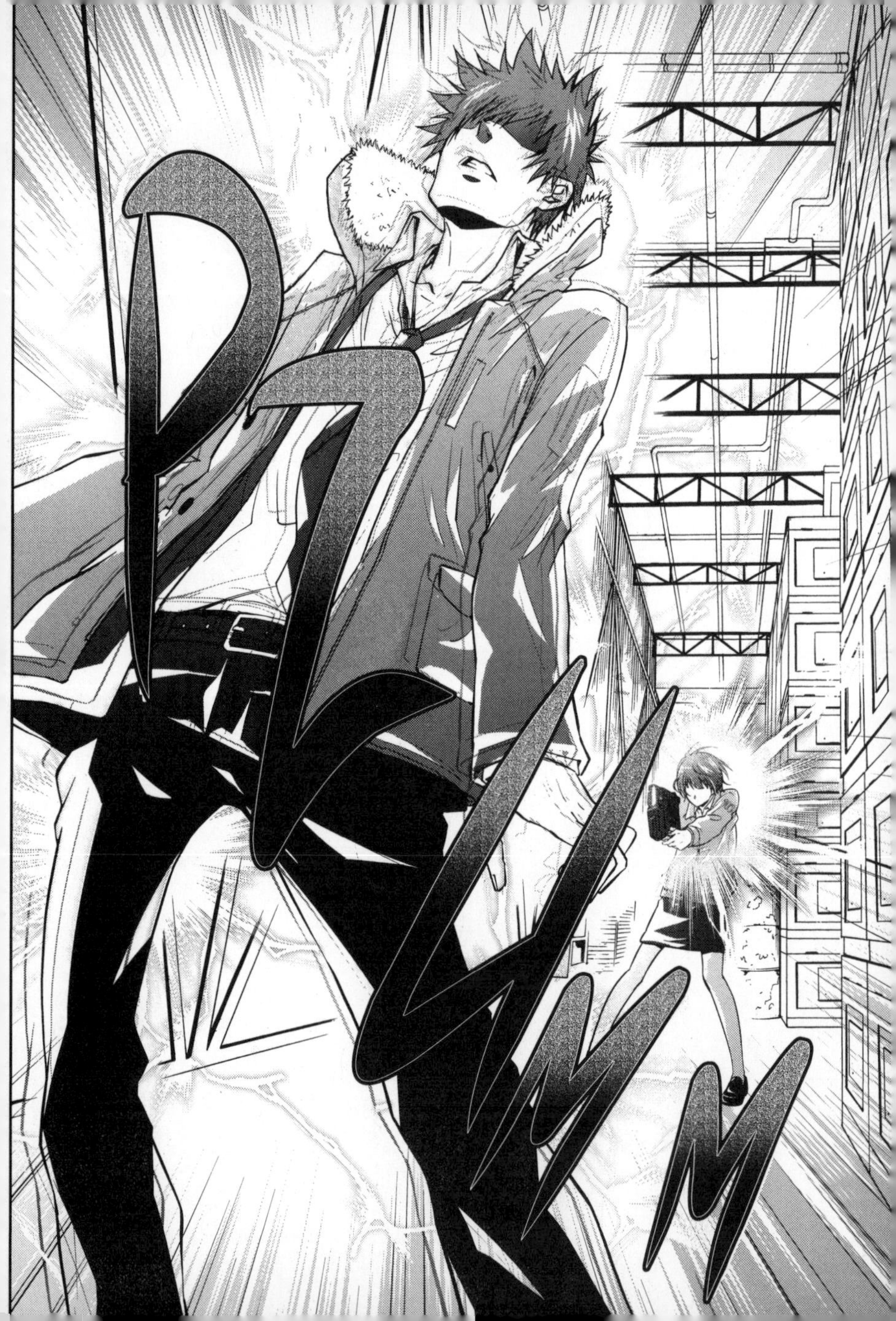

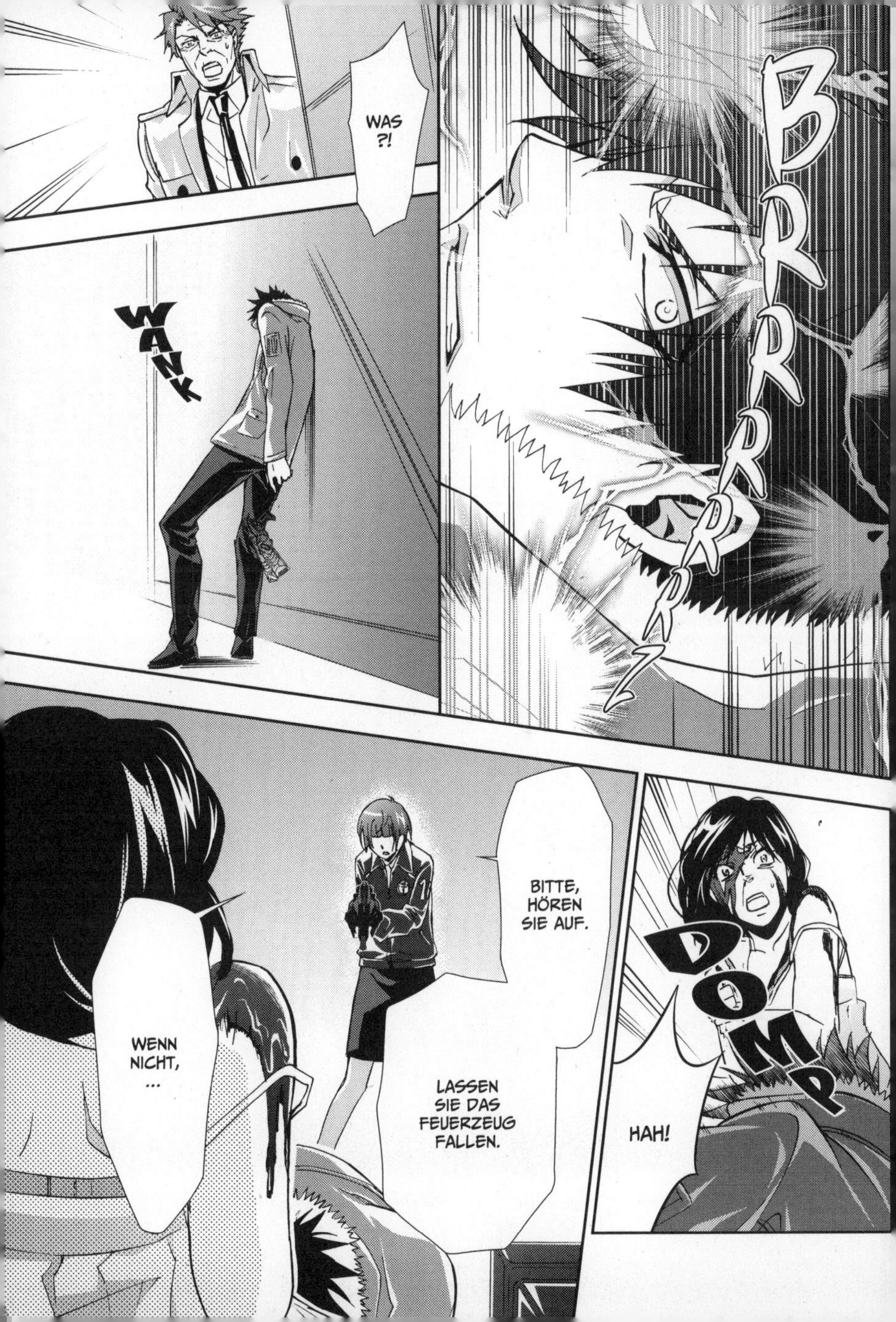
BRRRRRRZ
WAS ?!
WANK
DOMP
HAH!
BITTE, HÖREN SIE AUF.
LASSEN SIE DAS FEUERZEUG FALLEN.
WENN NICHT, ...

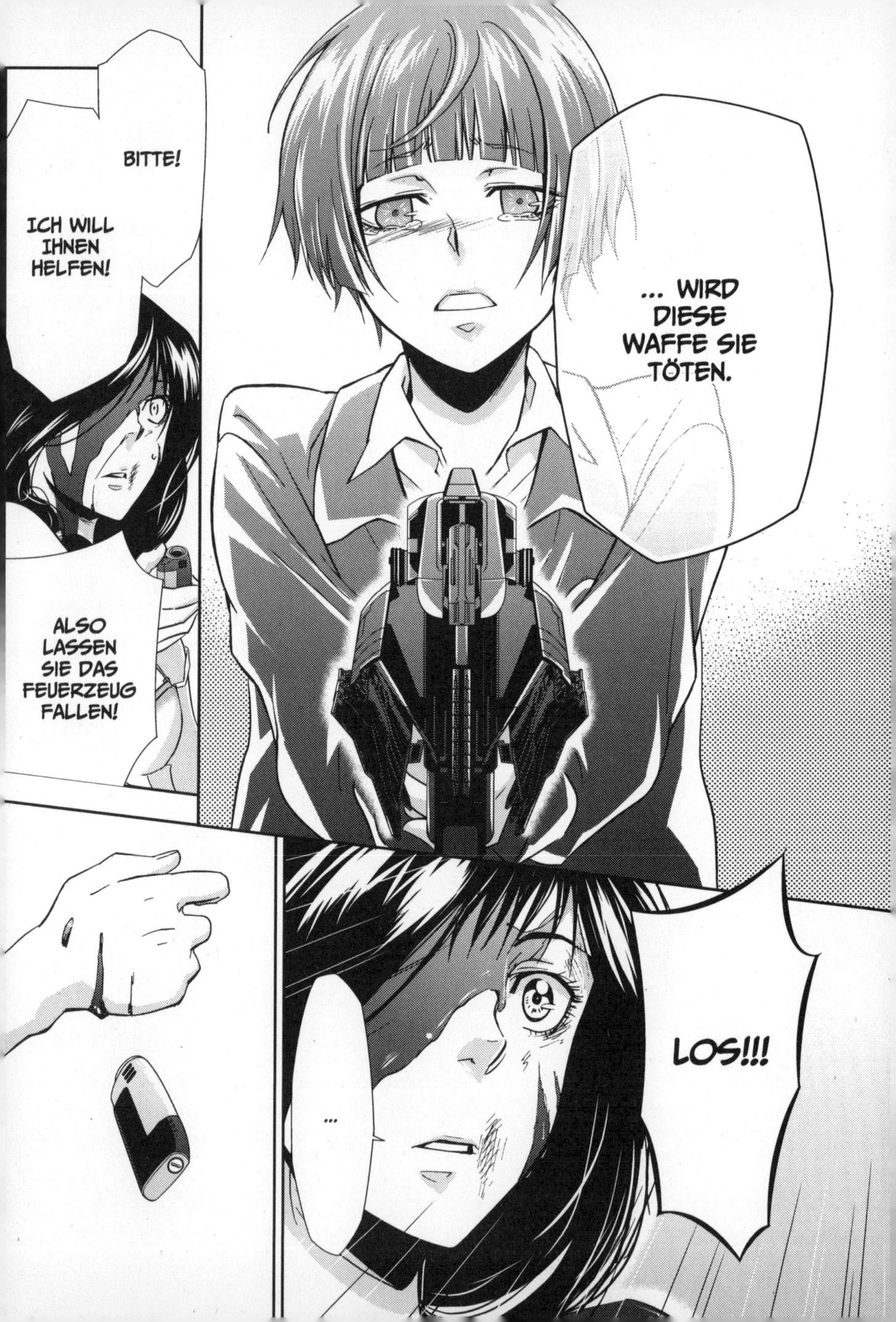
... WIRD DIESE WAFFE SIE TÖTEN.
BITTE!
ICH WILL IHNEN HELFEN!
ALSO LASSEN SIE DAS FEUERZEUG FALLEN!
LOS!!!
...

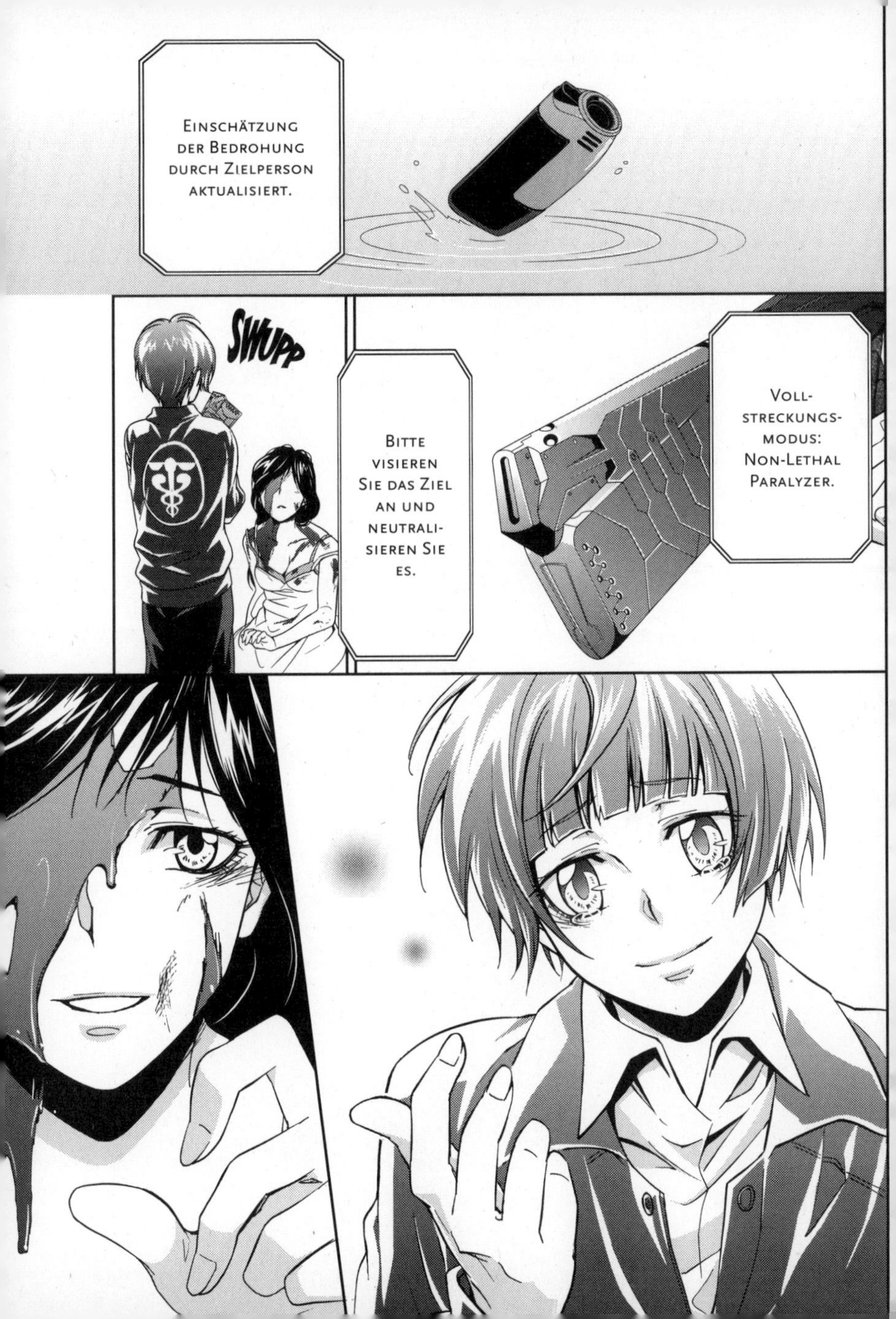

Einschätzung der Bedrohung durch Zielperson aktualisiert.
Voll-streckungs-modus: Non-Lethal Paralyzer.
Bitte visieren Sie das Ziel an und neutrali-sieren Sie es.
SWUPP

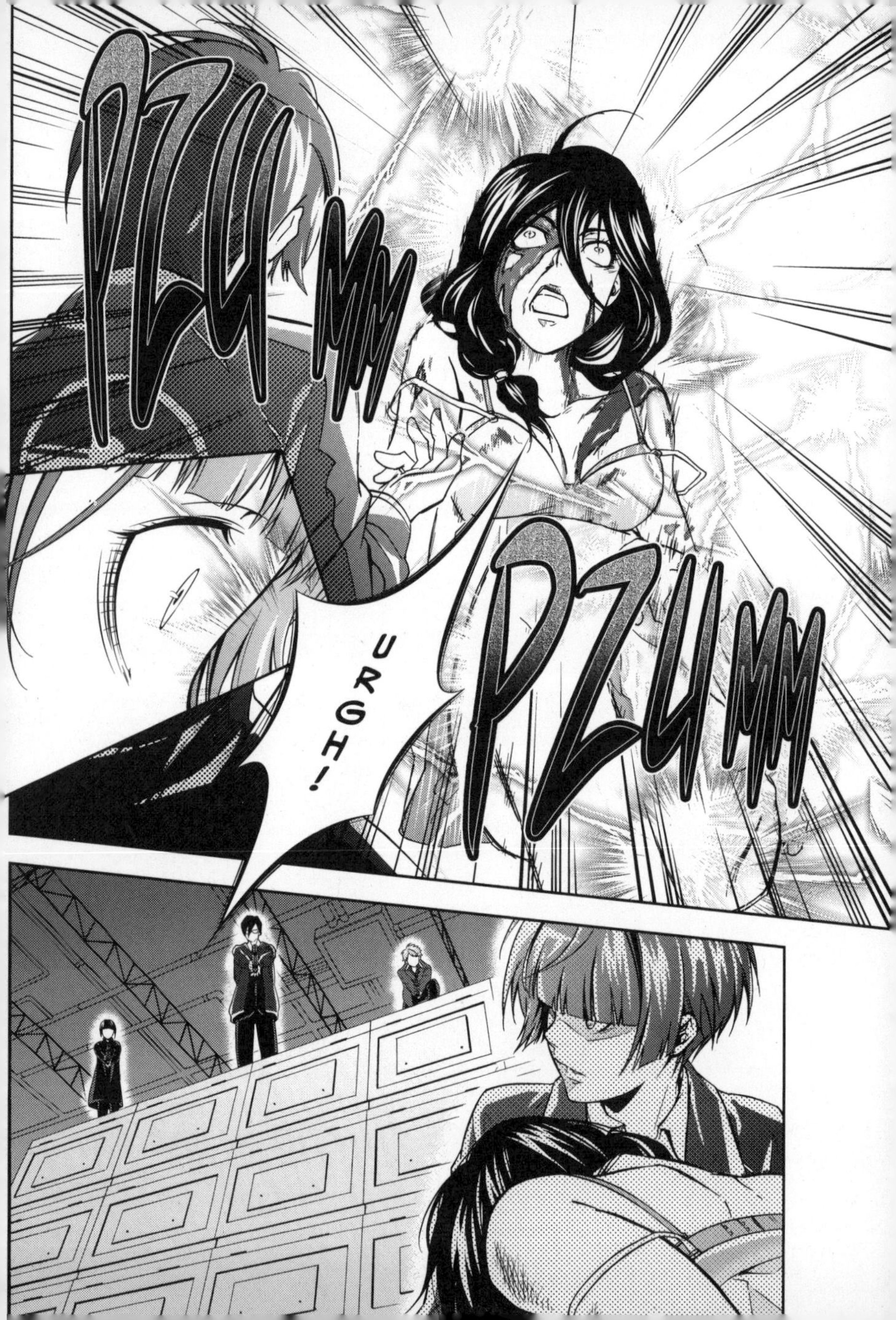
PZUMMM
URGH!
PZUMMM

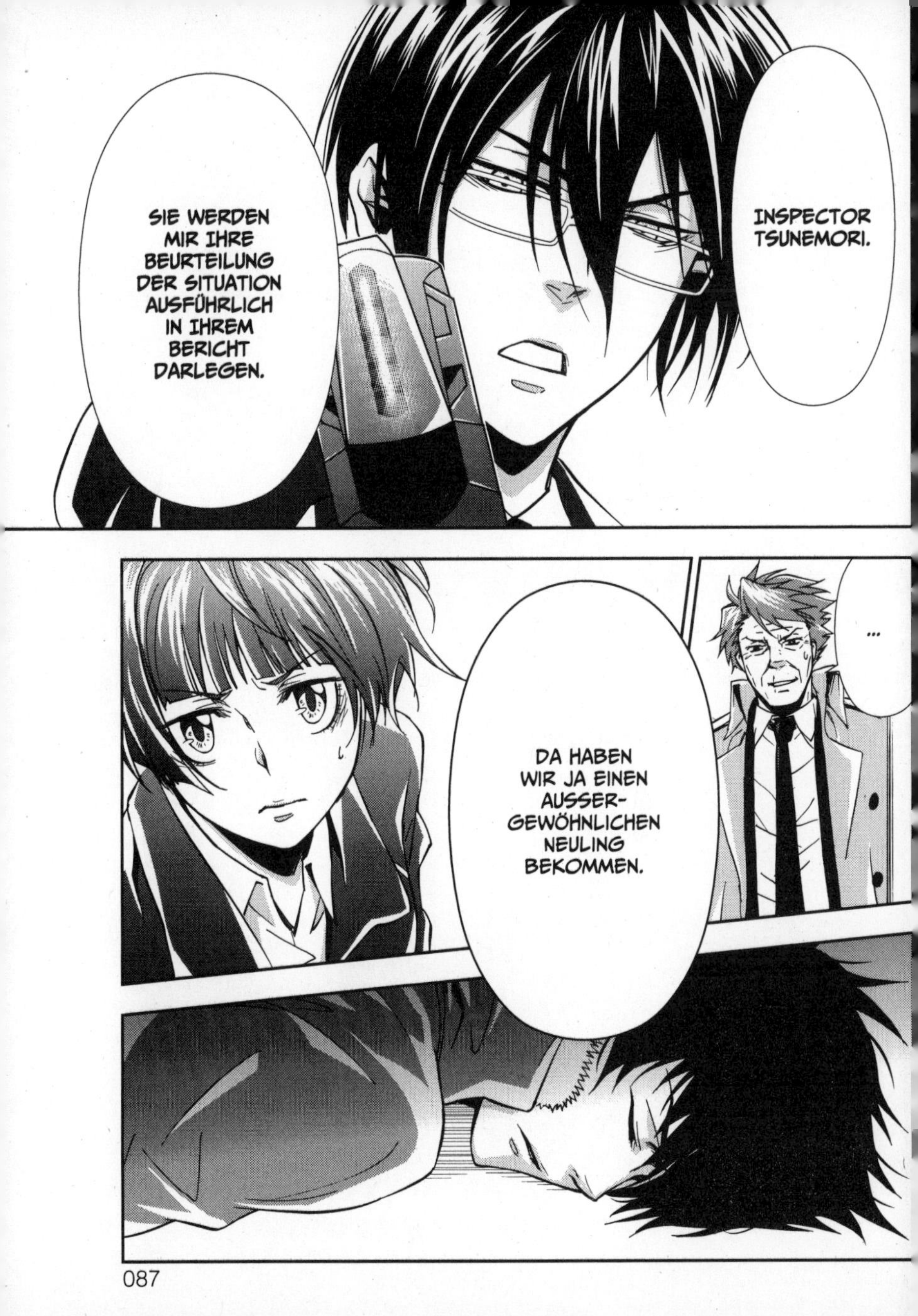
INSPECTOR TSUNEMORI.
SIE WERDEN MIR IHRE BEURTEILUNG DER SITUATION AUSFÜHRLICH IN IHREM BERICHT DARLEGEN.
...
DA HABEN WIR JA EINEN AUSSER-GEWÖHNLICHEN NEULING BEKOMMEN.

INSPECTOR

AKANE TSUNEMORI

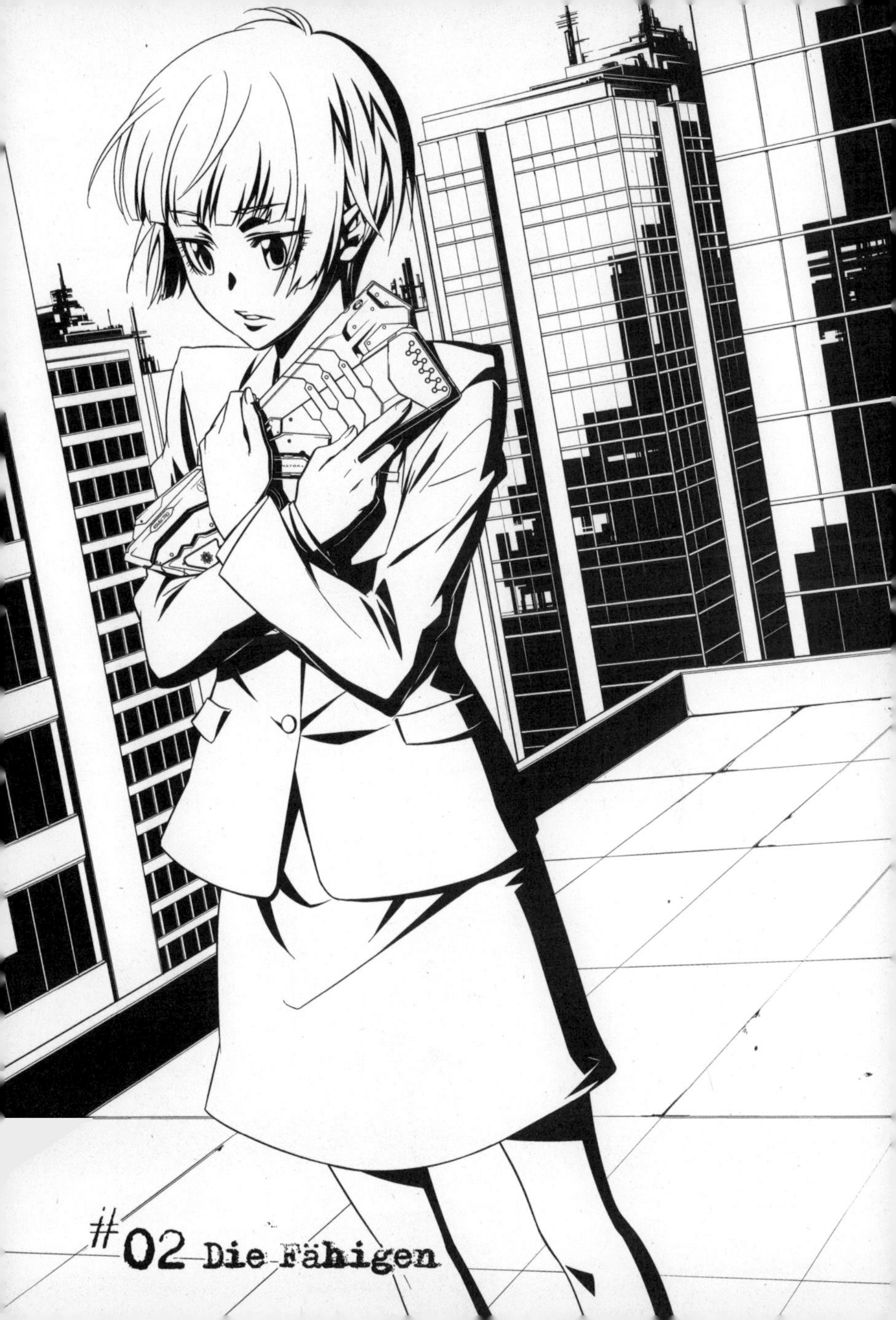
#02 Die Fähigen

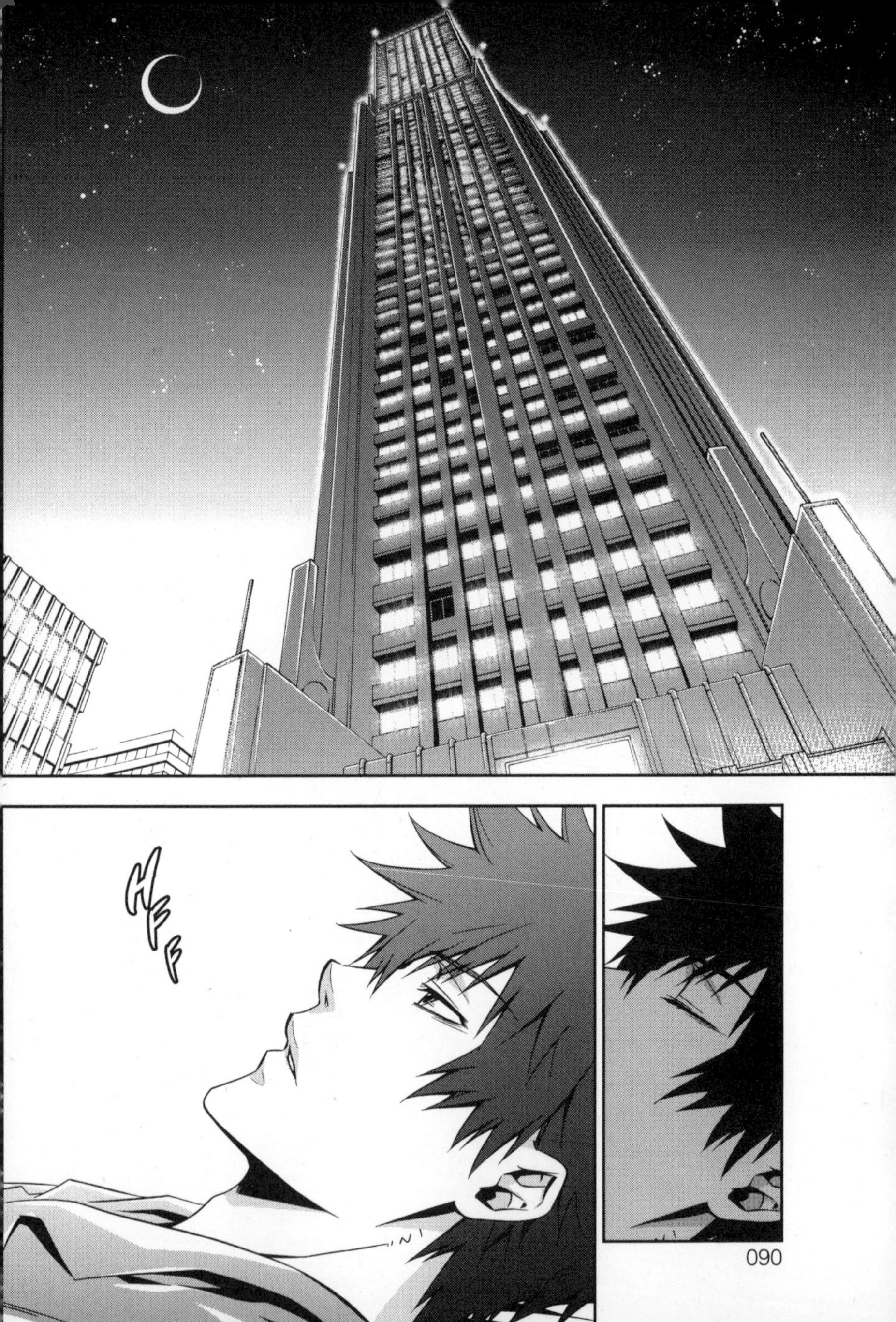
HFF

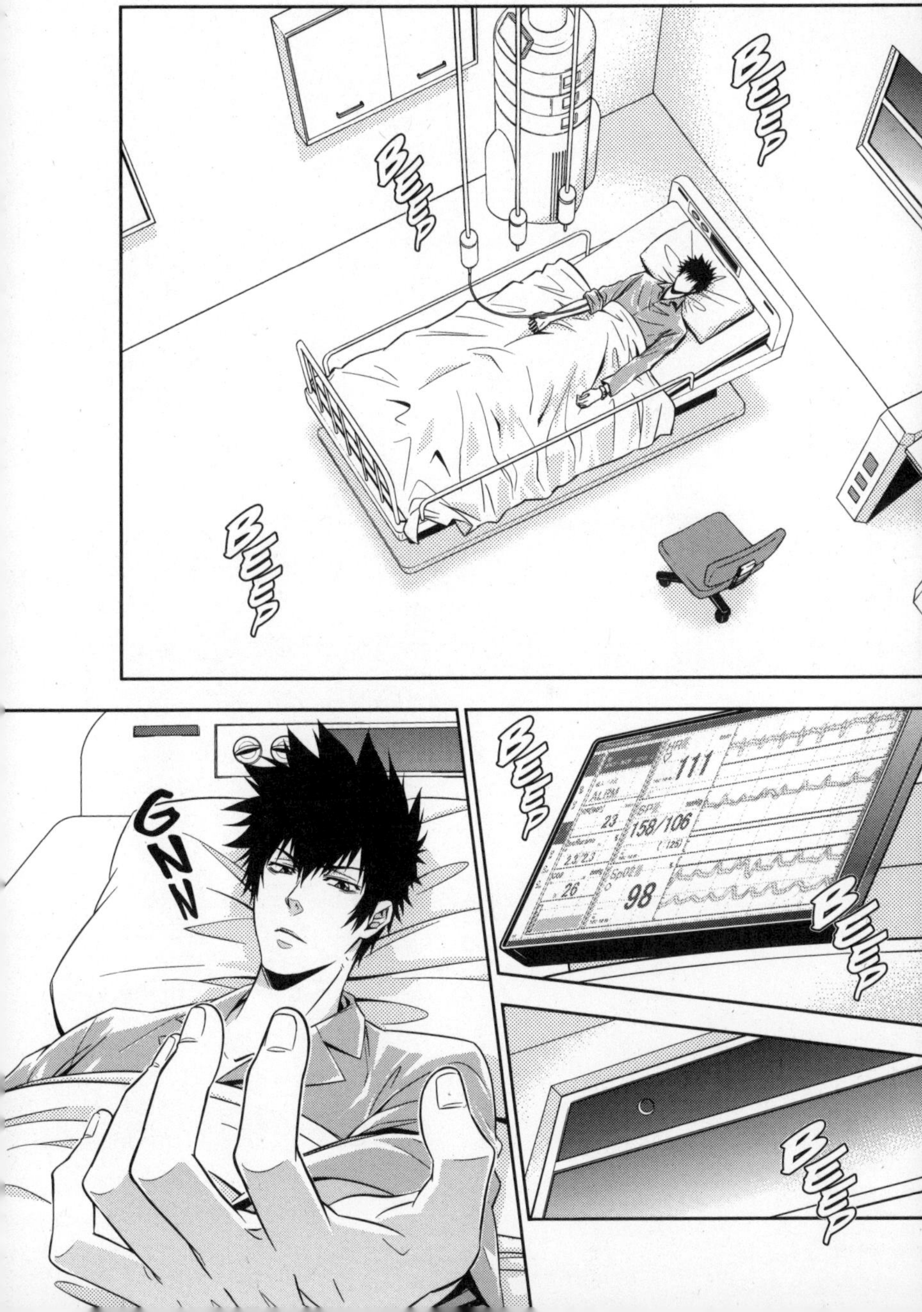
BEEP
BEEP
BEEP
BEEP
111
23
158/106
26
98
BEEP
BEEP
GNN

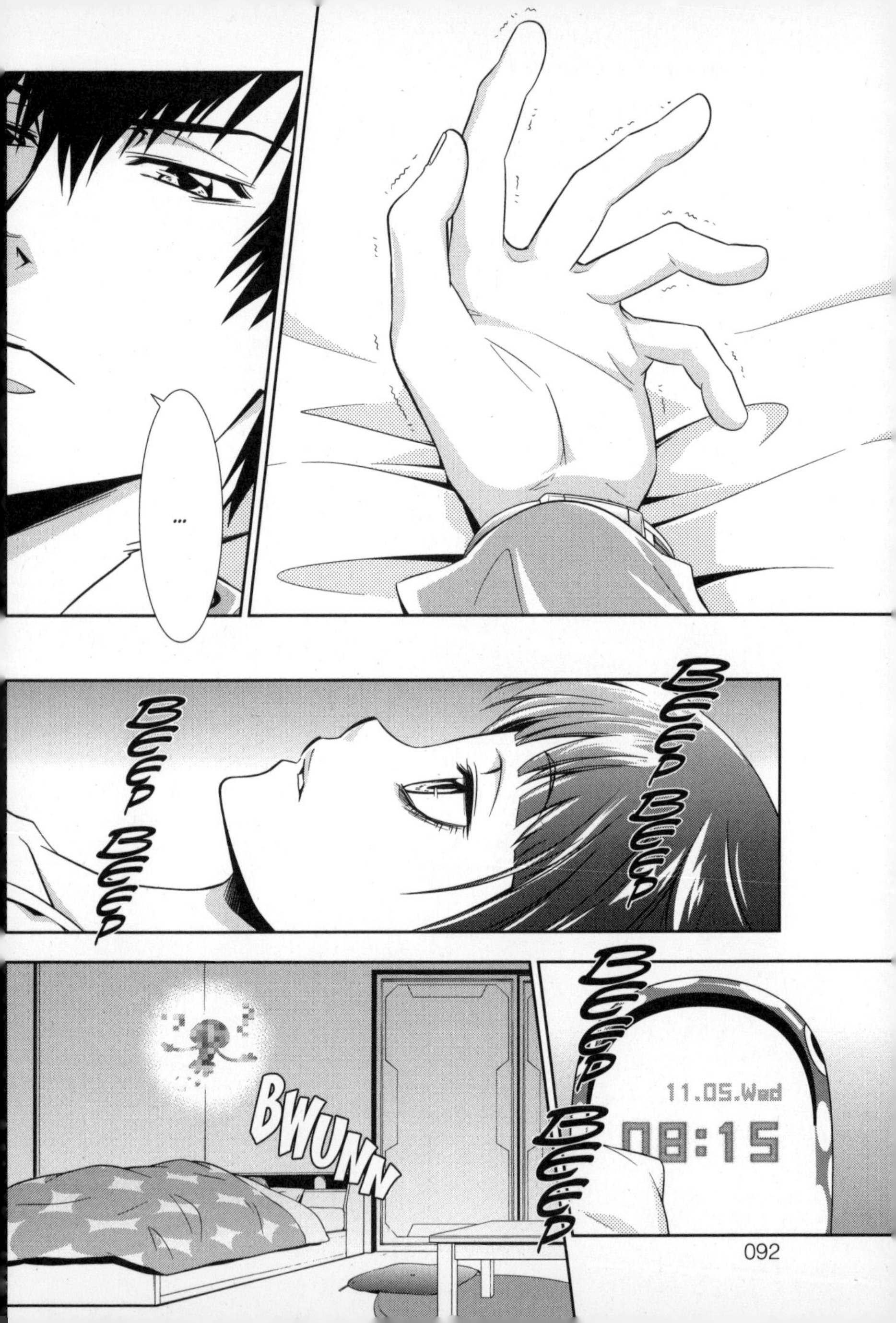
...
BEEEP BEEEP
BEEEP BEEEP
BEEEP BEEEP
BWUNN
11.05.Wed
08:15

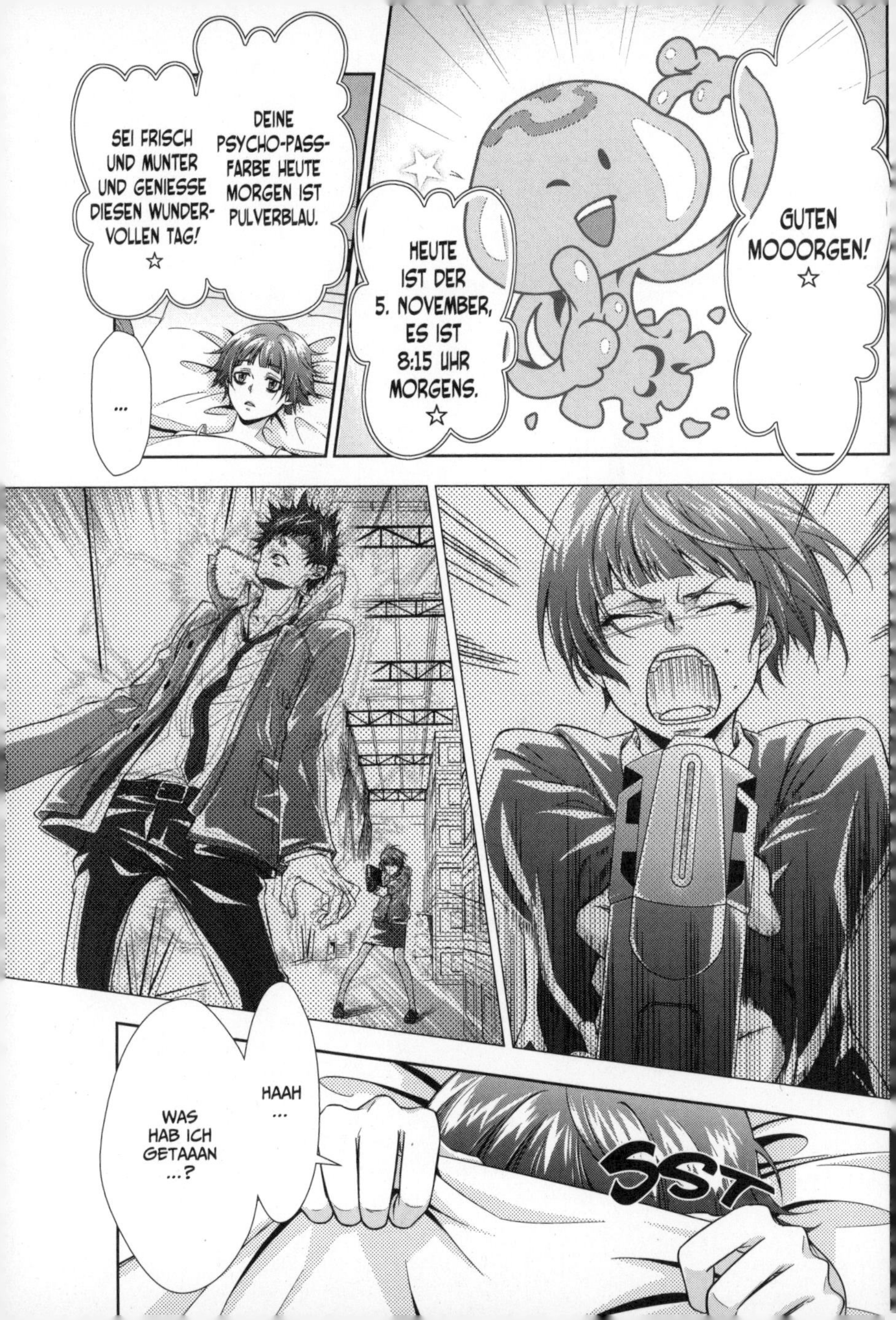
GUTEN MOOORGEN! ☆
HEUTE IST DER 5. NOVEMBER, ES IST 8:15 UHR MORGENS. ☆
DEINE PSYCHO-PASS-FARBE HEUTE MORGEN IST PULVERBLAU.
SEI FRISCH UND MUNTER UND GENIESSE DIESEN WUNDERVOLLEN TAG! ☆
...
HAAH ...
WAS HAB ICH GETAAAN ...?
SST

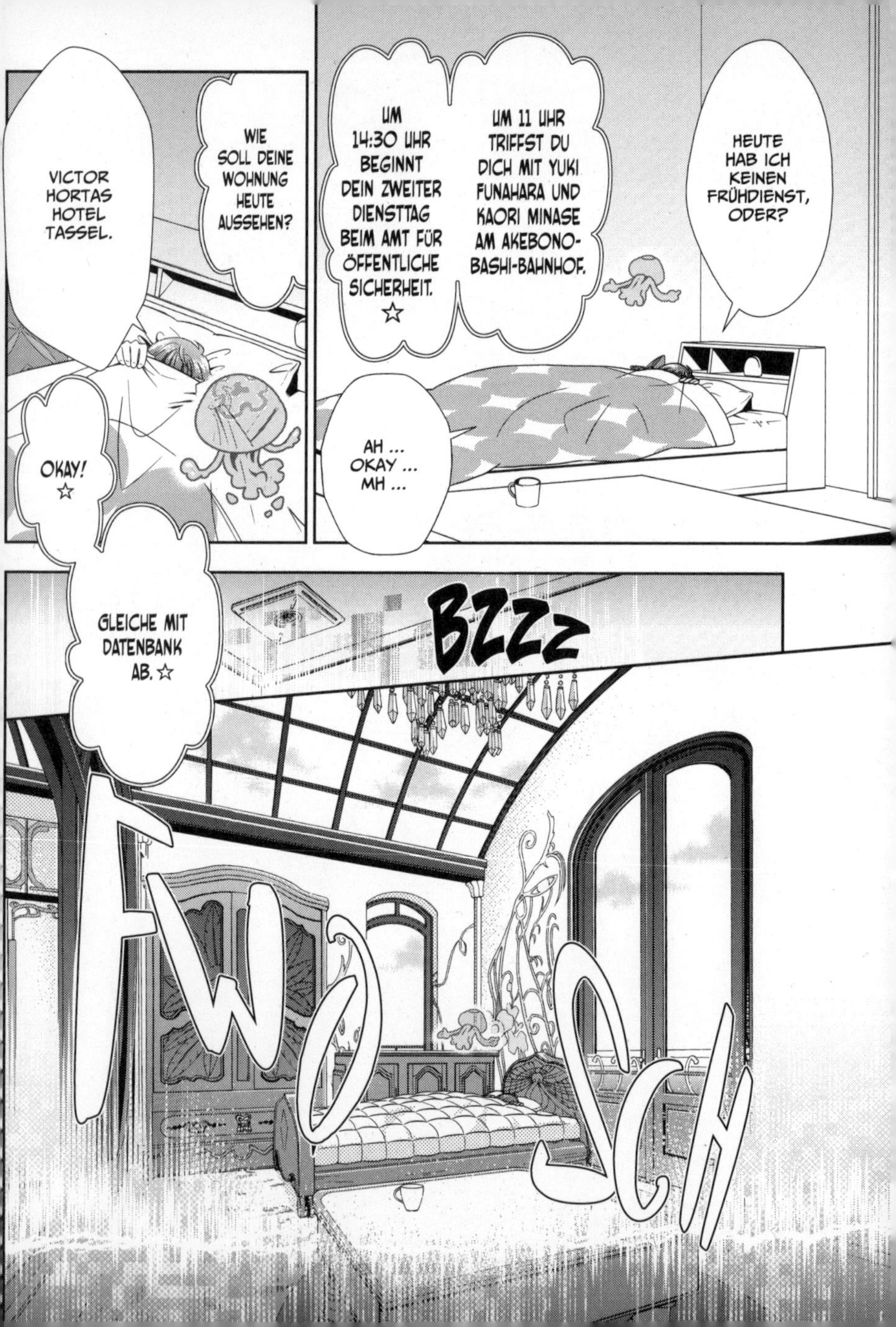
HEUTE HAB ICH KEINEN FRÜHDIENST, ODER?
UM 11 UHR TRIFFST DU DICH MIT YUKI FUNAHARA UND KAORI MINASE AM AKEBONO-BASHI-BAHNHOF.
UM 14:30 UHR BEGINNT DEIN ZWEITER DIENSTTAG BEIM AMT FÜR ÖFFENTLICHE SICHERHEIT. ☆
AH ... OKAY ... MH ...
WIE SOLL DEINE WOHNUNG HEUTE AUSSEHEN?
VICTOR HORTAS HOTEL TASSEL.
OKAY! ☆
GLEICHE MIT DATENBANK AB. ☆
BZZZ
FWOSCH

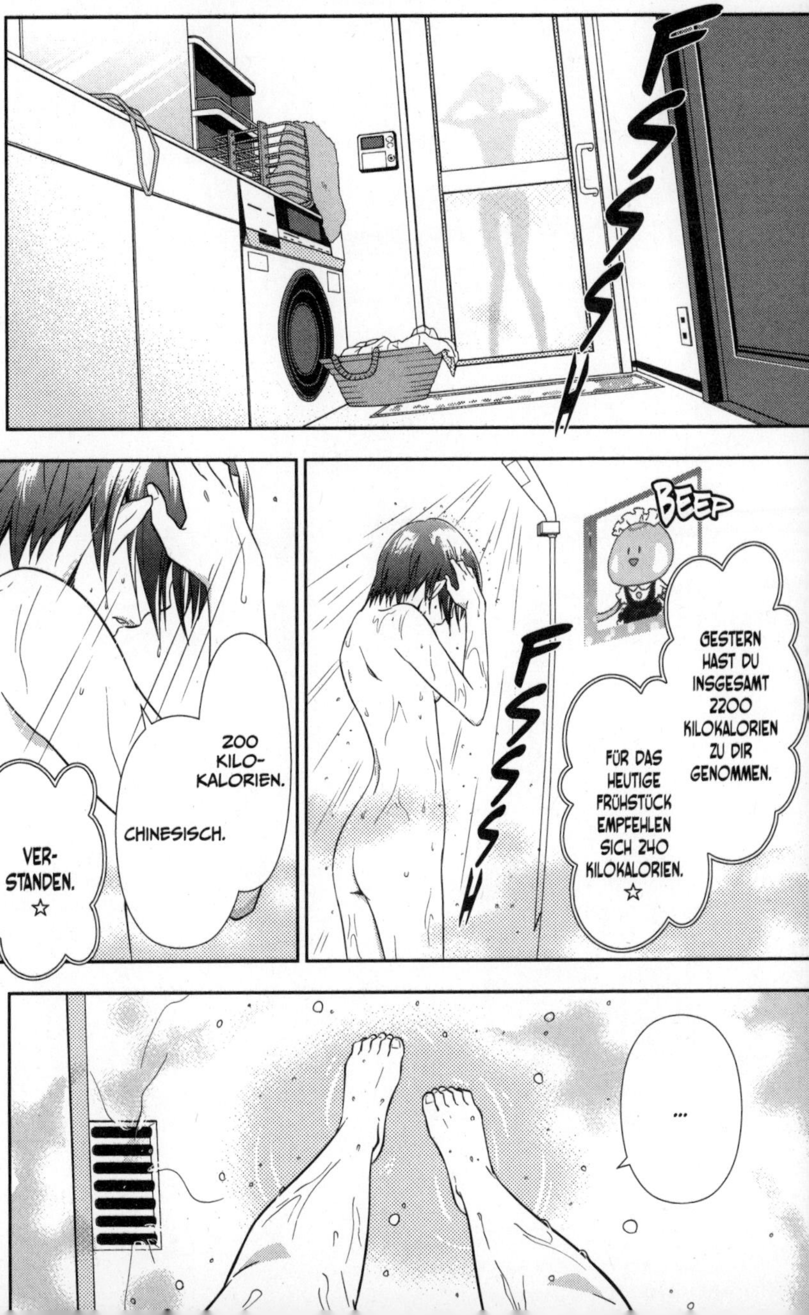
FSSSSH
BEEP
GESTERN HAST DU INSGESAMT 2200 KILOKALORIEN ZU DIR GENOMMEN.
FÜR DAS HEUTIGE FRÜHSTÜCK EMPFEHLEN SICH 240 KILOKALORIEN. ☆
FSSSSH
200 KILO-KALORIEN.
CHINESISCH.
VER-STANDEN. ☆
...

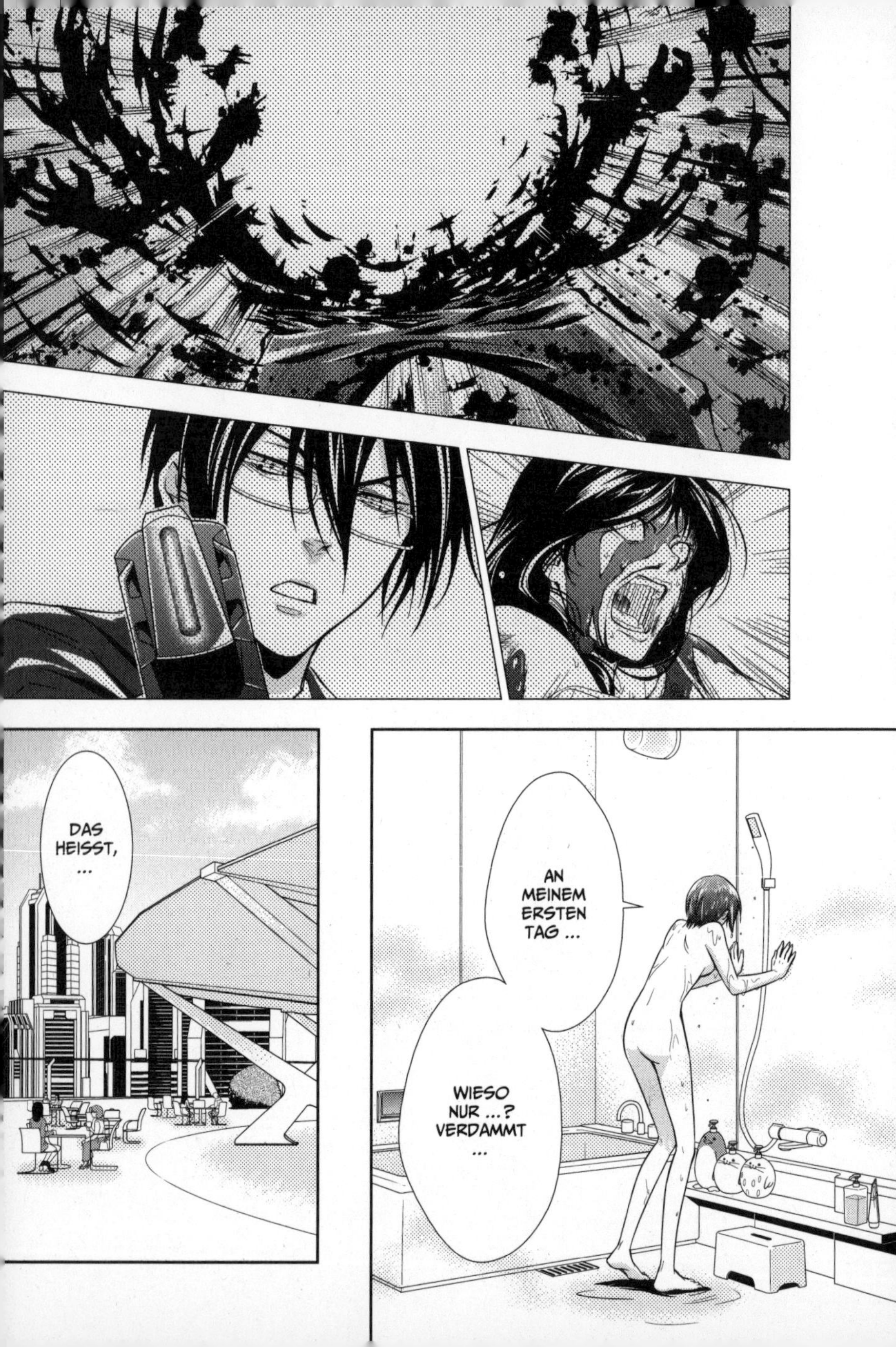
AN MEINEM ERSTEN TAG ...
WIESO NUR ...? VERDAMMT ...
DAS HEISST, ...

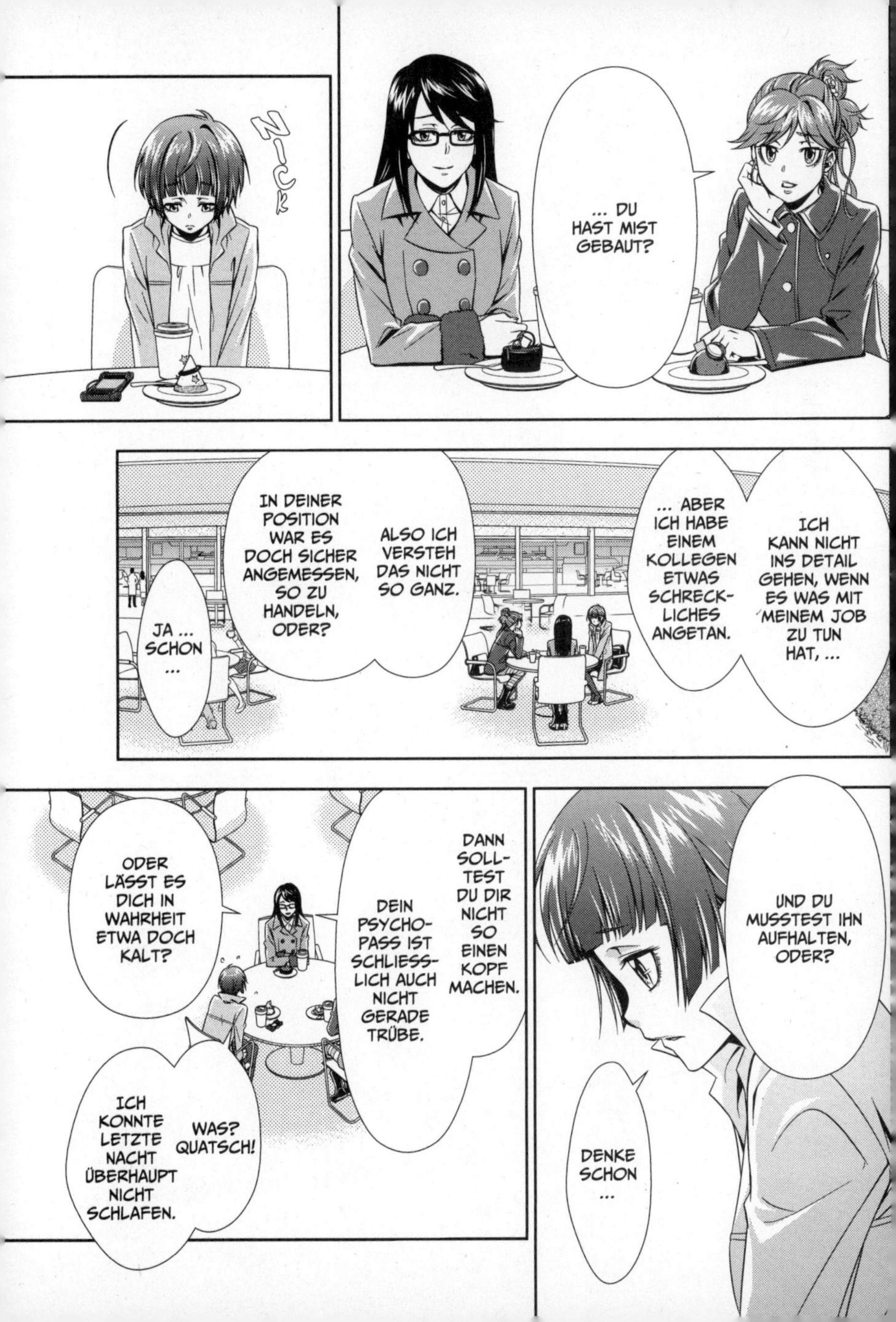
... DU HAST MIST GEBAUT?
NICK
ICH KANN NICHT INS DETAIL GEHEN, WENN ES WAS MIT MEINEM JOB ZU TUN HAT, ...
... ABER ICH HABE EINEM KOLLEGEN ETWAS SCHRECKLICHES ANGETAN.
ALSO ICH VERSTEH DAS NICHT SO GANZ.
IN DEINER POSITION WAR ES DOCH SICHER ANGEMESSEN, SO ZU HANDELN, ODER?
JA ... SCHON ...
UND DU MUSSTEST IHN AUFHALTEN, ODER?
DENKE SCHON ...
DANN SOLLTEST DU DIR NICHT SO EINEN KOPF MACHEN.
DEIN PSYCHO-PASS IST SCHLIESSLICH AUCH NICHT GERADE TRÜBE.
ODER LÄSST ES DICH IN WAHRHEIT ETWA DOCH KALT?
WAS? QUATSCH!
ICH KONNTE LETZTE NACHT ÜBERHAUPT NICHT SCHLAFEN.

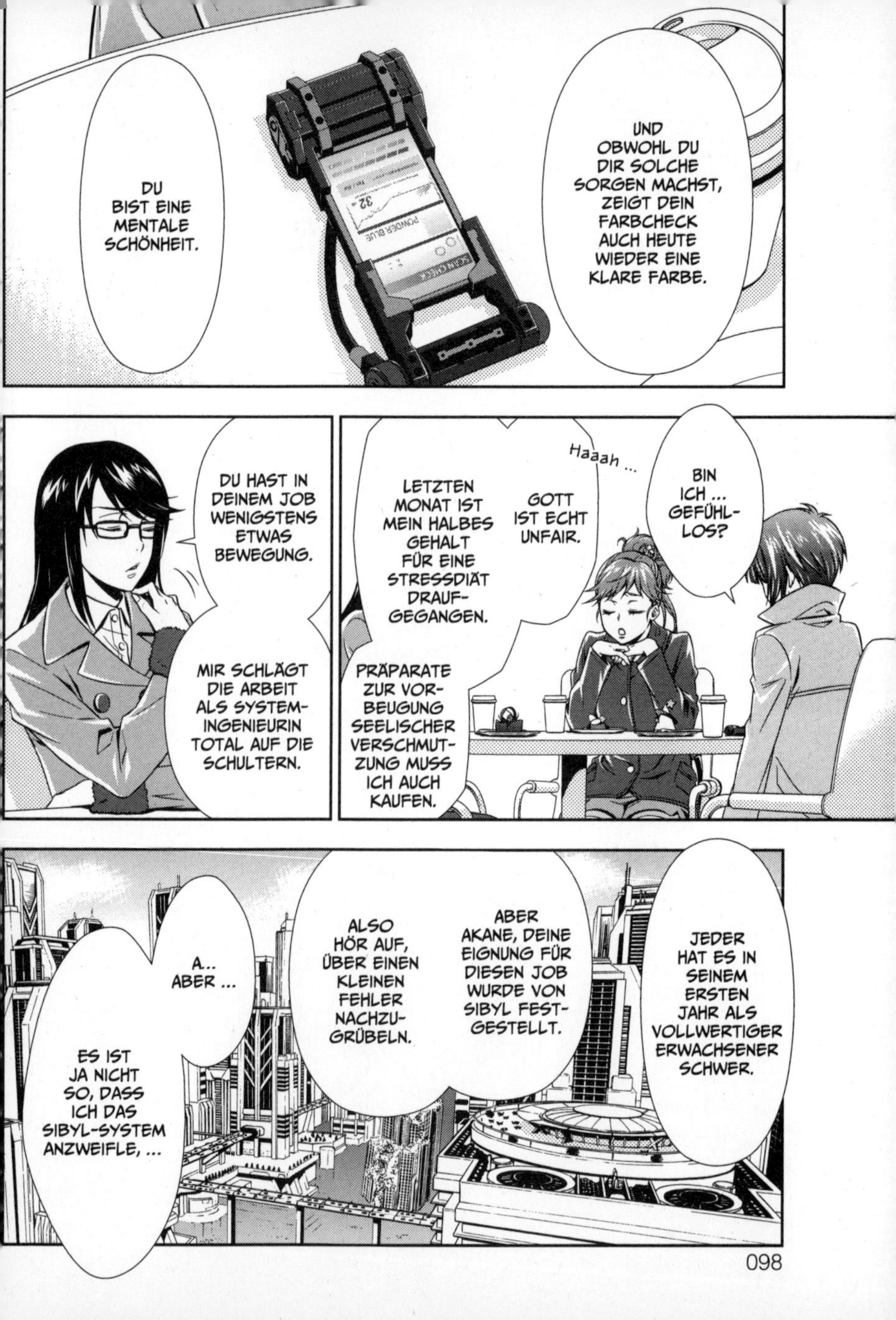
UND OBWOHL DU DIR SOLCHE SORGEN MACHST, ZEIGT DEIN FARBCHECK AUCH HEUTE WIEDER EINE KLARE FARBE.
DU BIST EINE MENTALE SCHÖNHEIT.
BIN ICH ... GEFÜHLLOS?
Haaah ...
GOTT IST ECHT UNFAIR.
LETZTEN MONAT IST MEIN HALBES GEHALT FÜR EINE STRESSDIÄT DRAUFGEGANGEN.
PRÄPARATE ZUR VORBEUGUNG SEELISCHER VERSCHMUTZUNG MUSS ICH AUCH KAUFEN.
DU HAST IN DEINEM JOB WENIGSTENS ETWAS BEWEGUNG.
MIR SCHLÄGT DIE ARBEIT ALS SYSTEMINGENIEURIN TOTAL AUF DIE SCHULTERN.
JEDER HAT ES IN SEINEM ERSTEN JAHR ALS VOLLWERTIGER ERWACHSENER SCHWER.
ABER AKANE, DEINE EIGNUNG FÜR DIESEN JOB WURDE VON SIBYL FESTGESTELLT.
ALSO HÖR AUF, ÜBER EINEN KLEINEN FEHLER NACHZUGRÜBELN.
A... ABER ...
ES IST JA NICHT SO, DASS ICH DAS SIBYL-SYSTEM ANZWEIFLE, ...

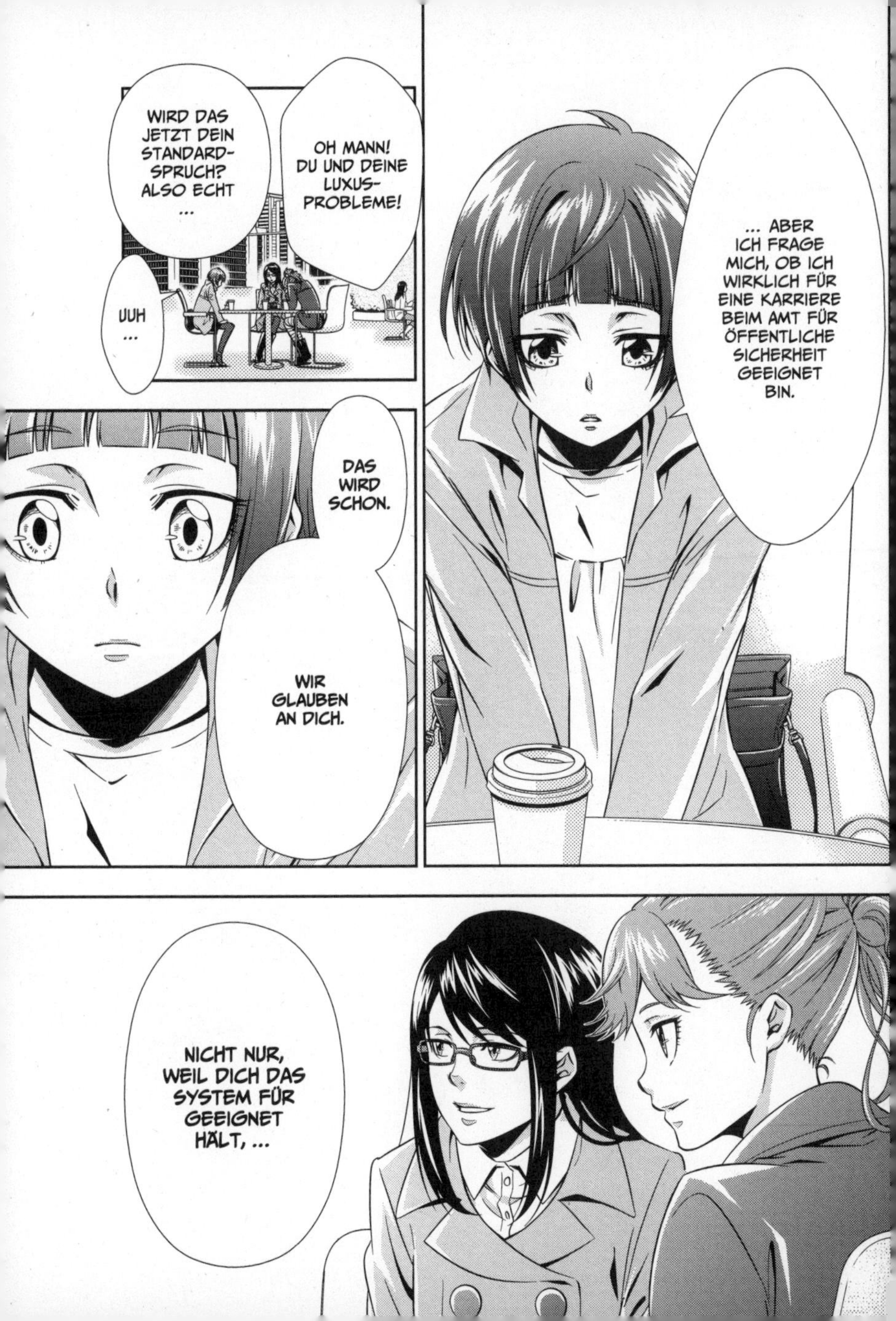
... ABER ICH FRAGE MICH, OB ICH WIRKLICH FÜR EINE KARRIERE BEIM AMT FÜR ÖFFENTLICHE SICHERHEIT GEEIGNET BIN.
OH MANN! DU UND DEINE LUXUS-PROBLEME!
WIRD DAS JETZT DEIN STANDARD-SPRUCH? ALSO ECHT ...
UUH ...
DAS WIRD SCHON.
WIR GLAUBEN AN DICH.
NICHT NUR, WEIL DICH DAS SYSTEM FÜR GEEIGNET HÄLT, ...

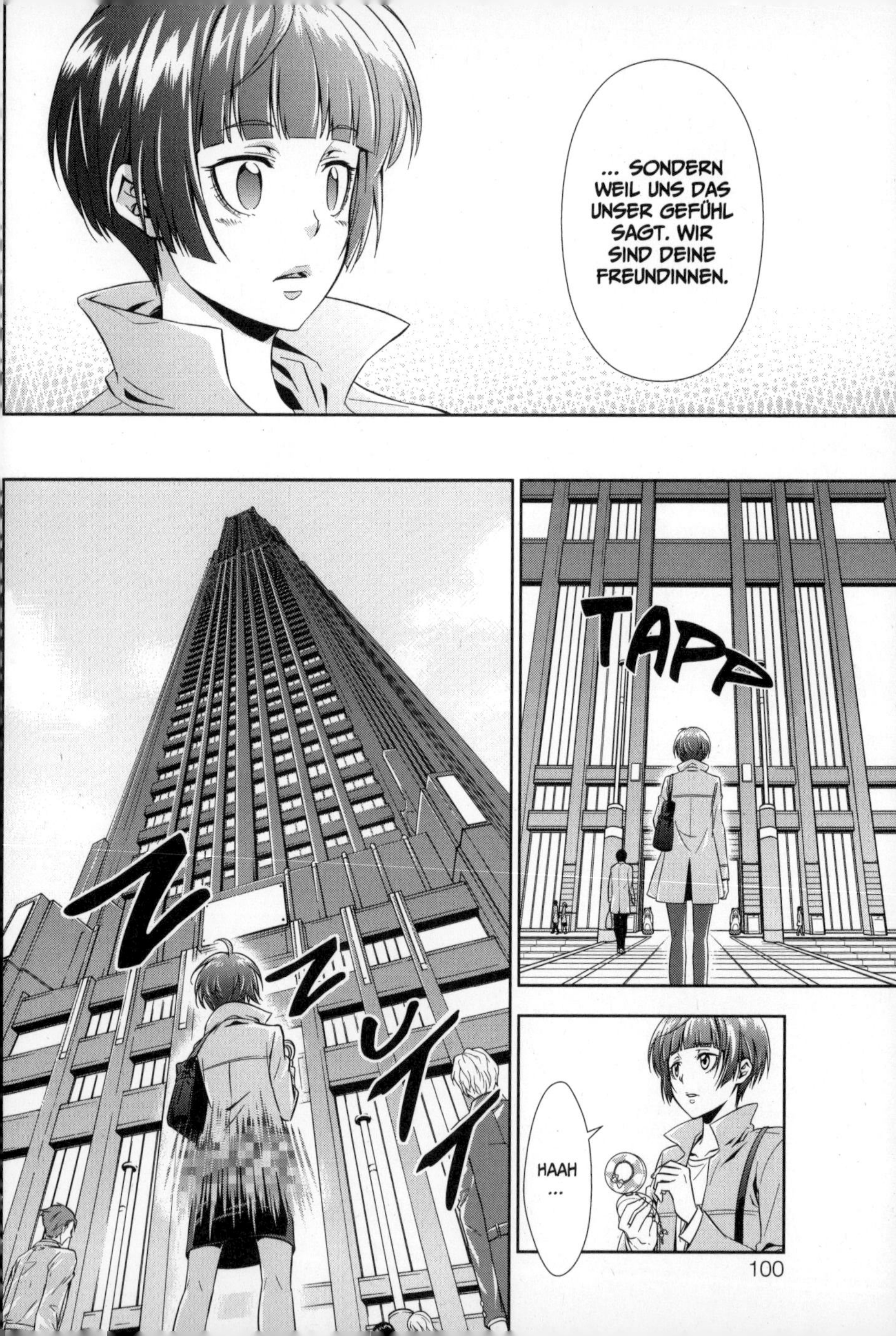
... SONDERN WEIL UNS DAS UNSER GEFÜHL SAGT. WIR SIND DEINE FREUNDINNEN.
TAPP
ZZUIII
HAAH ...

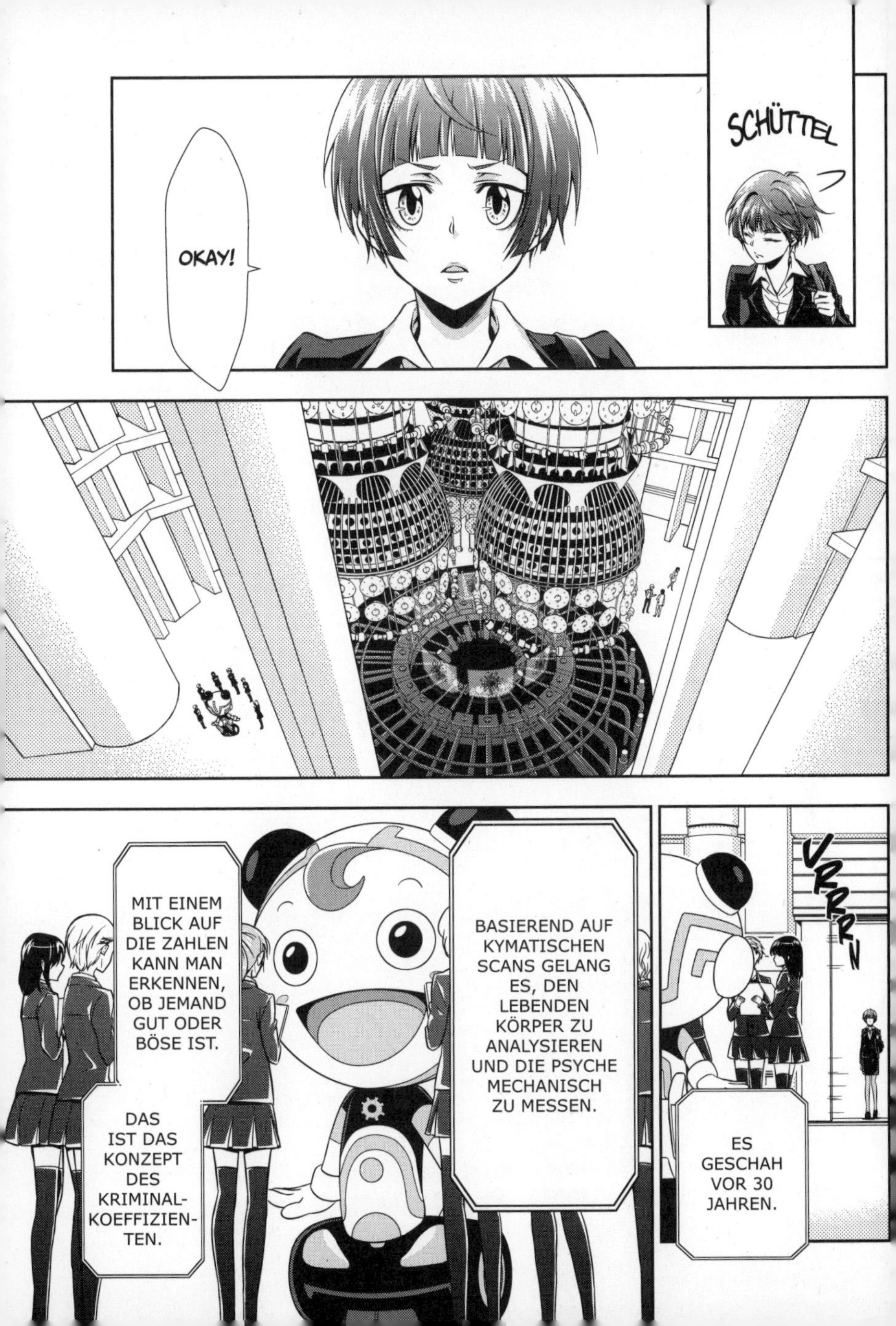
SCHÜTTEL
OKAY!
VRRRRN
ES GESCHAH VOR 30 JAHREN.
BASIEREND AUF KYMATISCHEN SCANS GELANG ES, DEN LEBENDEN KÖRPER ZU ANALYSIEREN UND DIE PSYCHE MECHANISCH ZU MESSEN.
MIT EINEM BLICK AUF DIE ZAHLEN KANN MAN ERKENNEN, OB JEMAND GUT ODER BÖSE IST.
DAS IST DAS KONZEPT DES KRIMINAL-KOEFFIZIEN-TEN.

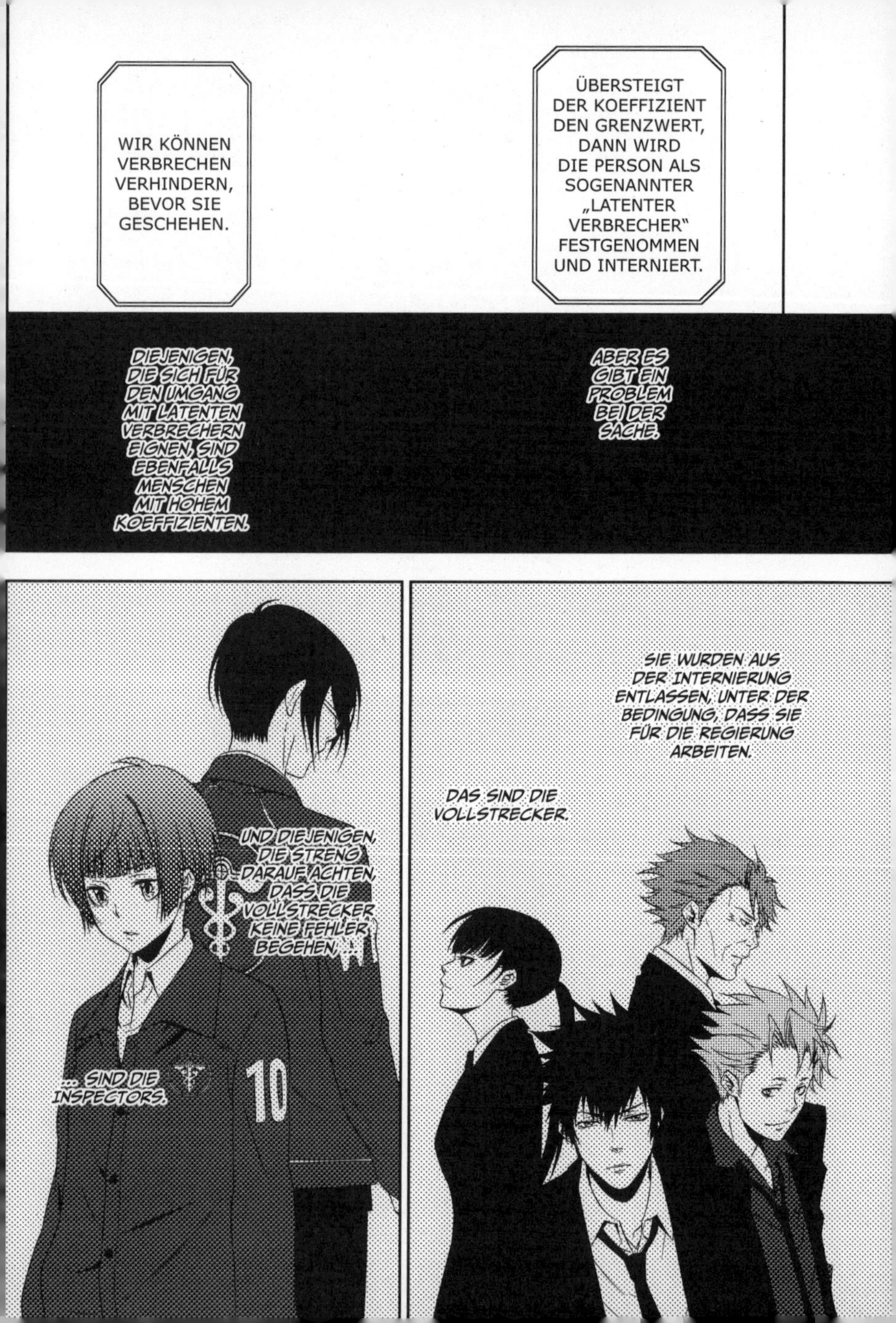

ÜBERSTEIGT DER KOEFFIZIENT DEN GRENZWERT, DANN WIRD DIE PERSON ALS SOGENANNTER „LATENTER VERBRECHER“ FESTGENOMMEN UND INTERNIERT.
WIR KÖNNEN VERBRECHEN VERHINDERN, BEVOR SIE GESCHEHEN.
ABER ES GIBT EIN PROBLEM BEI DER SACHE.
DIEJENIGEN, DIE SICH FÜR DEN UMGANG MIT LATENTEN VERBRECHERN EIGNEN, SIND EBENFALLS MENSCHEN MIT HOHEM KOEFFIZIENTEN.
SIE WURDEN AUS DER INTERNIERUNG ENTLASSEN, UNTER DER BEDINGUNG, DASS SIE FÜR DIE REGIERUNG ARBEITEN.
DAS SIND DIE VOLLSTRECKER.
UND DIEJENIGEN, DIE STRENG DARAUF ACHTEN, DASS DIE VOLLSTRECKER KEINE FEHLER BEGEHEN, ...
... SIND DIE INSPECTORS.
10

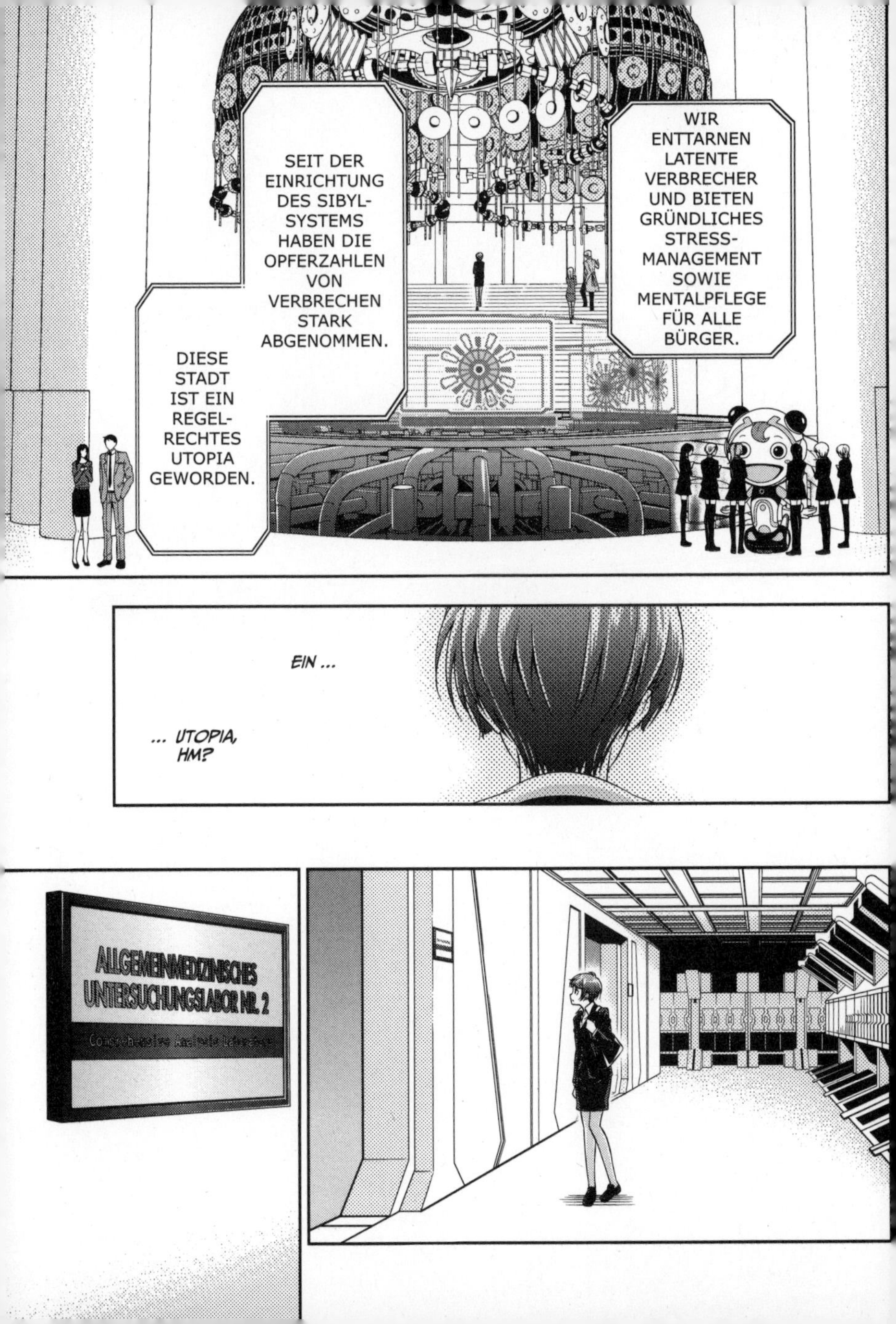
WIR ENTTARNEN LATENTE VERBRECHER UND BIETEN GRÜNDLICHES STRESS-MANAGEMENT SOWIE MENTALPFLEGE FÜR ALLE BÜRGER.
SEIT DER EINRICHTUNG DES SIBYL-SYSTEMS HABEN DIE OPFERZAHLEN VON VERBRECHEN STARK ABGENOMMEN.
DIESE STADT IST EIN REGEL-RECHTES UTOPIA GEWORDEN.
EIN ...
... UTOPIA, HM?
ALLGEMEINMEDIZINISCHES UNTERSUCHUNGSLABOR NR. 2

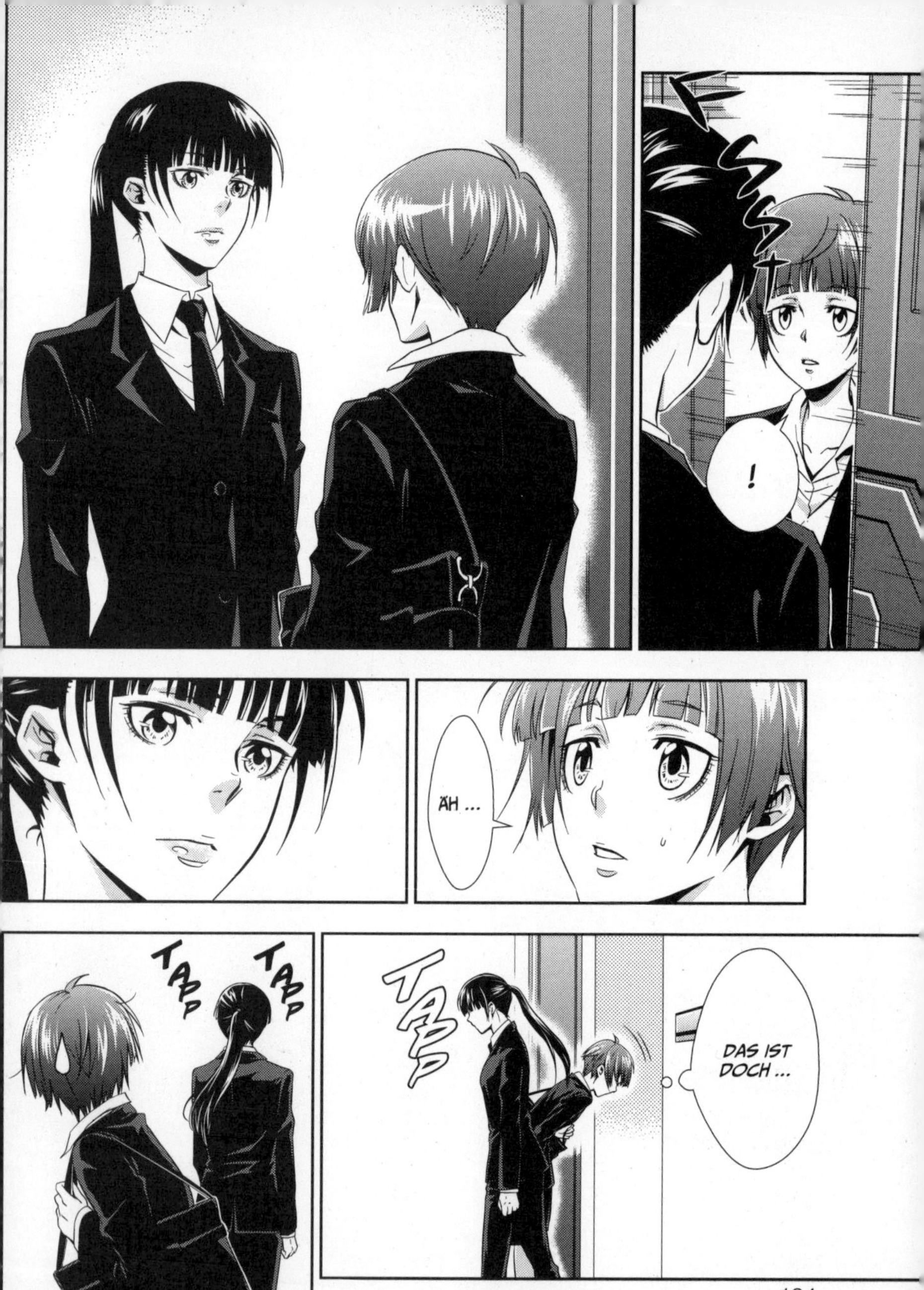
FSST
!
ÄH ...
DAS IST
DOCH ...
TAPP
TAPP
TAPP

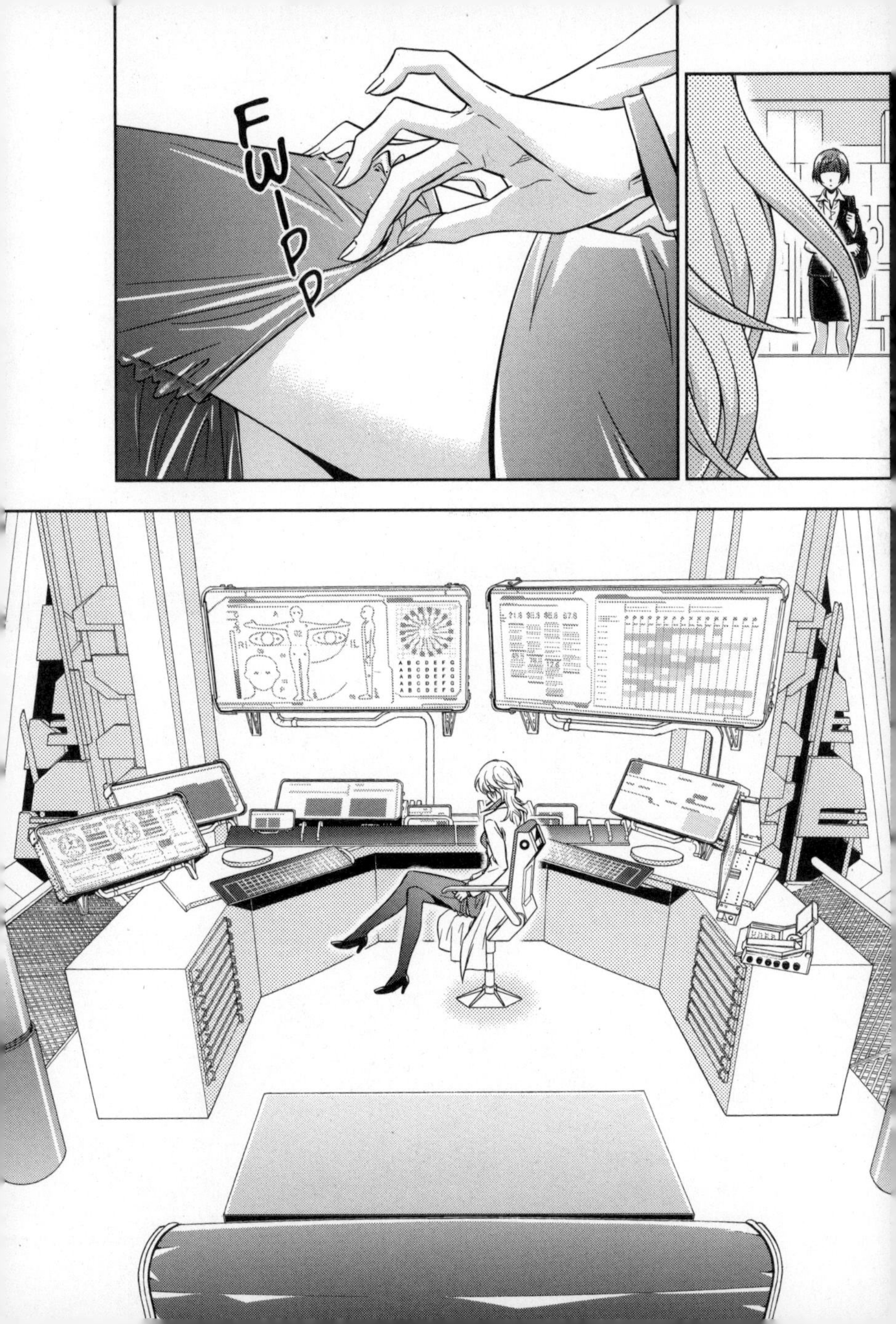
FWIPP

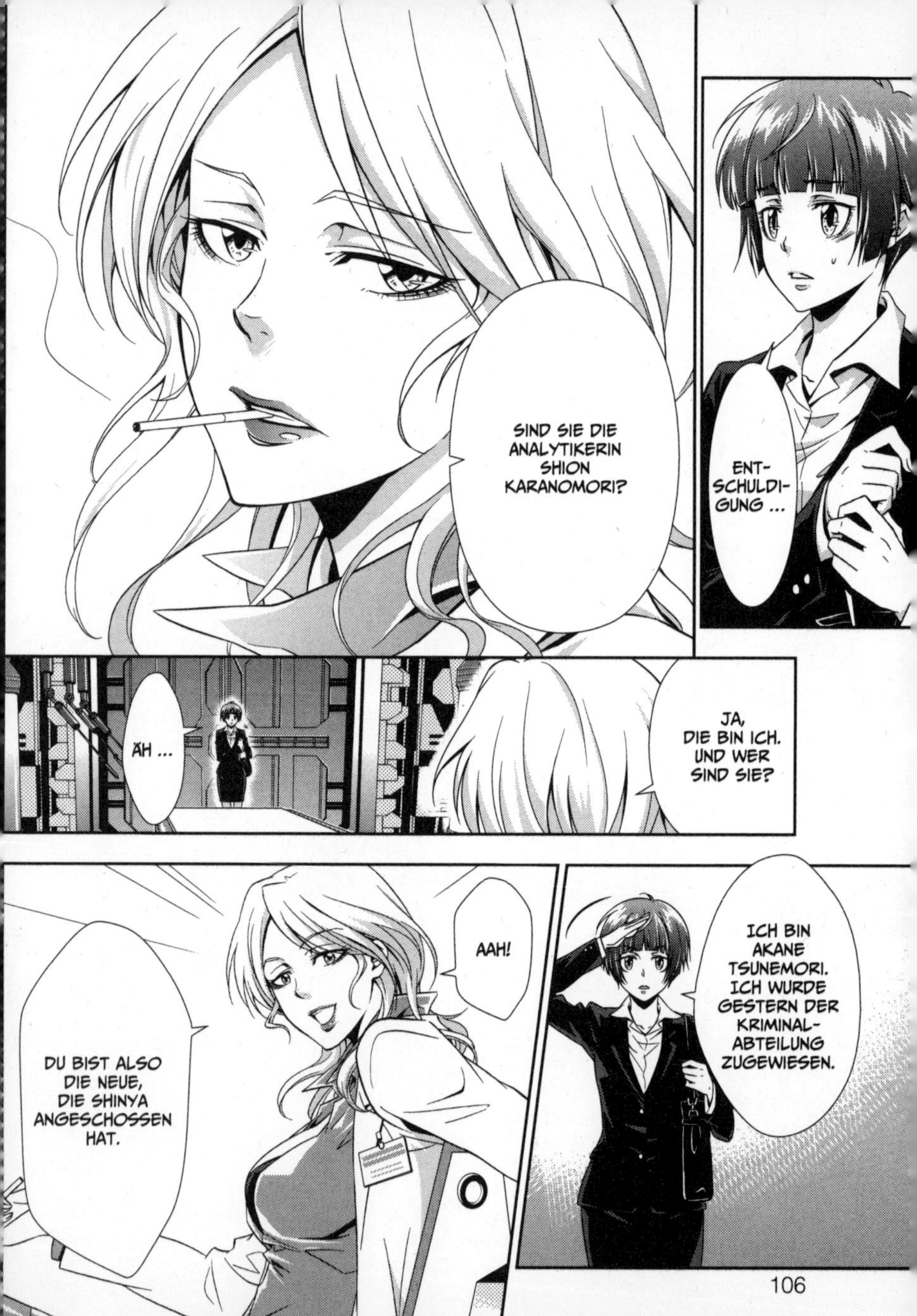
ENT-
SCHULDI-
GUNG ...
SIND SIE DIE ANALYTIKERIN SHION KARANOMORI?
JA, DIE BIN ICH. UND WER SIND SIE?
ÄH ...
ICH BIN AKANE TSUNEMORI. ICH WURDE GESTERN DER KRIMINAL-ABTEILUNG ZUGEWIESEN.
AAH!
DU BIST ALSO DIE NEUE, DIE SHINYA ANGESCHOSSEN HAT.

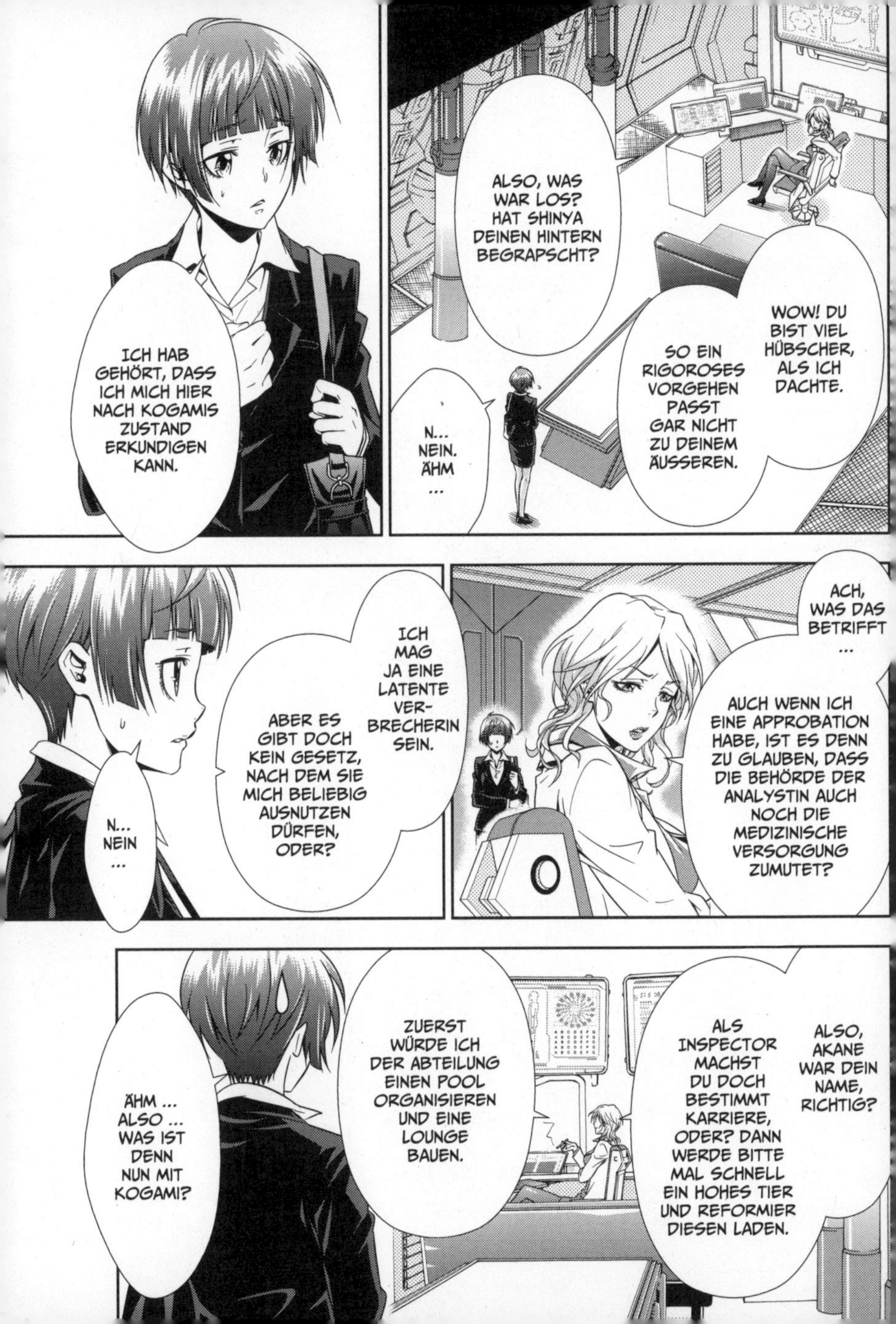
WOW! DU BIST VIEL HÜBSCHER, ALS ICH DACHTE.
SO EIN RIGOROSES VORGEHEN PASST GAR NICHT ZU DEINEM ÄUSSEREN.
ALSO, WAS WAR LOS? HAT SHINYA DEINEN HINTERN BEGRAPSCHT?
N... NEIN. ÄHM ...
ICH HAB GEHÖRT, DASS ICH MICH HIER NACH KOGAMIS ZUSTAND ERKUNDIGEN KANN.
ACH, WAS DAS BETRIFFT ...
AUCH WENN ICH EINE APPROBATION HABE, IST ES DENN ZU GLAUBEN, DASS DIE BEHÖRDE DER ANALYSTIN AUCH NOCH DIE MEDIZINISCHE VERSORGUNG ZUMUTET?
ICH MAG JA EINE LATENTE VER-BRECHERIN SEIN.
ABER ES GIBT DOCH KEIN GESETZ, NACH DEM SIE MICH BELIEBIG AUSNUTZEN DÜRFEN, ODER?
N... NEIN ...
ALSO, AKANE WAR DEIN NAME, RICHTIG?
ALS INSPECTOR MACHST DU DOCH BESTIMMT KARRIERE, ODER? DANN WERDE BITTE MAL SCHNELL EIN HOHES TIER UND REFORMIER DIESEN LADEN.
ZUERST WÜRDE ICH DER ABTEILUNG EINEN POOL ORGANISIEREN UND EINE LOUNGE BAUEN.
ÄHM ... ALSO ... WAS IST DENN NUN MIT KOGAMI?

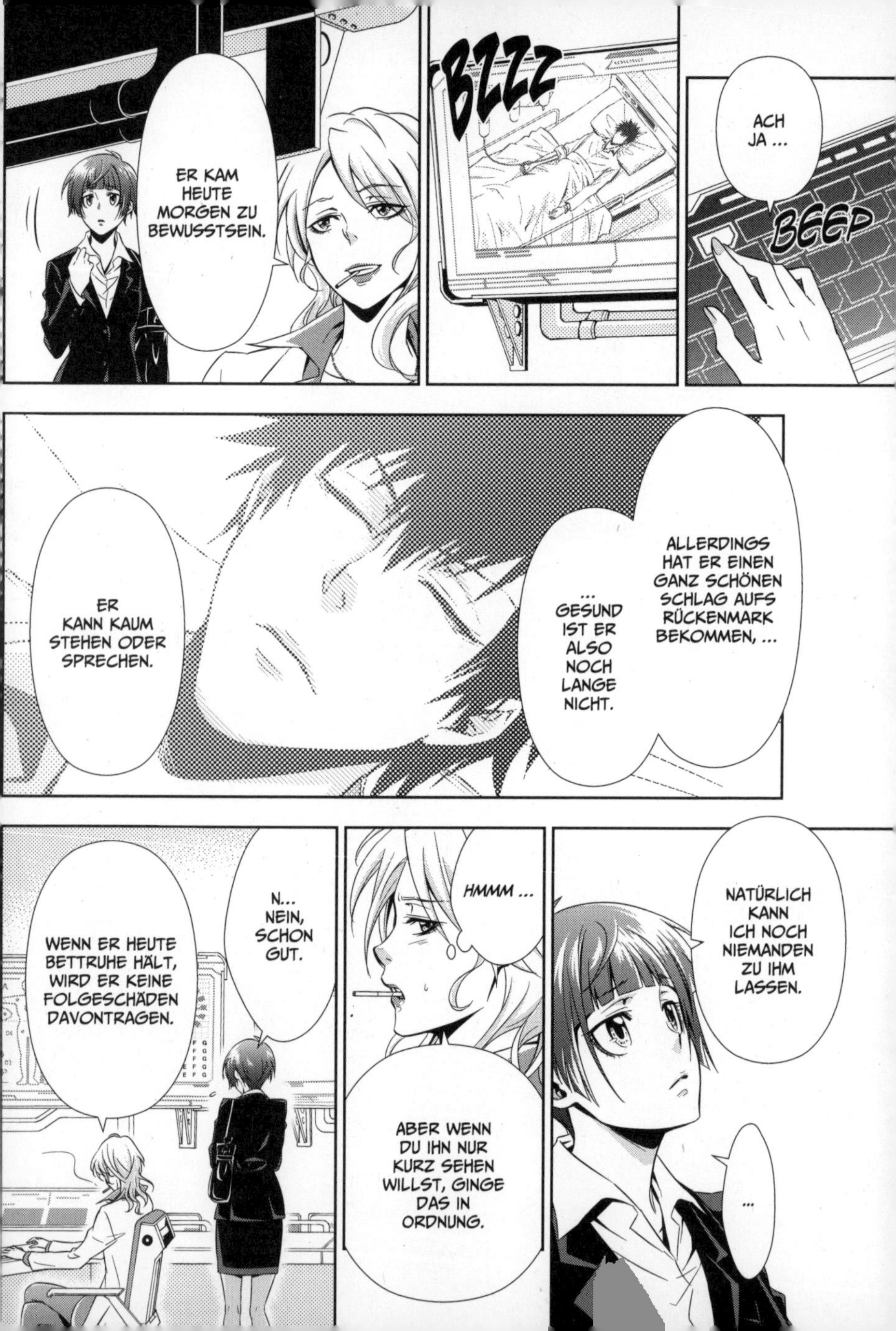
BZZZ
ER KAM HEUTE MORGEN ZU BEWUSSTSEIN.
ACH JA ...
BEEP
ALLERDINGS HAT ER EINEN GANZ SCHÖNEN SCHLAG AUFS RÜCKENMARK BEKOMMEN, ...
... GESUND IST ER ALSO NOCH LANGE NICHT.
ER KANN KAUM STEHEN ODER SPRECHEN.
NATÜRLICH KANN ICH NOCH NIEMANDEN ZU IHM LASSEN.
...
HMMM ...
ABER WENN DU IHN NUR KURZ SEHEN WILLST, GINGE DAS IN ORDNUNG.
N... NEIN, SCHON GUT.
WENN ER HEUTE BETTRUHE HÄLT, WIRD ER KEINE FOLGESCHÄDEN DAVONTRAGEN.

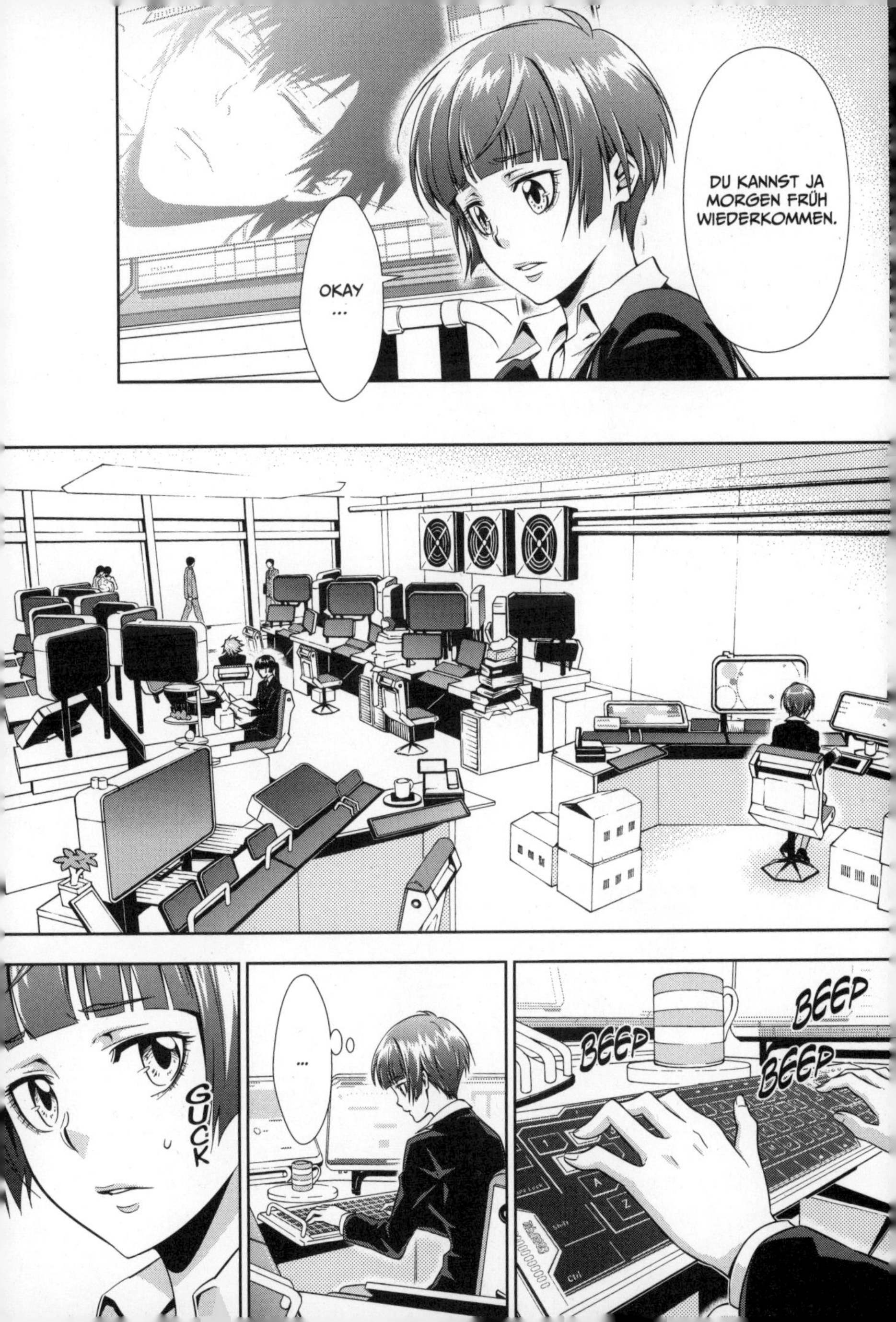
DU KANNST JA MORGEN FRÜH WIEDERKOMMEN.
OKAY ...
...
GUCK
BEEP
BEEP
BEEP

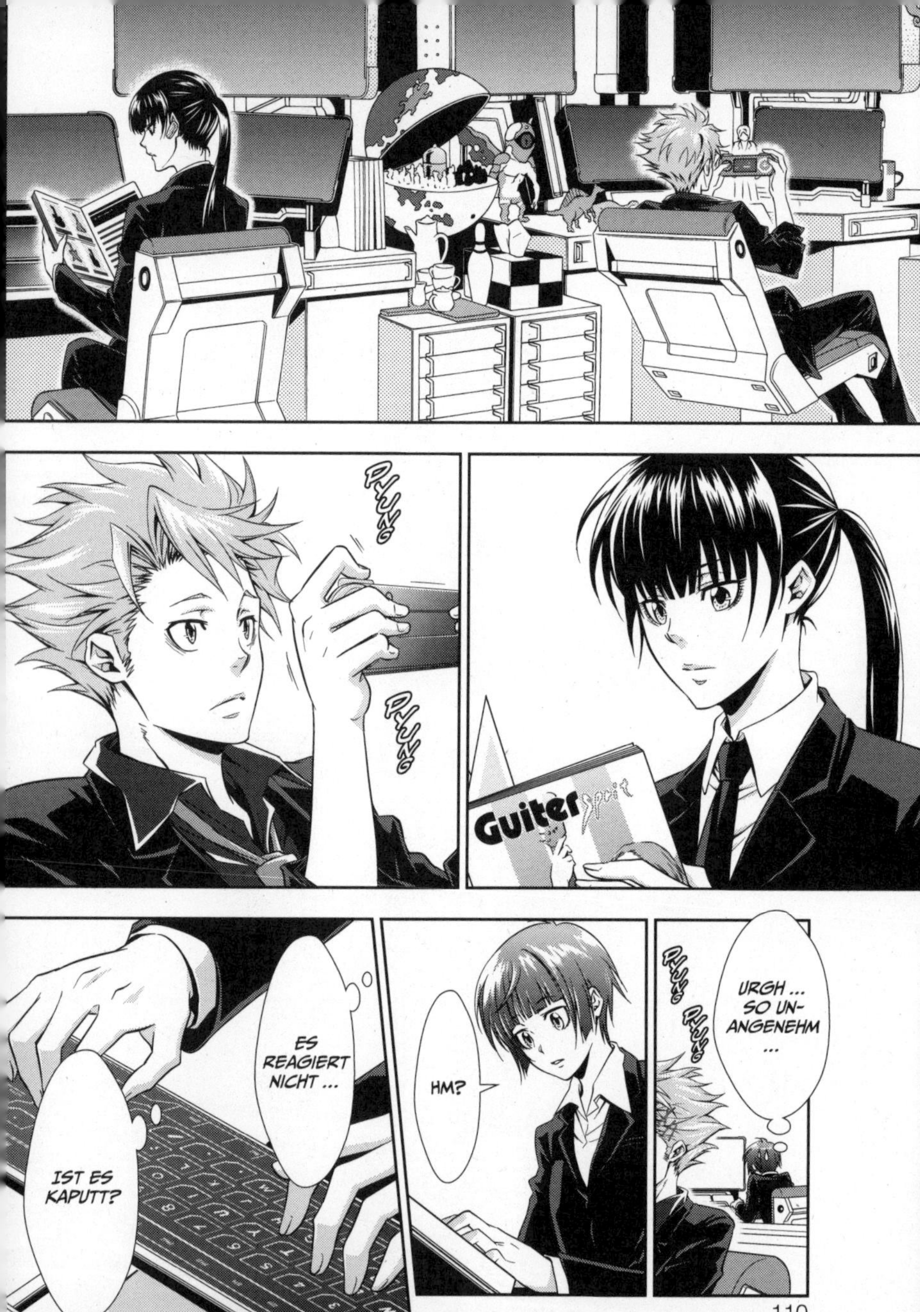
Guiter
PLUNG
PLUNG
PLUNG
PLUNG
URGH ... SO UN-ANGENEHM ...
HM?
ES REAGIERT NICHT ...
IST ES KAPUTT?

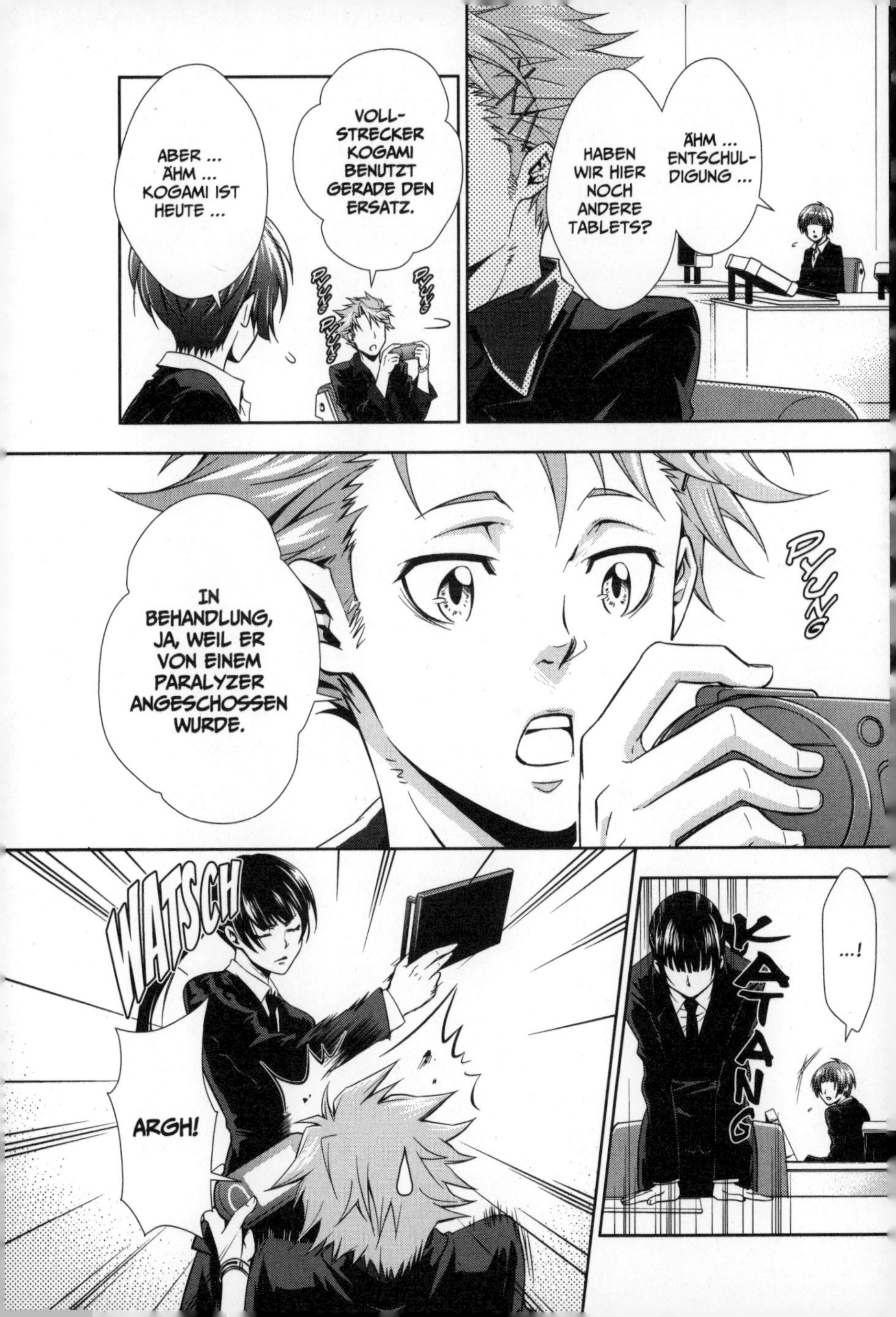
ÄHM ... ENTSCHUL-DIGUNG ...
HABEN WIR HIER NOCH ANDERE TABLETS?
VOLL-STRECKER KOGAMI BENUTZT GERADE DEN ERSATZ.
ABER ... ÄHM ... KOGAMI IST HEUTE ...
PJUNG
IN BEHANDLUNG, JA, WEIL ER VON EINEM PARALYZER ANGESCHOSSEN WURDE.
...!
KATANG
WATSCH
ARGH!

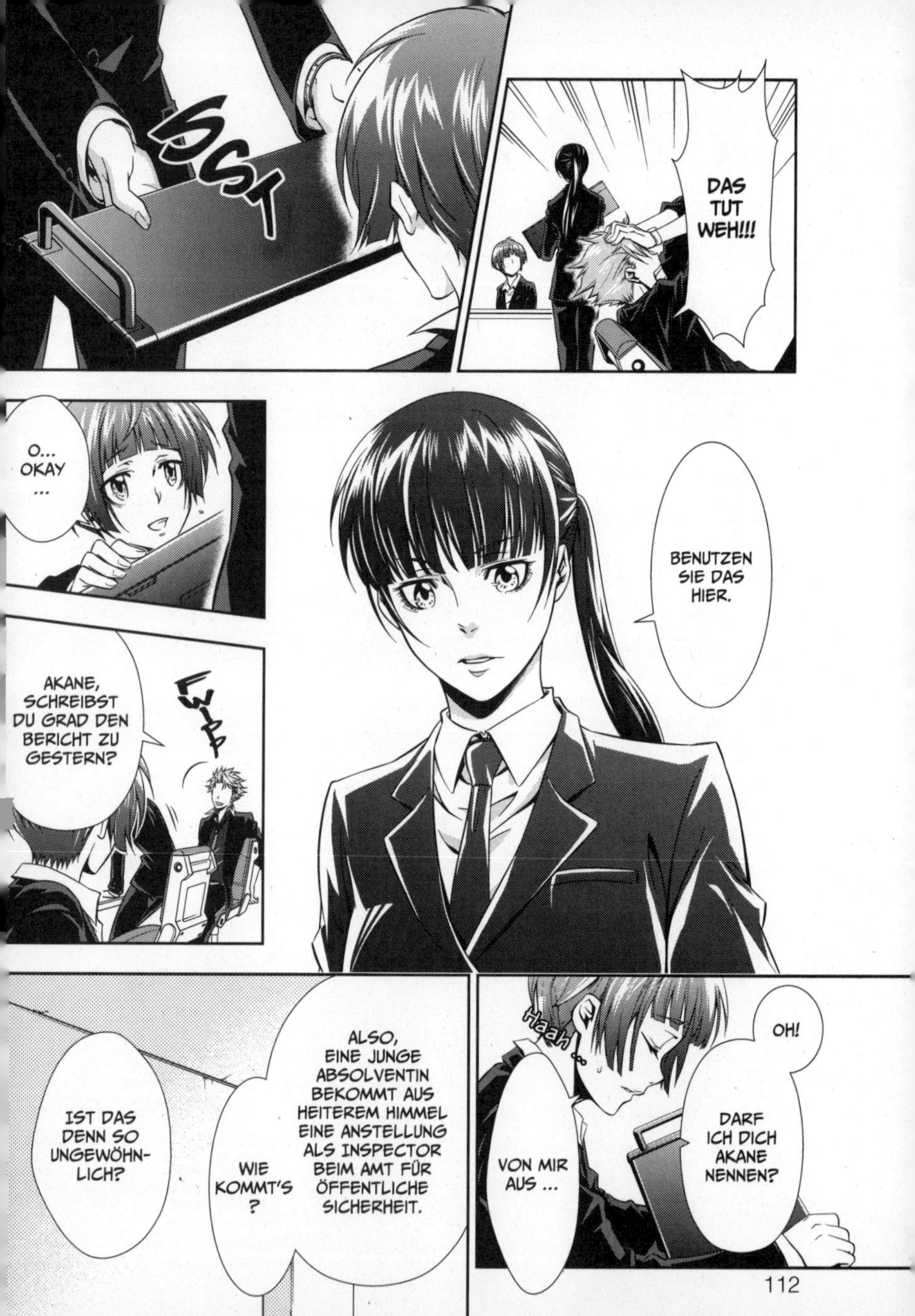
DAS TUT WEH!!!
SSST
BENUTZEN SIE DAS HIER.
O... OKAY ...
AKANE, SCHREIBST DU GRAD DEN BERICHT ZU GESTERN?
FWIPP
OH!
DARF ICH DICH AKANE NENNEN?
Haah
VON MIR AUS ...
WIE KOMMT'S ?
ALSO, EINE JUNGE ABSOLVENTIN BEKOMMT AUS HEITEREM HIMMEL EINE ANSTELLUNG ALS INSPECTOR BEIM AMT FÜR ÖFFENTLICHE SICHERHEIT.
IST DAS DENN SO UNGEWÖHNLICH?

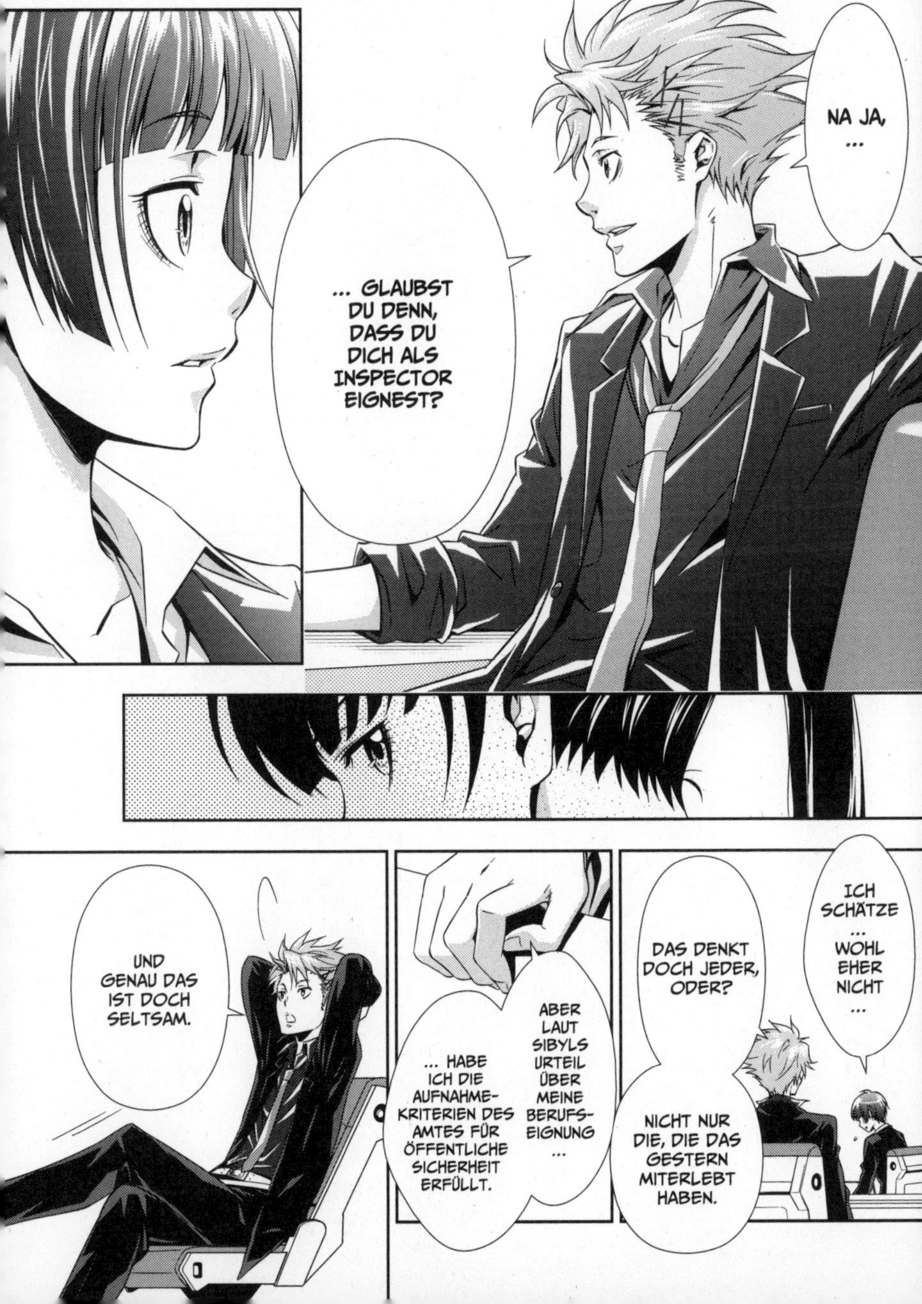
NA JA, ...
... GLAUBST DU DENN, DASS DU DICH ALS INSPECTOR EIGNEST?
ICH SCHÄTZE ... WOHL EHER NICHT ...
DAS DENKT DOCH JEDER, ODER?
NICHT NUR DIE, DIE DAS GESTERN MITERLEBT HABEN.
ABER LAUT SIBYLS URTEIL ÜBER MEINE BERUFS-EIGNUNG ...
... HABE ICH DIE AUFNAHME-KRITERIEN DES AMTES FÜR ÖFFENTLICHE SICHERHEIT ERFÜLLT.
UND GENAU DAS IST DOCH SELTSAM.

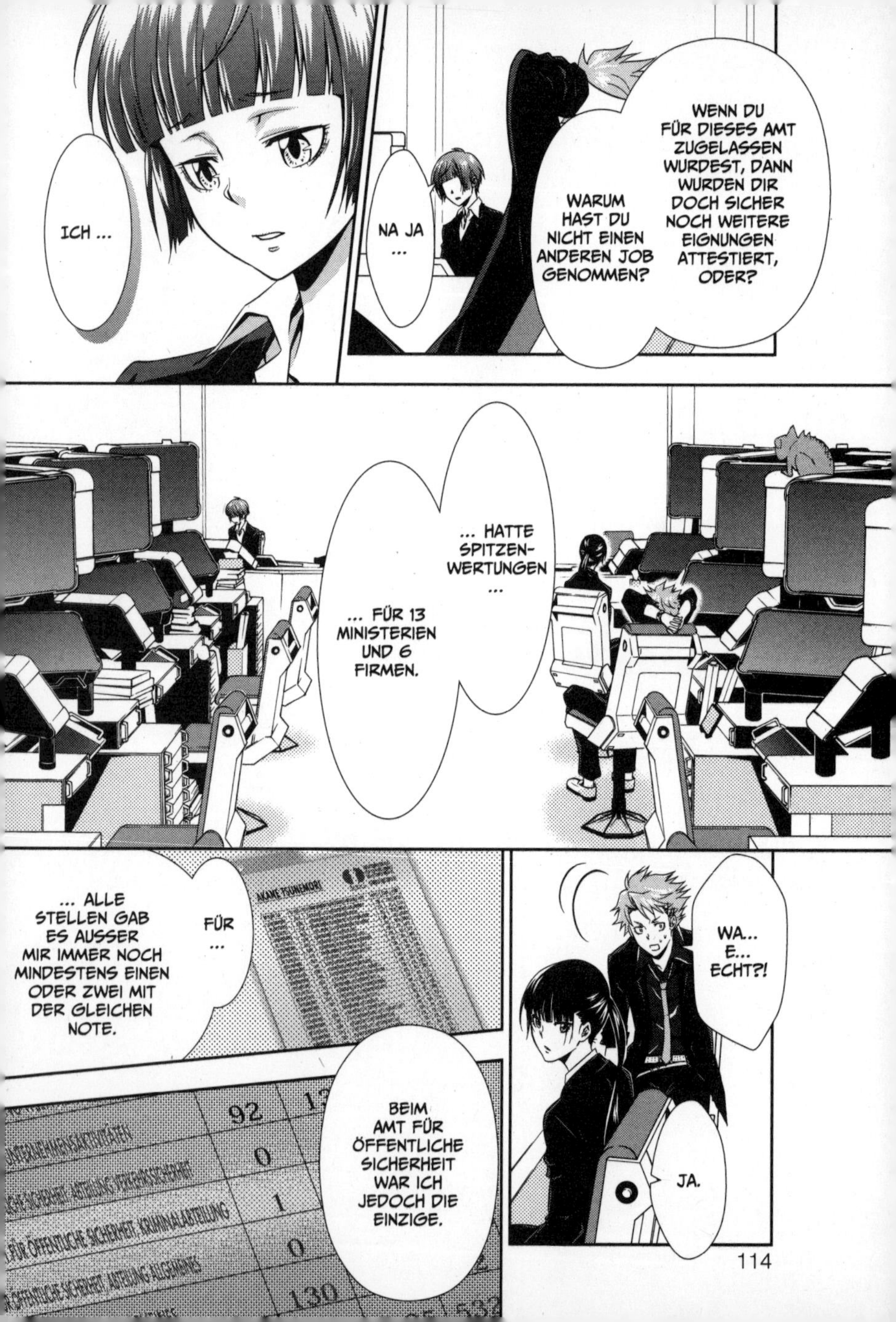

WENN DU FÜR DIESES AMT ZUGELASSEN WURDEST, DANN WURDEN DIR DOCH SICHER NOCH WEITERE EIGNUNGEN ATTESTIERT, ODER?
WARUM HAST DU NICHT EINEN ANDEREN JOB GENOMMEN?
NA JA ...
ICH ...
... HATTE SPITZEN-WERTUNGEN ...
... FÜR 13 MINISTERIEN UND 6 FIRMEN.
AKANE TSUNEMORI
FÜR ...
... ALLE STELLEN GAB ES AUSSER MIR IMMER NOCH MINDESTENS EINEN ODER ZWEI MIT DER GLEICHEN NOTE.
BEIM AMT FÜR ÖFFENTLICHE SICHERHEIT WAR ICH JEDOCH DIE EINZIGE.
WA... E... ECHT?!
JA.

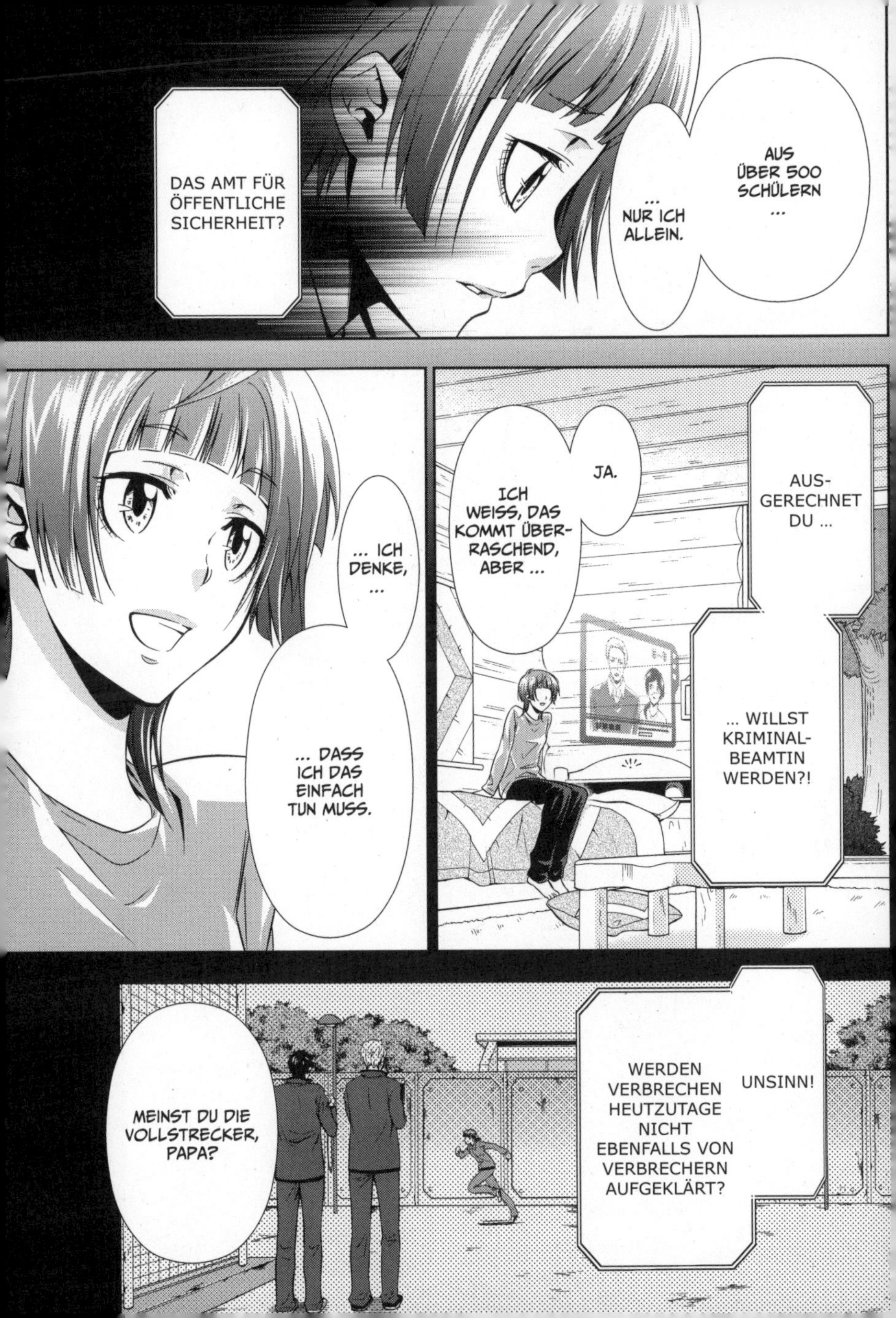
AUS ÜBER 500 SCHÜLERN ...
... NUR ICH ALLEIN.
DAS AMT FÜR ÖFFENTLICHE SICHERHEIT?
AUS-GERECHNET DU ...
... WILLST KRIMINAL-BEAMTIN WERDEN?!
JA.
ICH WEISS, DAS KOMMT ÜBER-RASCHEND, ABER ...
... ICH DENKE, ...
... DASS ICH DAS EINFACH TUN MUSS.
UNSINN!
WERDEN VERBRECHEN HEUTZUTAGE NICHT EBENFALLS VON VERBRECHERN AUFGEKLÄRT?
MEINST DU DIE VOLLSTRECKER, PAPA?

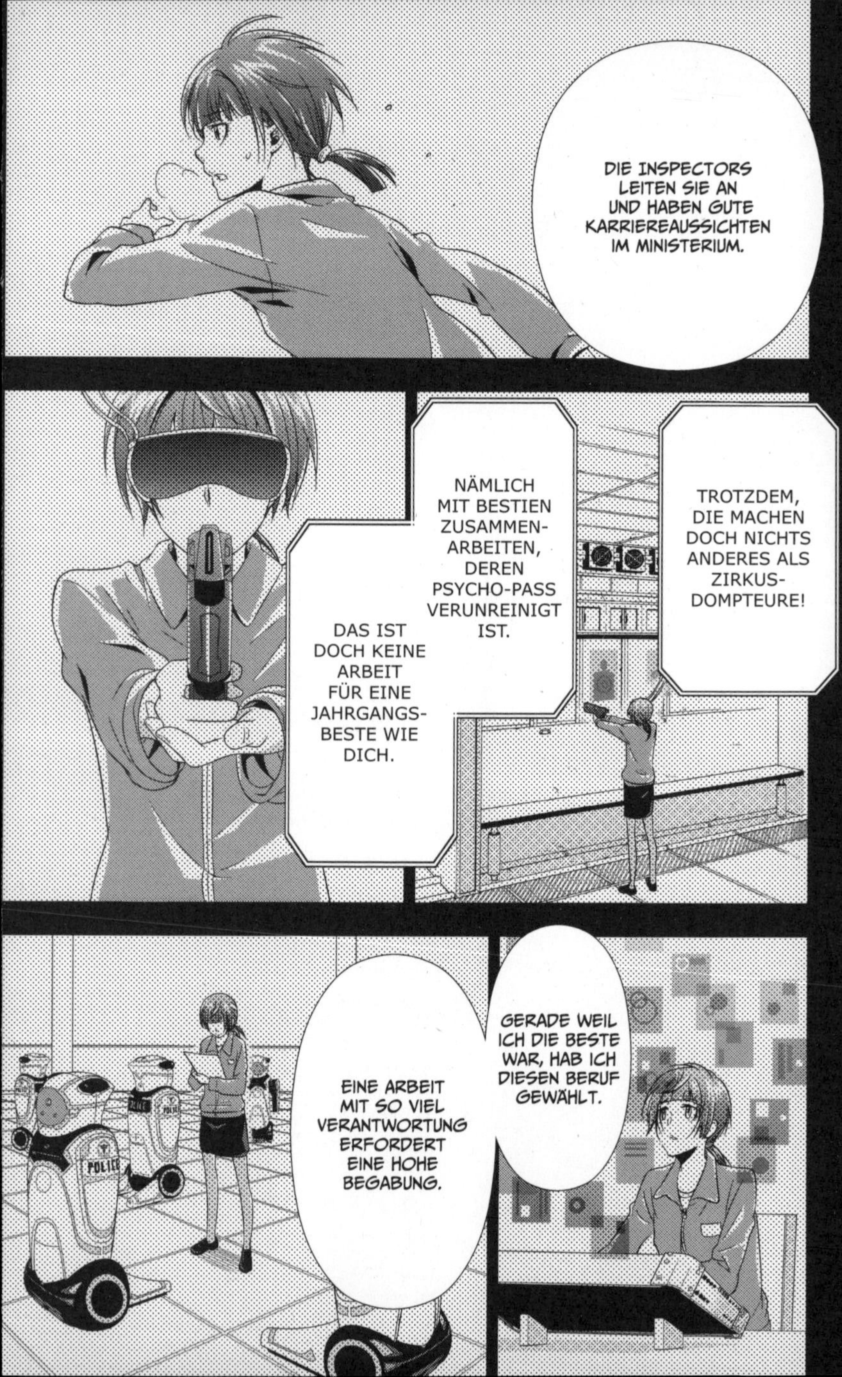

DIE INSPECTORS LEITEN SIE AN UND HABEN GUTE KARRIEREAUSSICHTEN IM MINISTERIUM.
TROTZDEM, DIE MACHEN DOCH NICHTS ANDERES ALS ZIRKUS-DOMPTEURE!
NÄMLICH MIT BESTIEN ZUSAMMEN-ARBEITEN, DEREN PSYCHO-PASS VERUNREINIGT IST.
DAS IST DOCH KEINE ARBEIT FÜR EINE JAHRGANGS-BESTE WIE DICH.
GERADE WEIL ICH DIE BESTE WAR, HAB ICH DIESEN BERUF GEWÄHLT.
EINE ARBEIT MIT SO VIEL VERANTWORTUNG ERFORDERT EINE HOHE BEGABUNG.

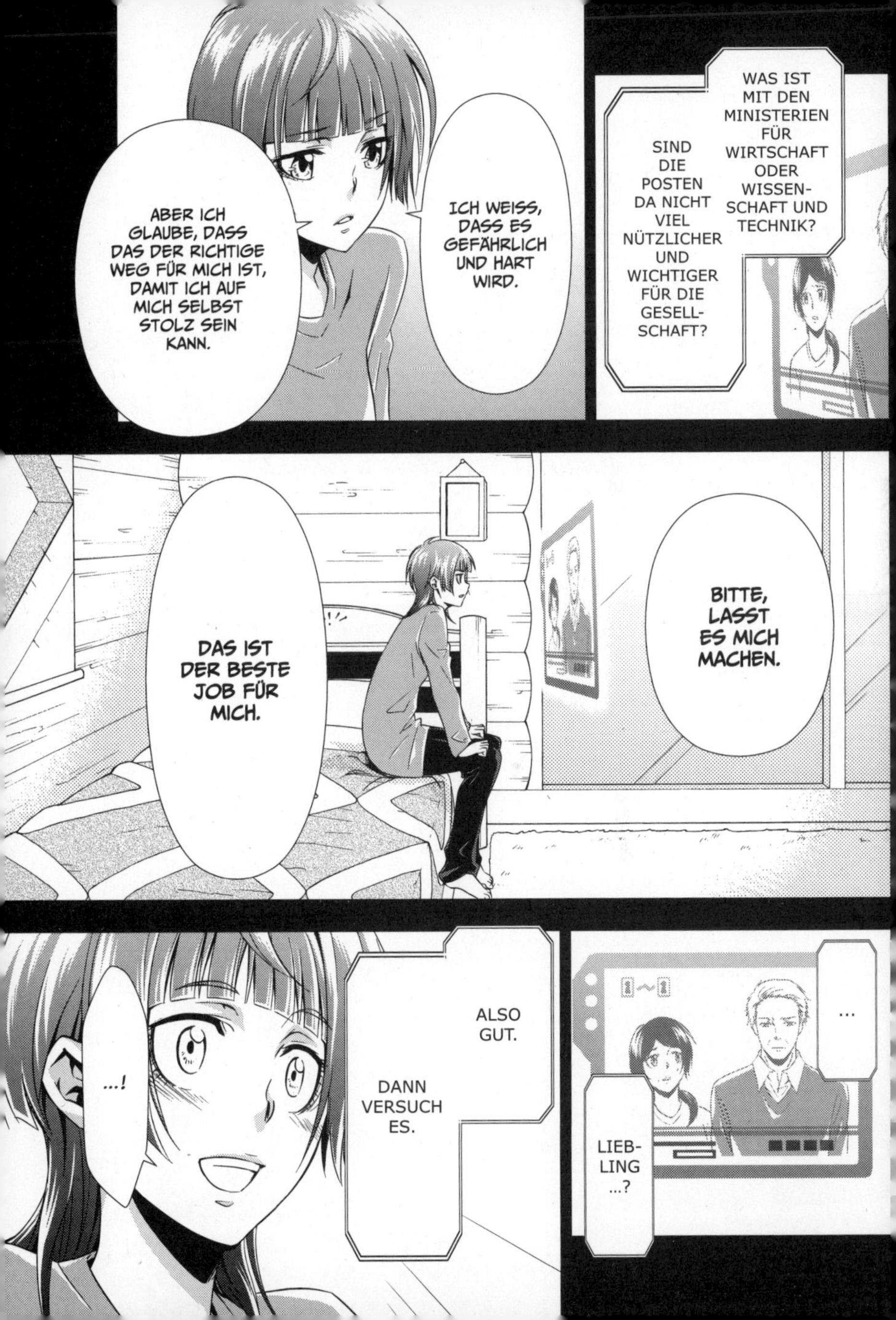
WAS IST MIT DEN MINISTERIEN FÜR WIRTSCHAFT ODER WISSEN-SCHAFT UND TECHNIK?
SIND DIE POSTEN DA NICHT VIEL NÜTZLICHER UND WICHTIGER FÜR DIE GESELL-SCHAFT?
ICH WEISS, DASS ES GEFÄHRLICH UND HART WIRD.
ABER ICH GLAUBE, DASS DAS DER RICHTIGE WEG FÜR MICH IST, DAMIT ICH AUF MICH SELBST STOLZ SEIN KANN.
BITTE, LASST ES MICH MACHEN.
DAS IST DER BESTE JOB FÜR MICH.
...
LIEB-LING ...?
ALSO GUT.
DANN VERSUCH ES.
...!

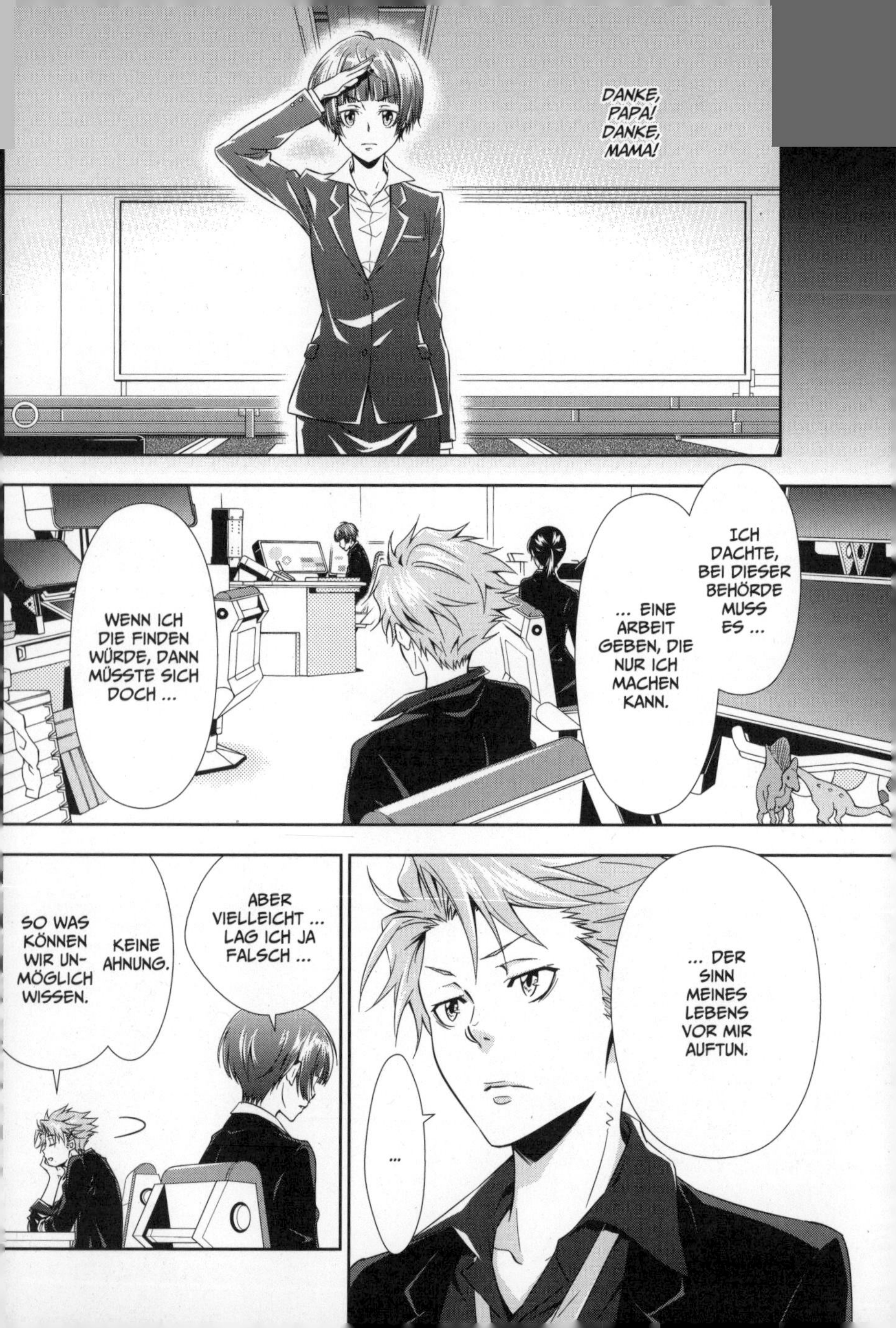
DANKE, PAPA! DANKE, MAMA!
ICH DACHTE, BEI DIESER BEHÖRDE MUSS ES ...
... EINE ARBEIT GEBEN, DIE NUR ICH MACHEN KANN.
WENN ICH DIE FINDEN WÜRDE, DANN MÜSSTE SICH DOCH ...
... DER SINN MEINES LEBENS VOR MIR AUFTUN.
...
ABER VIELLEICHT ... LAG ICH JA FALSCH ...
KEINE AHNUNG.
SO WAS KÖNNEN WIR UN-MÖGLICH WISSEN.

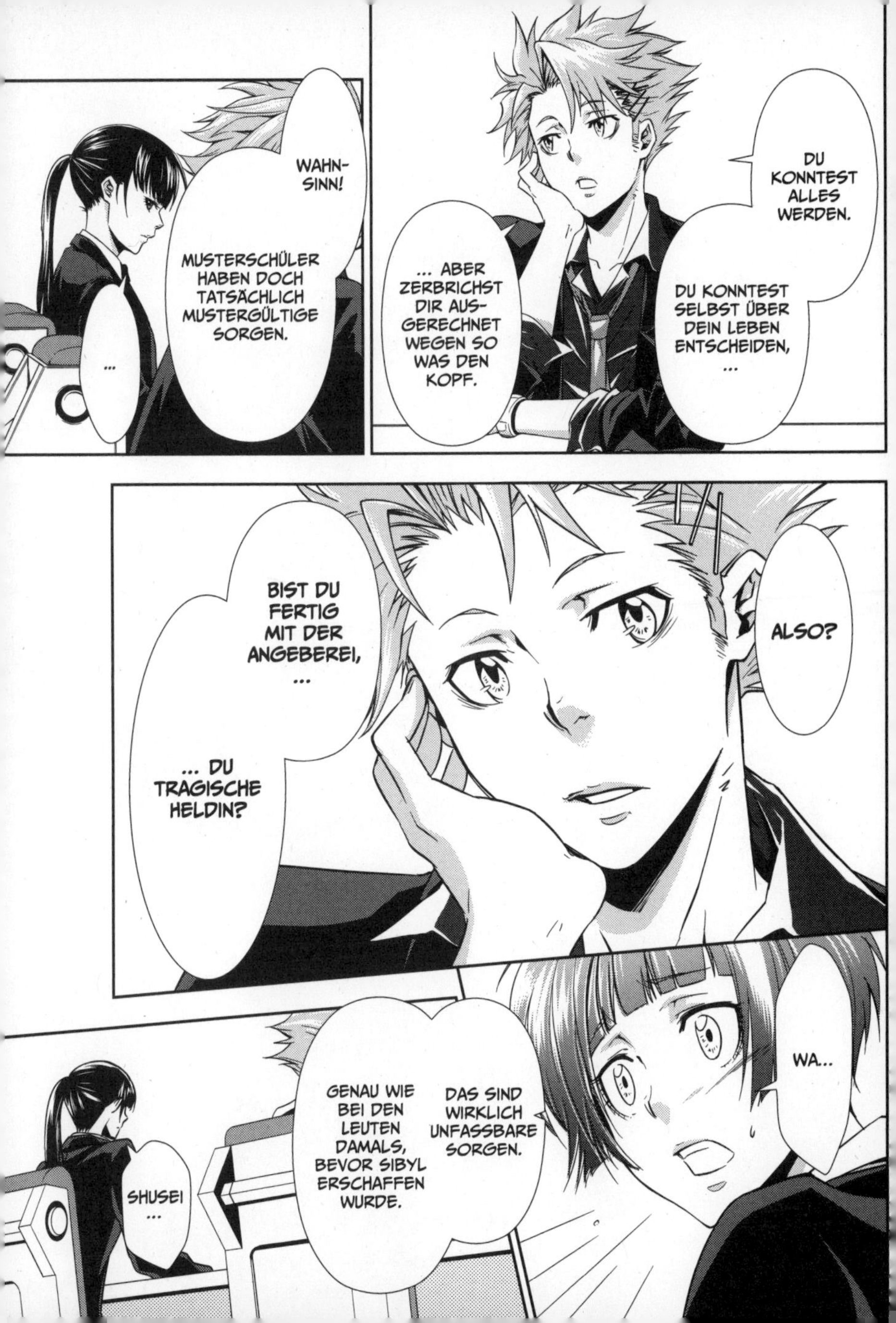
DU KONNTEST ALLES WERDEN.
DU KONNTEST SELBST ÜBER DEIN LEBEN ENTSCHEIDEN, ...
... ABER ZERBRICHST DIR AUS-GERECHNET WEGEN SO WAS DEN KOPF.
WAHN-SINN!
MUSTERSCHÜLER HABEN DOCH TATSÄCHLICH MUSTERGÜLTIGE SORGEN.
...
ALSO?
BIST DU FERTIG MIT DER ANGEBEREI, ...
... DU TRAGISCHE HELDIN?
WA...
DAS SIND WIRKLICH UNFASSBARE SORGEN.
GENAU WIE BEI DEN LEUTEN DAMALS, BEVOR SIBYL ERSCHAFFEN WURDE.
SHUSEI ...

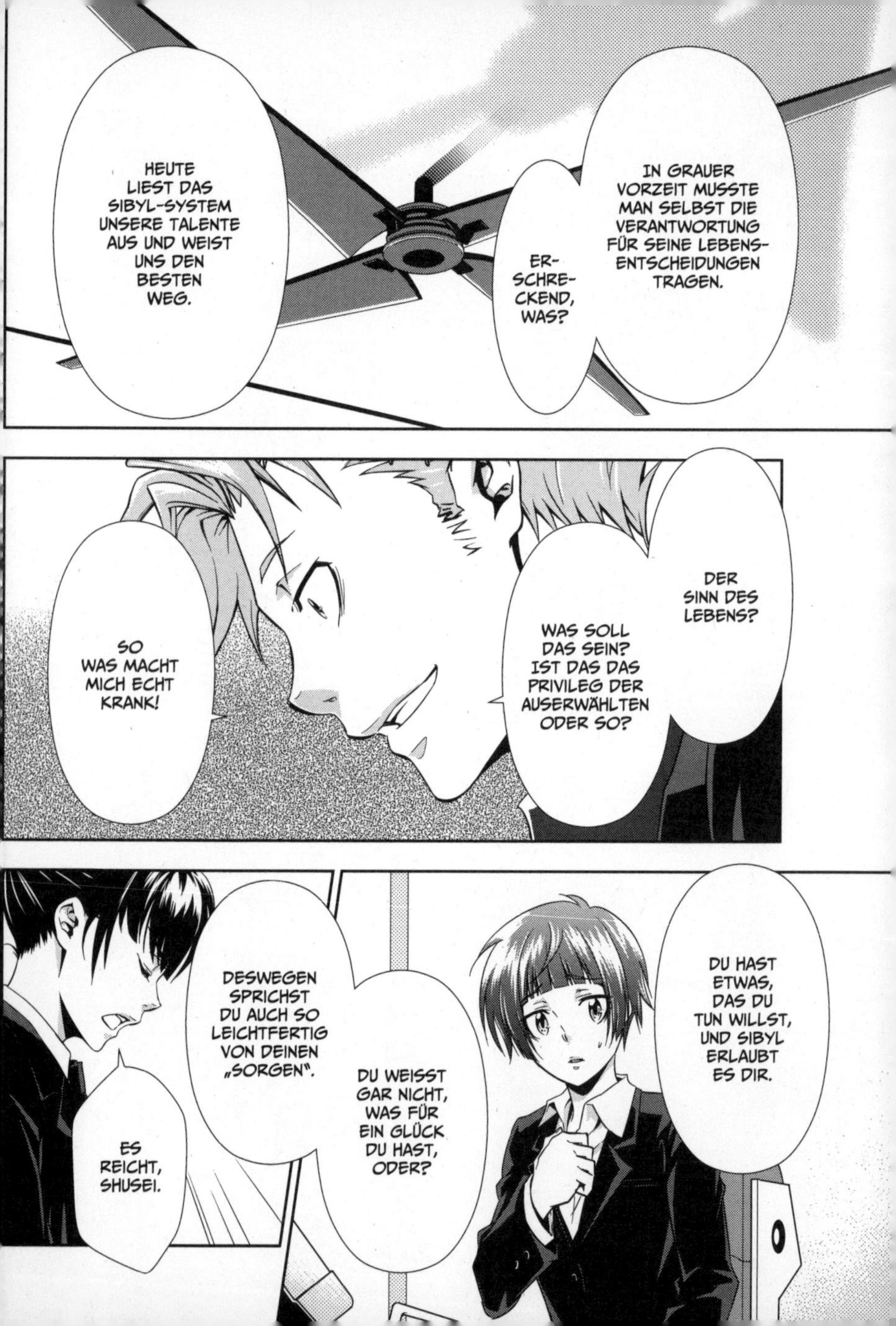
IN GRAUER VORZEIT MUSSTE MAN SELBST DIE VERANTWORTUNG FÜR SEINE LEBENS-ENTSCHEIDUNGEN TRAGEN.
ER-SCHRE-CKEND, WAS?
HEUTE LIEST DAS SIBYL-SYSTEM UNSERE TALENTE AUS UND WEIST UNS DEN BESTEN WEG.
DER SINN DES LEBENS?
WAS SOLL DAS SEIN? IST DAS DAS PRIVILEG DER AUSERWÄHLTEN ODER SO?
SO WAS MACHT MICH ECHT KRANK!
DU HAST ETWAS, DAS DU TUN WILLST, UND SIBYL ERLAUBT ES DIR.
DU WEISST GAR NICHT, WAS FÜR EIN GLÜCK DU HAST, ODER?
DESWEGEN SPRICHST DU AUCH SO LEICHTFERTIG VON DEINEN „SORGEN".
ES REICHT, SHUSEI.

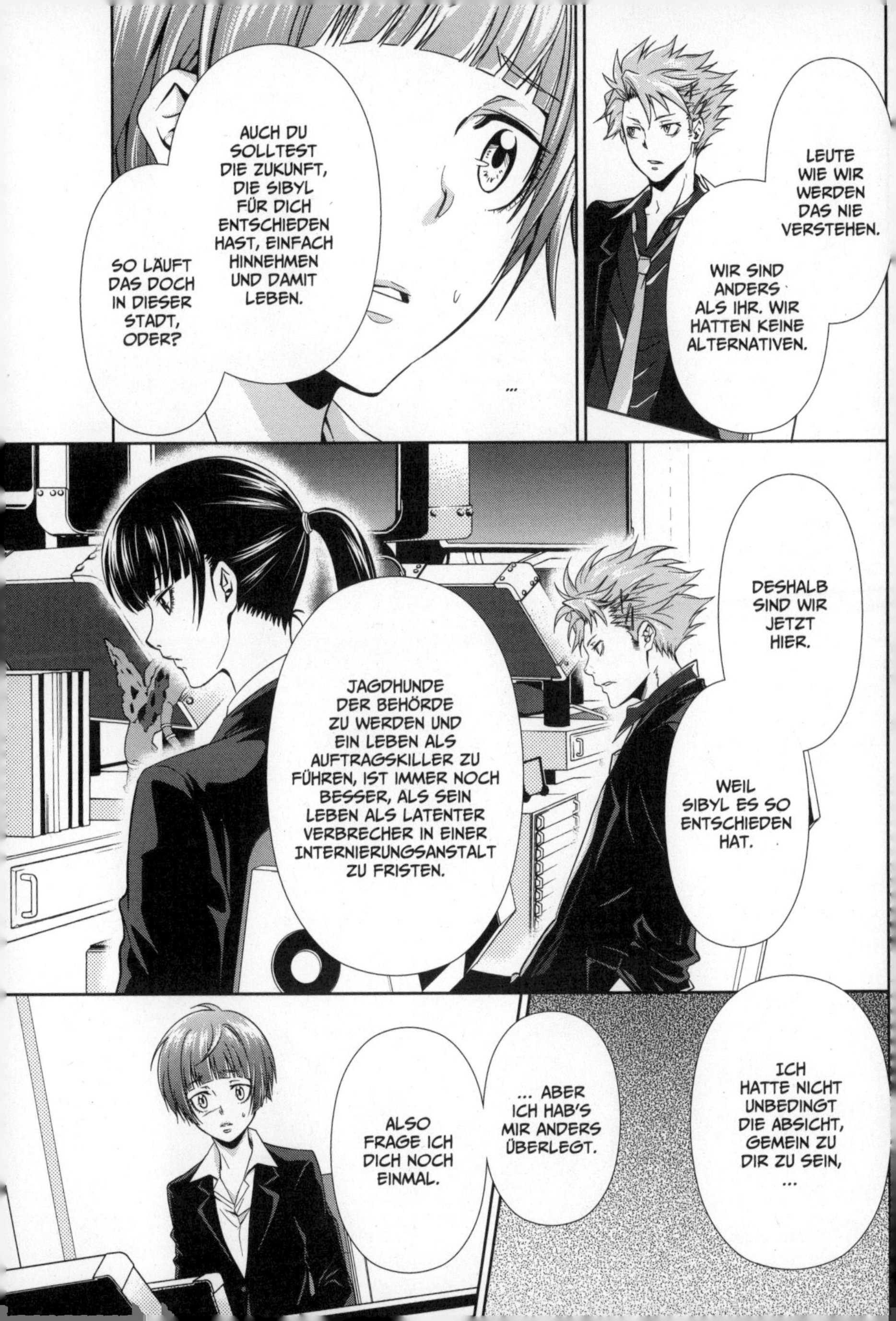
LEUTE WIE WIR WERDEN DAS NIE VERSTEHEN.
WIR SIND ANDERS ALS IHR. WIR HATTEN KEINE ALTERNATIVEN.
...
AUCH DU SOLLTEST DIE ZUKUNFT, DIE SIBYL FÜR DICH ENTSCHIEDEN HAST, EINFACH HINNEHMEN UND DAMIT LEBEN.
SO LÄUFT DAS DOCH IN DIESER STADT, ODER?
DESHALB SIND WIR JETZT HIER.
WEIL SIBYL ES SO ENTSCHIEDEN HAT.
JAGDHUNDE DER BEHÖRDE ZU WERDEN UND EIN LEBEN ALS AUFTRAGSKILLER ZU FÜHREN, IST IMMER NOCH BESSER, ALS SEIN LEBEN ALS LATENTER VERBRECHER IN EINER INTERNIERUNGSANSTALT ZU FRISTEN.
ICH HATTE NICHT UNBEDINGT DIE ABSICHT, GEMEIN ZU DIR ZU SEIN, ...
... ABER ICH HAB'S MIR ANDERS ÜBERLEGT.
ALSO FRAGE ICH DICH NOCH EINMAL.

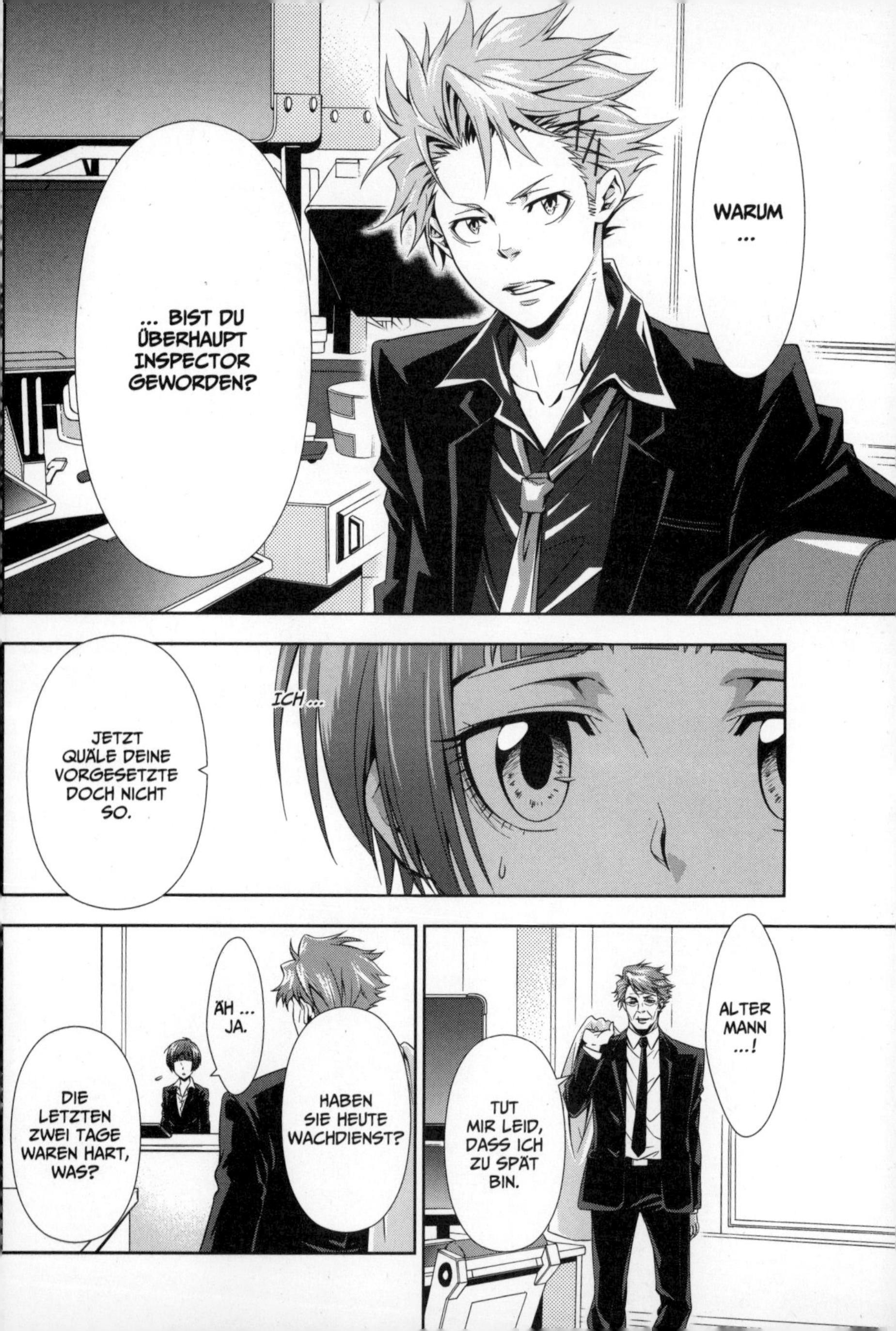
WARUM ...
... BIST DU ÜBERHAUPT INSPECTOR GEWORDEN?
ICH ...
JETZT QUÄLE DEINE VORGESETZTE DOCH NICHT SO.
ALTER MANN ...!
TUT MIR LEID, DASS ICH ZU SPÄT BIN.
ÄH ... JA.
HABEN SIE HEUTE WACHDIENST?
DIE LETZTEN ZWEI TAGE WAREN HART, WAS?

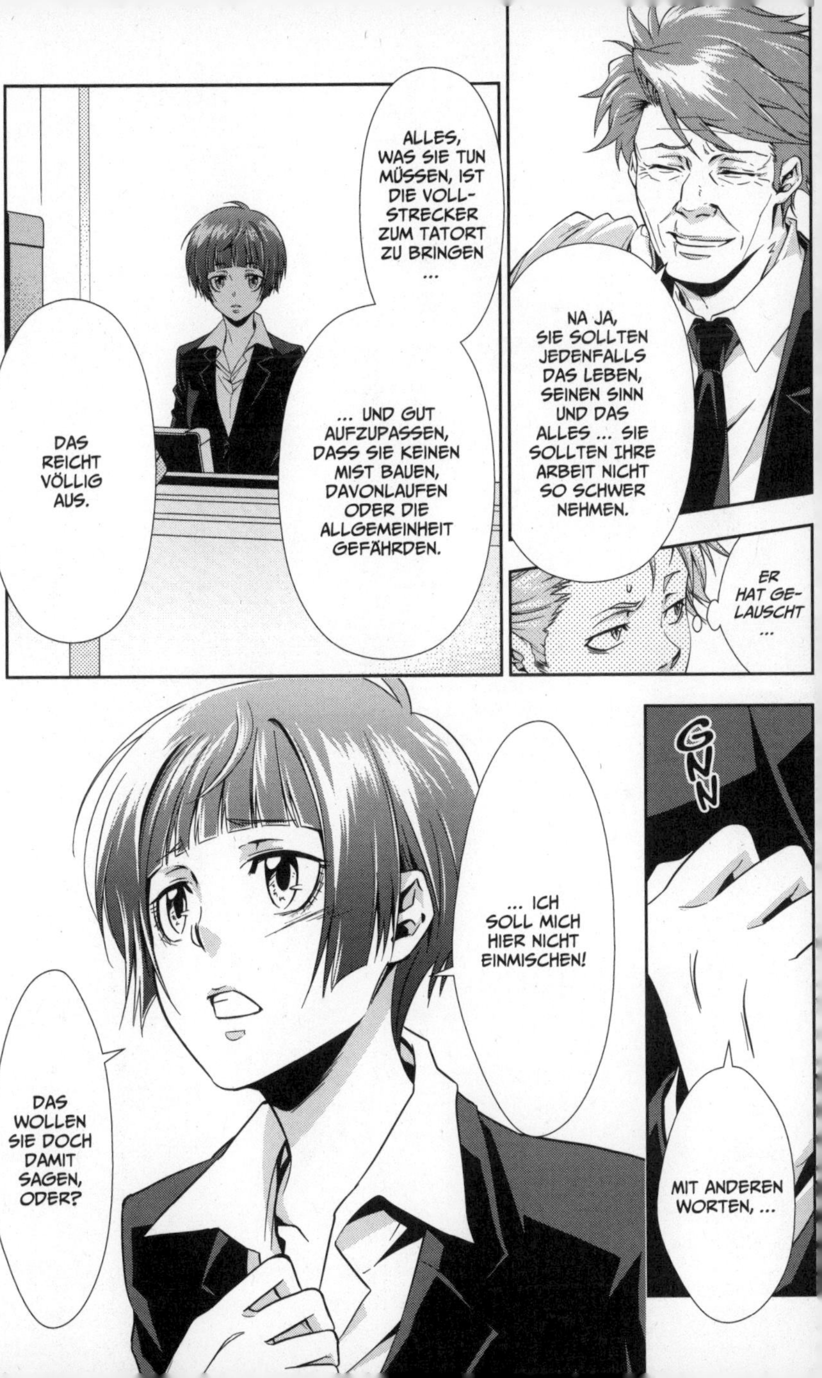

NA JA, SIE SOLLTEN JEDENFALLS DAS LEBEN, SEINEN SINN UND DAS ALLES ... SIE SOLLTEN IHRE ARBEIT NICHT SO SCHWER NEHMEN.
ER HAT GELAUSCHT ...
ALLES, WAS SIE TUN MÜSSEN, IST DIE VOLLSTRECKER ZUM TATORT ZU BRINGEN ...
... UND GUT AUFZUPASSEN, DASS SIE KEINEN MIST BAUEN, DAVONLAUFEN ODER DIE ALLGEMEINHEIT GEFÄHRDEN.
DAS REICHT VÖLLIG AUS.
GNN
MIT ANDEREN WORTEN, ...
... ICH SOLL MICH HIER NICHT EINMISCHEN!
DAS WOLLEN SIE DOCH DAMIT SAGEN, ODER?

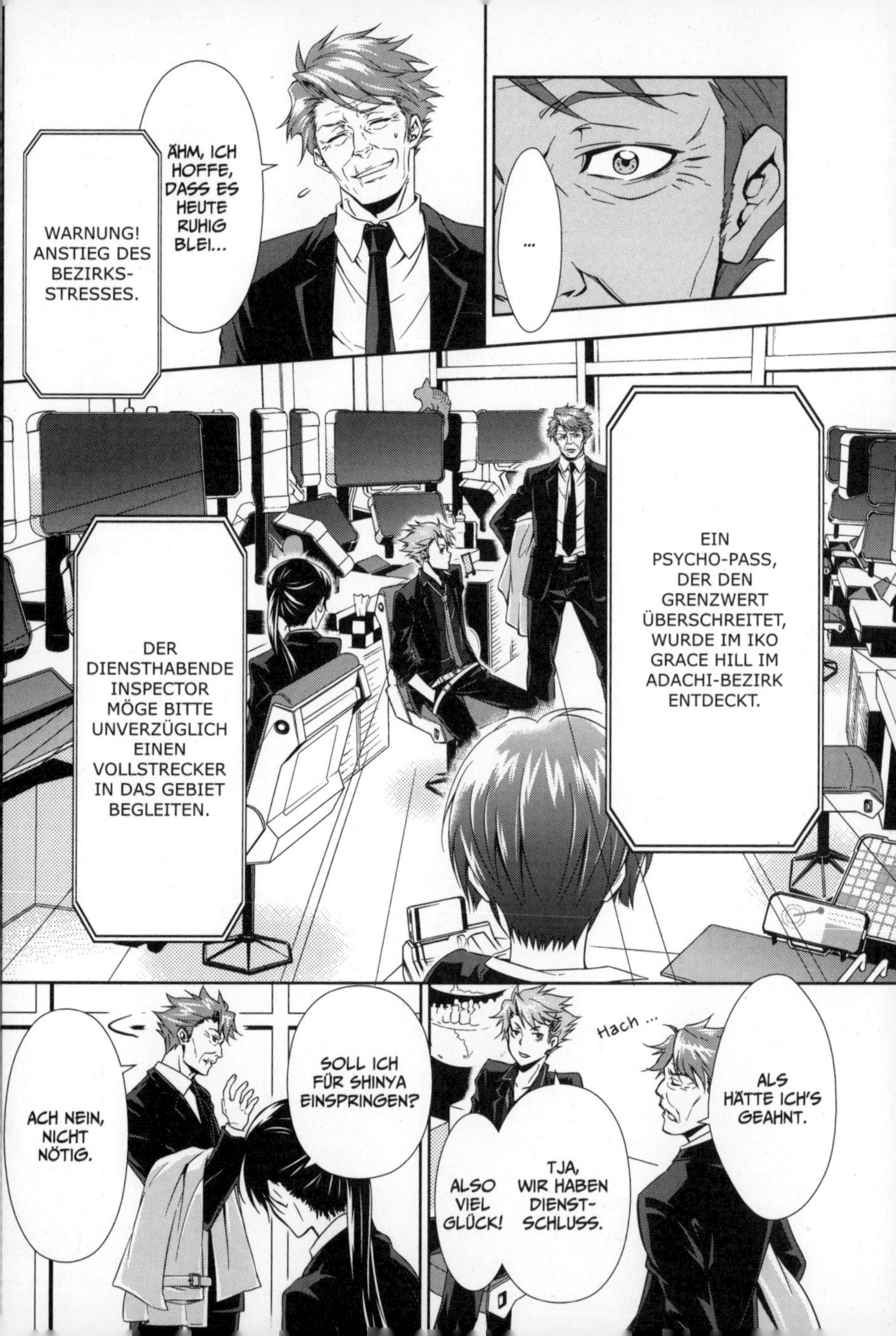
...
ÄHM, ICH HOFFE, DASS ES HEUTE RUHIG BLEI...
WARNUNG! ANSTIEG DES BEZIRKS-STRESSES.
EIN PSYCHO-PASS, DER DEN GRENZWERT ÜBERSCHREITET, WURDE IM IKO GRACE HILL IM ADACHI-BEZIRK ENTDECKT.
DER DIENSTHABENDE INSPECTOR MÖGE BITTE UNVERZÜGLICH EINEN VOLLSTRECKER IN DAS GEBIET BEGLEITEN.
ALS HÄTTE ICH'S GEAHNT.
Hach ...
TJA, WIR HABEN DIENST-SCHLUSS.
ALSO VIEL GLÜCK!
SOLL ICH FÜR SHINYA EINSPRINGEN?
ACH NEIN, NICHT NÖTIG.

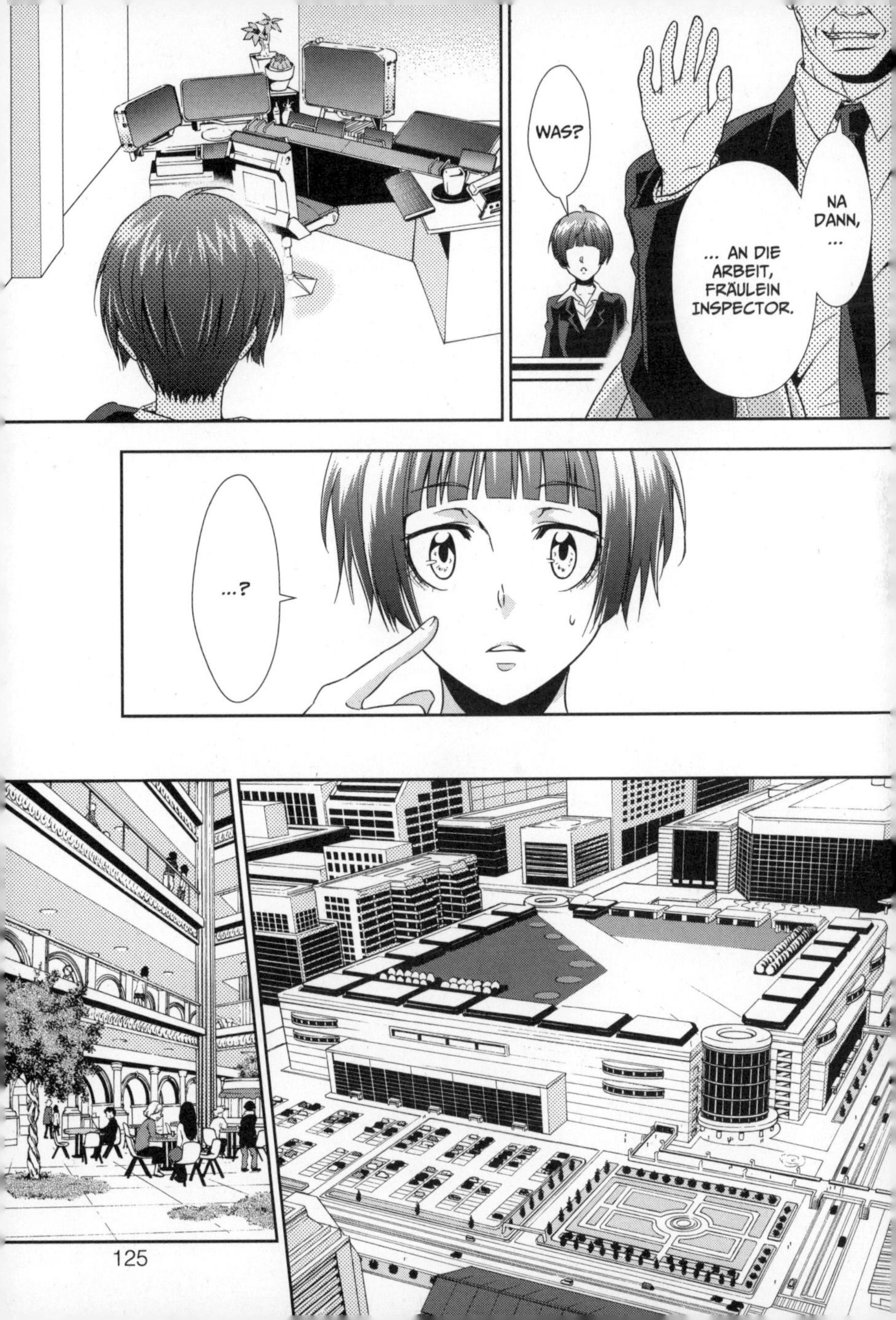
NA DANN, ...
... AN DIE ARBEIT, FRÄULEIN INSPECTOR.
WAS?
...?

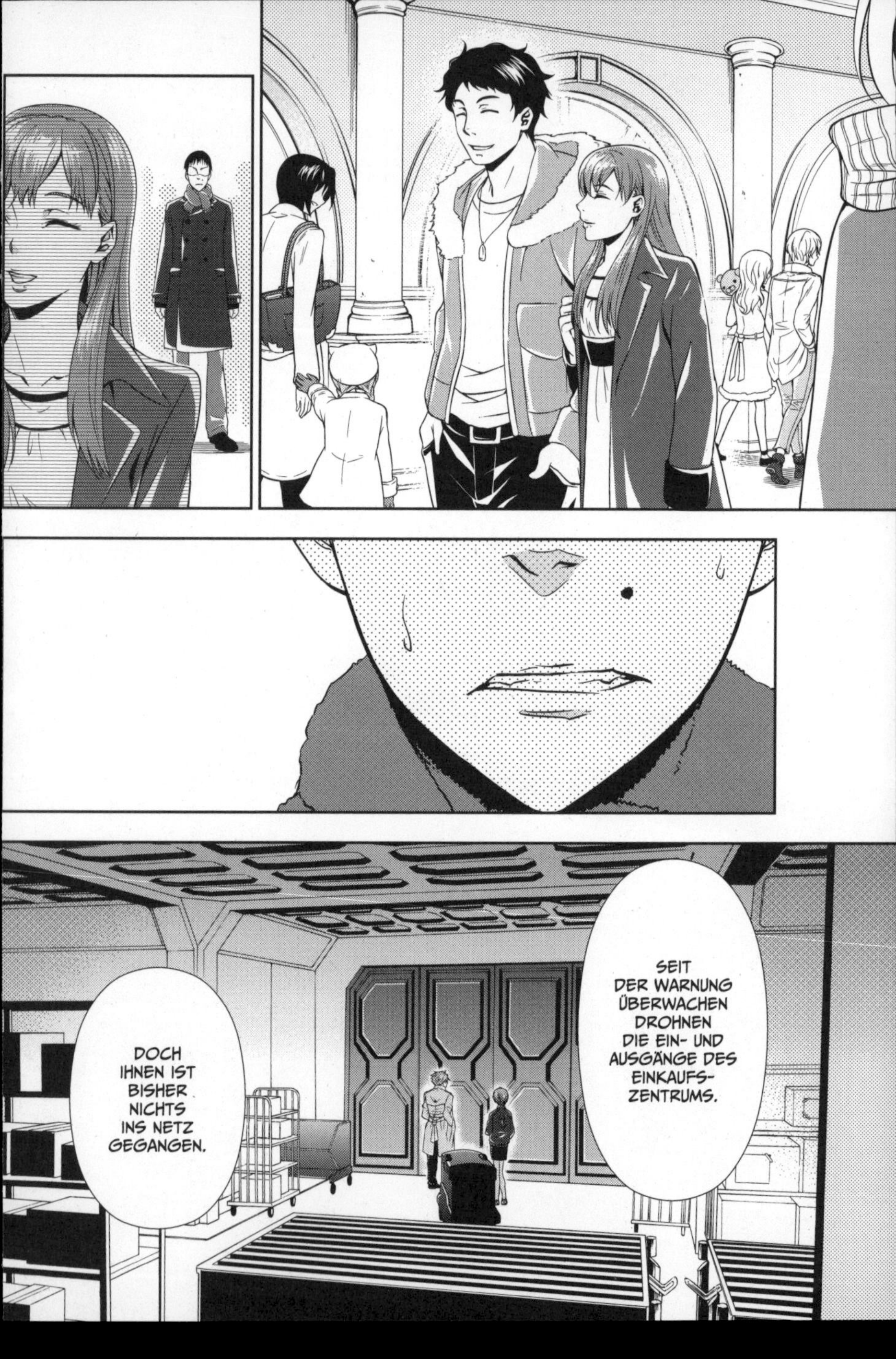
SEIT DER WARNUNG ÜBERWACHEN DROHNEN DIE EIN- UND AUSGÄNGE DES EINKAUFS-ZENTRUMS.
DOCH IHNEN IST BISHER NICHTS INS NETZ GEGANGEN.

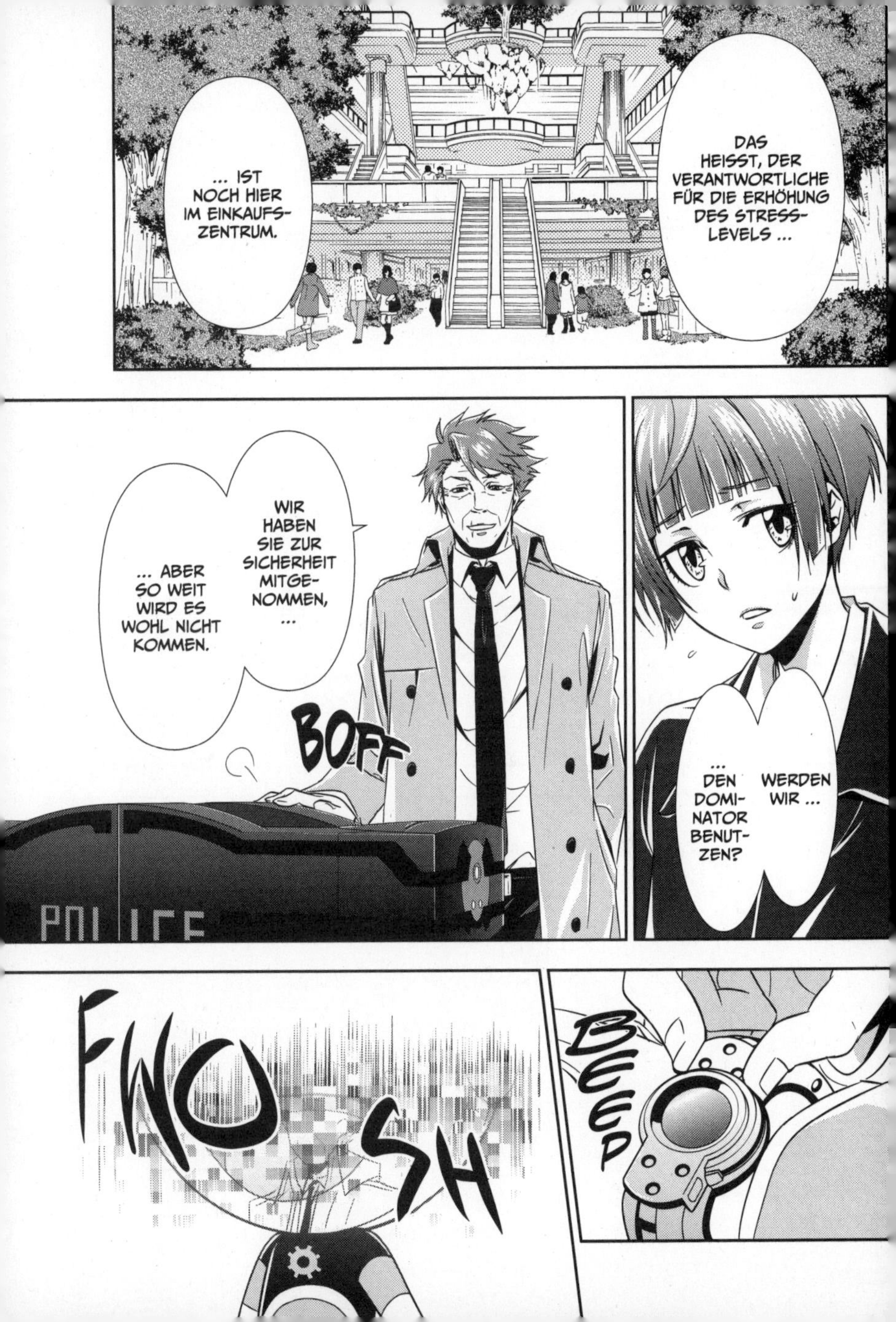
DAS HEISST, DER VERANTWORTLICHE FÜR DIE ERHÖHUNG DES STRESS-LEVELS ...
... IST NOCH HIER IM EINKAUFS-ZENTRUM.
WERDEN WIR ...
... DEN DOMINATOR BENUTZEN?
WIR HABEN SIE ZUR SICHERHEIT MITGENOMMEN, ...
... ABER SO WEIT WIRD ES WOHL NICHT KOMMEN.
BOFF
BEEP
FWOUSH

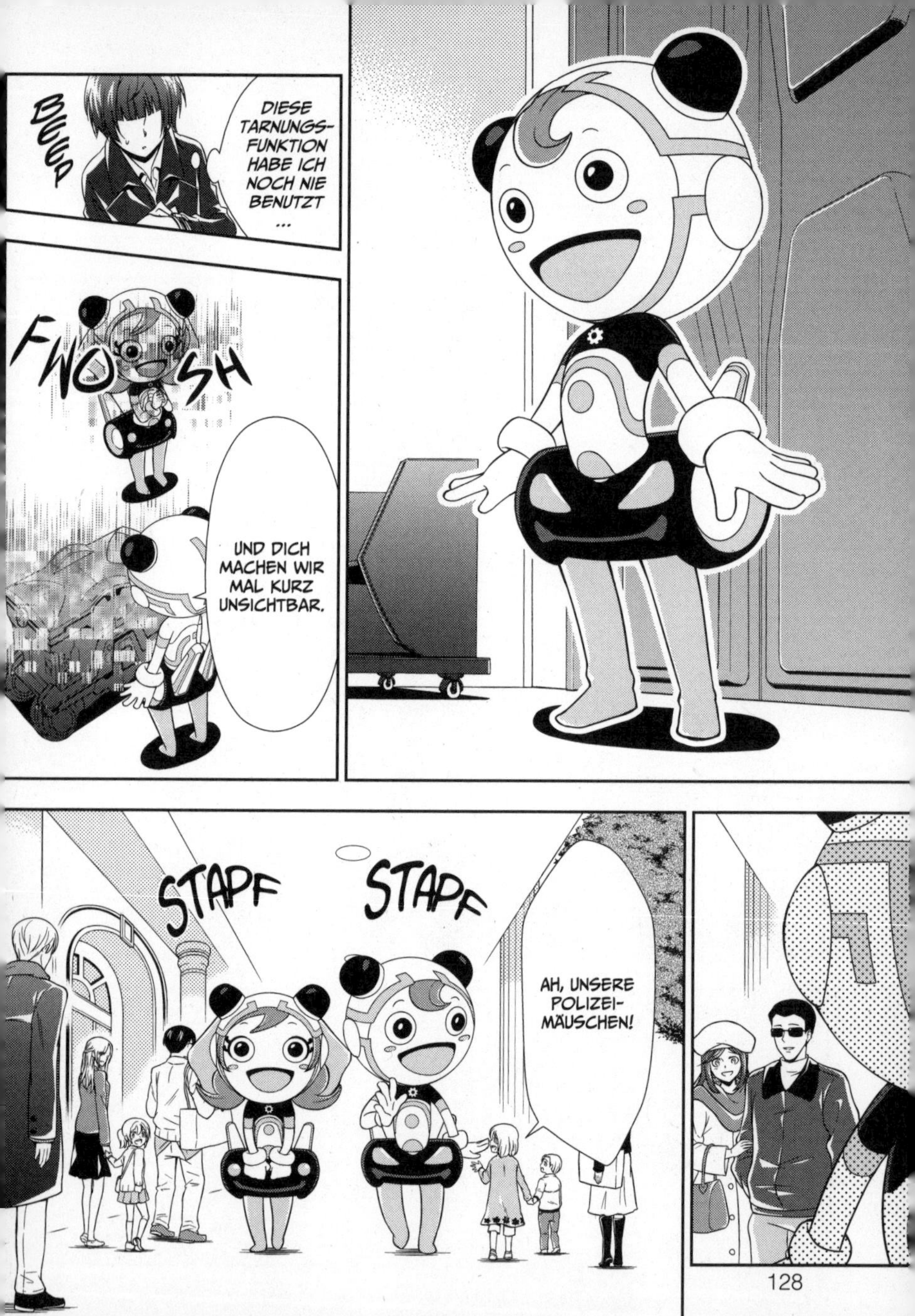
BEEP
DIESE TARNUNGS-FUNKTION HABE ICH NOCH NIE BENUTZT ...
FWOSH
UND DICH MACHEN WIR MAL KURZ UNSICHTBAR.
STAPF
STAPF
AH, UNSERE POLIZEI-MÄUSCHEN!

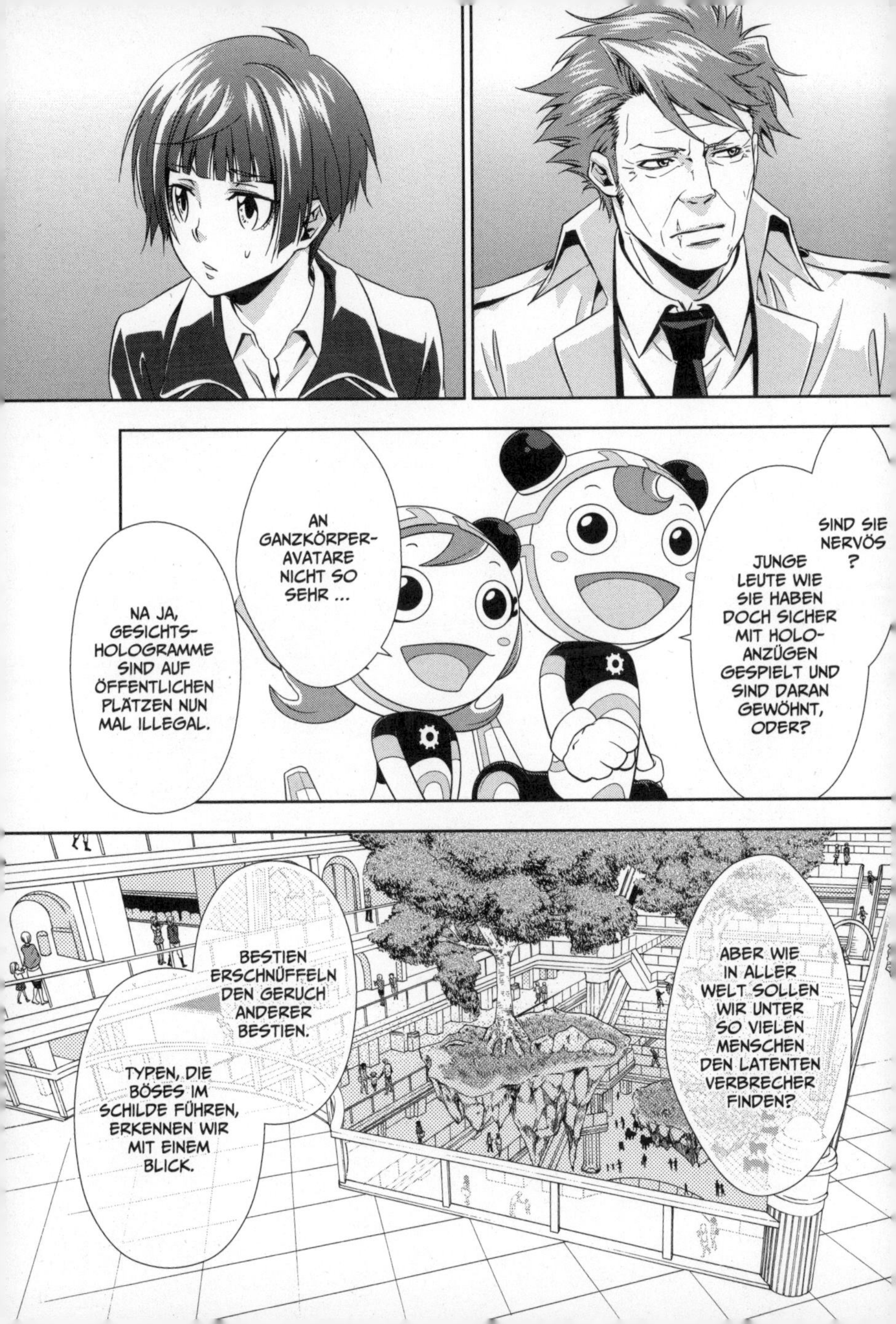
SIND SIE NERVÖS?
JUNGE LEUTE WIE SIE HABEN DOCH SICHER MIT HOLOANZÜGEN GESPIELT UND SIND DARAN GEWÖHNT, ODER?
AN GANZKÖRPER-AVATARE NICHT SO SEHR ...
NA JA, GESICHTSHOLOGRAMME SIND AUF ÖFFENTLICHEN PLÄTZEN NUN MAL ILLEGAL.
ABER WIE IN ALLER WELT SOLLEN WIR UNTER SO VIELEN MENSCHEN DEN LATENTEN VERBRECHER FINDEN?
BESTIEN ERSCHNÜFFELN DEN GERUCH ANDERER BESTIEN.
TYPEN, DIE BÖSES IM SCHILDE FÜHREN, ERKENNEN WIR MIT EINEM BLICK.

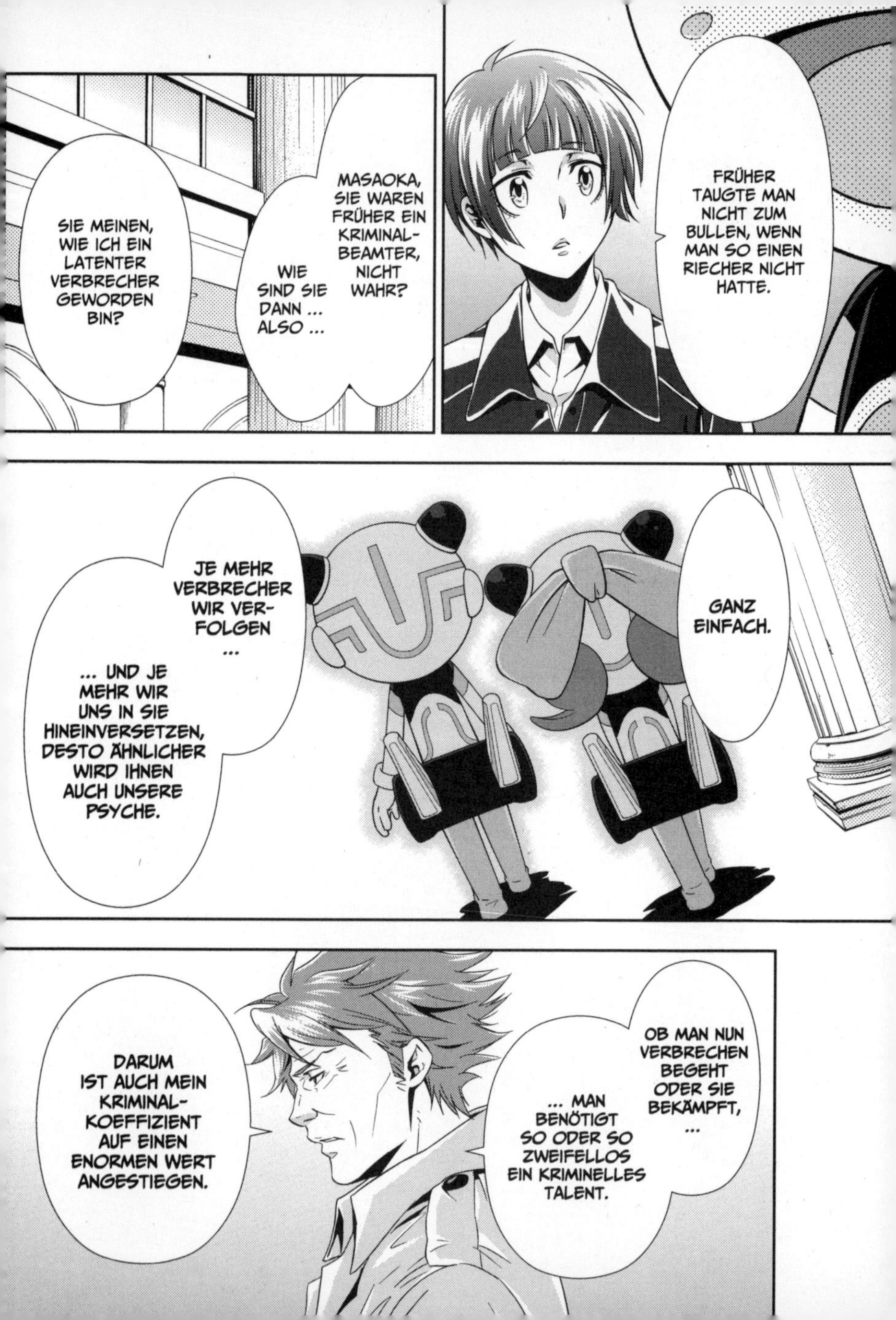
FRÜHER TAUGTE MAN NICHT ZUM BULLEN, WENN MAN SO EINEN RIECHER NICHT HATTE.
MASAOKA, SIE WAREN FRÜHER EIN KRIMINAL-BEAMTER, NICHT WAHR?
WIE SIND SIE DANN ... ALSO ...
SIE MEINEN, WIE ICH EIN LATENTER VERBRECHER GEWORDEN BIN?
GANZ EINFACH.
JE MEHR VERBRECHER WIR VER-FOLGEN ...
... UND JE MEHR WIR UNS IN SIE HINEINVERSETZEN, DESTO ÄHNLICHER WIRD IHNEN AUCH UNSERE PSYCHE.
OB MAN NUN VERBRECHEN BEGEHT ODER SIE BEKÄMPFT, ...
... MAN BENÖTIGT SO ODER SO ZWEIFELLOS EIN KRIMINELLES TALENT.
DARUM IST AUCH MEIN KRIMINAL-KOEFFIZIENT AUF EINEN ENORMEN WERT ANGESTIEGEN.

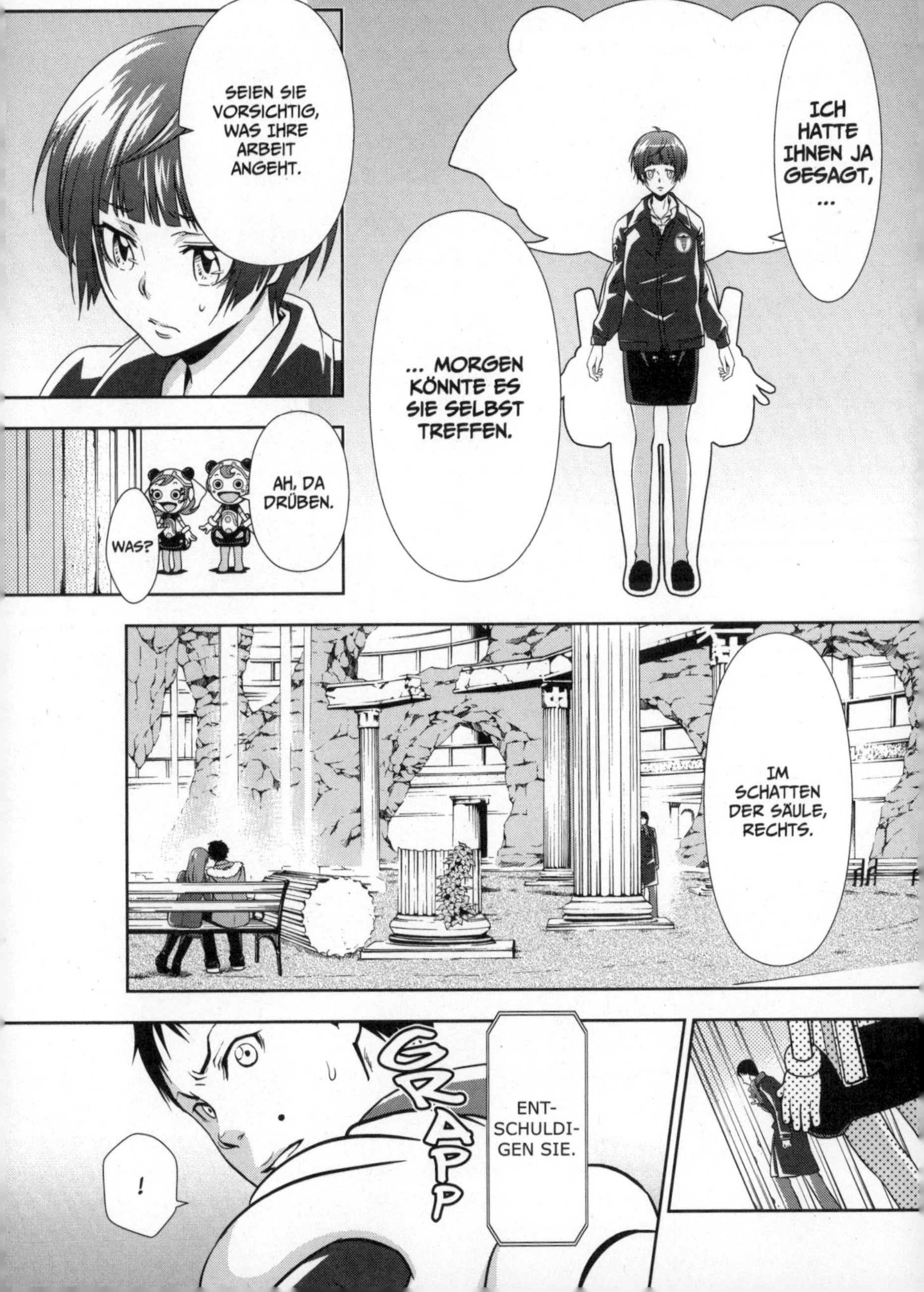
ICH HATTE IHNEN JA GESAGT, ...
... MORGEN KÖNNTE ES SIE SELBST TREFFEN.
SEIEN SIE VORSICHTIG, WAS IHRE ARBEIT ANGEHT.
AH, DA DRÜBEN.
WAS?
IM SCHATTEN DER SÄULE, RECHTS.
ENT-SCHULDI-GEN SIE.
GRAPP
!

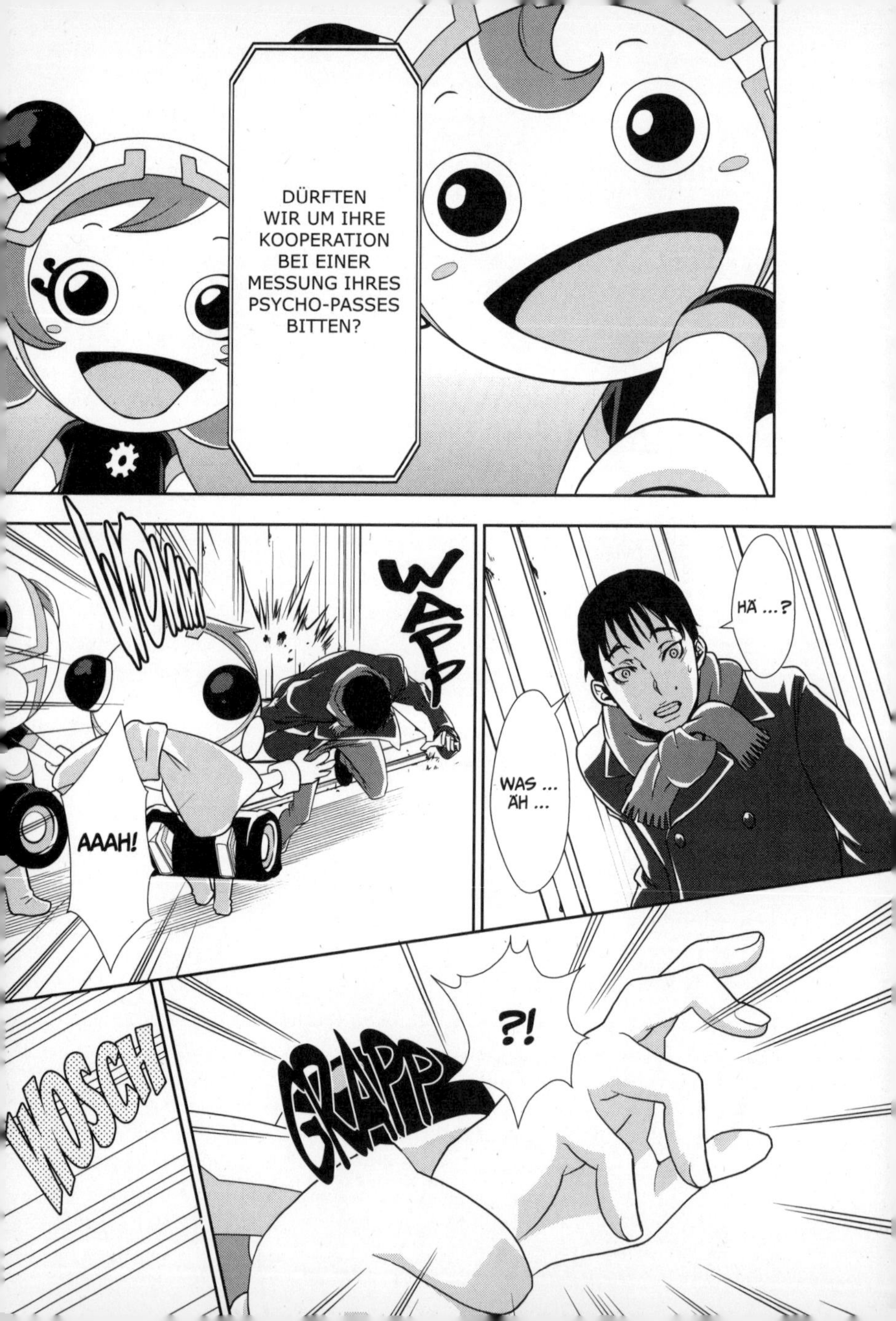
DÜRFTEN WIR UM IHRE KOOPERATION BEI EINER MESSUNG IHRES PSYCHO-PASSES BITTEN?
HÄ ...?
WAS ... ÄH ...
WAPP
WOMM
AAAH!
?!
GRAPP
WOSCH

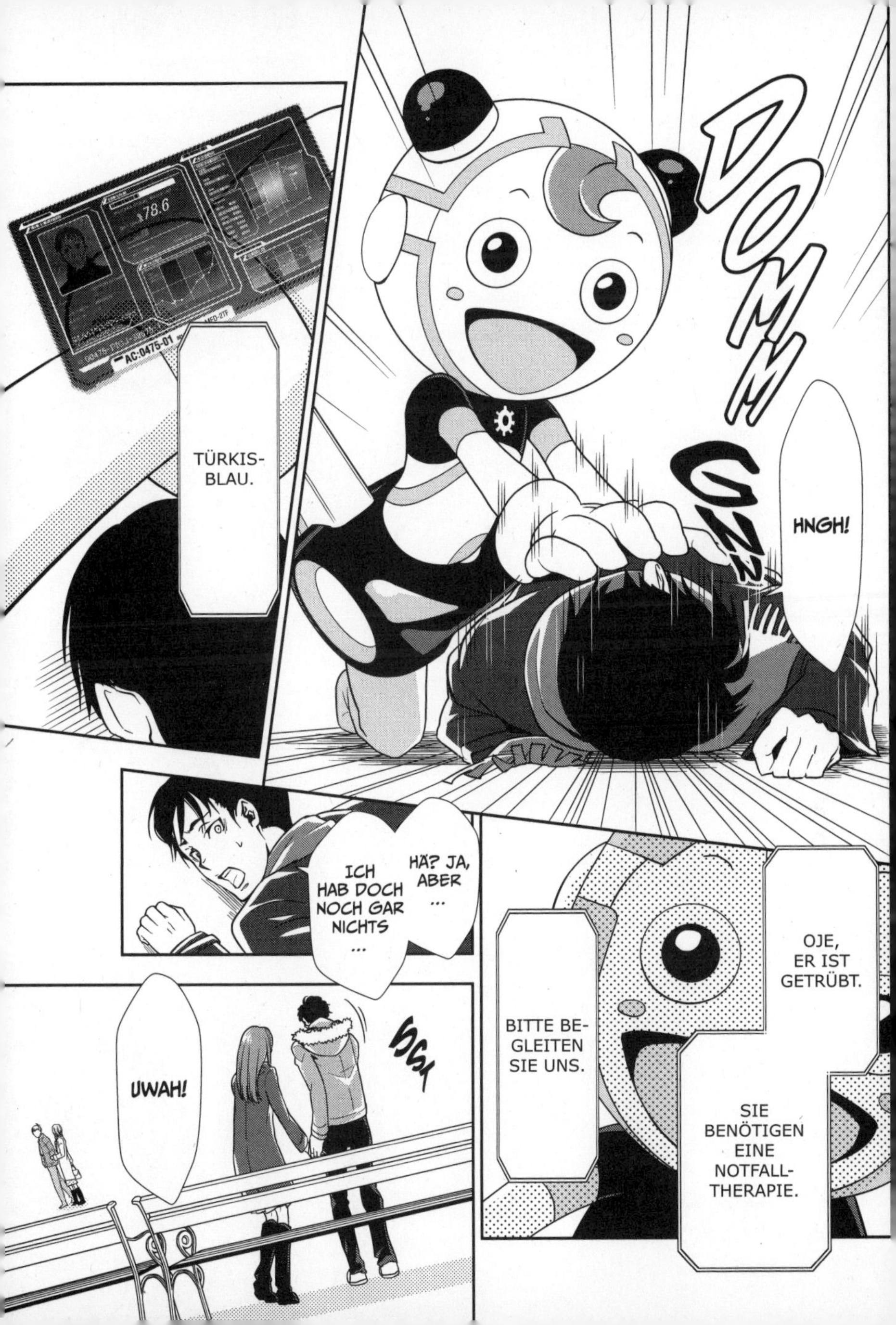
DOMM
HNGH!
GZZ
TÜRKIS-
BLAU.
78.6
AC-0475-01
OJE,
ER IST
GETRÜBT.
SIE
BENÖTIGEN
EINE
NOTFALL-
THERAPIE.
BITTE BE-
GLEITEN
SIE UNS.
HÄ? JA,
ABER
...
ICH
HAB DOCH
NOCH GAR
NICHTS
...
UWAH!

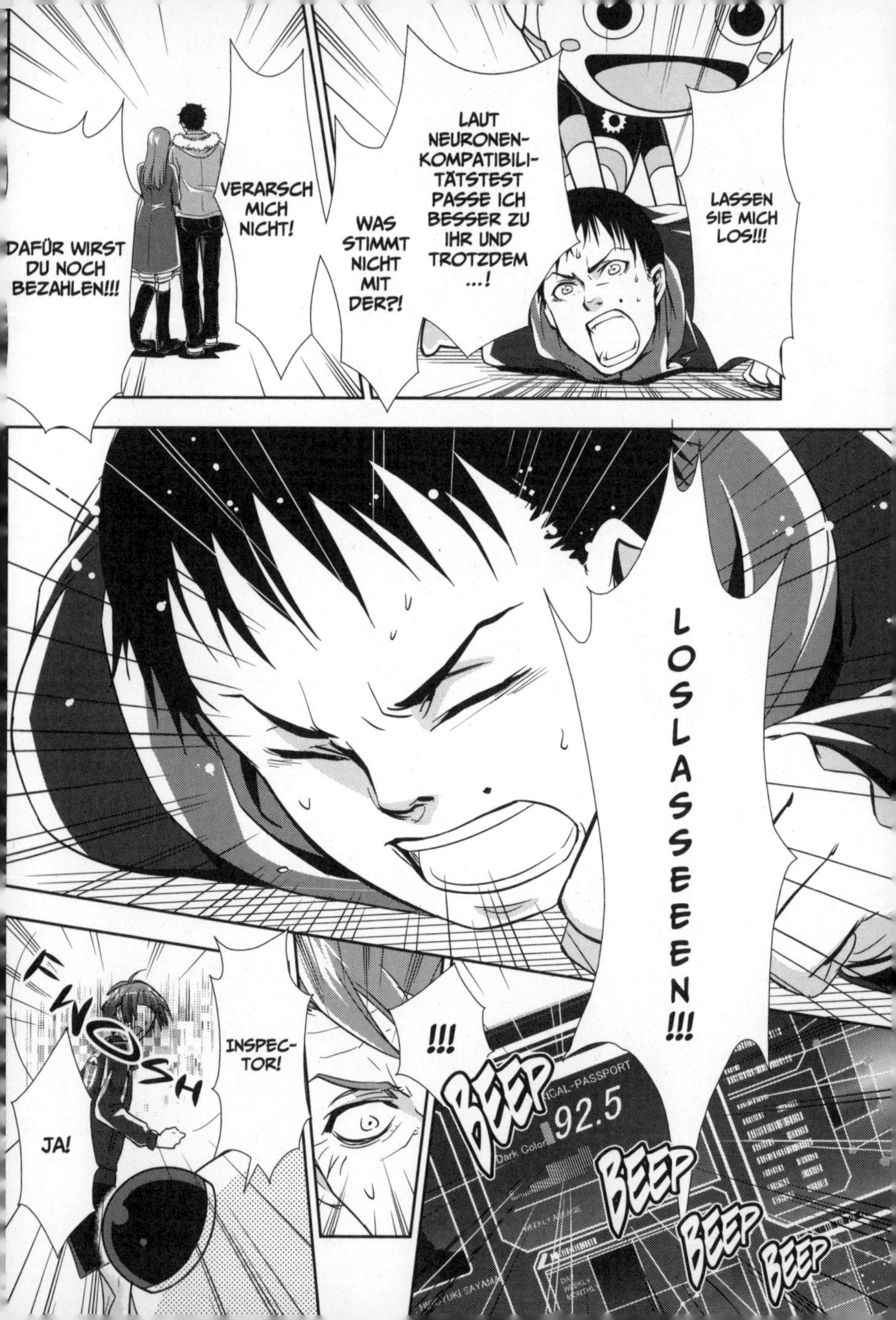
LASSEN SIE MICH LOS!!!
LAUT NEURONEN-KOMPATIBILITÄTSTEST PASSE ICH BESSER ZU IHR UND TROTZDEM ...!
WAS STIMMT NICHT MIT DER?!
VERARSCH MICH NICHT!
DAFÜR WIRST DU NOCH BEZAHLEN!!!
LOSLASSEEEN!!!
BEEP
92.5
Dark Color
BEEP
BEEP
BEEP
!!!
INSPECTOR!
FWOOSH
JA!

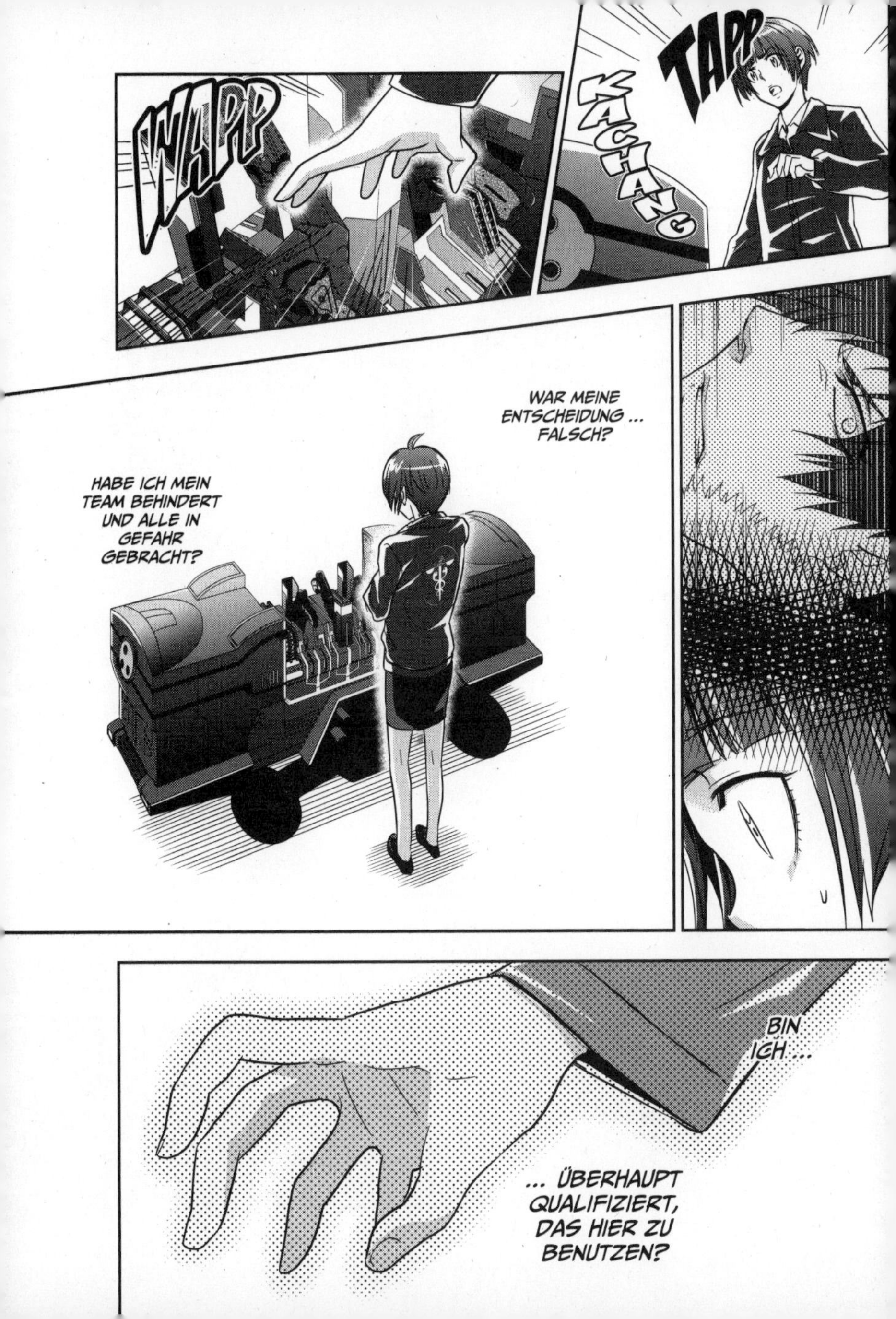
TAPP
KACHANG
WAPP
WAR MEINE ENTSCHEIDUNG ... FALSCH?
HABE ICH MEIN TEAM BEHINDERT UND ALLE IN GEFAHR GEBRACHT?
BIN ICH ...
... ÜBERHAUPT QUALIFIZIERT, DAS HIER ZU BENUTZEN?

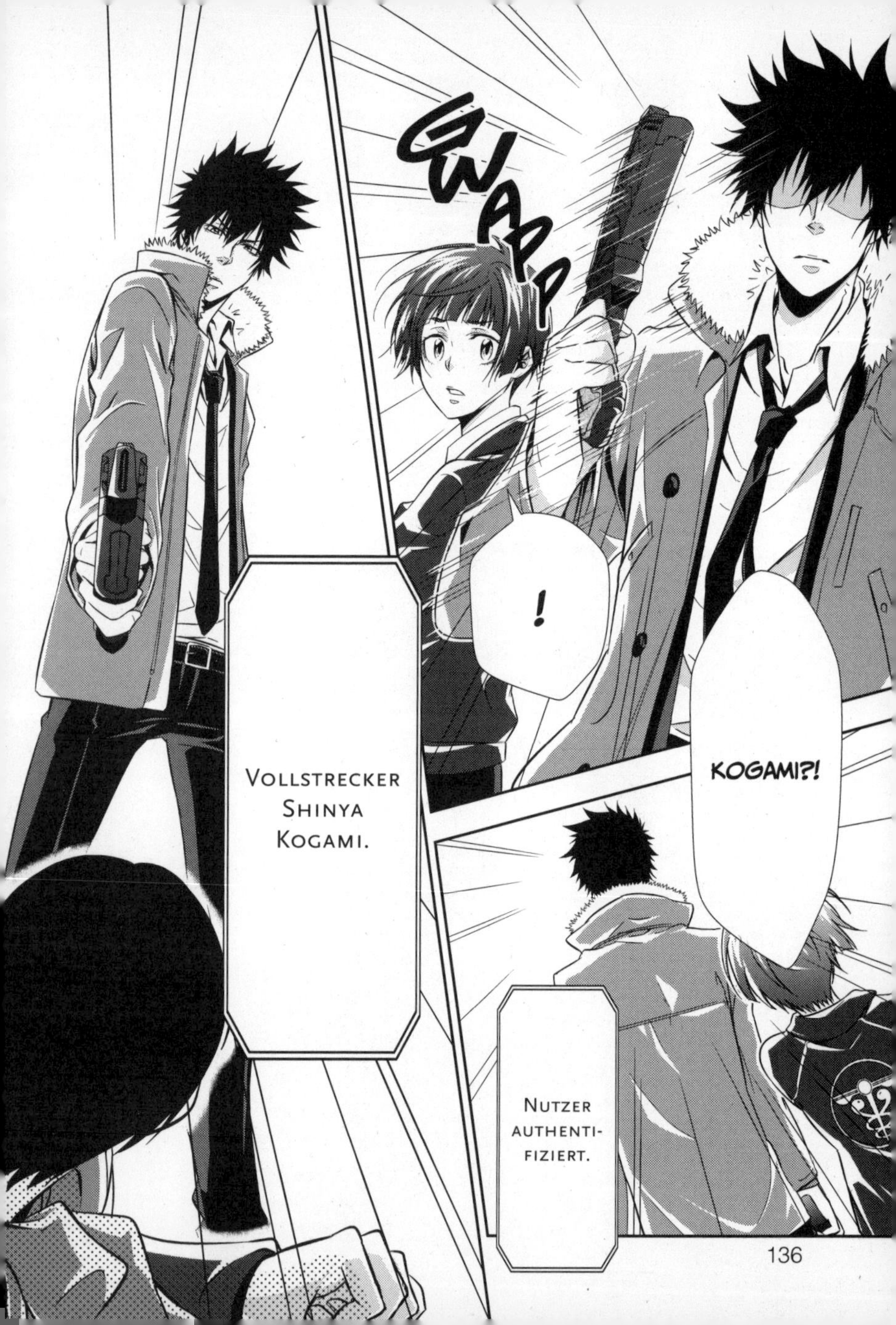
GWAPP
!
KOGAMI?!
Vollstrecker Shinya Kogami.
Nutzer authenti-fiziert.

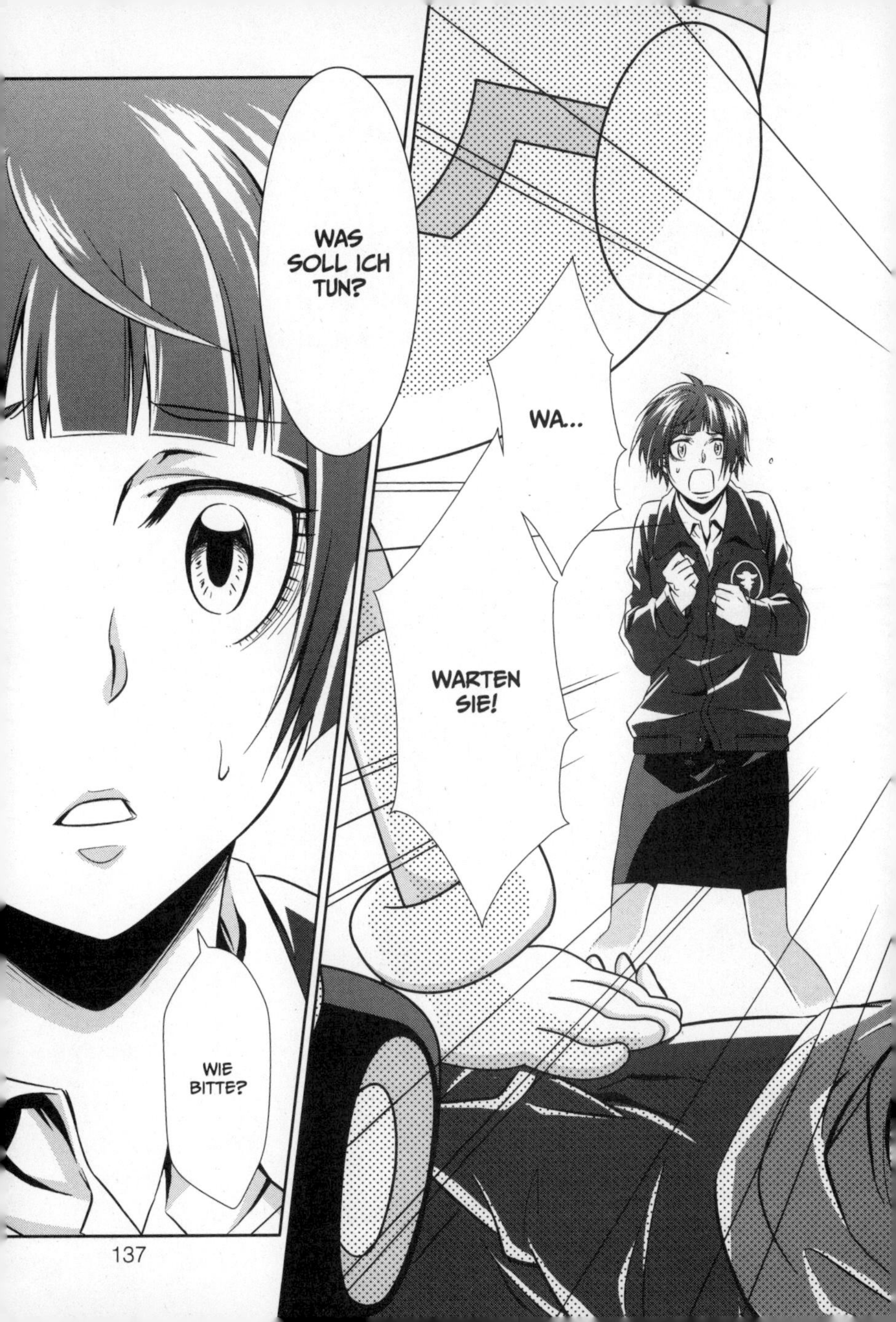
WAS SOLL ICH TUN?
WA...
WARTEN SIE!
WIE BITTE?

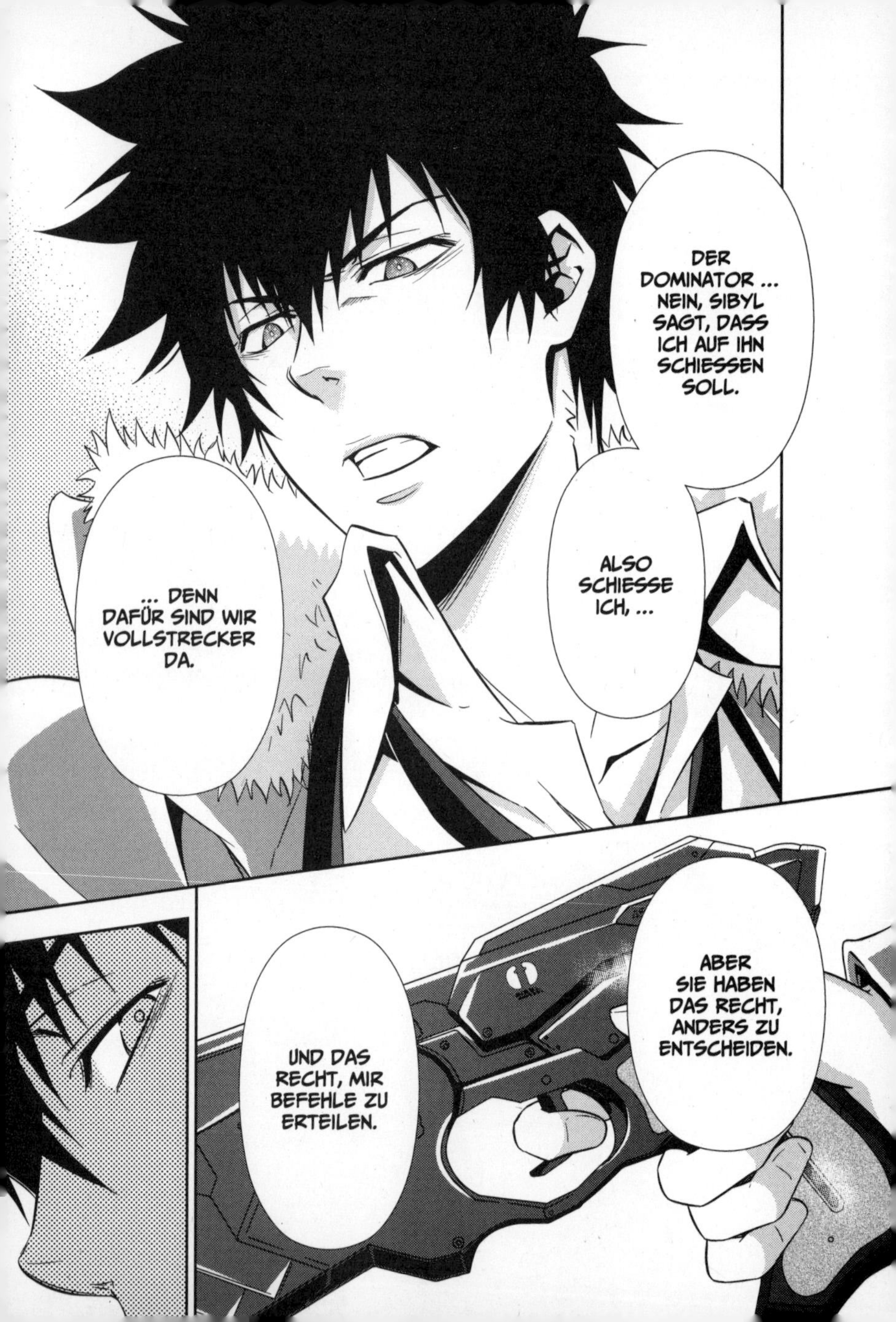
DER DOMINATOR ... NEIN, SIBYL SAGT, DASS ICH AUF IHN SCHIESSEN SOLL.
ALSO SCHIESSE ICH, ...
... DENN DAFÜR SIND WIR VOLLSTRECKER DA.
ABER SIE HABEN DAS RECHT, ANDERS ZU ENTSCHEIDEN.
UND DAS RECHT, MIR BEFEHLE ZU ERTEILEN.

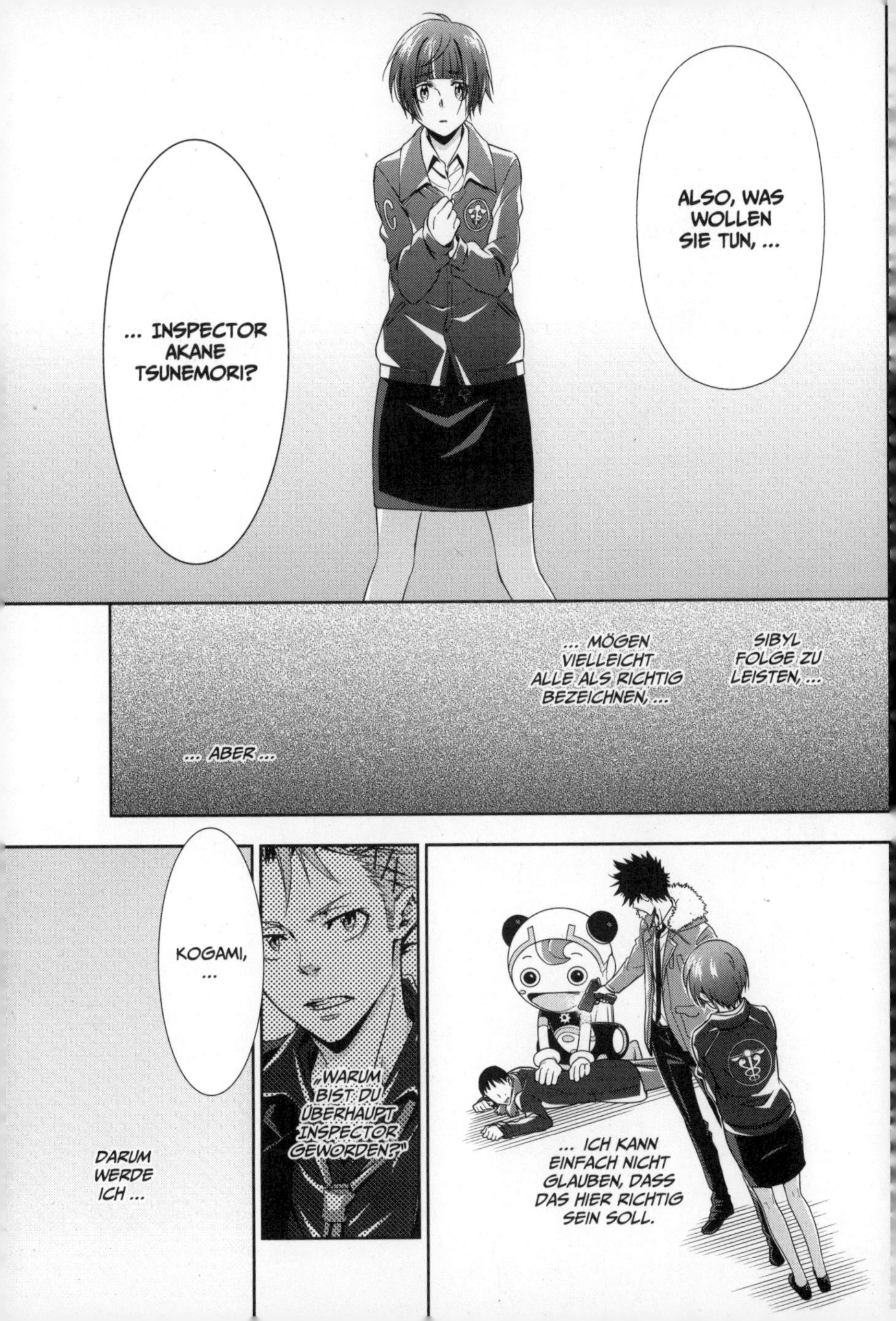
ALSO, WAS WOLLEN SIE TUN, ...
... INSPECTOR AKANE TSUNEMORI?
SIBYL FOLGE ZU LEISTEN, ...
... MÖGEN VIELLEICHT ALLE ALS RICHTIG BEZEICHNEN, ...
... ABER ...
... ICH KANN EINFACH NICHT GLAUBEN, DASS DAS HIER RICHTIG SEIN SOLL.
„WARUM BIST DU ÜBERHAUPT INSPECTOR GEWORDEN?"
KOGAMI, ...
DARUM WERDE ICH ...

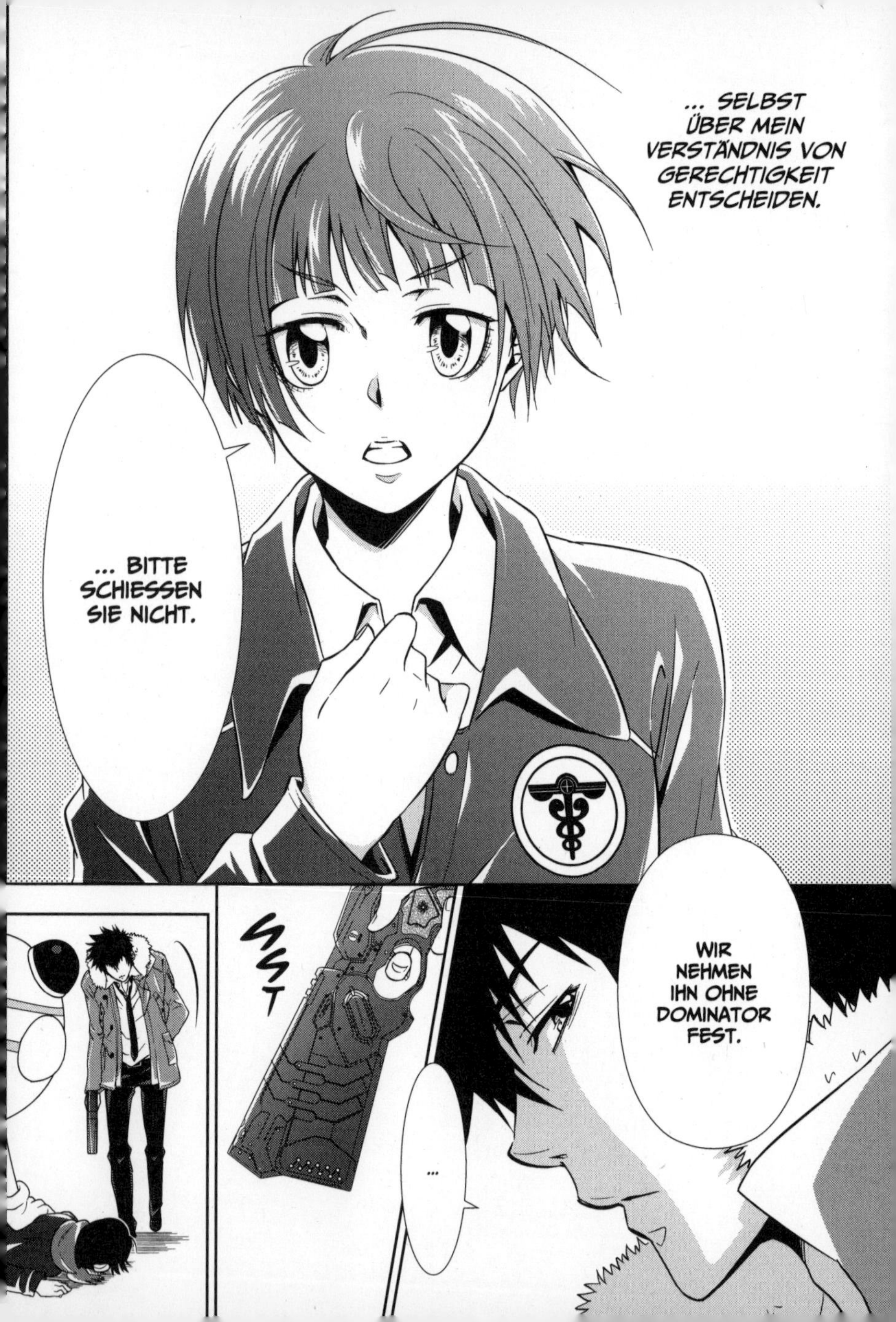
... SELBST ÜBER MEIN VERSTÄNDNIS VON GERECHTIGKEIT ENTSCHEIDEN.
... BITTE SCHIESSEN SIE NICHT.
WIR NEHMEN IHN OHNE DOMINATOR FEST.
...
SST

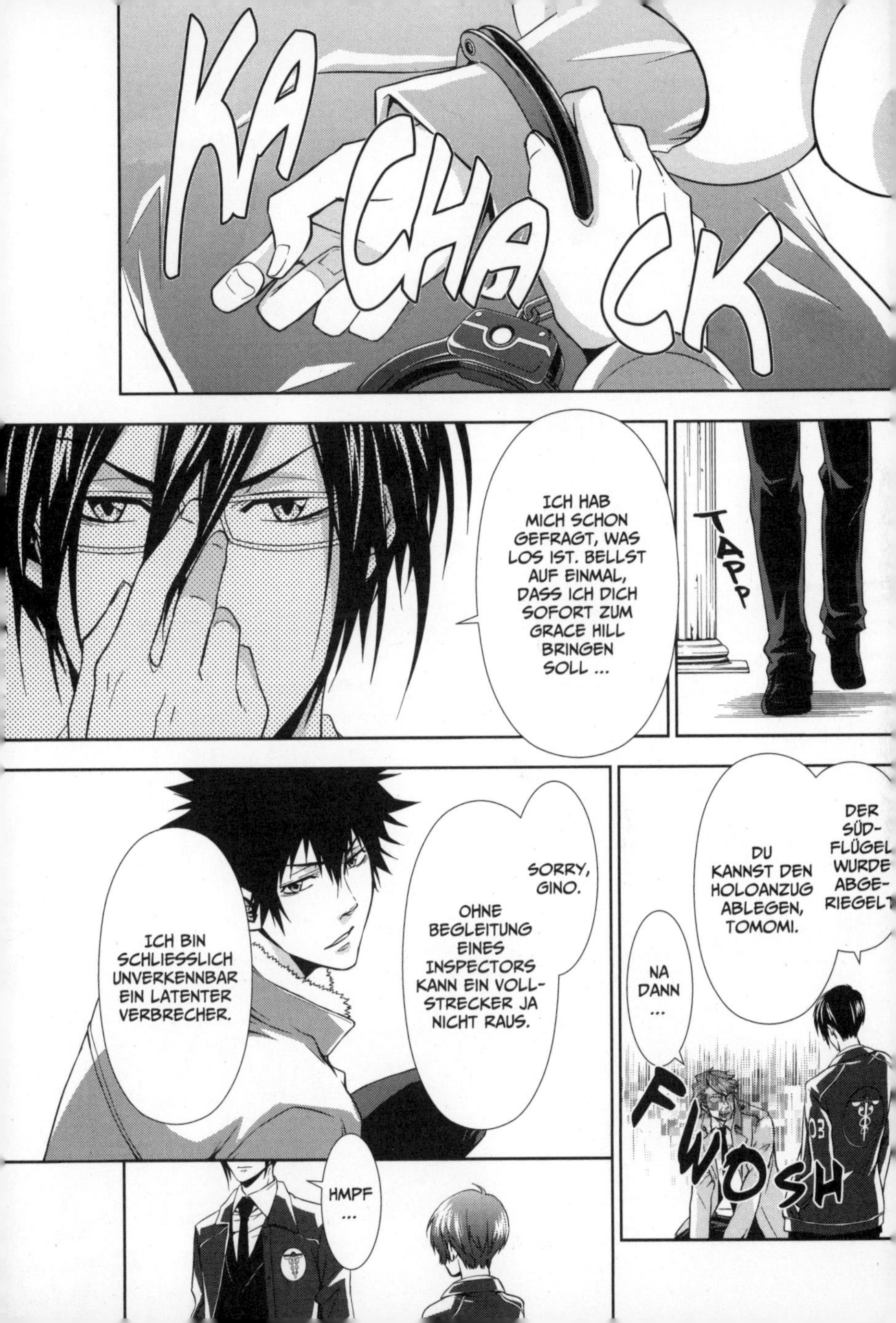
KA-CHA-CK
TAPP
ICH HAB MICH SCHON GEFRAGT, WAS LOS IST. BELLST AUF EINMAL, DASS ICH DICH SOFORT ZUM GRACE HILL BRINGEN SOLL ...
DER SÜD-FLÜGEL WURDE ABGE-RIEGELT.
DU KANNST DEN HOLOANZUG ABLEGEN, TOMOMI.
NA DANN ...
FWOSH
SORRY, GINO.
OHNE BEGLEITUNG EINES INSPECTORS KANN EIN VOLL-STRECKER JA NICHT RAUS.
ICH BIN SCHLIESSLICH UNVERKENNBAR EIN LATENTER VERBRECHER.
HMPF ...

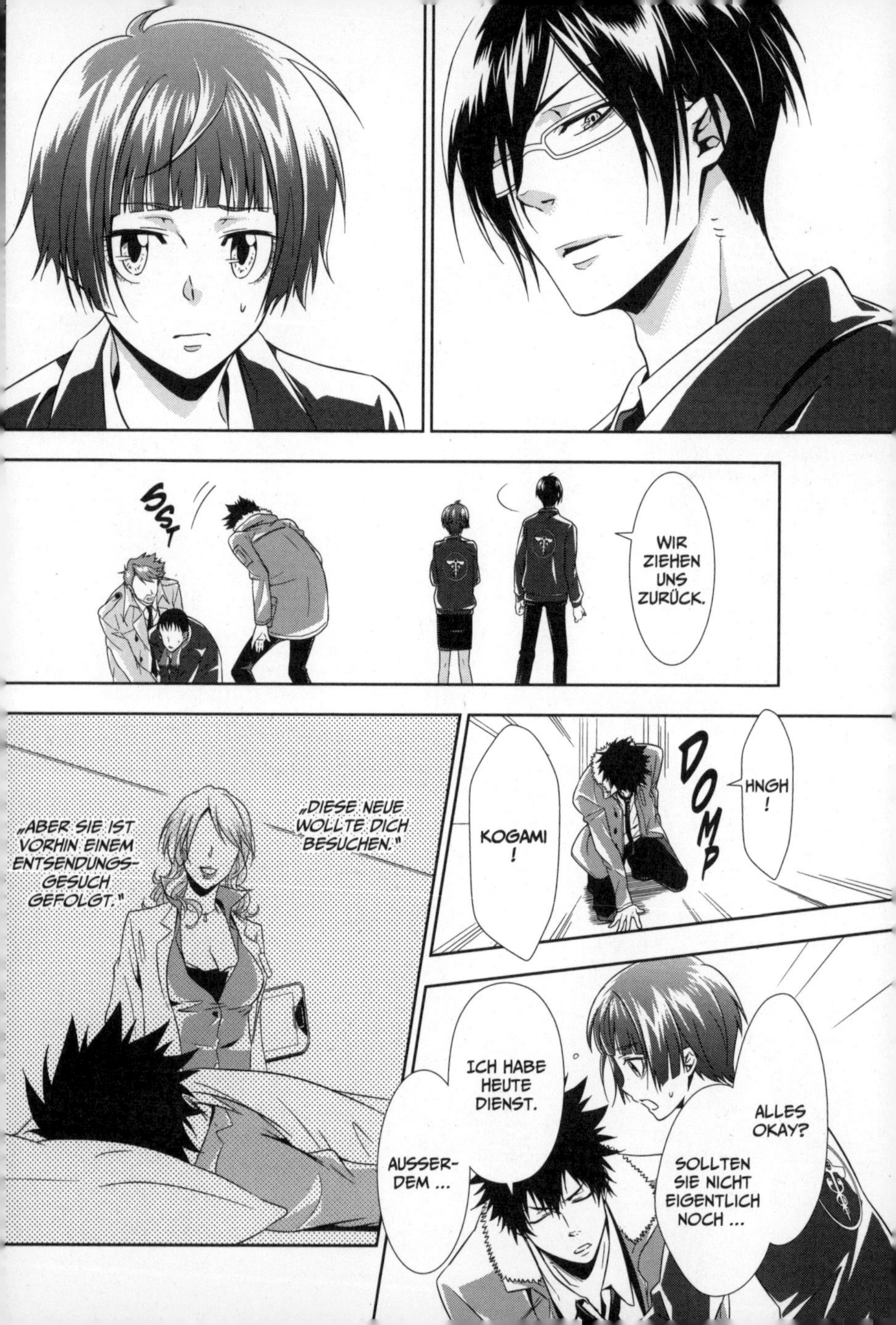
WIR ZIEHEN UNS ZURÜCK.
SSK
HNGH!
DOMP
KOGAMI!
ALLES OKAY?
SOLLTEN SIE NICHT EIGENTLICH NOCH ...
ICH HABE HEUTE DIENST.
AUSSER-DEM ...
„DIESE NEUE WOLLTE DICH BESUCHEN.“
„ABER SIE IST VORHIN EINEM ENTSENDUNGS-GESUCH GEFOLGT.“

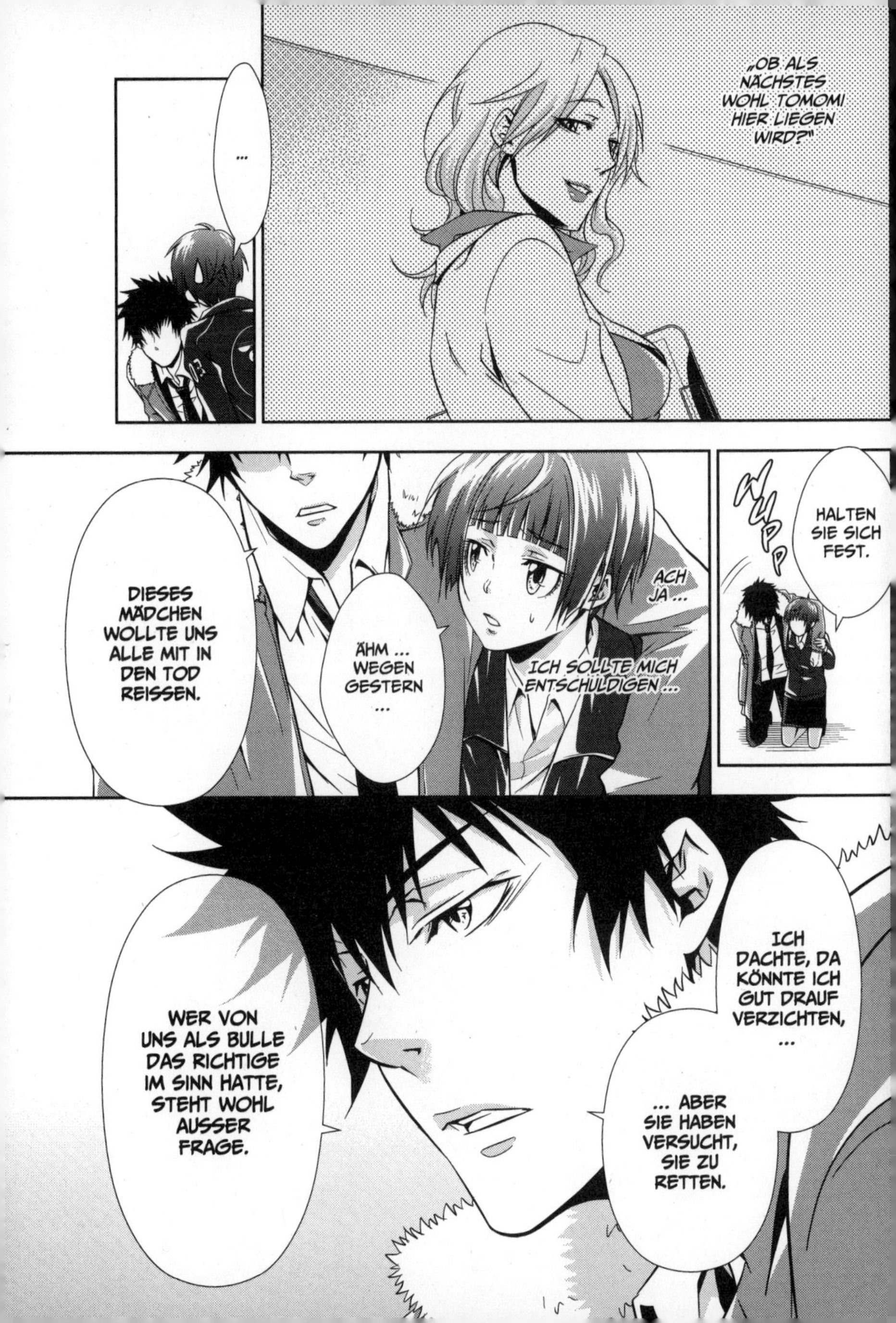
„OB ALS NÄCHSTES WOHL TOMOMI HIER LIEGEN WIRD?"
...
WUPP
HALTEN SIE SICH FEST.
ACH JA ...
ICH SOLLTE MICH ENTSCHULDIGEN ...
ÄHM ... WEGEN GESTERN ...
DIESES MÄDCHEN WOLLTE UNS ALLE MIT IN DEN TOD REISSEN.
ICH DACHTE, DA KÖNNTE ICH GUT DRAUF VERZICHTEN, ...
... ABER SIE HABEN VERSUCHT, SIE ZU RETTEN.
WER VON UNS ALS BULLE DAS RICHTIGE IM SINN HATTE, STEHT WOHL AUSSER FRAGE.

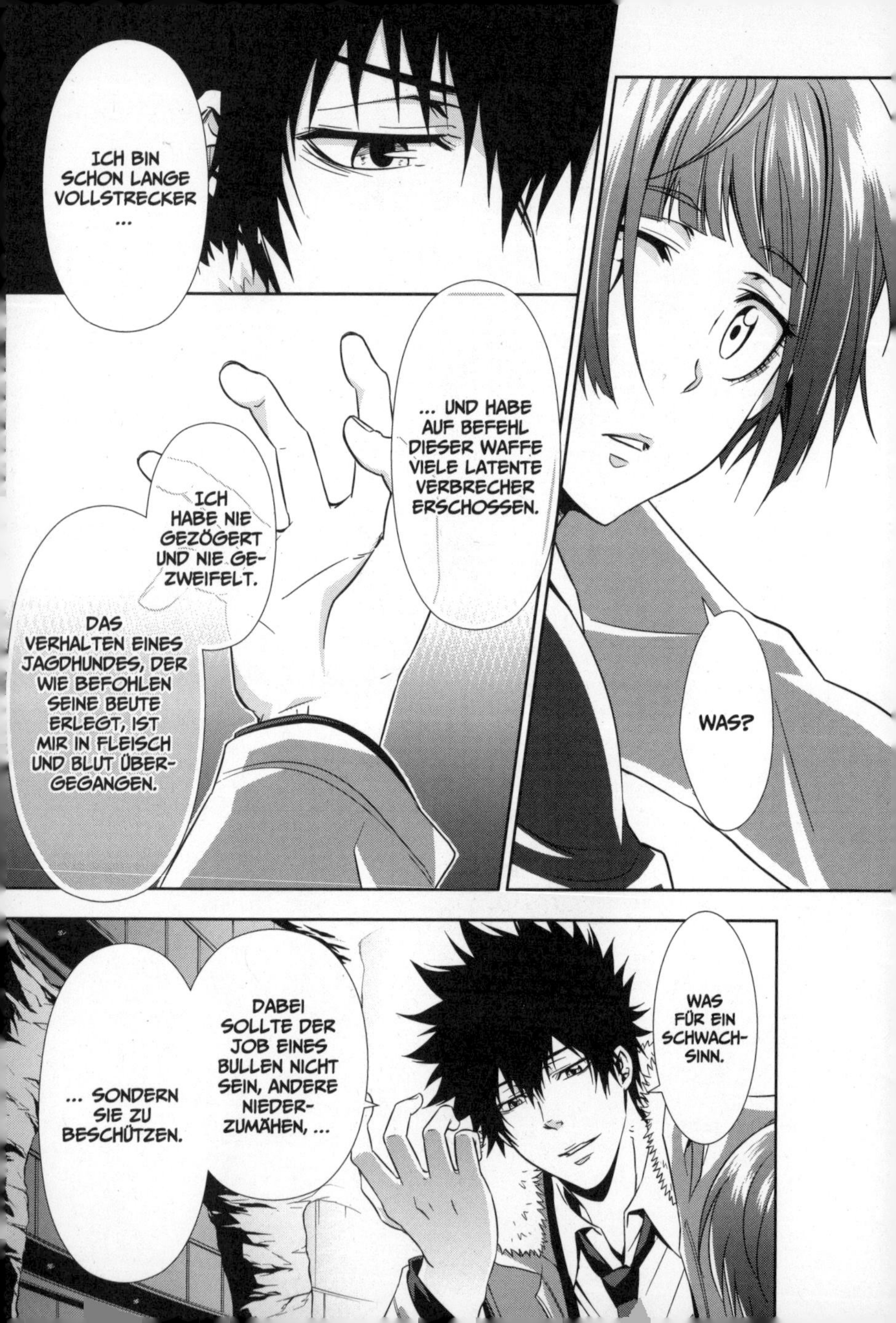
ICH BIN SCHON LANGE VOLLSTRECKER ...
... UND HABE AUF BEFEHL DIESER WAFFE VIELE LATENTE VERBRECHER ERSCHOSSEN.
ICH HABE NIE GEZÖGERT UND NIE GE-ZWEIFELT.
DAS VERHALTEN EINES JAGDHUNDES, DER WIE BEFOHLEN SEINE BEUTE ERLEGT, IST MIR IN FLEISCH UND BLUT ÜBER-GEGANGEN.
WAS?
WAS FÜR EIN SCHWACH-SINN.
DABEI SOLLTE DER JOB EINES BULLEN NICHT SEIN, ANDERE NIEDER-ZUMÄHEN, ...
... SONDERN SIE ZU BESCHÜTZEN.

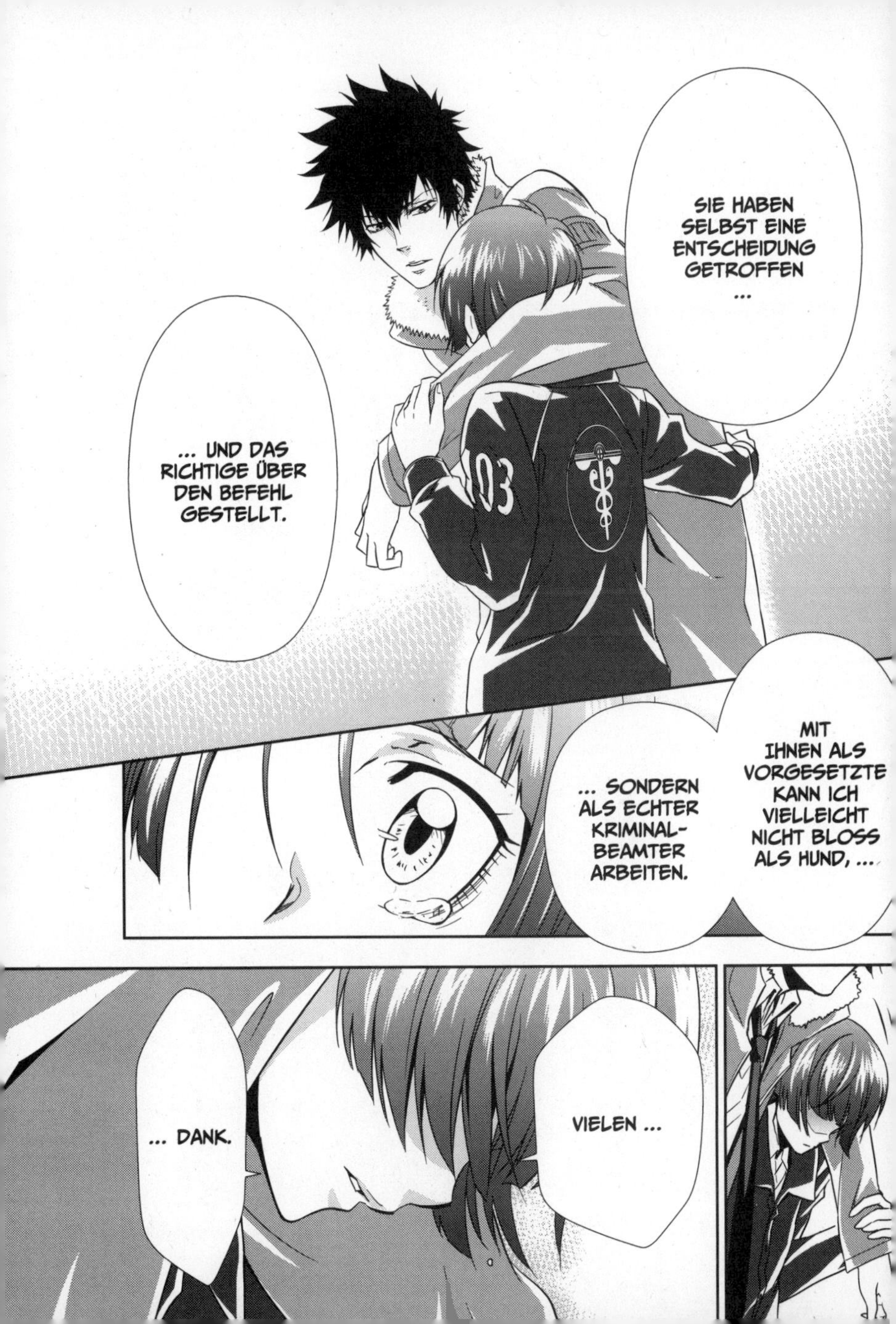
SIE HABEN SELBST EINE ENTSCHEIDUNG GETROFFEN ...
... UND DAS RICHTIGE ÜBER DEN BEFEHL GESTELLT.
MIT IHNEN ALS VORGESETZTE KANN ICH VIELLEICHT NICHT BLOSS ALS HUND, ...
... SONDERN ALS ECHTER KRIMINAL-BEAMTER ARBEITEN.
VIELEN ...
... DANK.

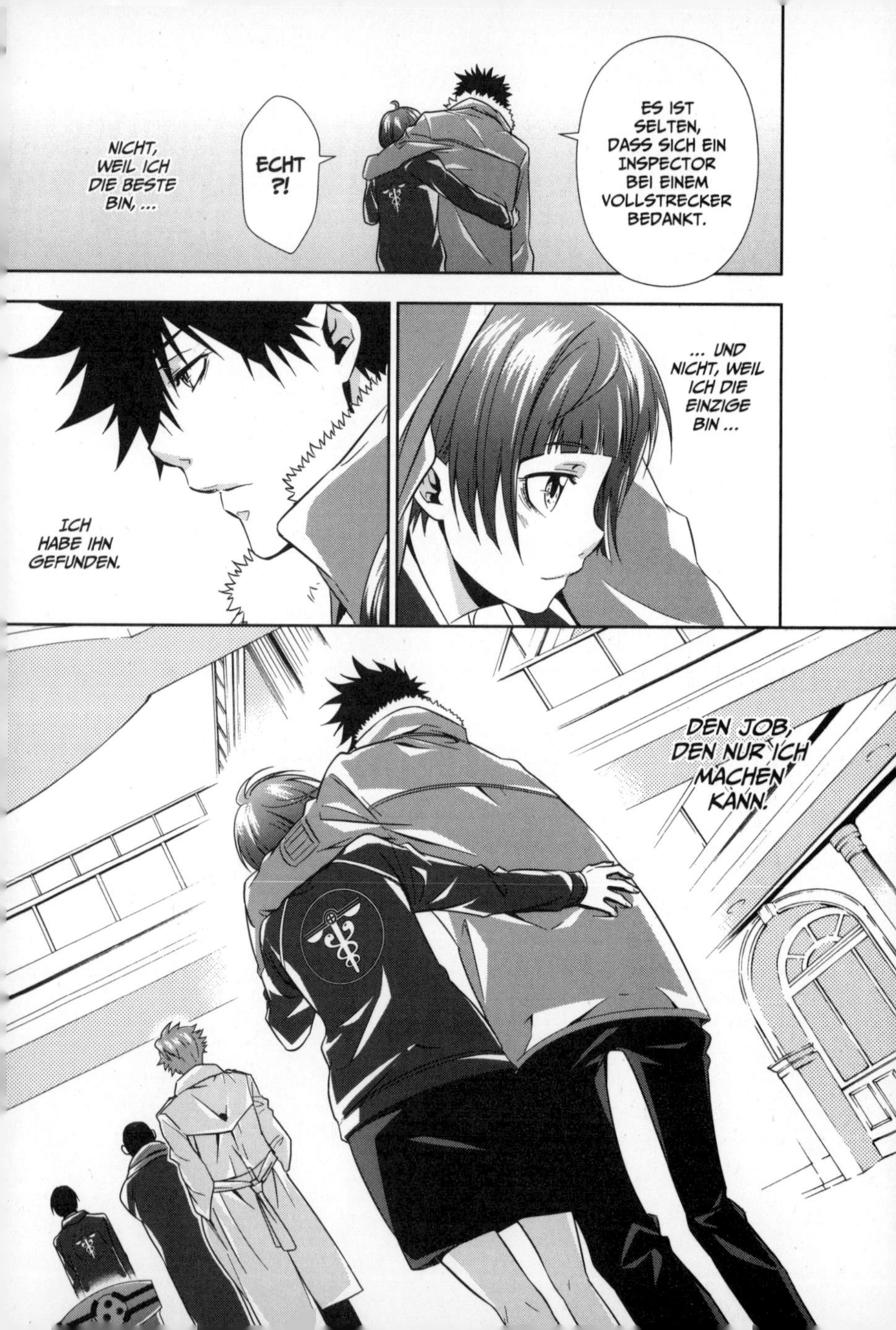
ES IST SELTEN, DASS SICH EIN INSPECTOR BEI EINEM VOLLSTRECKER BEDANKT.
ECHT ?!
NICHT, WEIL ICH DIE BESTE BIN, ...
... UND NICHT, WEIL ICH DIE EINZIGE BIN ...
ICH HABE IHN GEFUNDEN.
DEN JOB, DEN NUR ICH MACHEN KANN!

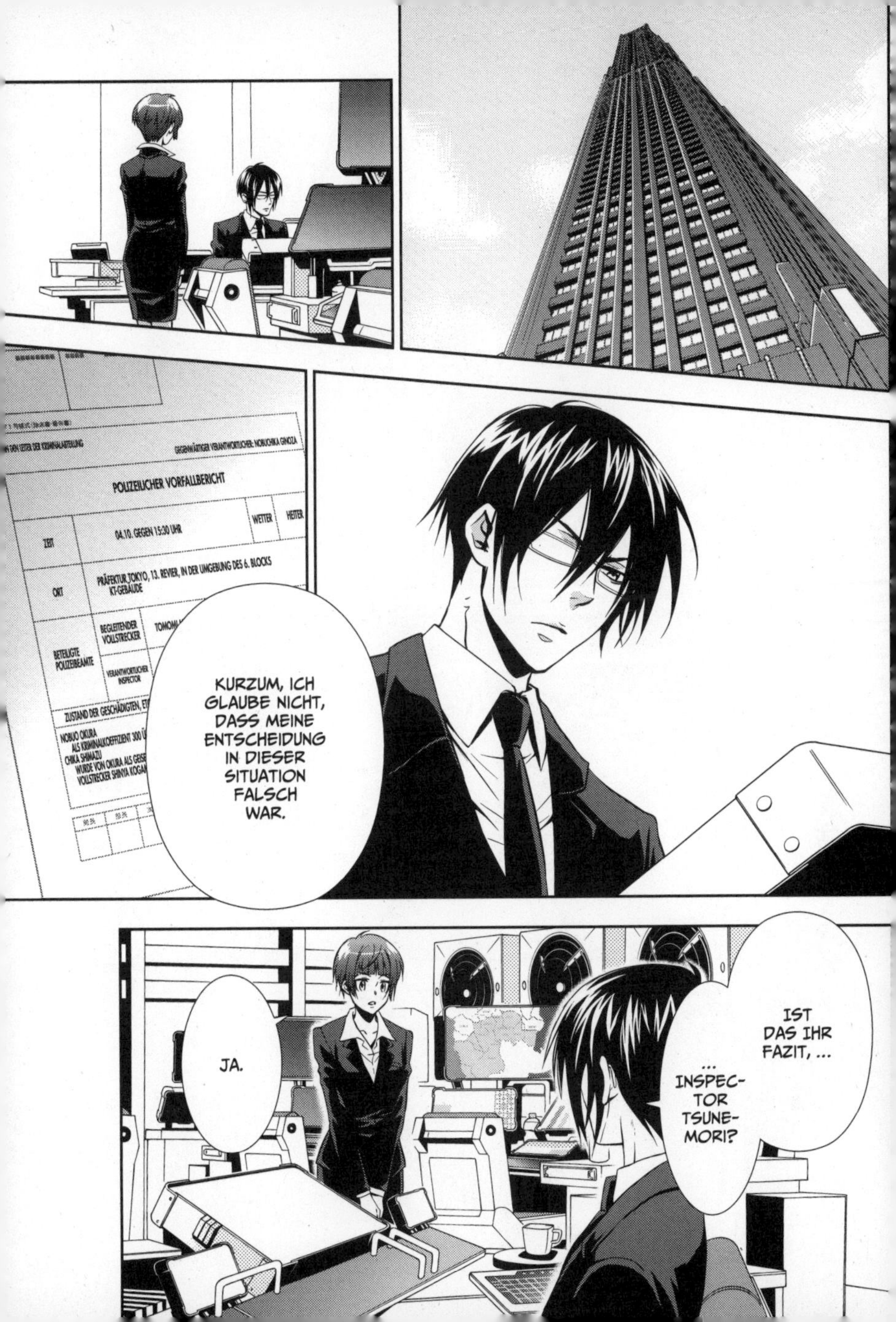
KURZUM, ICH GLAUBE NICHT, DASS MEINE ENTSCHEIDUNG IN DIESER SITUATION FALSCH WAR.
GEGENWÄRTIGER VERANTWORTLICHER: NOBUCHIKA GINOZA
POLIZEILICHER VORFALLBERICHT
ZEIT
04.10. GEGEN 15:30 UHR
WETTER
HEITER
ORT
PRÄFEKTUR TOKYO, 13. REVIER, IN DER UMGEBUNG DES 6. BLOCKS KT-GEBÄUDE
BETEILIGTE POLIZEIBEAMTE
BEGLEITENDER VOLLSTRECKER
VERANTWORTLICHER INSPECTOR
IST DAS IHR FAZIT, ...
... INSPECTOR TSUNEMORI?
JA.

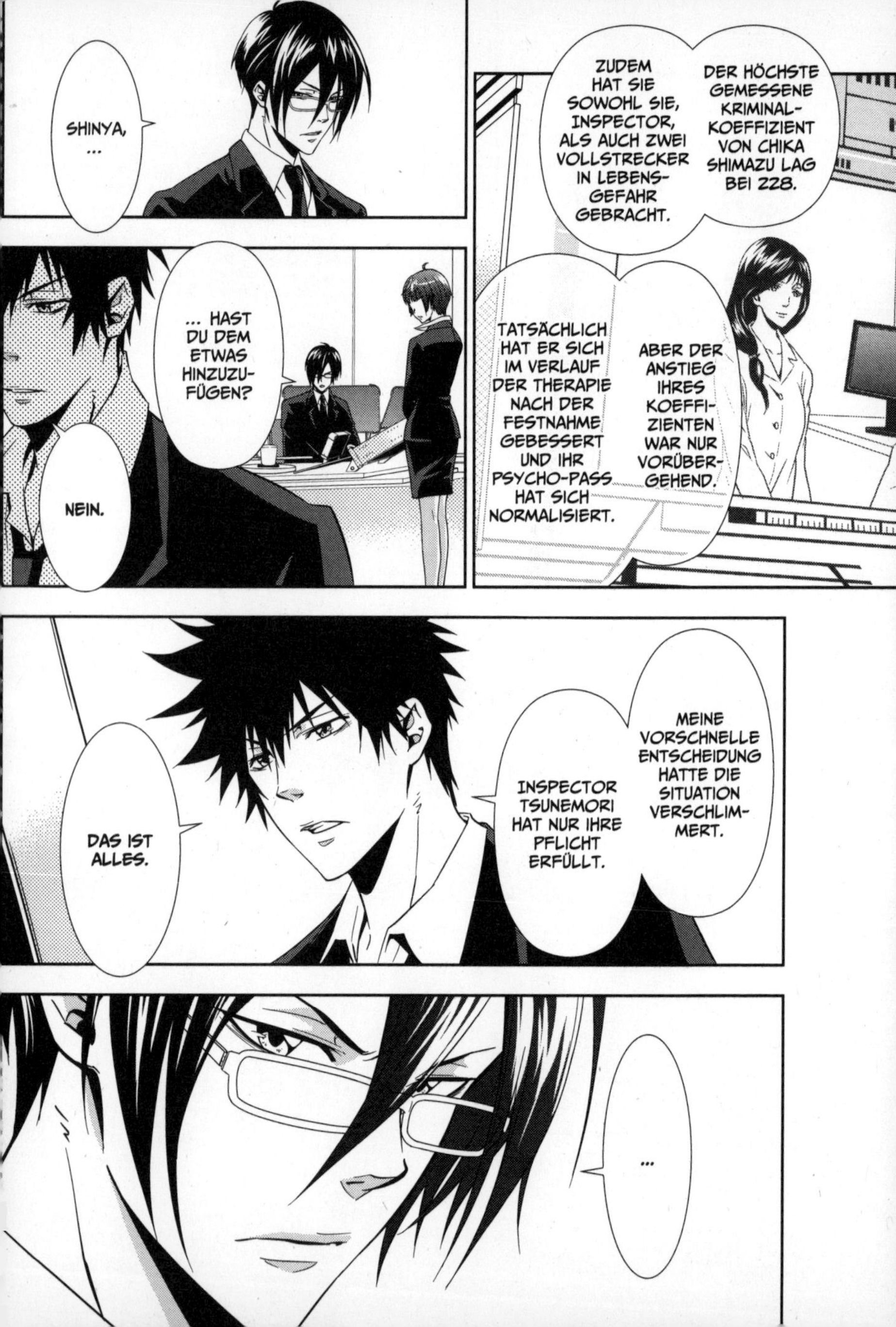
DER HÖCHSTE GEMESSENE KRIMINAL-KOEFFIZIENT VON CHIKA SHIMAZU LAG BEI 228.
ZUDEM HAT SIE SOWOHL SIE, INSPECTOR, ALS AUCH ZWEI VOLLSTRECKER IN LEBENS-GEFAHR GEBRACHT.
ABER DER ANSTIEG IHRES KOEFFI-ZIENTEN WAR NUR VORÜBER-GEHEND.
TATSÄCHLICH HAT ER SICH IM VERLAUF DER THERAPIE NACH DER FESTNAHME GEBESSERT UND IHR PSYCHO-PASS HAT SICH NORMALISIERT.
SHINYA, ...
... HAST DU DEM ETWAS HINZUZU-FÜGEN?
NEIN.
MEINE VORSCHNELLE ENTSCHEIDUNG HATTE DIE SITUATION VERSCHLIM-MERT.
INSPECTOR TSUNEMORI HAT NUR IHRE PFLICHT ERFÜLLT.
DAS IST ALLES.
...

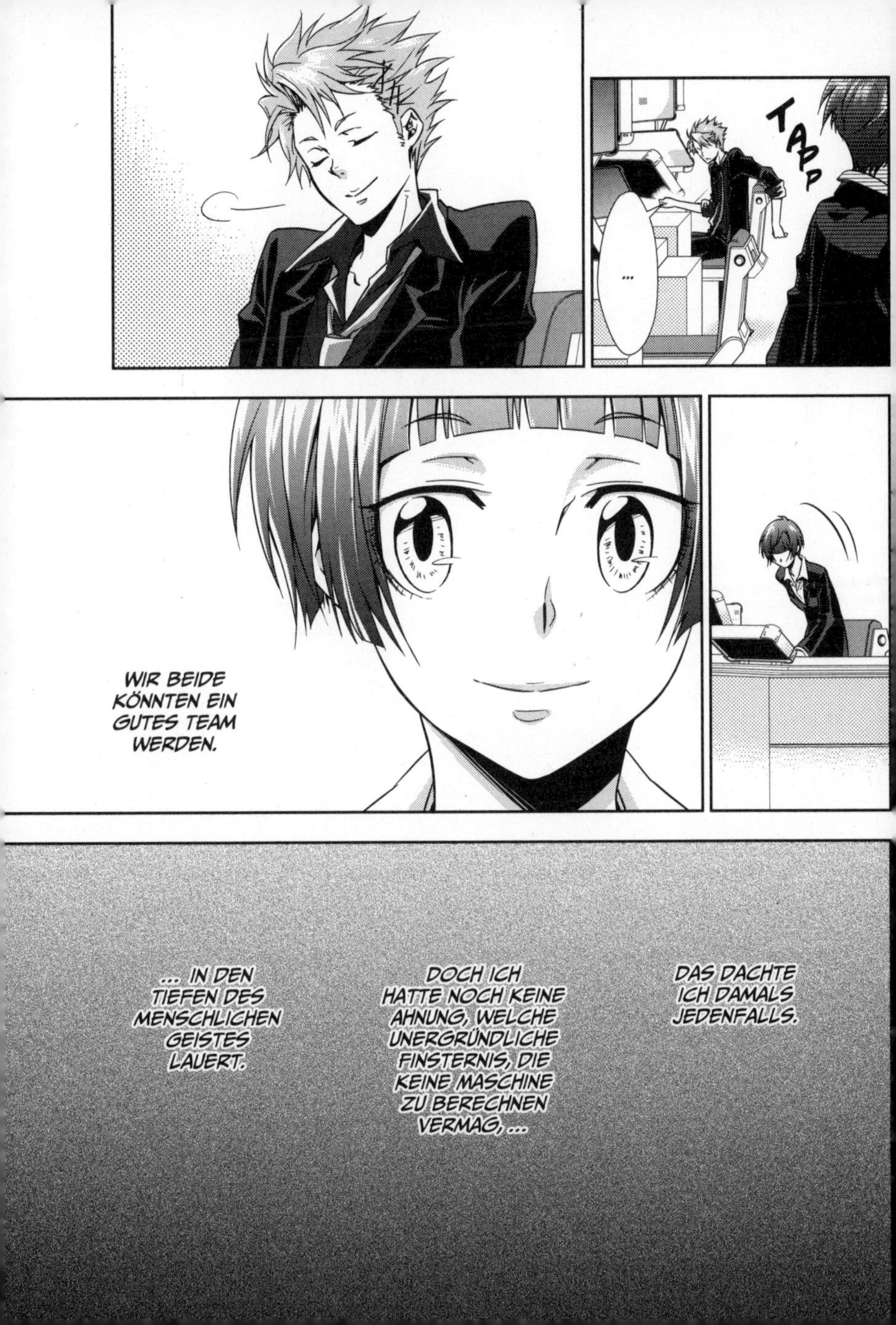
TAPP
...
WIR BEIDE KÖNNTEN EIN GUTES TEAM WERDEN.
DAS DACHTE ICH DAMALS JEDENFALLS.
DOCH ICH HATTE NOCH KEINE AHNUNG, WELCHE UNERGRÜNDLICHE FINSTERNIS, DIE KEINE MASCHINE ZU BERECHNEN VERMAG, ...
... IN DEN TIEFEN DES MENSCHLICHEN GEISTES LAUERT.

INSPECTOR

AKANE TSUNEMORI

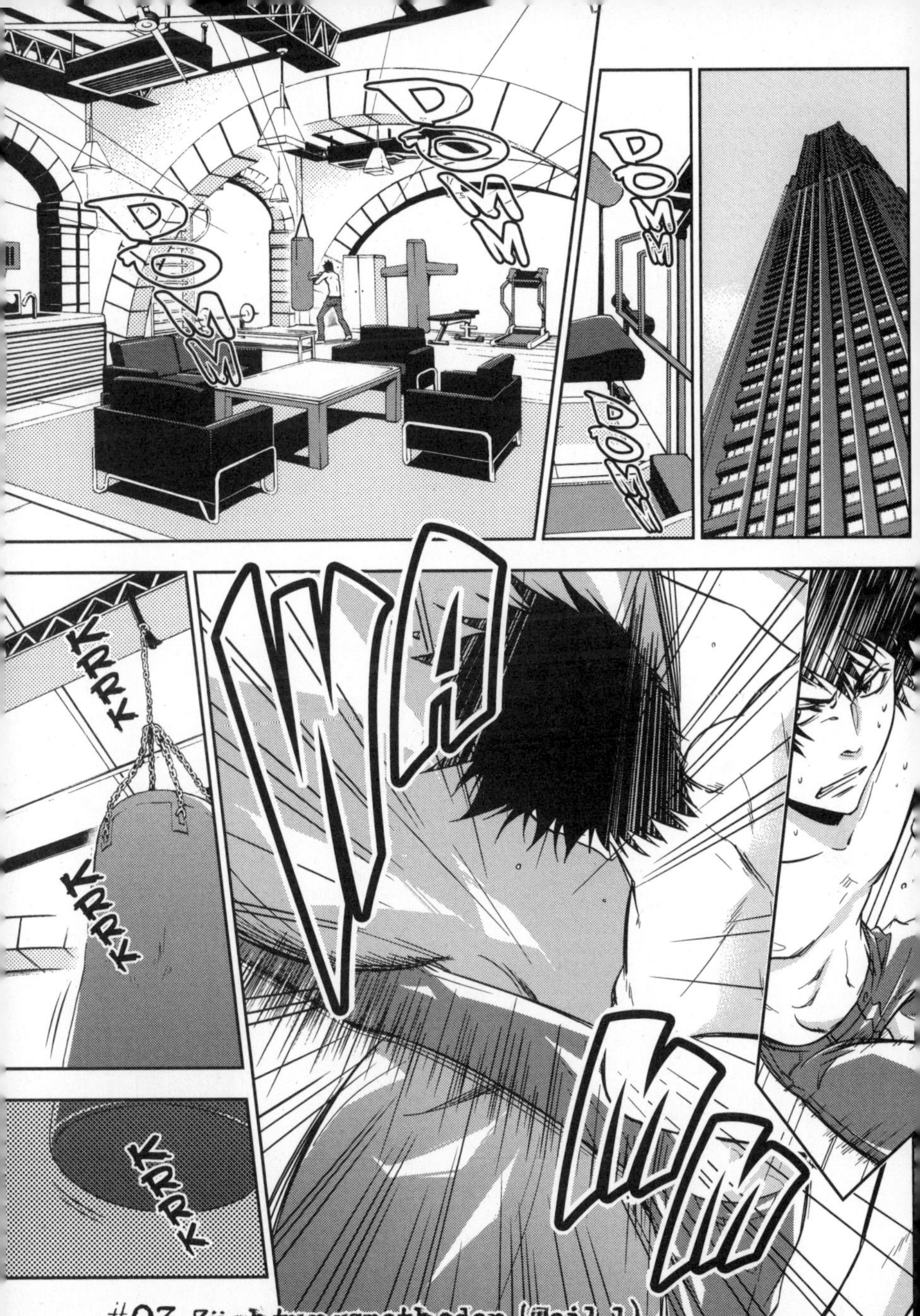

#03 Züchtungsmethoden (Teil 1)

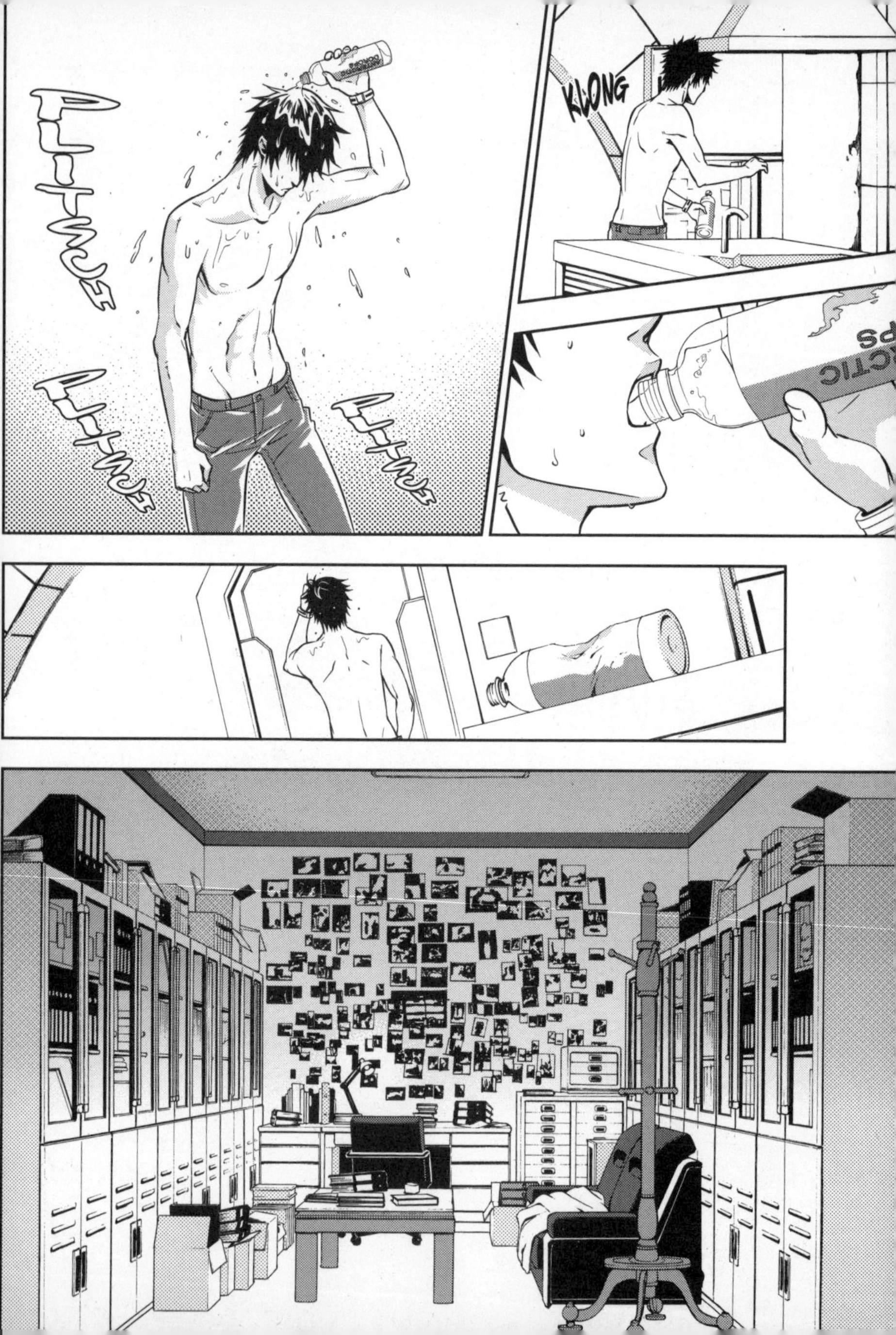
KLONG
PLITCH
PLITCH
PLITCH

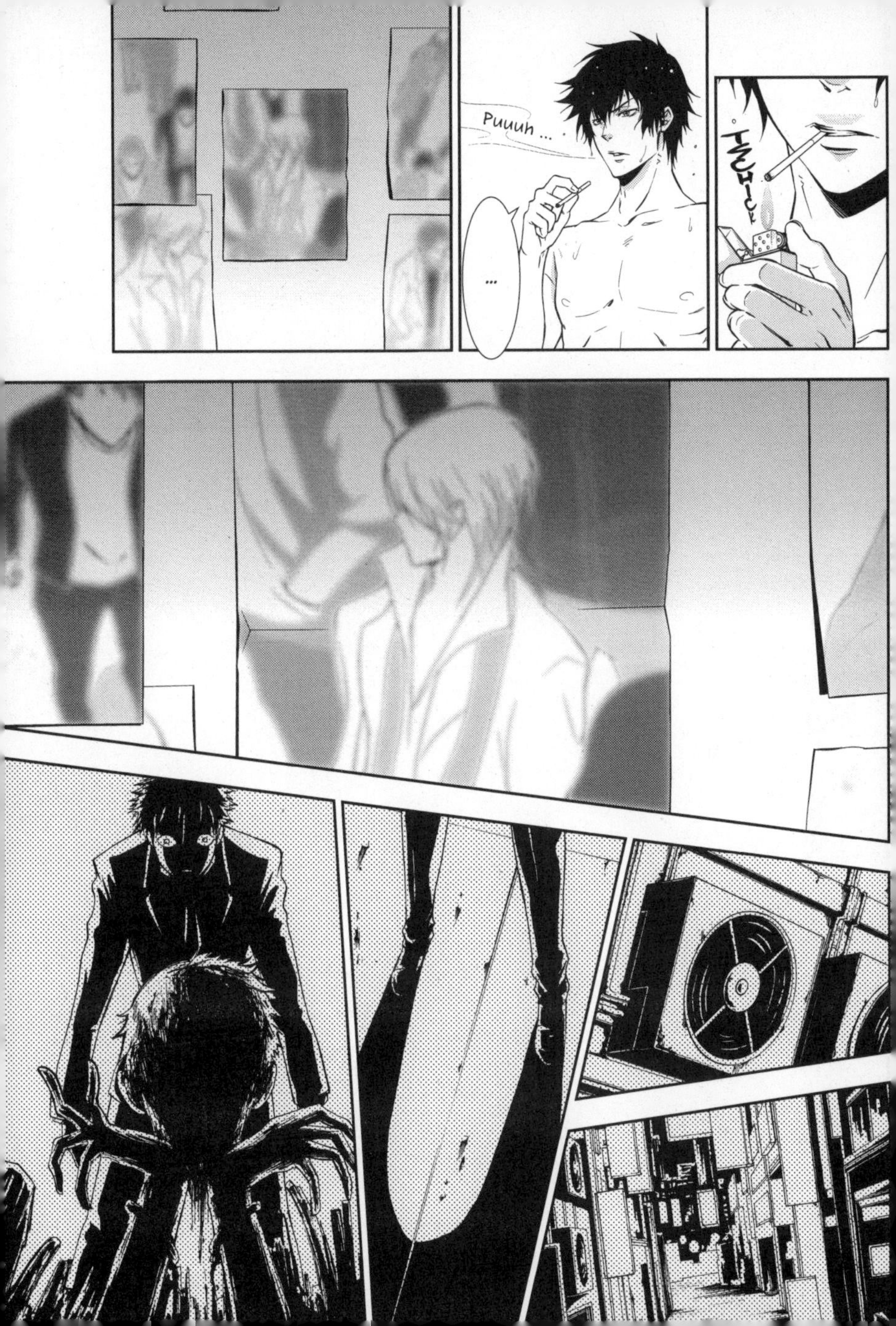

TCHICK
Puuuh ...
...

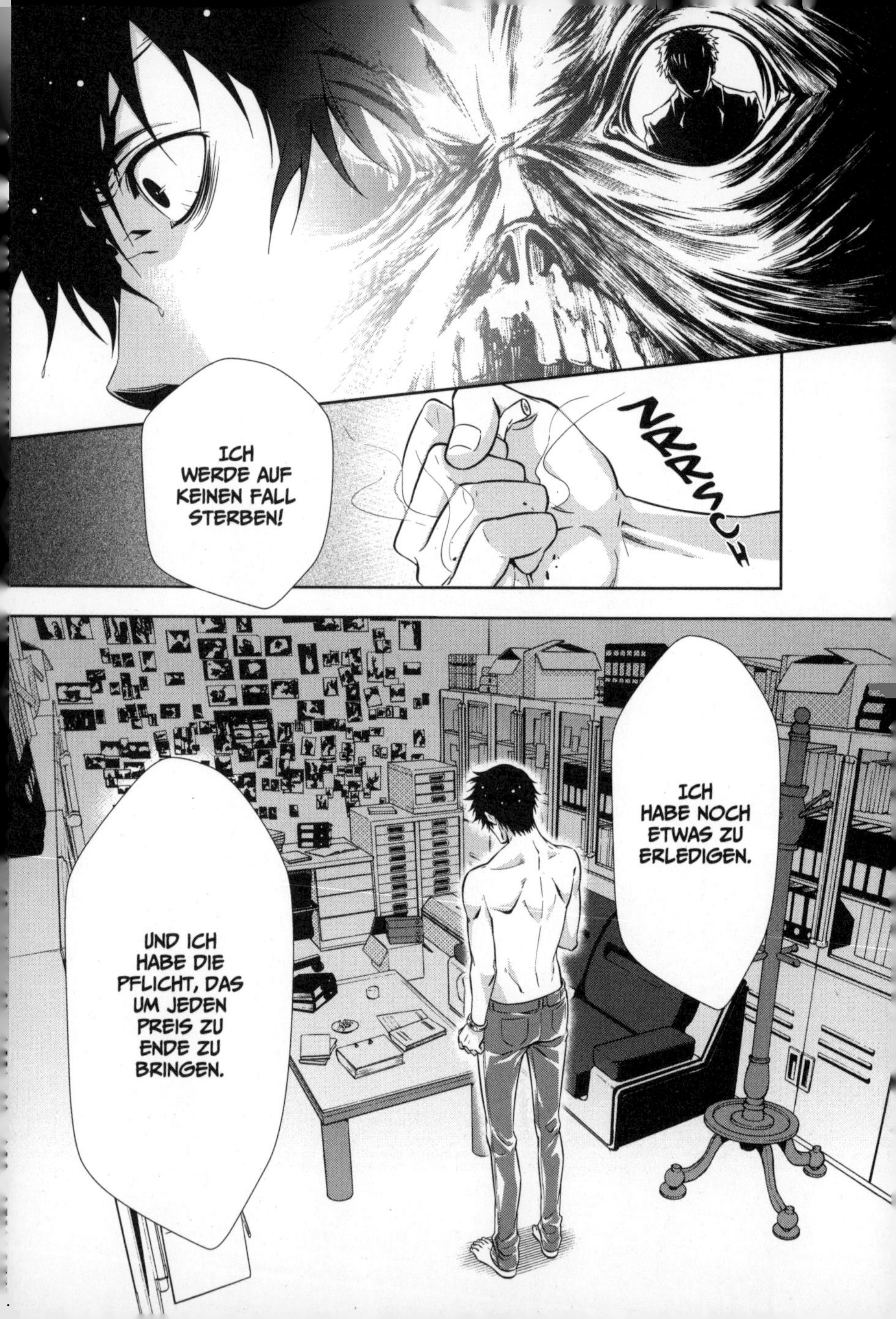
ICH WERDE AUF KEINEN FALL STERBEN!
ICH HABE NOCH ETWAS ZU ERLEDIGEN.
UND ICH HABE DIE PFLICHT, DAS UM JEDEN PREIS ZU ENDE ZU BRINGEN.

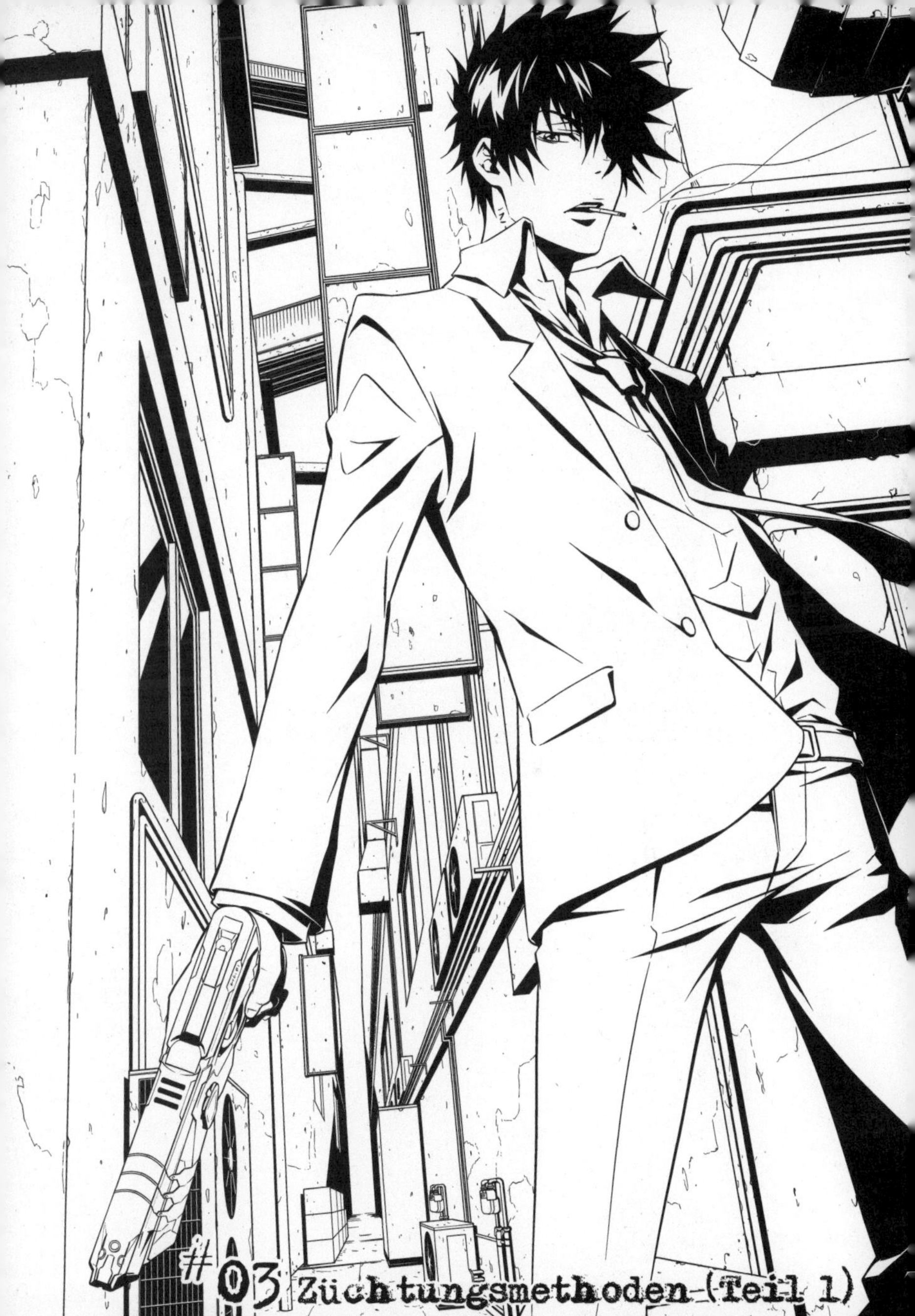

#03 Züchtungsmethoden (Teil 1)

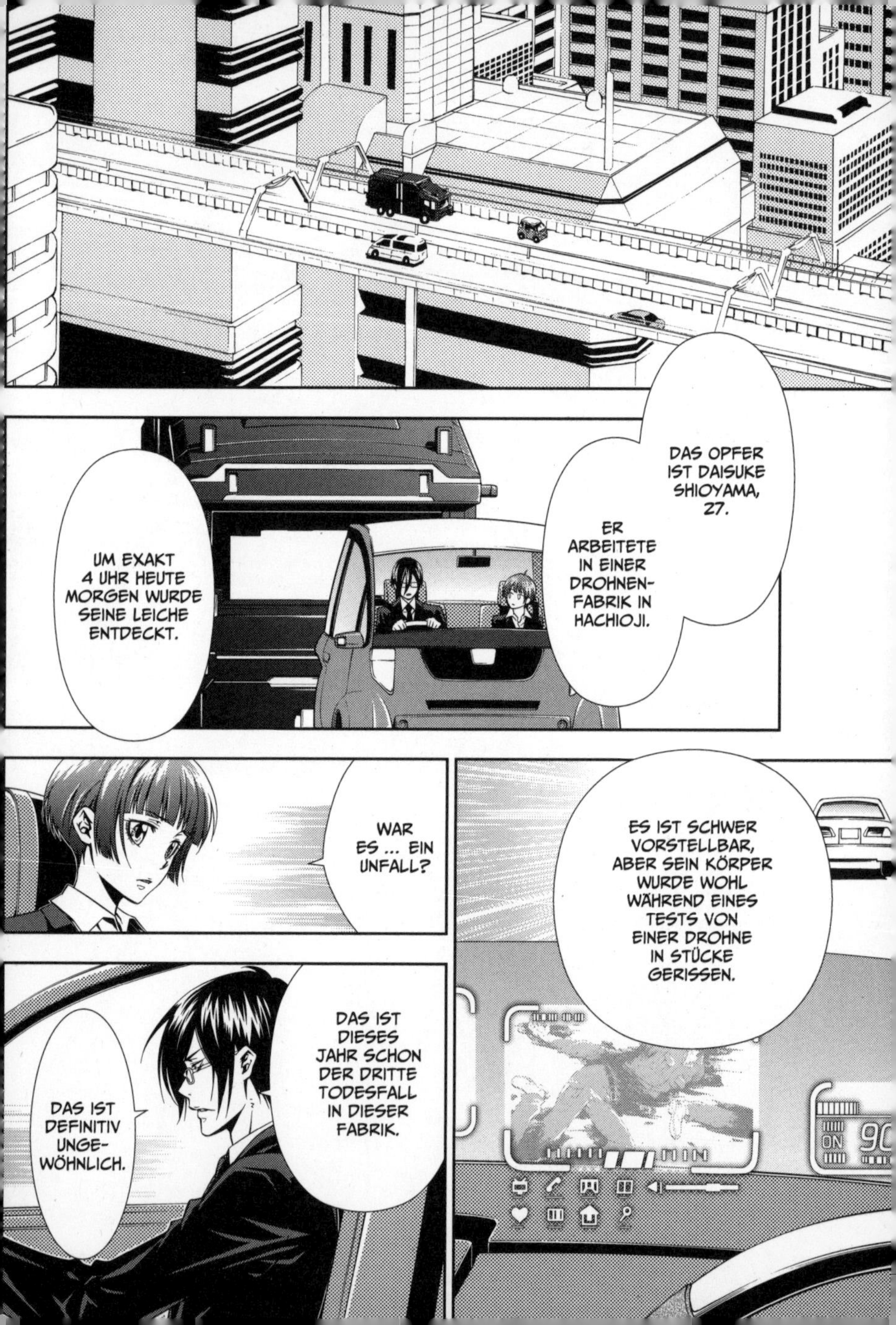
DAS OPFER IST DAISUKE SHIOYAMA, 27.
ER ARBEITETE IN EINER DROHNEN-FABRIK IN HACHIOJI.
UM EXAKT 4 UHR HEUTE MORGEN WURDE SEINE LEICHE ENTDECKT.
ES IST SCHWER VORSTELLBAR, ABER SEIN KÖRPER WURDE WOHL WÄHREND EINES TESTS VON EINER DROHNE IN STÜCKE GERISSEN.
WAR ES ... EIN UNFALL?
DAS IST DIESES JAHR SCHON DER DRITTE TODESFALL IN DIESER FABRIK.
DAS IST DEFINITIV UNGE-WÖHNLICH.

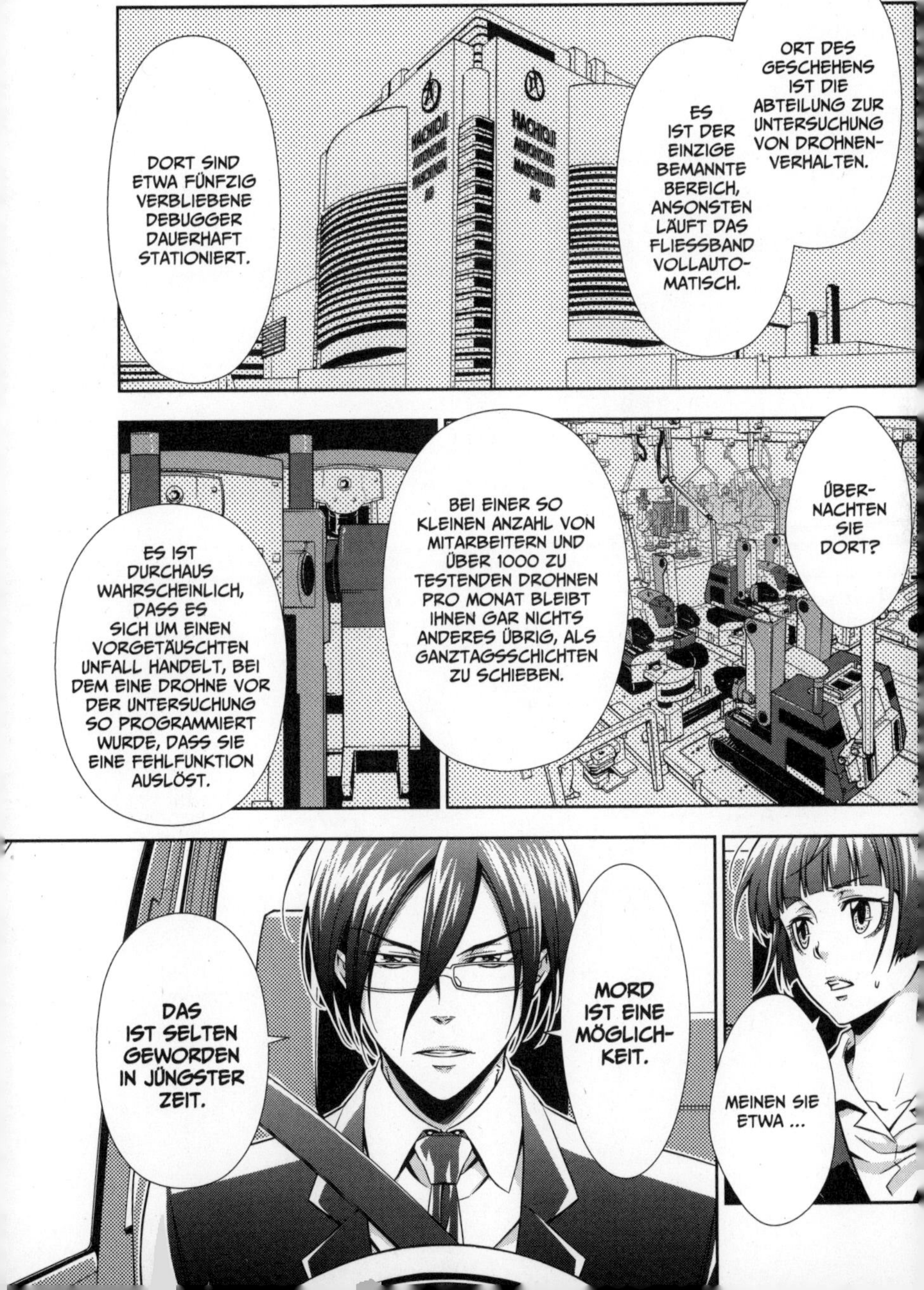
HACHIOJI AUTONOME MASCHINEN AG
ORT DES GESCHEHENS IST DIE ABTEILUNG ZUR UNTERSUCHUNG VON DROHNEN-VERHALTEN.
ES IST DER EINZIGE BEMANNTE BEREICH, ANSONSTEN LÄUFT DAS FLIESSBAND VOLLAUTO-MATISCH.
DORT SIND ETWA FÜNFZIG VERBLIEBENE DEBUGGER DAUERHAFT STATIONIERT.
ÜBER-NACHTEN SIE DORT?
BEI EINER SO KLEINEN ANZAHL VON MITARBEITERN UND ÜBER 1000 ZU TESTENDEN DROHNEN PRO MONAT BLEIBT IHNEN GAR NICHTS ANDERES ÜBRIG, ALS GANZTAGSSCHICHTEN ZU SCHIEBEN.
ES IST DURCHAUS WAHRSCHEINLICH, DASS ES SICH UM EINEN VORGETÄUSCHTEN UNFALL HANDELT, BEI DEM EINE DROHNE VOR DER UNTERSUCHUNG SO PROGRAMMIERT WURDE, DASS SIE EINE FEHLFUNKTION AUSLÖST.
MEINEN SIE ETWA ...
MORD IST EINE MÖGLICH-KEIT.
DAS IST SELTEN GEWORDEN IN JÜNGSTER ZEIT.

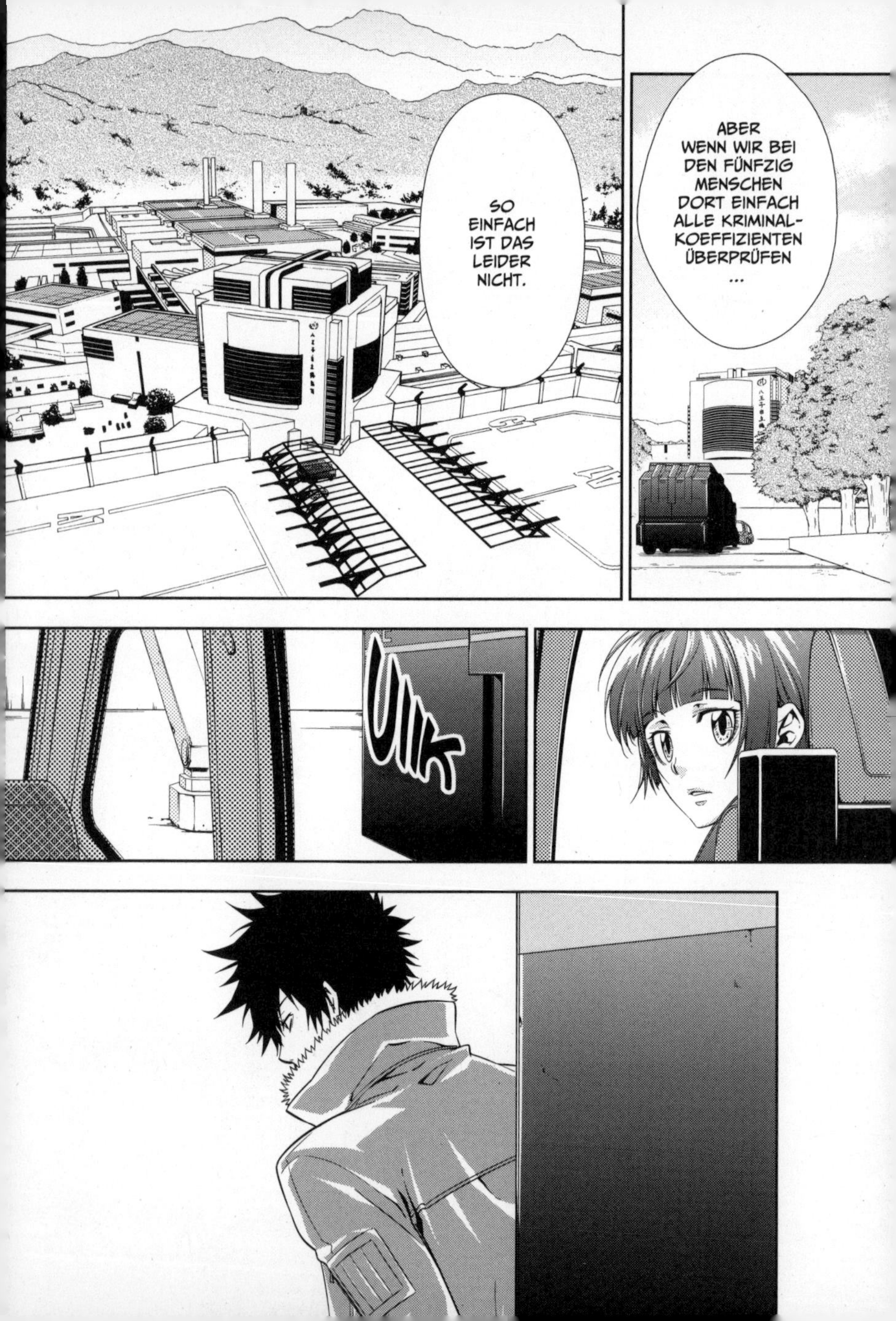
ABER WENN WIR BEI DEN FÜNFZIG MENSCHEN DORT EINFACH ALLE KRIMINAL-KOEFFIZIENTEN ÜBERPRÜFEN ...
SO EINFACH IST DAS LEIDER NICHT.

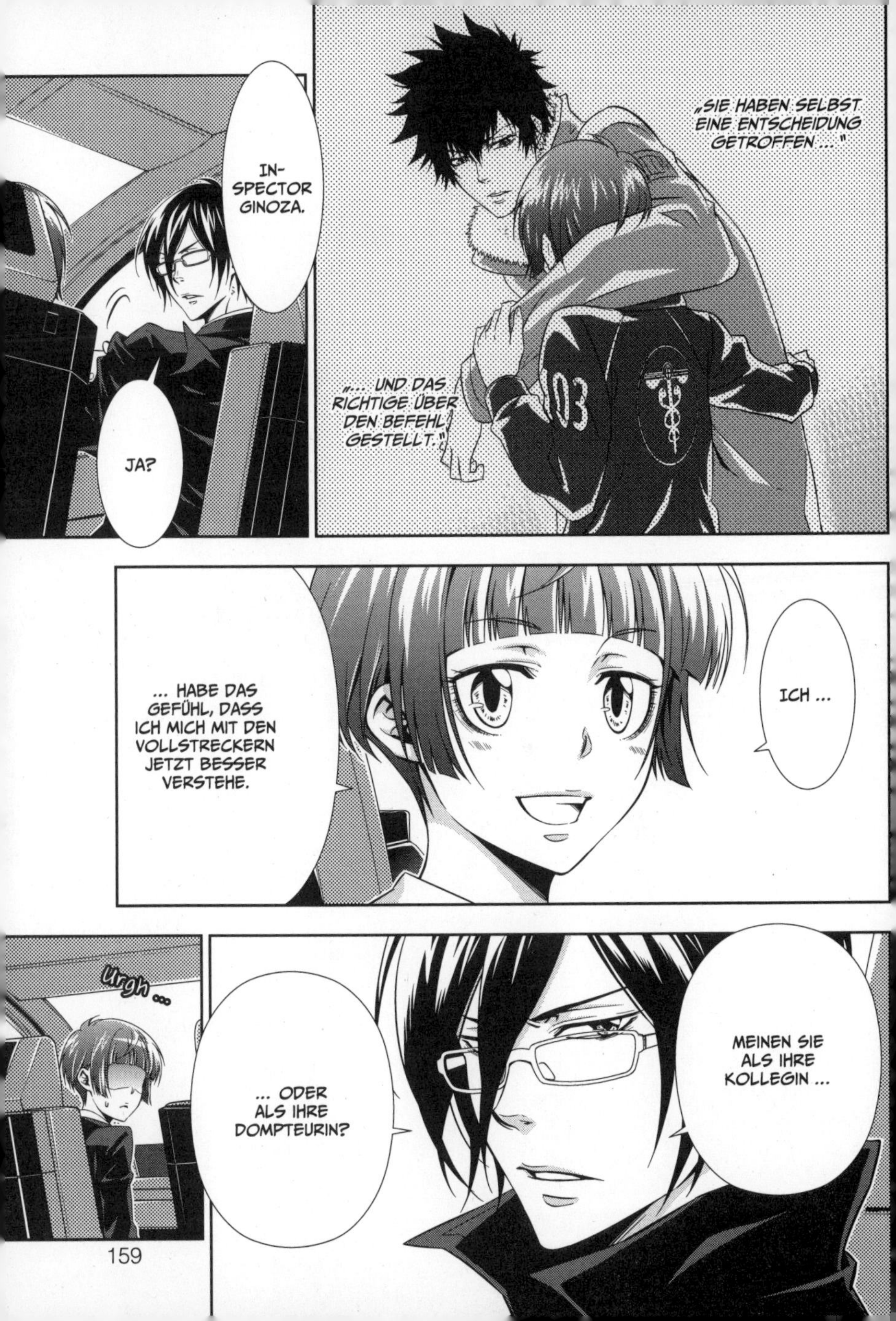
„SIE HABEN SELBST EINE ENTSCHEIDUNG GETROFFEN ..."
„... UND DAS RICHTIGE ÜBER DEN BEFEHL GESTELLT."
IN-SPECTOR GINOZA.
JA?
ICH ...
... HABE DAS GEFÜHL, DASS ICH MICH MIT DEN VOLLSTRECKERN JETZT BESSER VERSTEHE.
MEINEN SIE ALS IHRE KOLLEGIN ...
... ODER ALS IHRE DOMPTEURIN?
Urgh ...

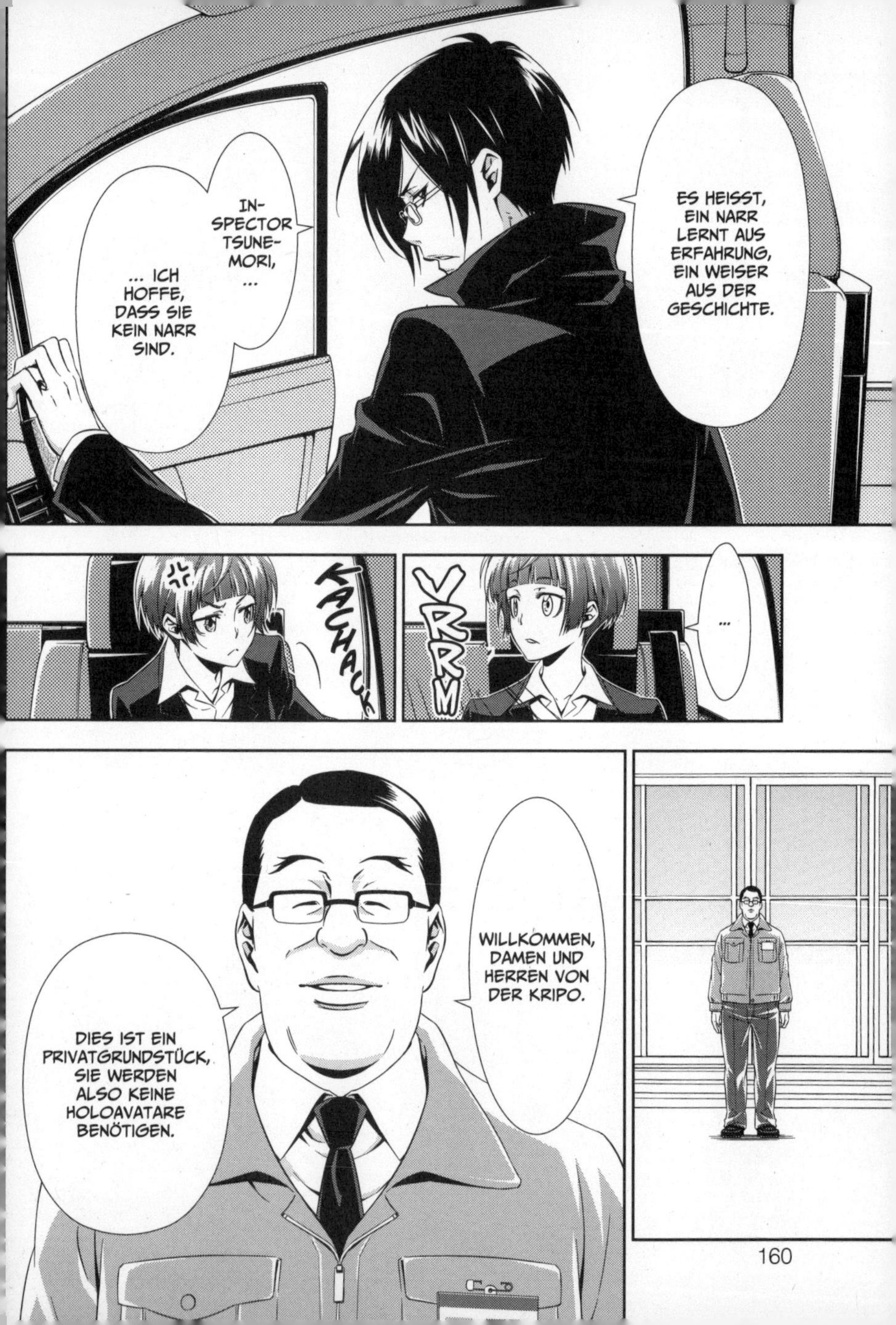
ES HEISST, EIN NARR LERNT AUS ERFAHRUNG, EIN WEISER AUS DER GESCHICHTE.
INSPECTOR TSUNEMORI, ...
... ICH HOFFE, DASS SIE KEIN NARR SIND.
...
VRRM
KACHACK
WILLKOMMEN, DAMEN UND HERREN VON DER KRIPO.
DIES IST EIN PRIVATGRUNDSTÜCK, SIE WERDEN ALSO KEINE HOLOAVATARE BENÖTIGEN.

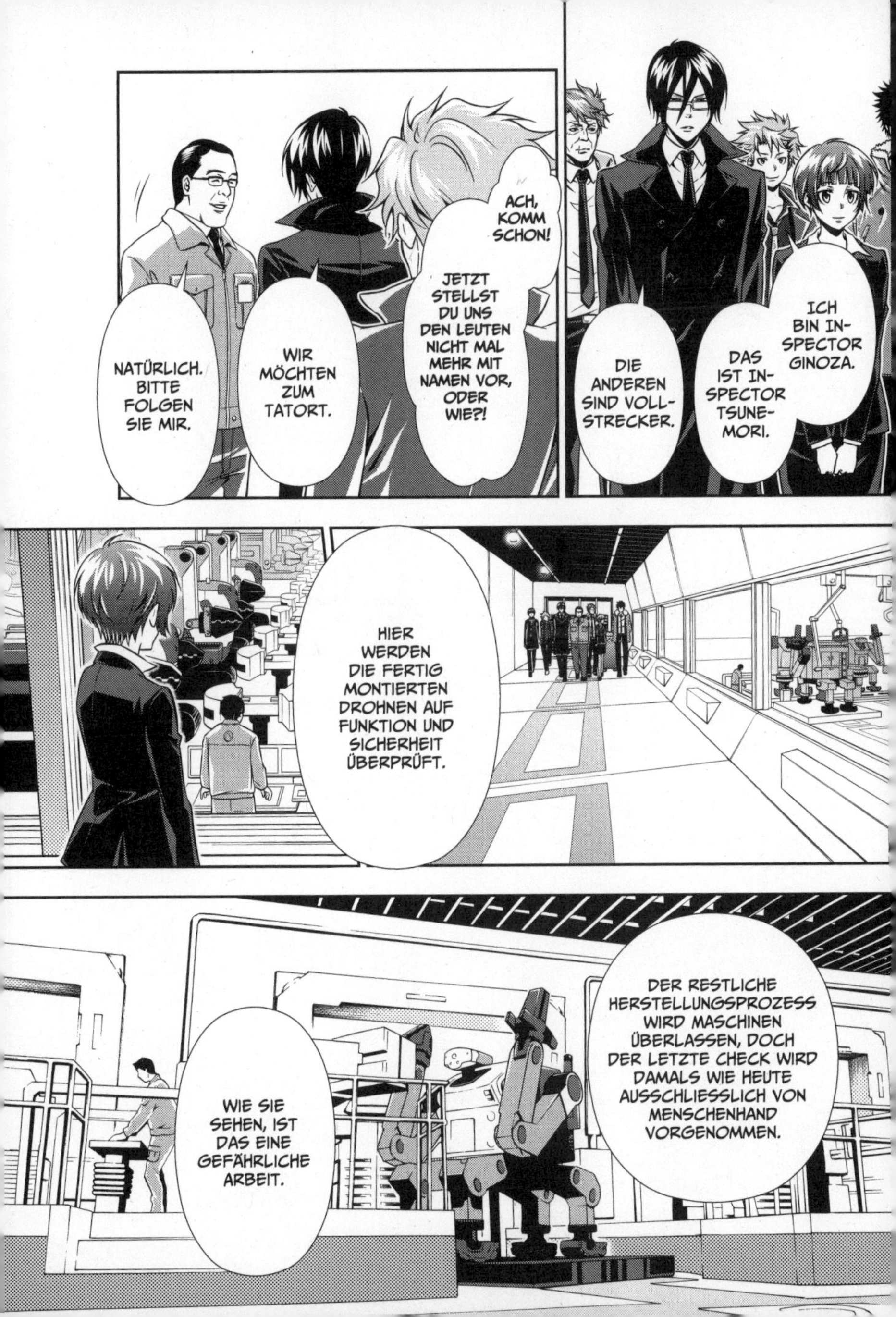
ICH BIN INSPECTOR GINOZA.
DAS IST INSPECTOR TSUNEMORI.
DIE ANDEREN SIND VOLLSTRECKER.
ACH, KOMM SCHON!
JETZT STELLST DU UNS DEN LEUTEN NICHT MAL MEHR MIT NAMEN VOR, ODER WIE?!
WIR MÖCHTEN ZUM TATORT.
NATÜRLICH. BITTE FOLGEN SIE MIR.
HIER WERDEN DIE FERTIG MONTIERTEN DROHNEN AUF FUNKTION UND SICHERHEIT ÜBERPRÜFT.
DER RESTLICHE HERSTELLUNGSPROZESS WIRD MASCHINEN ÜBERLASSEN, DOCH DER LETZTE CHECK WIRD DAMALS WIE HEUTE AUSSCHLIESSLICH VON MENSCHENHAND VORGENOMMEN.
WIE SIE SEHEN, IST DAS EINE GEFÄHRLICHE ARBEIT.

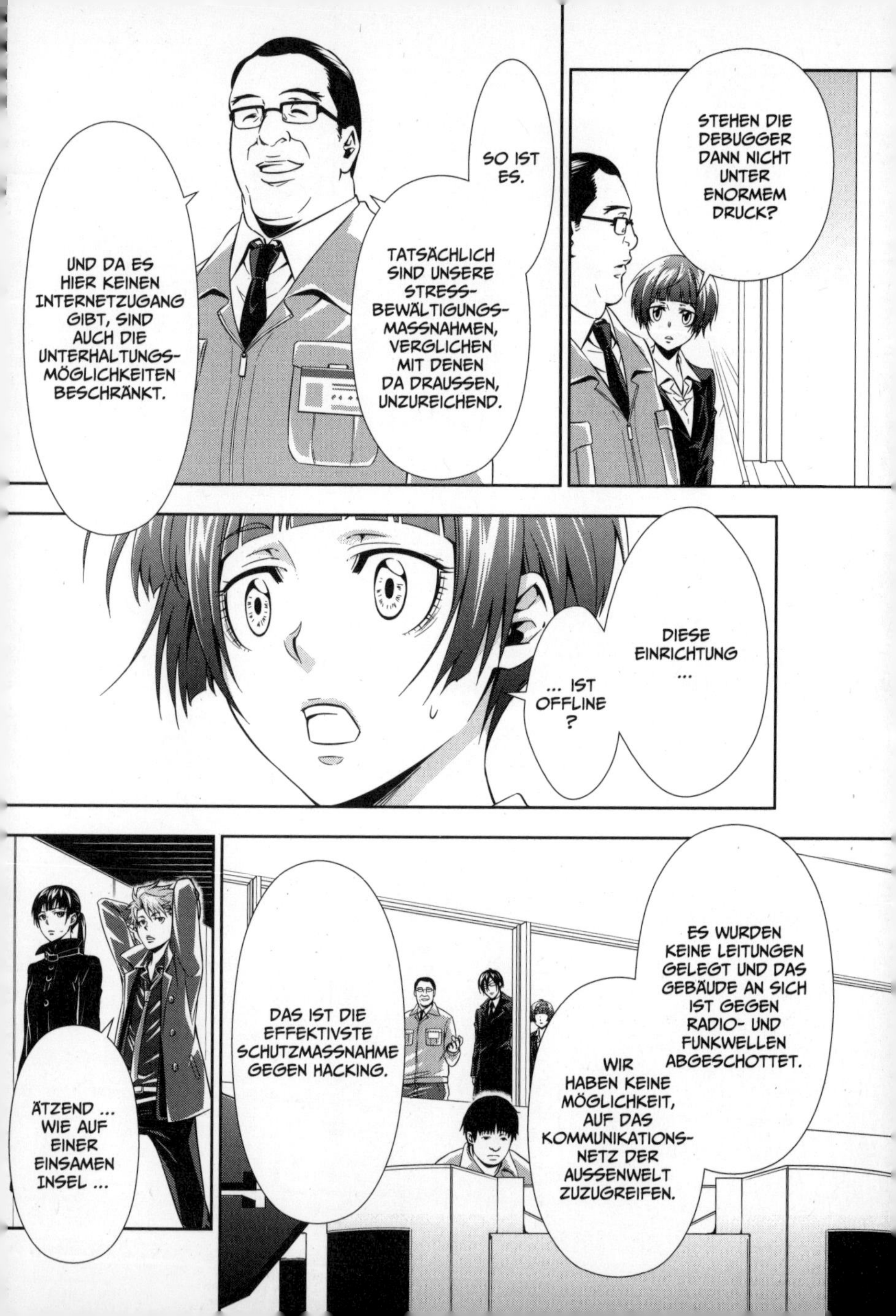
STEHEN DIE DEBUGGER DANN NICHT UNTER ENORMEM DRUCK?
SO IST ES.
TATSÄCHLICH SIND UNSERE STRESS-BEWÄLTIGUNGS-MASSNAHMEN, VERGLICHEN MIT DENEN DA DRAUSSEN, UNZUREICHEND.
UND DA ES HIER KEINEN INTERNETZUGANG GIBT, SIND AUCH DIE UNTERHALTUNGS-MÖGLICHKEITEN BESCHRÄNKT.
DIESE EINRICHTUNG ...
... IST OFFLINE ?
ES WURDEN KEINE LEITUNGEN GELEGT UND DAS GEBÄUDE AN SICH IST GEGEN RADIO- UND FUNKWELLEN ABGESCHOTTET.
WIR HABEN KEINE MÖGLICHKEIT, AUF DAS KOMMUNIKATIONS-NETZ DER AUSSENWELT ZUZUGREIFEN.
DAS IST DIE EFFEKTIVSTE SCHUTZMASSNAHME GEGEN HACKING.
ÄTZEND ... WIE AUF EINER EINSAMEN INSEL ...

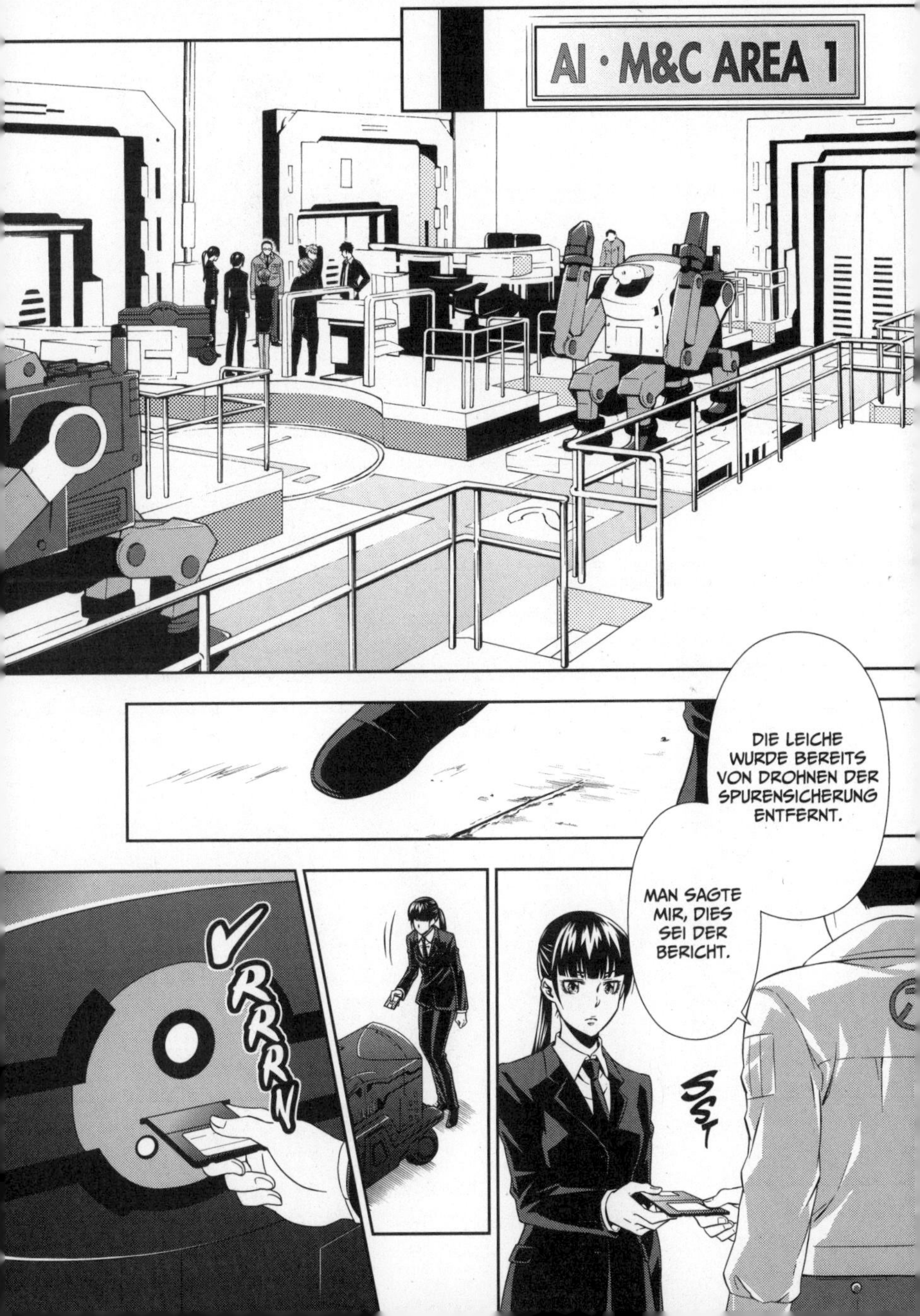

AI · M&C AREA 1
DIE LEICHE WURDE BEREITS VON DROHNEN DER SPURENSICHERUNG ENTFERNT.
MAN SAGTE MIR, DIES SEI DER BERICHT.
SST
VRRRN

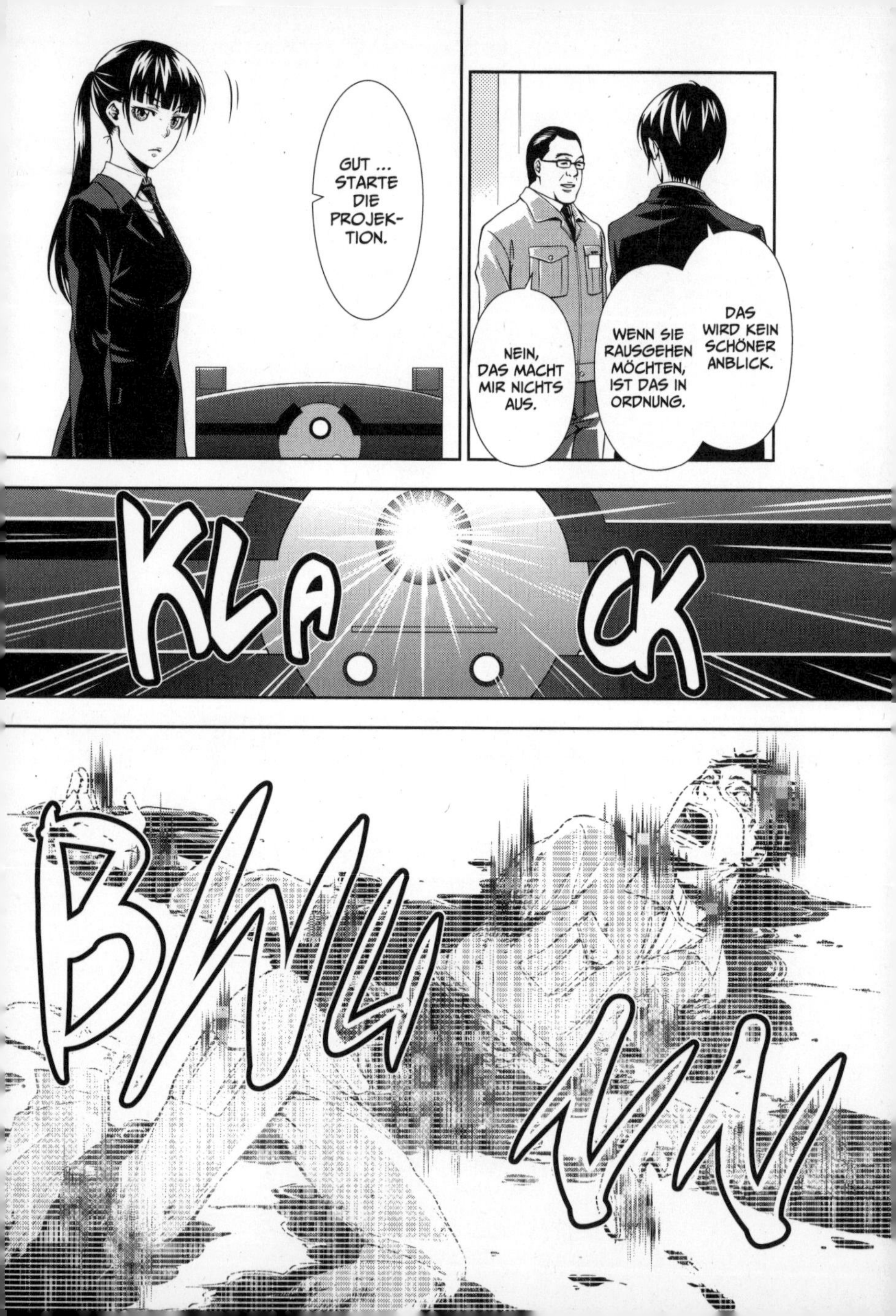
DAS WIRD KEIN SCHÖNER ANBLICK.
WENN SIE RAUSGEHEN MÖCHTEN, IST DAS IN ORDNUNG.
NEIN, DAS MACHT MIR NICHTS AUS.
GUT ... STARTE DIE PROJEK-TION.
KLACK
BWUUUU

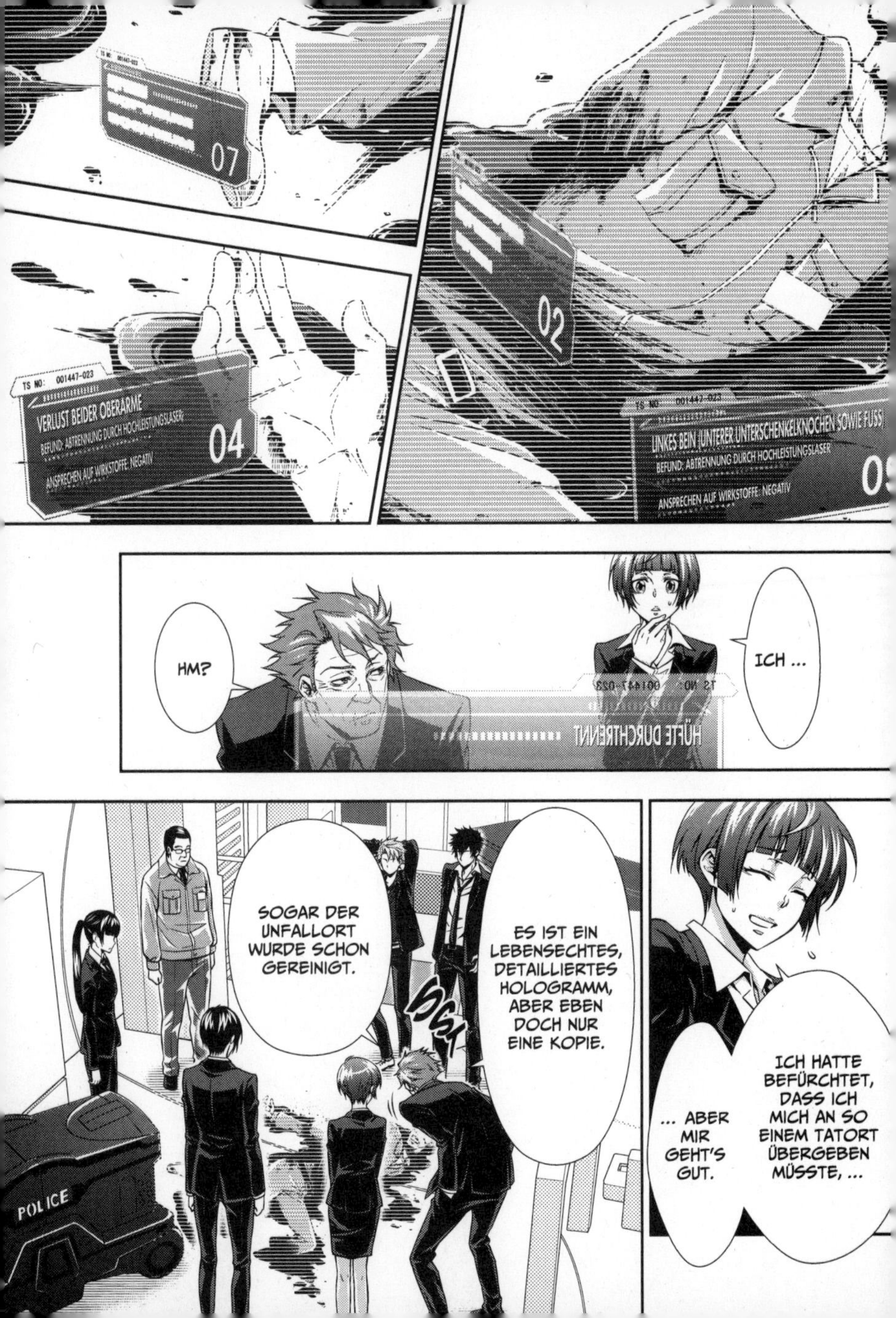
07
02
TS NO: 001447-023
VERLUST BEIDER OBERARME
BEFUND: ABTRENNUNG DURCH HOCHLEISTUNGSLASER
ANSPRECHEN AUF WIRKSTOFFE: NEGATIV
04
LINKES BEIN (UNTERER UNTERSCHENKELKNOCHEN SOWIE FUSS)
BEFUND: ABTRENNUNG DURCH HOCHLEISTUNGSLASER
ANSPRECHEN AUF WIRKSTOFFE: NEGATIV
ICH ...
HM?
ICH HATTE BEFÜRCHTET, DASS ICH MICH AN SO EINEM TATORT ÜBERGEBEN MÜSSTE, ...
... ABER MIR GEHT'S GUT.
ES IST EIN LEBENSECHTES, DETAILLIERTES HOLOGRAMM, ABER EBEN DOCH NUR EINE KOPIE.
SOGAR DER UNFALLORT WURDE SCHON GEREINIGT.
POLICE

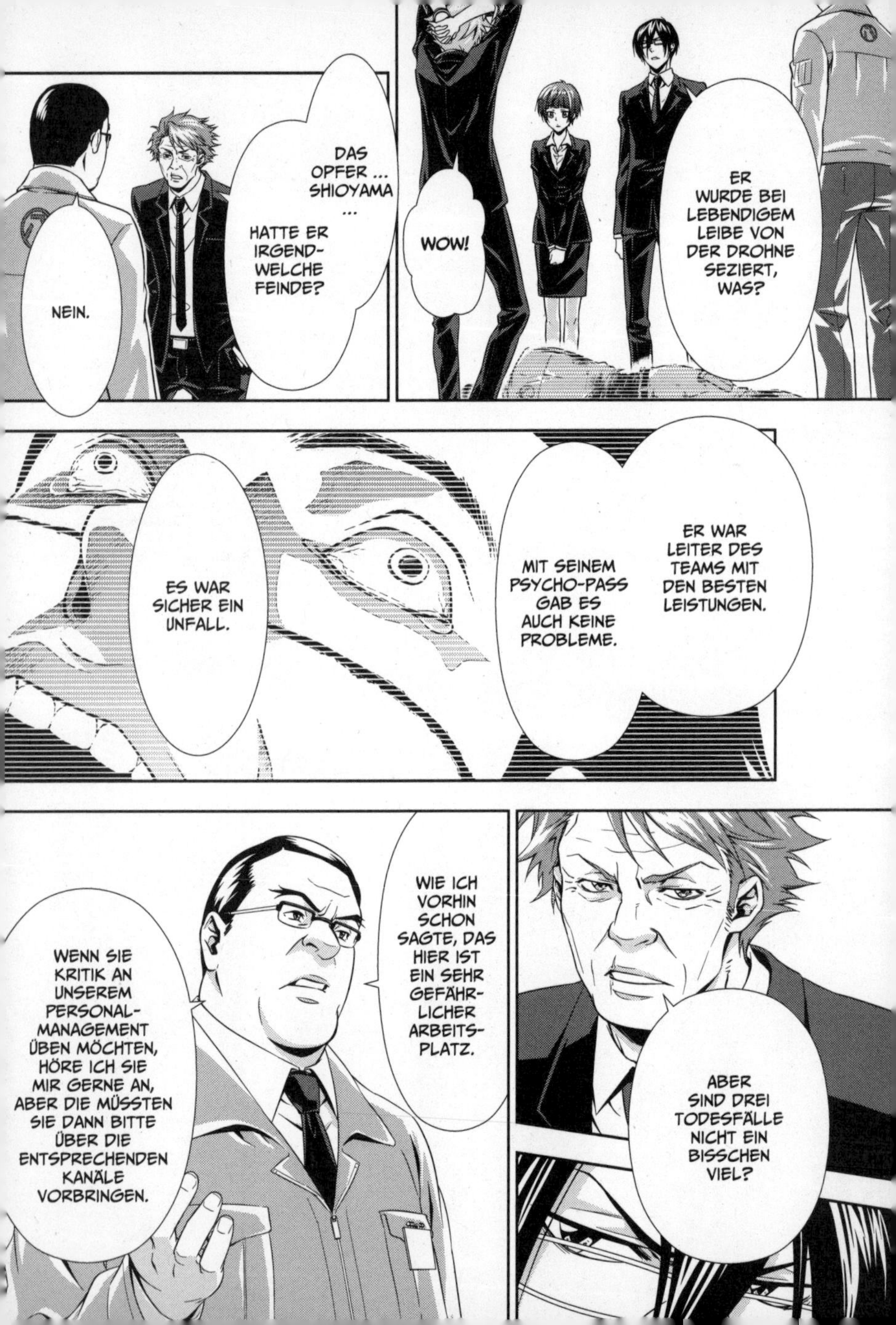
ER WURDE BEI LEBENDIGEM LEIBE VON DER DROHNE SEZIERT, WAS?
WOW!
DAS OPFER ... SHIOYAMA ...
HATTE ER IRGEND-WELCHE FEINDE?
NEIN.
ER WAR LEITER DES TEAMS MIT DEN BESTEN LEISTUNGEN.
MIT SEINEM PSYCHO-PASS GAB ES AUCH KEINE PROBLEME.
ES WAR SICHER EIN UNFALL.
ABER SIND DREI TODESFÄLLE NICHT EIN BISSCHEN VIEL?
WIE ICH VORHIN SCHON SAGTE, DAS HIER IST EIN SEHR GEFÄHR-LICHER ARBEITS-PLATZ.
WENN SIE KRITIK AN UNSEREM PERSONAL-MANAGEMENT ÜBEN MÖCHTEN, HÖRE ICH SIE MIR GERNE AN, ABER DIE MÜSSTEN SIE DANN BITTE ÜBER DIE ENTSPRECHENDEN KANÄLE VORBRINGEN.

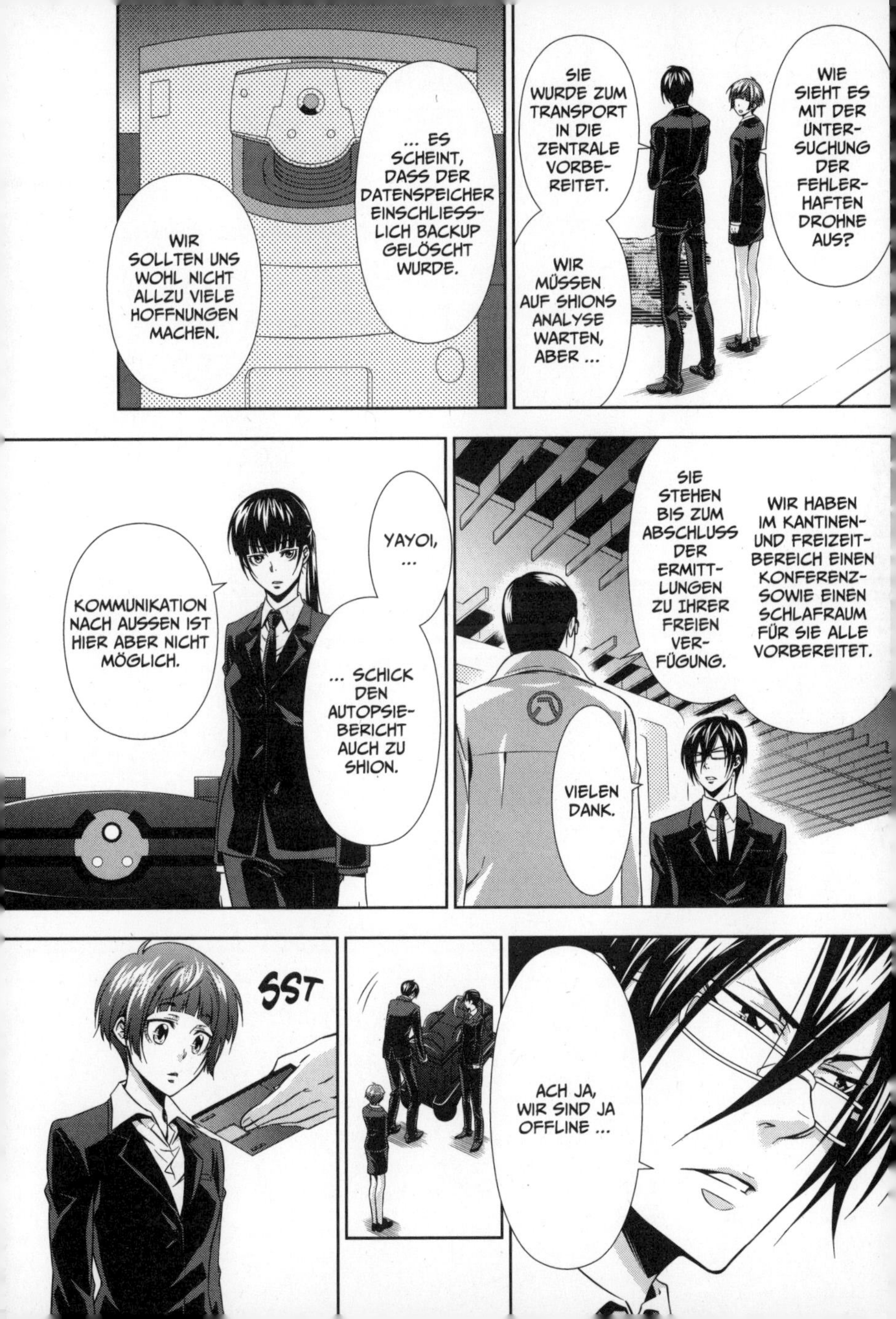
WIE SIEHT ES MIT DER UNTERSUCHUNG DER FEHLERHAFTEN DROHNE AUS?
SIE WURDE ZUM TRANSPORT IN DIE ZENTRALE VORBEREITET.
WIR MÜSSEN AUF SHIONS ANALYSE WARTEN, ABER ...
... ES SCHEINT, DASS DER DATENSPEICHER EINSCHLIESSLICH BACKUP GELÖSCHT WURDE.
WIR SOLLTEN UNS WOHL NICHT ALLZU VIELE HOFFNUNGEN MACHEN.
WIR HABEN IM KANTINEN- UND FREIZEITBEREICH EINEN KONFERENZ- SOWIE EINEN SCHLAFRAUM FÜR SIE ALLE VORBEREITET.
SIE STEHEN BIS ZUM ABSCHLUSS DER ERMITTLUNGEN ZU IHRER FREIEN VERFÜGUNG.
VIELEN DANK.
YAYOI, ...
... SCHICK DEN AUTOPSIEBERICHT AUCH ZU SHION.
KOMMUNIKATION NACH AUSSEN IST HIER ABER NICHT MÖGLICH.
ACH JA, WIR SIND JA OFFLINE ...
SST

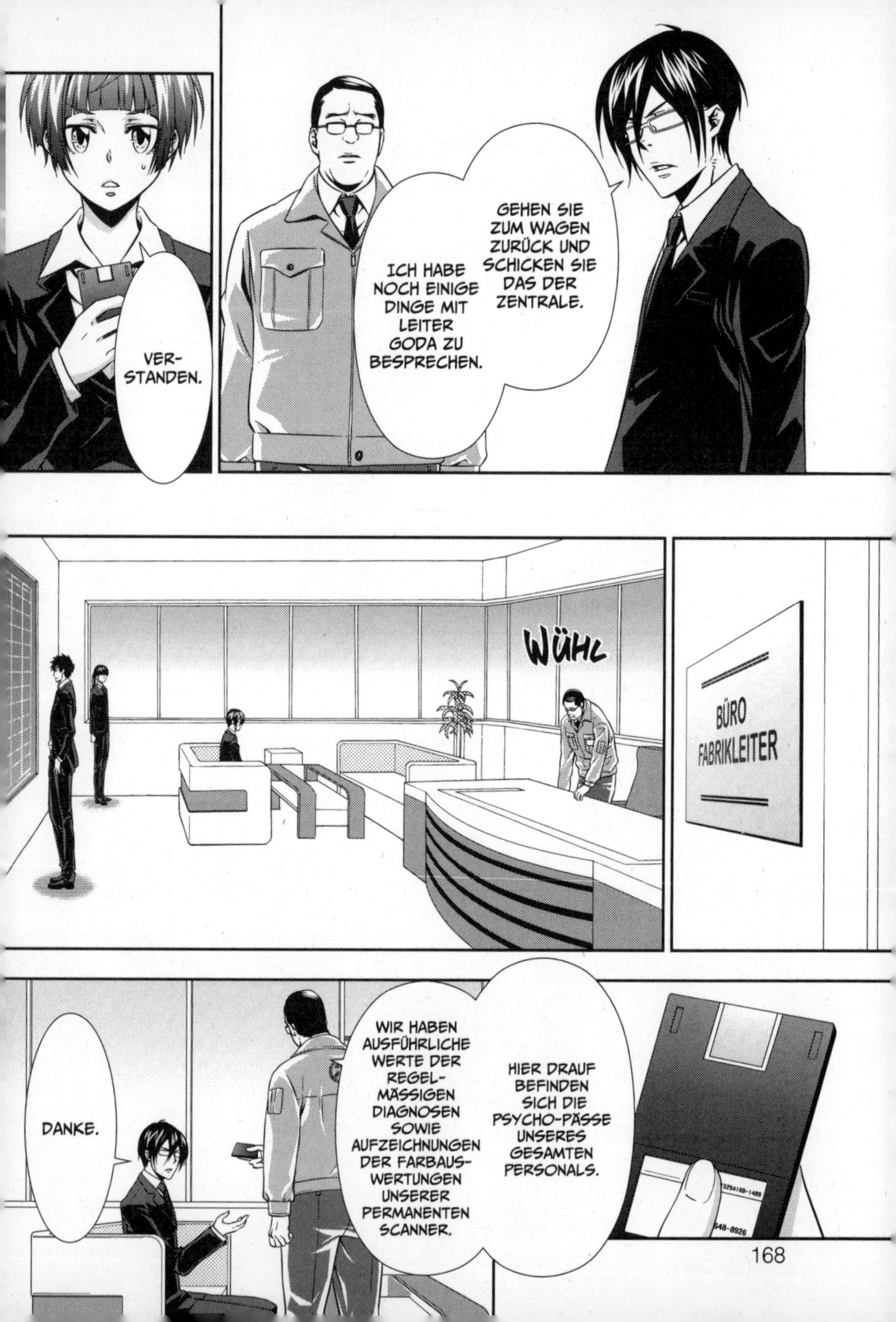
GEHEN SIE ZUM WAGEN ZURÜCK UND SCHICKEN SIE DAS DER ZENTRALE.
ICH HABE NOCH EINIGE DINGE MIT LEITER GODA ZU BESPRECHEN.
VER-STANDEN.
WÜHL
BÜRO FABRIKLEITER
HIER DRAUF BEFINDEN SICH DIE PSYCHO-PÄSSE UNSERES GESAMTEN PERSONALS.
WIR HABEN AUSFÜHRLICHE WERTE DER REGEL-MÄSSIGEN DIAGNOSEN SOWIE AUFZEICHNUNGEN DER FARBAUS-WERTUNGEN UNSERER PERMANENTEN SCANNER.
DANKE.

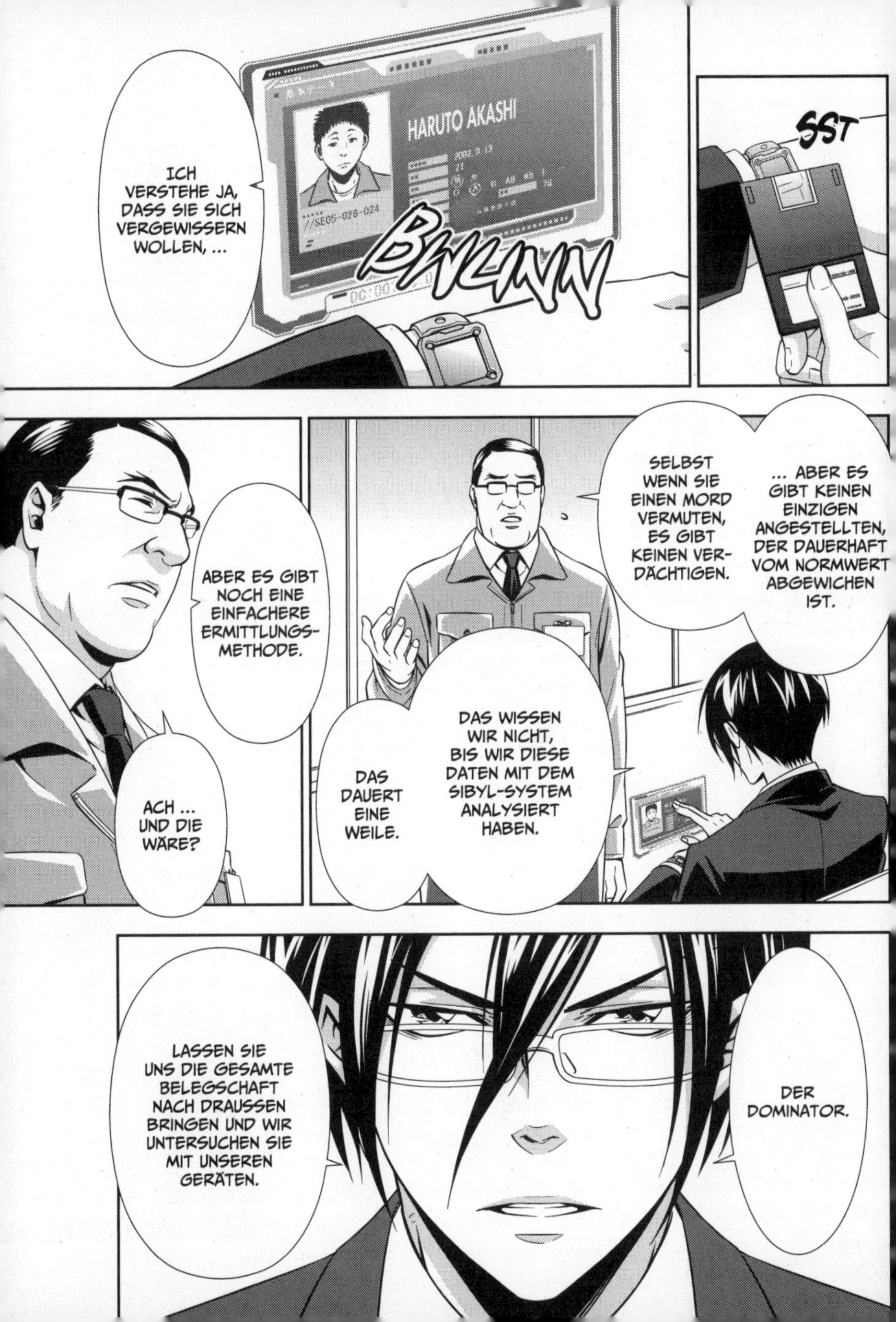
SST
HARUTO AKASHI
ICH VERSTEHE JA, DASS SIE SICH VERGEWISSERN WOLLEN, ...
SELBST WENN SIE EINEN MORD VERMUTEN, ES GIBT KEINEN VERDÄCHTIGEN.
... ABER ES GIBT KEINEN EINZIGEN ANGESTELLTEN, DER DAUERHAFT VOM NORMWERT ABGEWICHEN IST.
DAS WISSEN WIR NICHT, BIS WIR DIESE DATEN MIT DEM SIBYL-SYSTEM ANALYSIERT HABEN.
DAS DAUERT EINE WEILE.
ABER ES GIBT NOCH EINE EINFACHERE ERMITTLUNGS-METHODE.
ACH ... UND DIE WÄRE?
LASSEN SIE UNS DIE GESAMTE BELEGSCHAFT NACH DRAUSSEN BRINGEN UND WIR UNTERSUCHEN SIE MIT UNSEREN GERÄTEN.
DER DOMINATOR.

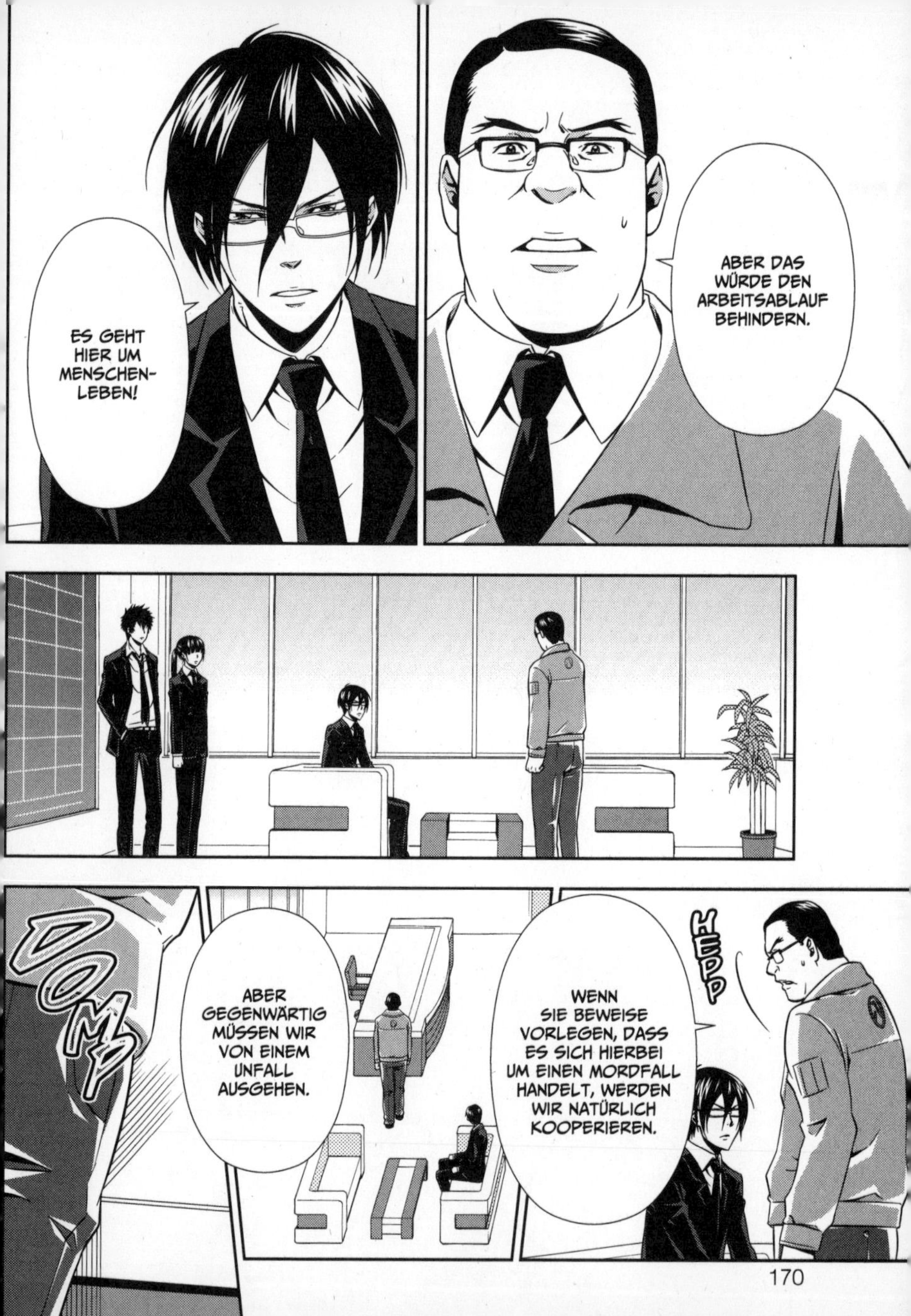
ABER DAS WÜRDE DEN ARBEITSABLAUF BEHINDERN.
ES GEHT HIER UM MENSCHEN-LEBEN!
HEPP
WENN SIE BEWEISE VORLEGEN, DASS ES SICH HIERBEI UM EINEN MORDFALL HANDELT, WERDEN WIR NATÜRLICH KOOPERIEREN.
ABER GEGENWÄRTIG MÜSSEN WIR VON EINEM UNFALL AUSGEHEN.
DOMP

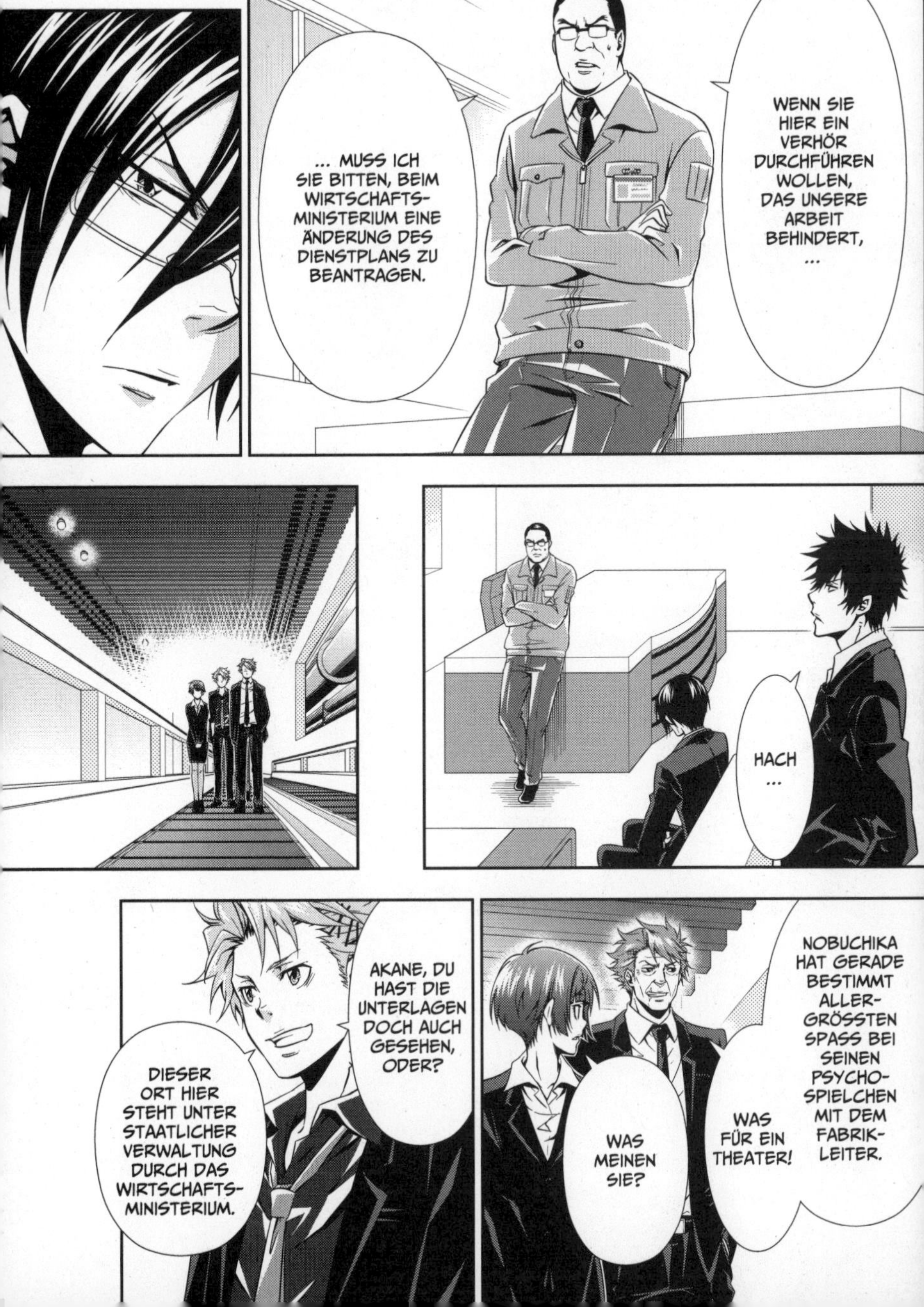
WENN SIE HIER EIN VERHÖR DURCHFÜHREN WOLLEN, DAS UNSERE ARBEIT BEHINDERT, ...
... MUSS ICH SIE BITTEN, BEIM WIRTSCHAFTS-MINISTERIUM EINE ÄNDERUNG DES DIENSTPLANS ZU BEANTRAGEN.
HACH ...
NOBUCHIKA HAT GERADE BESTIMMT ALLER-GRÖSSTEN SPASS BEI SEINEN PSYCHO-SPIELCHEN MIT DEM FABRIK-LEITER.
WAS FÜR EIN THEATER!
WAS MEINEN SIE?
AKANE, DU HAST DIE UNTERLAGEN DOCH AUCH GESEHEN, ODER?
DIESER ORT HIER STEHT UNTER STAATLICHER VERWALTUNG DURCH DAS WIRTSCHAFTS-MINISTERIUM.

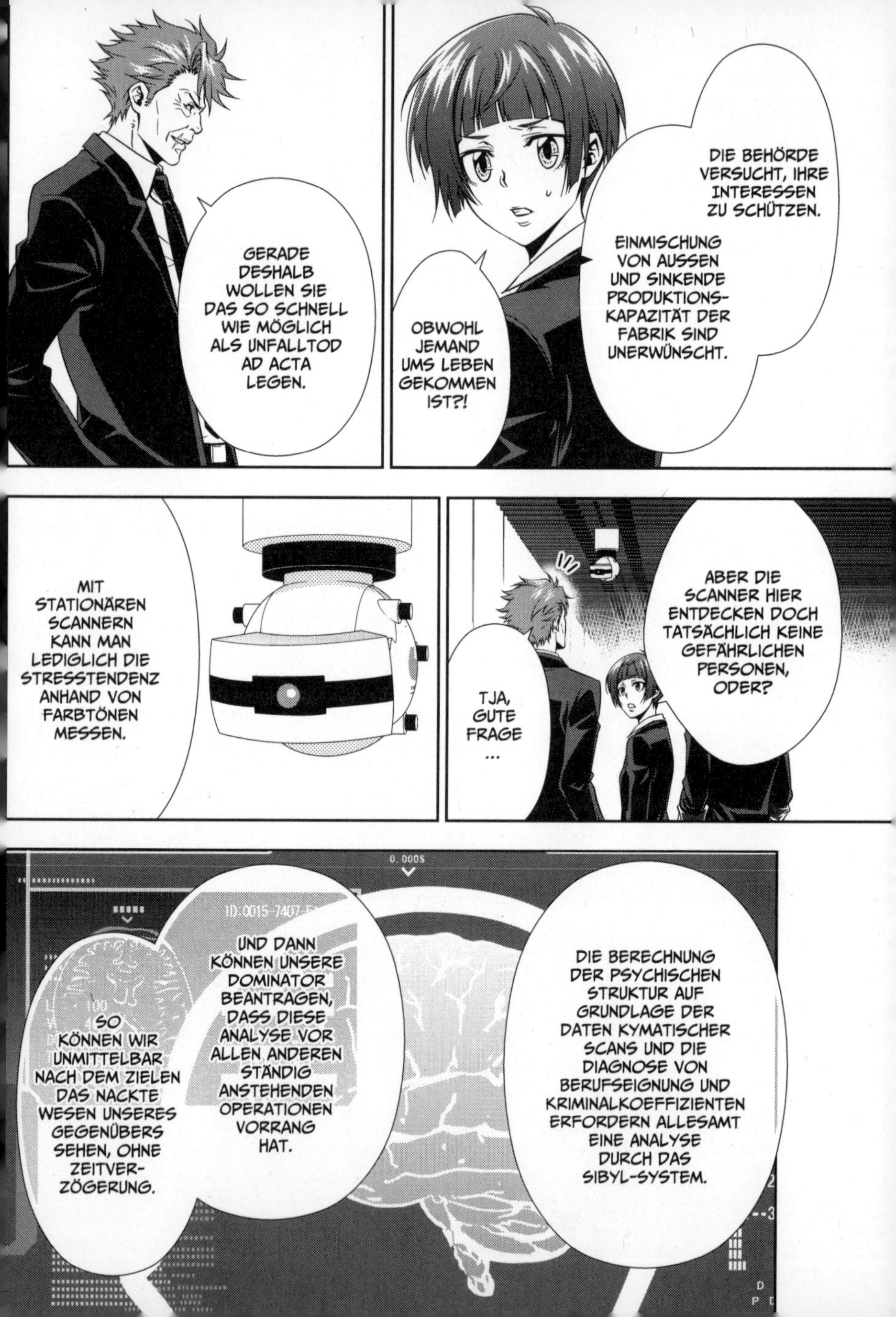
DIE BEHÖRDE VERSUCHT, IHRE INTERESSEN ZU SCHÜTZEN.
EINMISCHUNG VON AUSSEN UND SINKENDE PRODUKTIONS-KAPAZITÄT DER FABRIK SIND UNERWÜNSCHT.
OBWOHL JEMAND UMS LEBEN GEKOMMEN IST?!
GERADE DESHALB WOLLEN SIE DAS SO SCHNELL WIE MÖGLICH ALS UNFALLTOD AD ACTA LEGEN.
ABER DIE SCANNER HIER ENTDECKEN DOCH TATSÄCHLICH KEINE GEFÄHRLICHEN PERSONEN, ODER?
TJA, GUTE FRAGE ...
MIT STATIONÄREN SCANNERN KANN MAN LEDIGLICH DIE STRESSTENDENZ ANHAND VON FARBTÖNEN MESSEN.
DIE BERECHNUNG DER PSYCHISCHEN STRUKTUR AUF GRUNDLAGE DER DATEN KYMATISCHER SCANS UND DIE DIAGNOSE VON BERUFSEIGNUNG UND KRIMINALKOEFFIZIENTEN ERFORDERN ALLESAMT EINE ANALYSE DURCH DAS SIBYL-SYSTEM.
UND DANN KÖNNEN UNSERE DOMINATOR BEANTRAGEN, DASS DIESE ANALYSE VOR ALLEN ANDEREN STÄNDIG ANSTEHENDEN OPERATIONEN VORRANG HAT.
SO KÖNNEN WIR UNMITTELBAR NACH DEM ZIELEN DAS NACKTE WESEN UNSERES GEGENÜBERS SEHEN, OHNE ZEITVER-ZÖGERUNG.

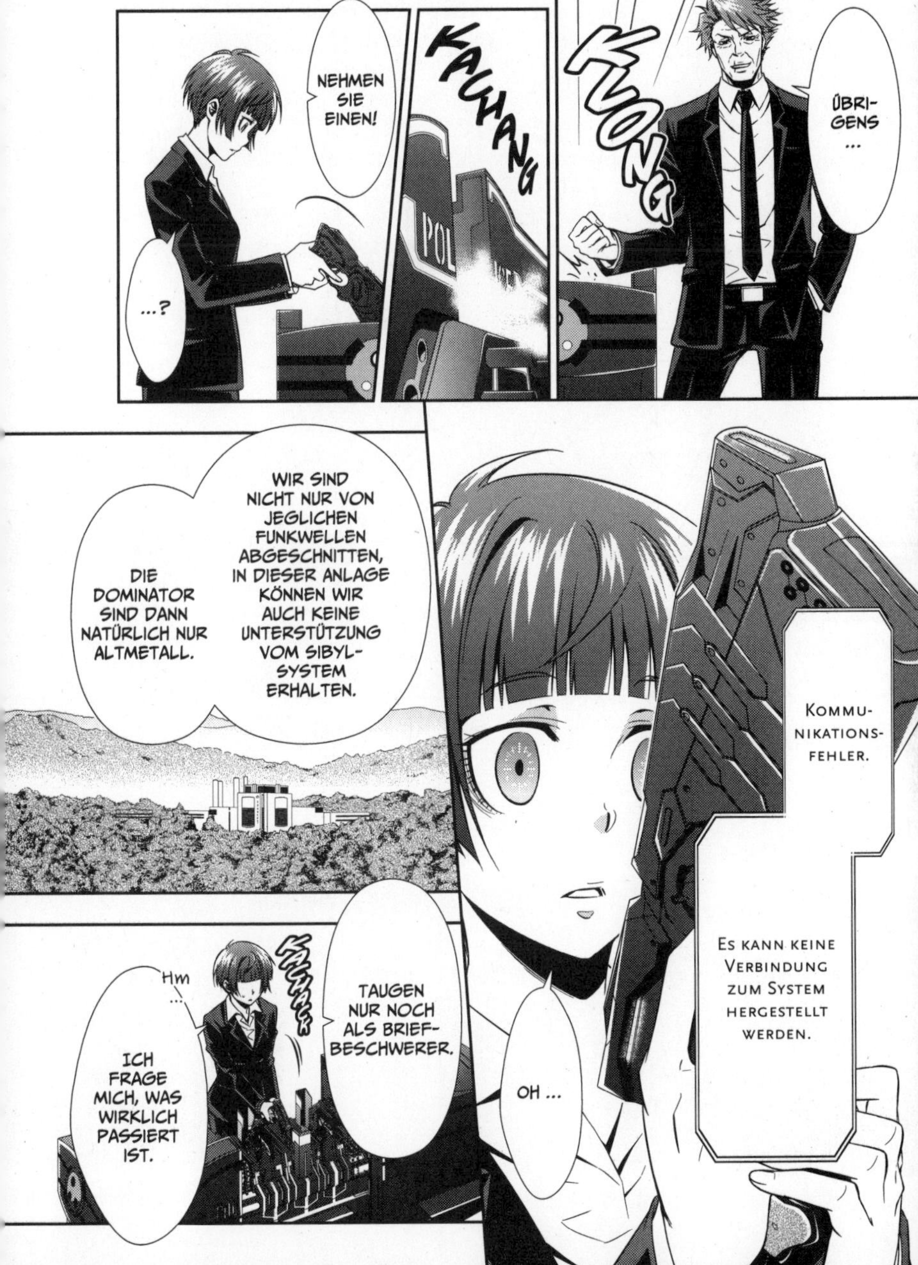
ÜBRIGENS ...
KLONG
KACHANG
NEHMEN SIE EINEN!
...?
KOMMUNIKATIONSFEHLER.
ES KANN KEINE VERBINDUNG ZUM SYSTEM HERGESTELLT WERDEN.
OH ...
WIR SIND NICHT NUR VON JEGLICHEN FUNKWELLEN ABGESCHNITTEN, IN DIESER ANLAGE KÖNNEN WIR AUCH KEINE UNTERSTÜTZUNG VOM SIBYL-SYSTEM ERHALTEN.
DIE DOMINATOR SIND DANN NATÜRLICH NUR ALTMETALL.
KACHACK
TAUGEN NUR NOCH ALS BRIEFBESCHWERER.
Hm ...
ICH FRAGE MICH, WAS WIRKLICH PASSIERT IST.

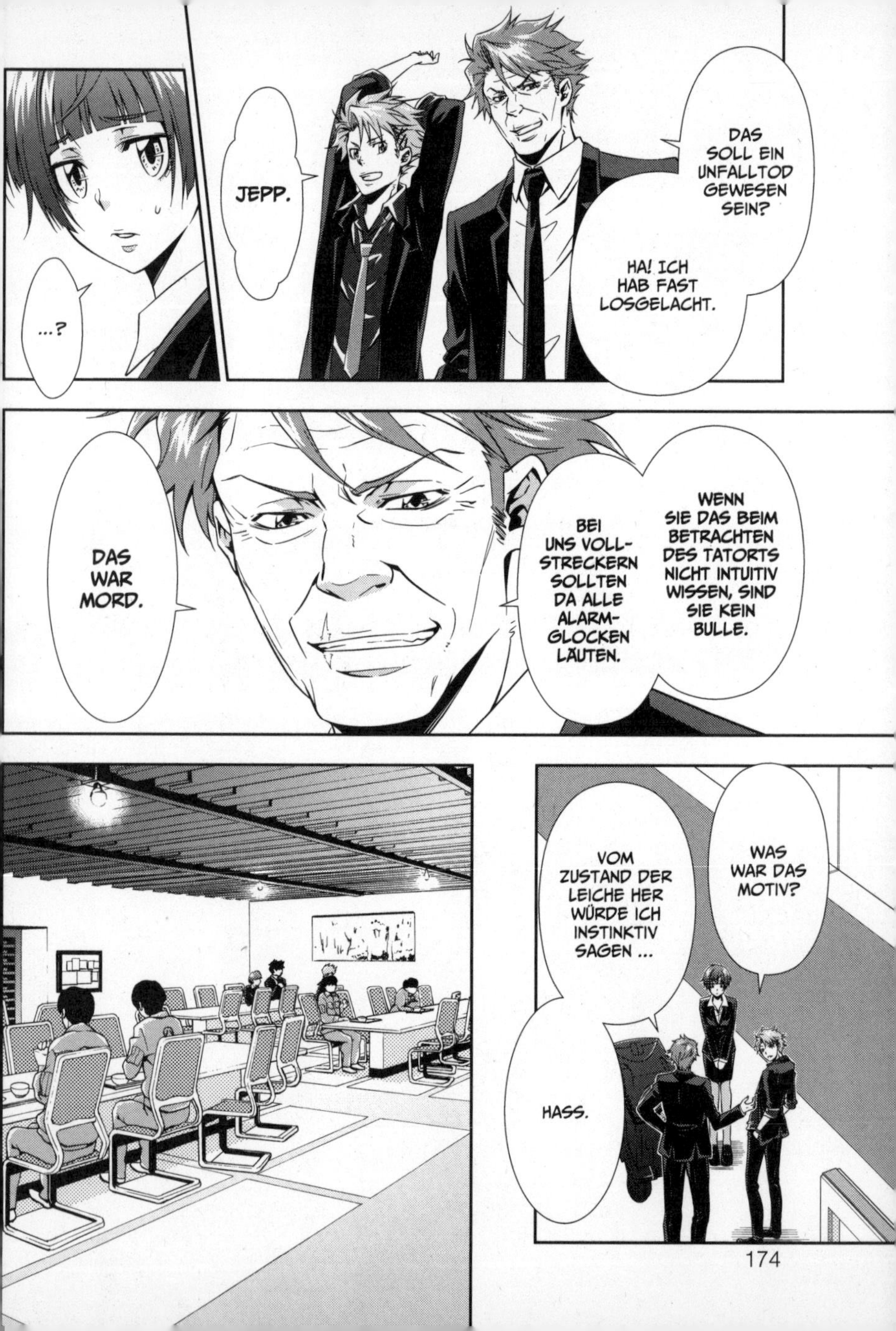
DAS SOLL EIN UNFALLTOD GEWESEN SEIN?
HA! ICH HAB FAST LOSGELACHT.
JEPP.
...?
WENN SIE DAS BEIM BETRACHTEN DES TATORTS NICHT INTUITIV WISSEN, SIND SIE KEIN BULLE.
BEI UNS VOLL-STRECKERN SOLLTEN DA ALLE ALARM-GLOCKEN LÄUTEN.
DAS WAR MORD.
WAS WAR DAS MOTIV?
VOM ZUSTAND DER LEICHE HER WÜRDE ICH INSTINKTIV SAGEN ...
HASS.

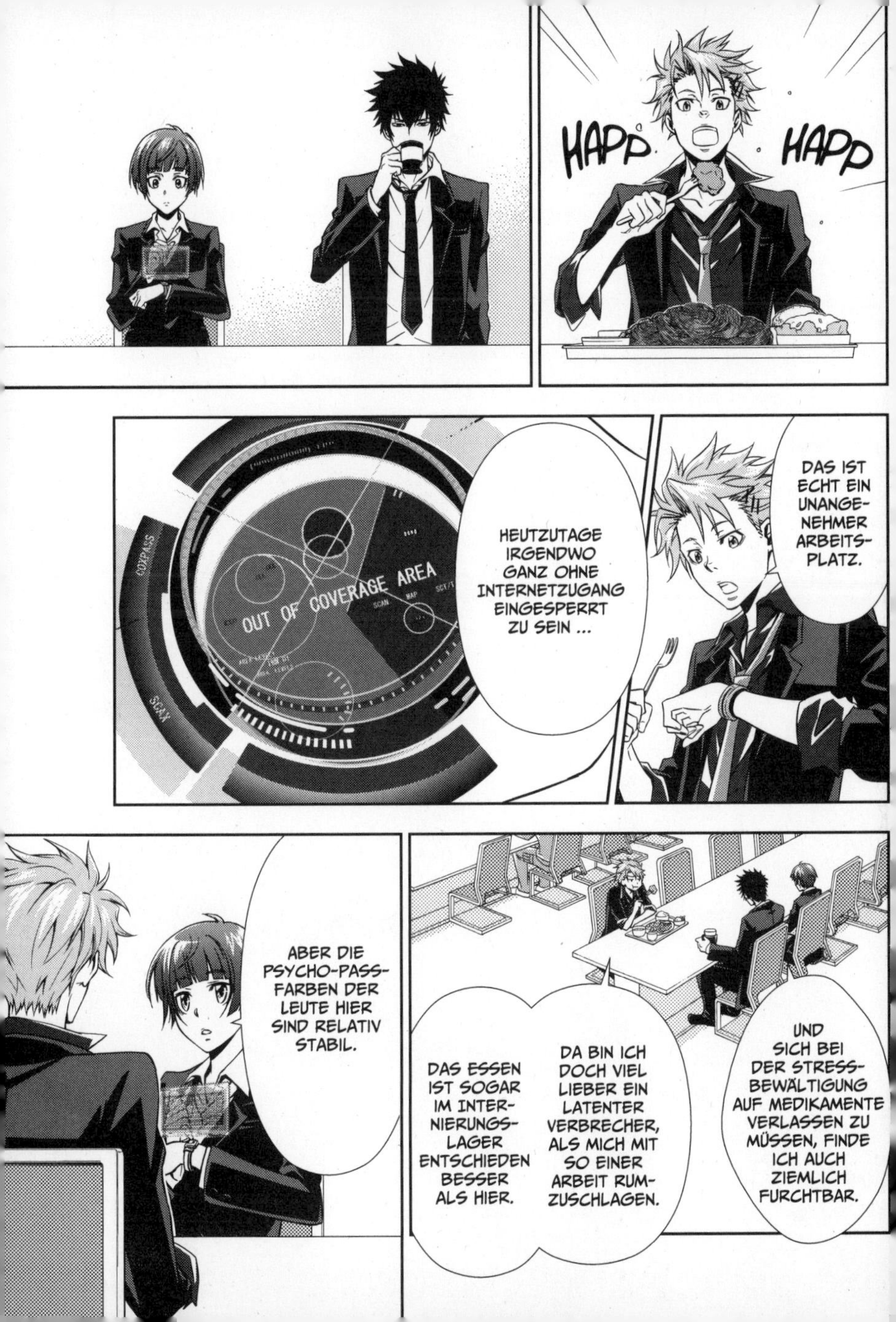
HAPP
HAPP
DAS IST ECHT EIN UNANGENEHMER ARBEITSPLATZ.
HEUTZUTAGE IRGENDWO GANZ OHNE INTERNETZUGANG EINGESPERRT ZU SEIN ...
OUT OF COVERAGE AREA
UND SICH BEI DER STRESSBEWÄLTIGUNG AUF MEDIKAMENTE VERLASSEN ZU MÜSSEN, FINDE ICH AUCH ZIEMLICH FURCHTBAR.
DA BIN ICH DOCH VIEL LIEBER EIN LATENTER VERBRECHER, ALS MICH MIT SO EINER ARBEIT RUMZUSCHLAGEN.
DAS ESSEN IST SOGAR IM INTERNIERUNGSLAGER ENTSCHIEDEN BESSER ALS HIER.
ABER DIE PSYCHO-PASS-FARBEN DER LEUTE HIER SIND RELATIV STABIL.

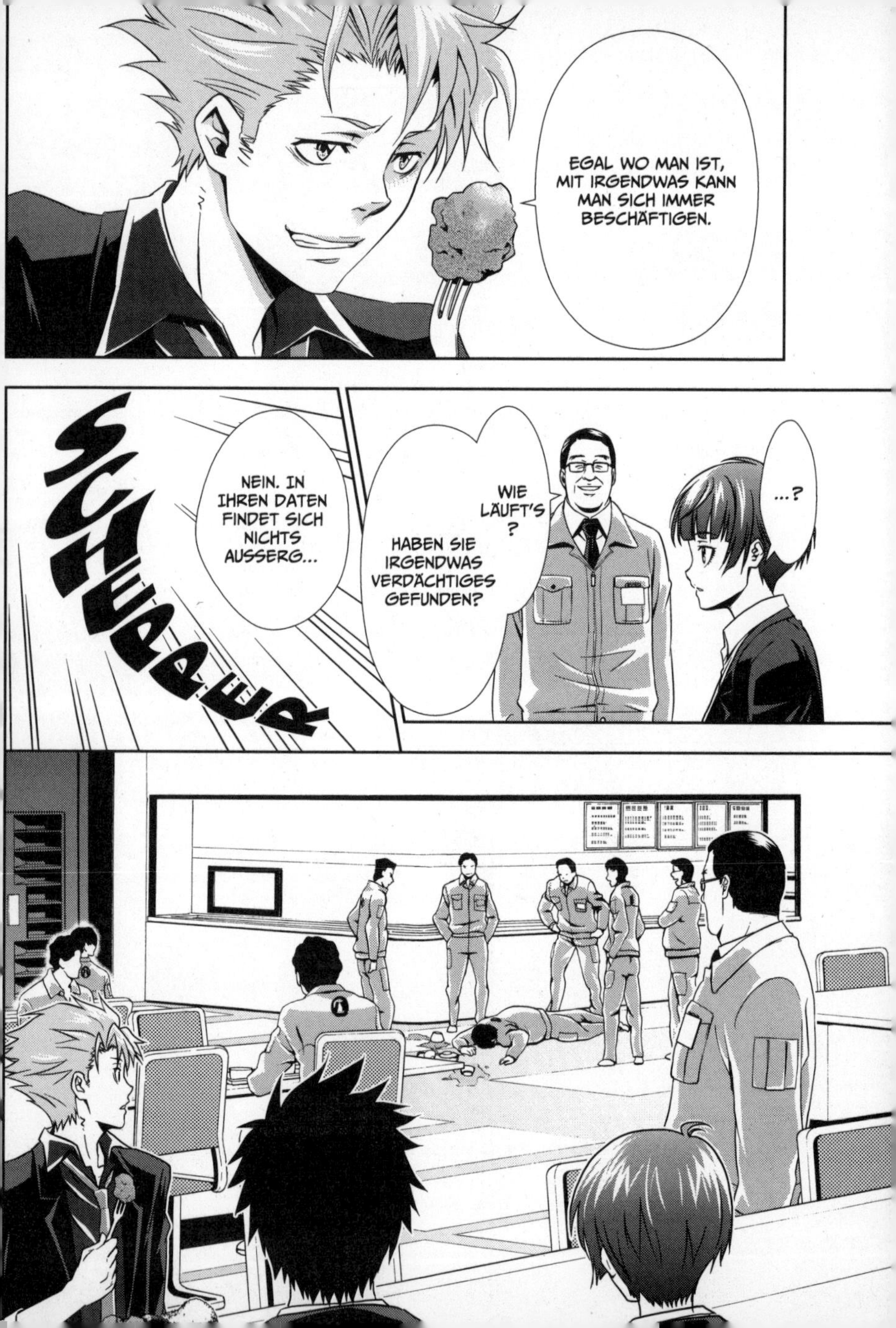
EGAL WO MAN IST, MIT IRGENDWAS KANN MAN SICH IMMER BESCHÄFTIGEN.
...?
WIE LÄUFT'S?
HABEN SIE IRGENDWAS VERDÄCHTIGES GEFUNDEN?
NEIN. IN IHREN DATEN FINDET SICH NICHTS AUSSERG...
SCHEPPER

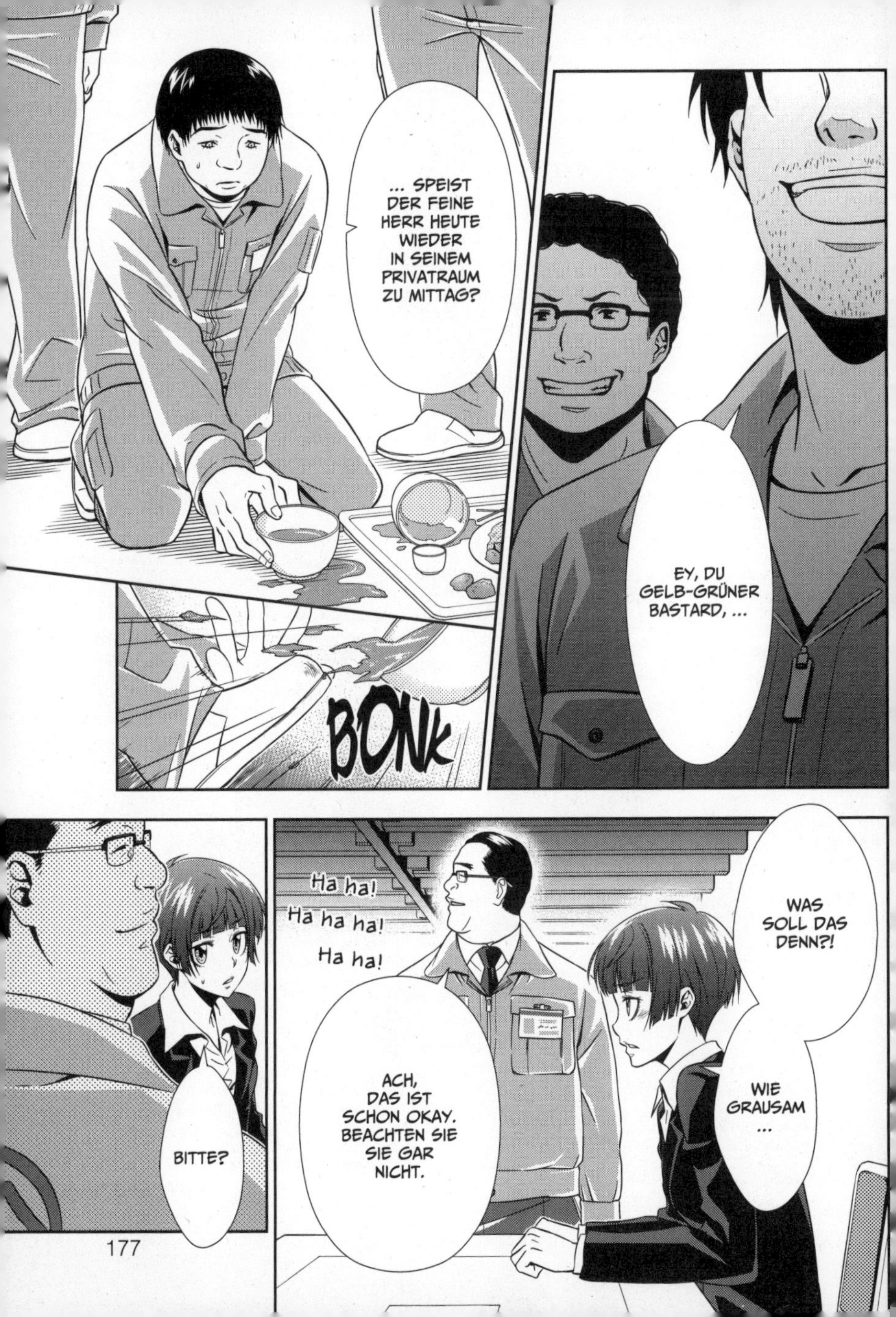
EY, DU GELB-GRÜNER BASTARD, ...
... SPEIST DER FEINE HERR HEUTE WIEDER IN SEINEM PRIVATRAUM ZU MITTAG?
BONK
WAS SOLL DAS DENN?!
WIE GRAUSAM ...
Ha ha!
Ha ha ha!
Ha ha!
ACH, DAS IST SCHON OKAY. BEACHTEN SIE SIE GAR NICHT.
BITTE?

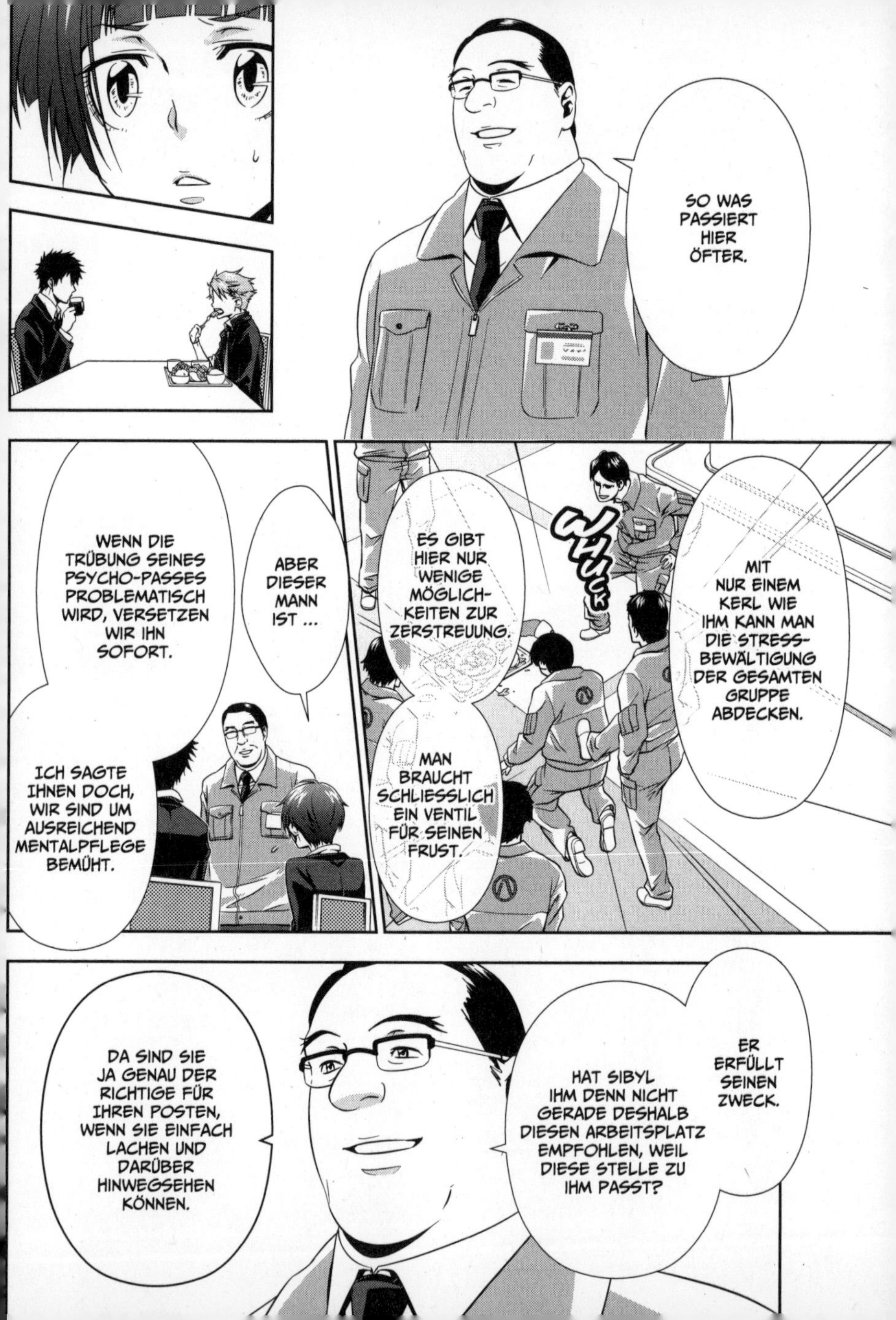
SO WAS PASSIERT HIER ÖFTER.
MIT NUR EINEM KERL WIE IHM KANN MAN DIE STRESS-BEWÄLTIGUNG DER GESAMTEN GRUPPE ABDECKEN.
WHUCK
ES GIBT HIER NUR WENIGE MÖGLICH-KEITEN ZUR ZERSTREUUNG.
MAN BRAUCHT SCHLIESSLICH EIN VENTIL FÜR SEINEN FRUST.
ABER DIESER MANN IST ...
WENN DIE TRÜBUNG SEINES PSYCHO-PASSES PROBLEMATISCH WIRD, VERSETZEN WIR IHN SOFORT.
ICH SAGTE IHNEN DOCH, WIR SIND UM AUSREICHEND MENTALPFLEGE BEMÜHT.
ER ERFÜLLT SEINEN ZWECK.
HAT SIBYL IHM DENN NICHT GERADE DESHALB DIESEN ARBEITSPLATZ EMPFOHLEN, WEIL DIESE STELLE ZU IHM PASST?
DA SIND SIE JA GENAU DER RICHTIGE FÜR IHREN POSTEN, WENN SIE EINFACH LACHEN UND DARÜBER HINWEGSEHEN KÖNNEN.

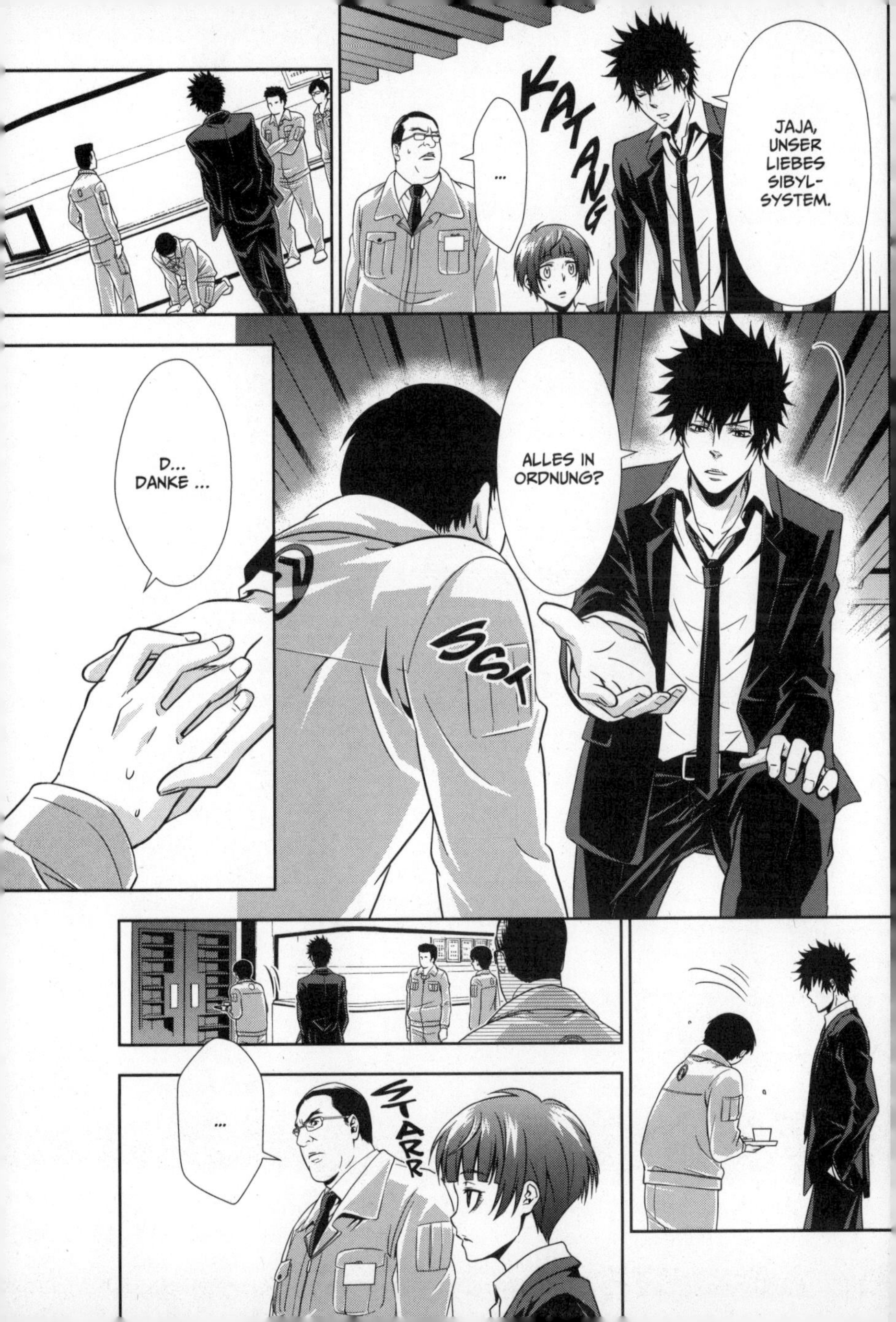

JAJA, UNSER LIEBES SIBYL-SYSTEM.
KATANG
...
ALLES IN ORDNUNG?
D... DANKE ...
...
STARR

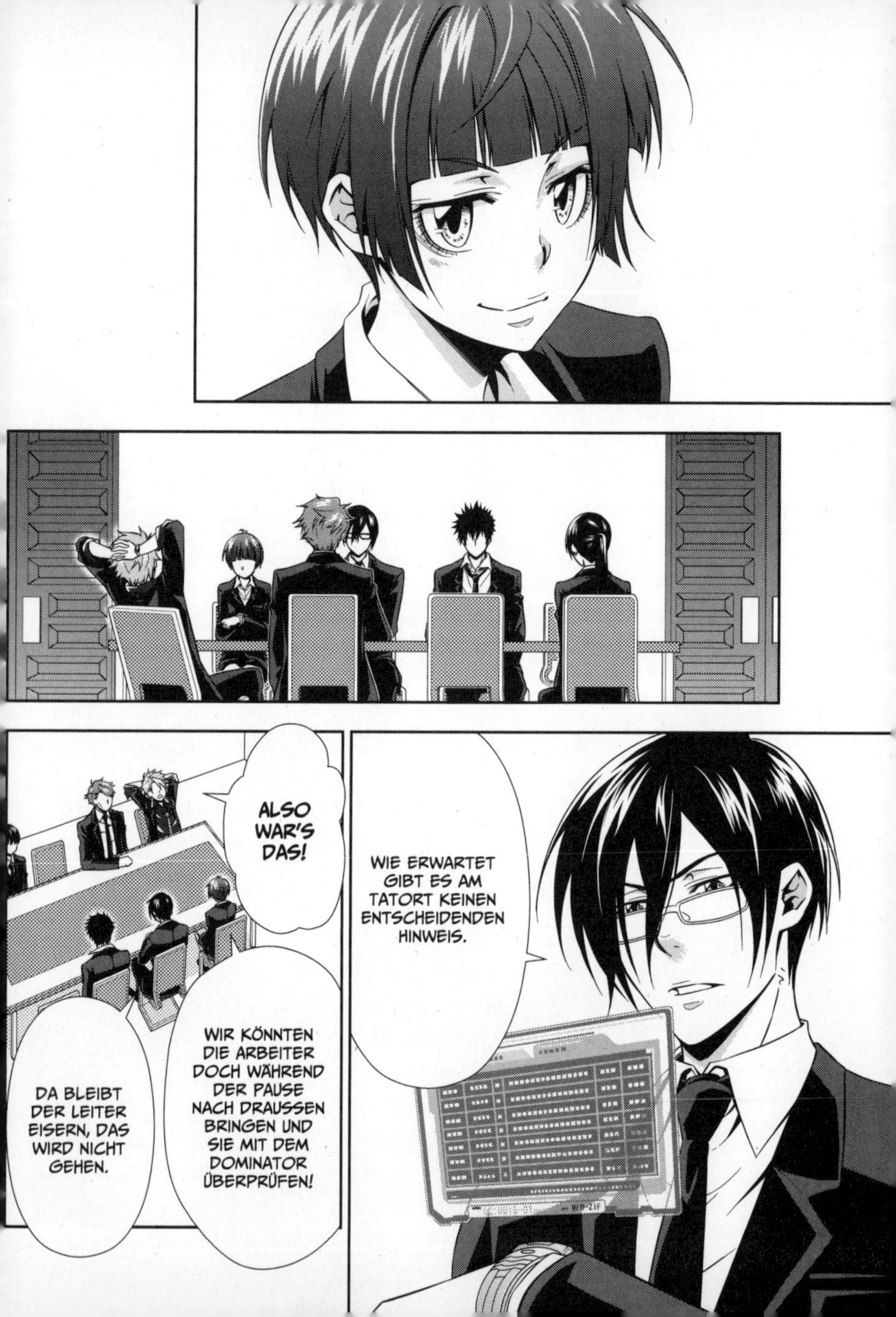
WIE ERWARTET GIBT ES AM TATORT KEINEN ENTSCHEIDENDEN HINWEIS.
ALSO WAR'S DAS!
WIR KÖNNTEN DIE ARBEITER DOCH WÄHREND DER PAUSE NACH DRAUSSEN BRINGEN UND SIE MIT DEM DOMINATOR ÜBERPRÜFEN!
DA BLEIBT DER LEITER EISERN, DAS WIRD NICHT GEHEN.

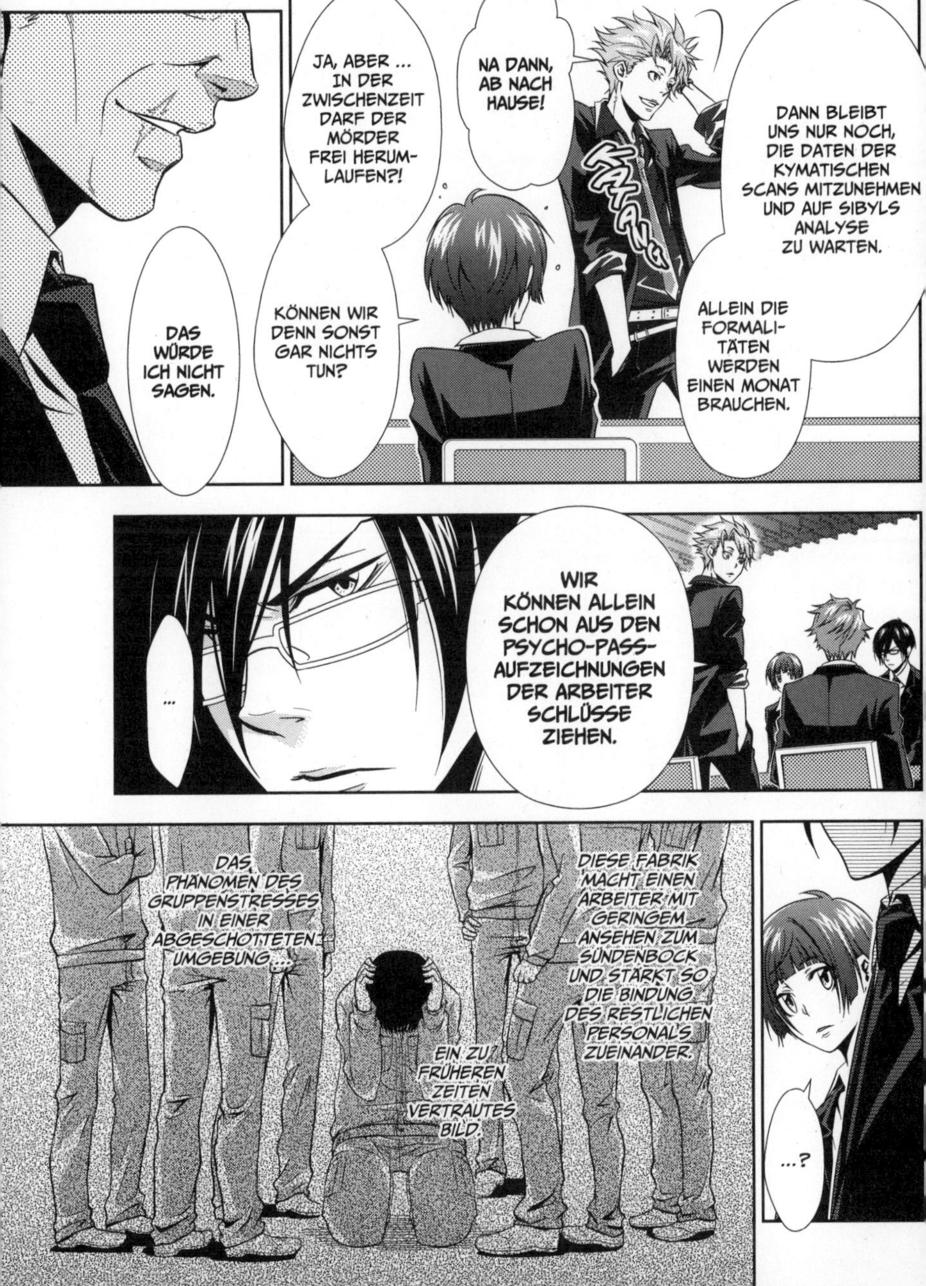
DANN BLEIBT UNS NUR NOCH, DIE DATEN DER KYMATISCHEN SCANS MITZUNEHMEN UND AUF SIBYLS ANALYSE ZU WARTEN.
ALLEIN DIE FORMALITÄTEN WERDEN EINEN MONAT BRAUCHEN.
KATANG
NA DANN, AB NACH HAUSE!
JA, ABER ... IN DER ZWISCHENZEIT DARF DER MÖRDER FREI HERUMLAUFEN?!
KÖNNEN WIR DENN SONST GAR NICHTS TUN?
DAS WÜRDE ICH NICHT SAGEN.
WIR KÖNNEN ALLEIN SCHON AUS DEN PSYCHO-PASS-AUFZEICHNUNGEN DER ARBEITER SCHLÜSSE ZIEHEN.
...
...?
DIESE FABRIK MACHT EINEN ARBEITER MIT GERINGEM ANSEHEN ZUM SÜNDENBOCK UND STÄRKT SO DIE BINDUNG DES RESTLICHEN PERSONALS ZUEINANDER.
DAS PHÄNOMEN DES GRUPPENSTRESSES IN EINER ABGESCHOTTETEN UMGEBUNG ...
EIN ZU FRÜHEREN ZEITEN VERTRAUTES BILD.

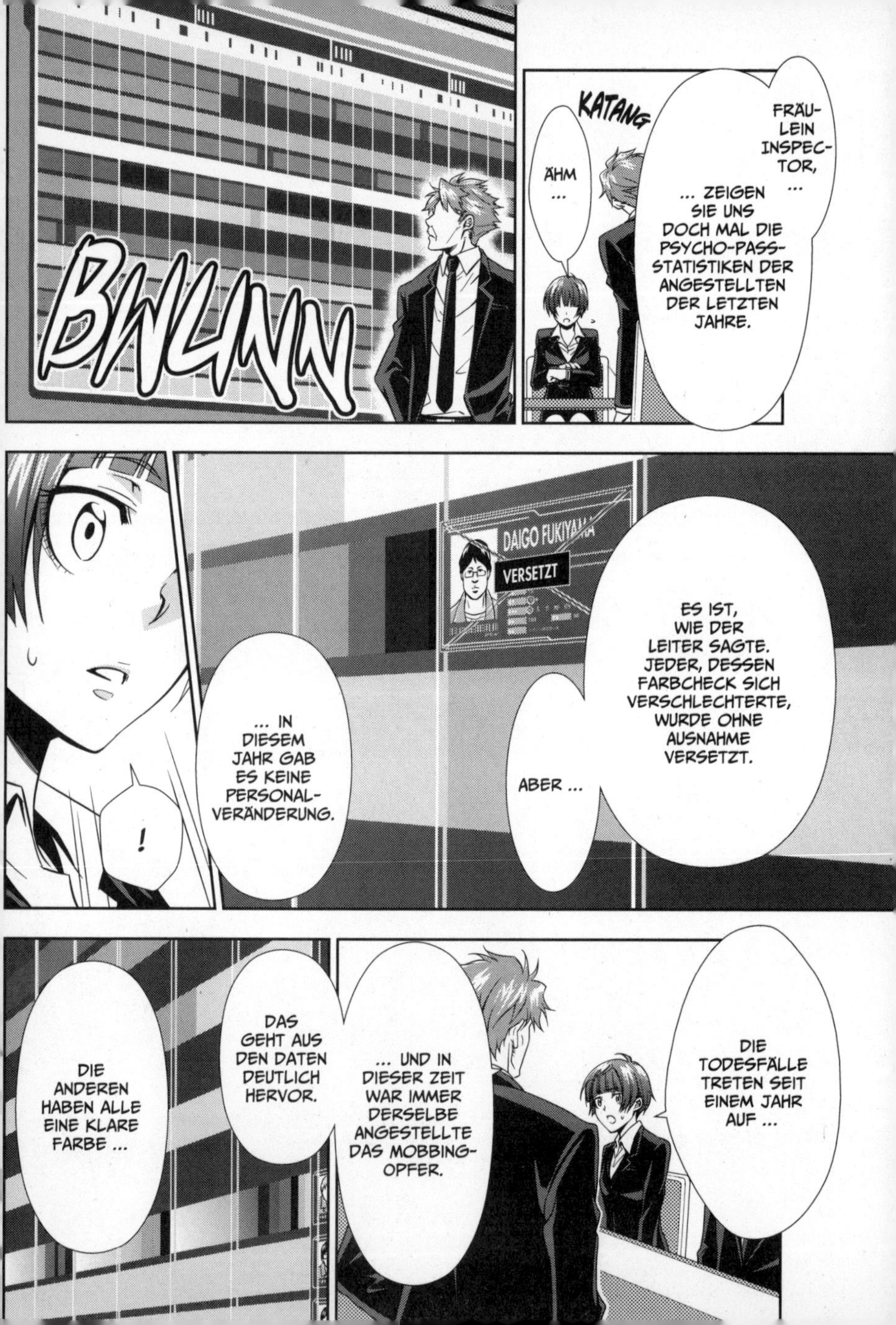
FRÄU-LEIN INSPEC-TOR, ...
... ZEIGEN SIE UNS DOCH MAL DIE PSYCHO-PASS-STATISTIKEN DER ANGESTELLTEN DER LETZTEN JAHRE.
KATANG
ÄHM ...
BWUNN
DAIGO FUKIYAMA
VERSETZT
ES IST, WIE DER LEITER SAGTE. JEDER, DESSEN FARBCHECK SICH VERSCHLECHTERTE, WURDE OHNE AUSNAHME VERSETZT.
ABER ...
... IN DIESEM JAHR GAB ES KEINE PERSONAL-VERÄNDERUNG.
!
DIE TODESFÄLLE TRETEN SEIT EINEM JAHR AUF ...
... UND IN DIESER ZEIT WAR IMMER DERSELBE ANGESTELLTE DAS MOBBING-OPFER.
DAS GEHT AUS DEN DATEN DEUTLICH HERVOR.
DIE ANDEREN HABEN ALLE EINE KLARE FARBE ...

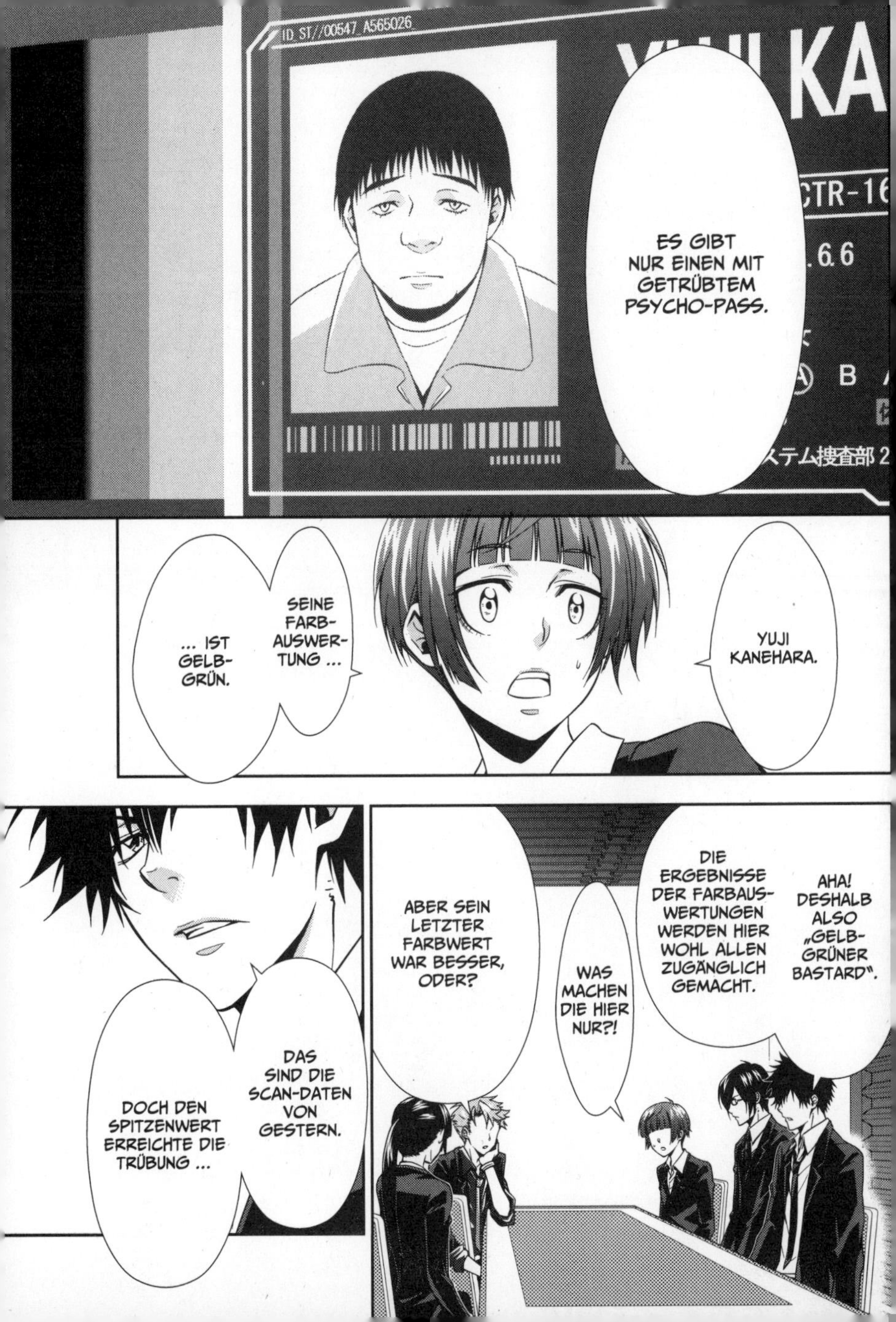
ID ST//00547_A565026
ES GIBT NUR EINEN MIT GETRÜBTEM PSYCHO-PASS.
YUJI KANEHARA.
SEINE FARB-AUSWER-TUNG ...
... IST GELB-GRÜN.
AHA! DESHALB ALSO „GELB-GRÜNER BASTARD“.
DIE ERGEBNISSE DER FARBAUS-WERTUNGEN WERDEN HIER WOHL ALLEN ZUGÄNGLICH GEMACHT.
WAS MACHEN DIE HIER NUR?!
ABER SEIN LETZTER FARBWERT WAR BESSER, ODER?
DAS SIND DIE SCAN-DATEN VON GESTERN.
DOCH DEN SPITZENWERT ERREICHTE DIE TRÜBUNG ...

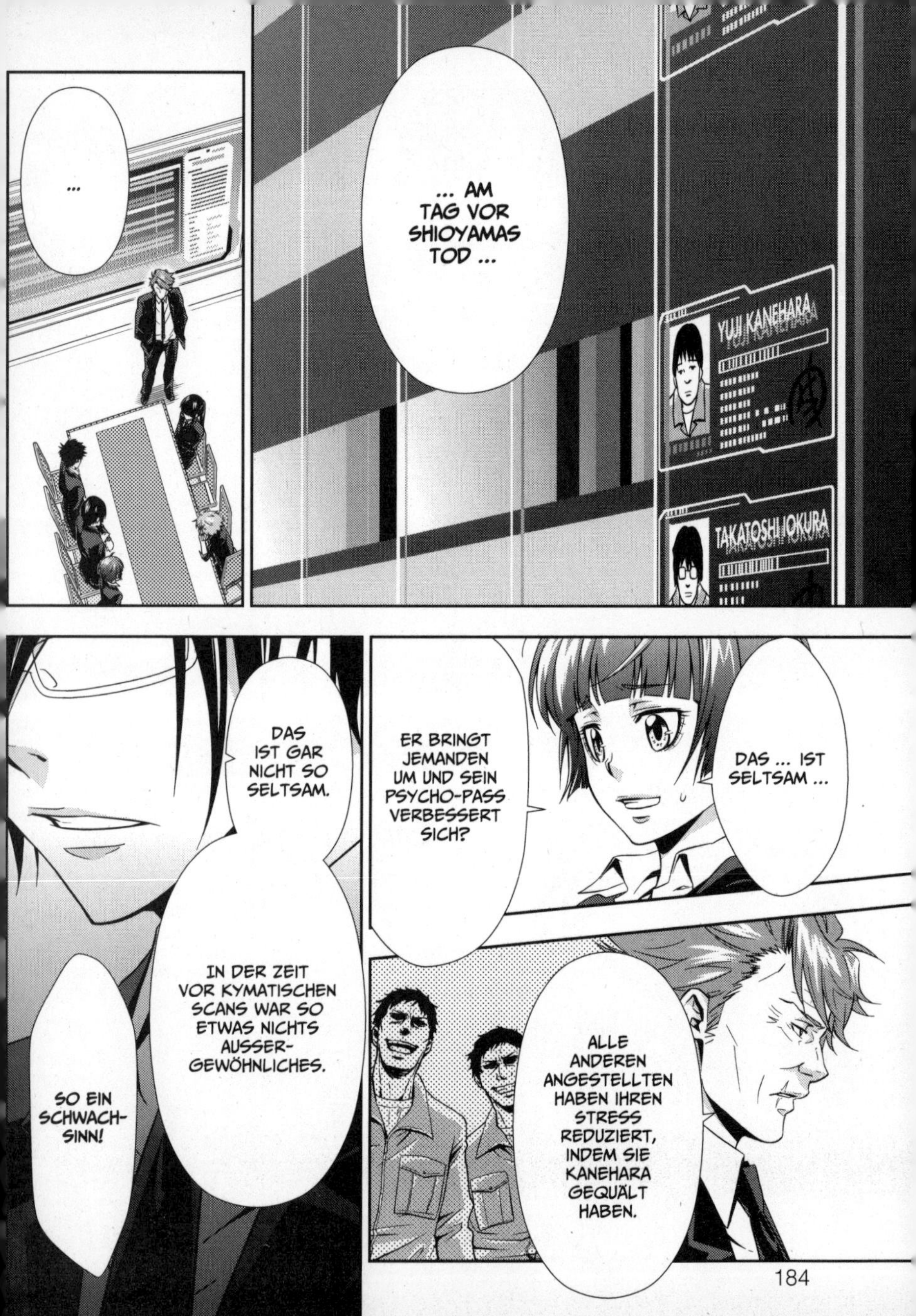
... AM TAG VOR SHIOYAMAS TOD ...
YUJI KANEHARA
TAKATOSHI IOKURA
...
DAS ... IST SELTSAM ...
ER BRINGT JEMANDEN UM UND SEIN PSYCHO-PASS VERBESSERT SICH?
ALLE ANDEREN ANGESTELLTEN HABEN IHREN STRESS REDUZIERT, INDEM SIE KANEHARA GEQUÄLT HABEN.
DAS IST GAR NICHT SO SELTSAM.
IN DER ZEIT VOR KYMATISCHEN SCANS WAR SO ETWAS NICHTS AUSSER-GEWÖHNLICHES.
SO EIN SCHWACH-SINN!

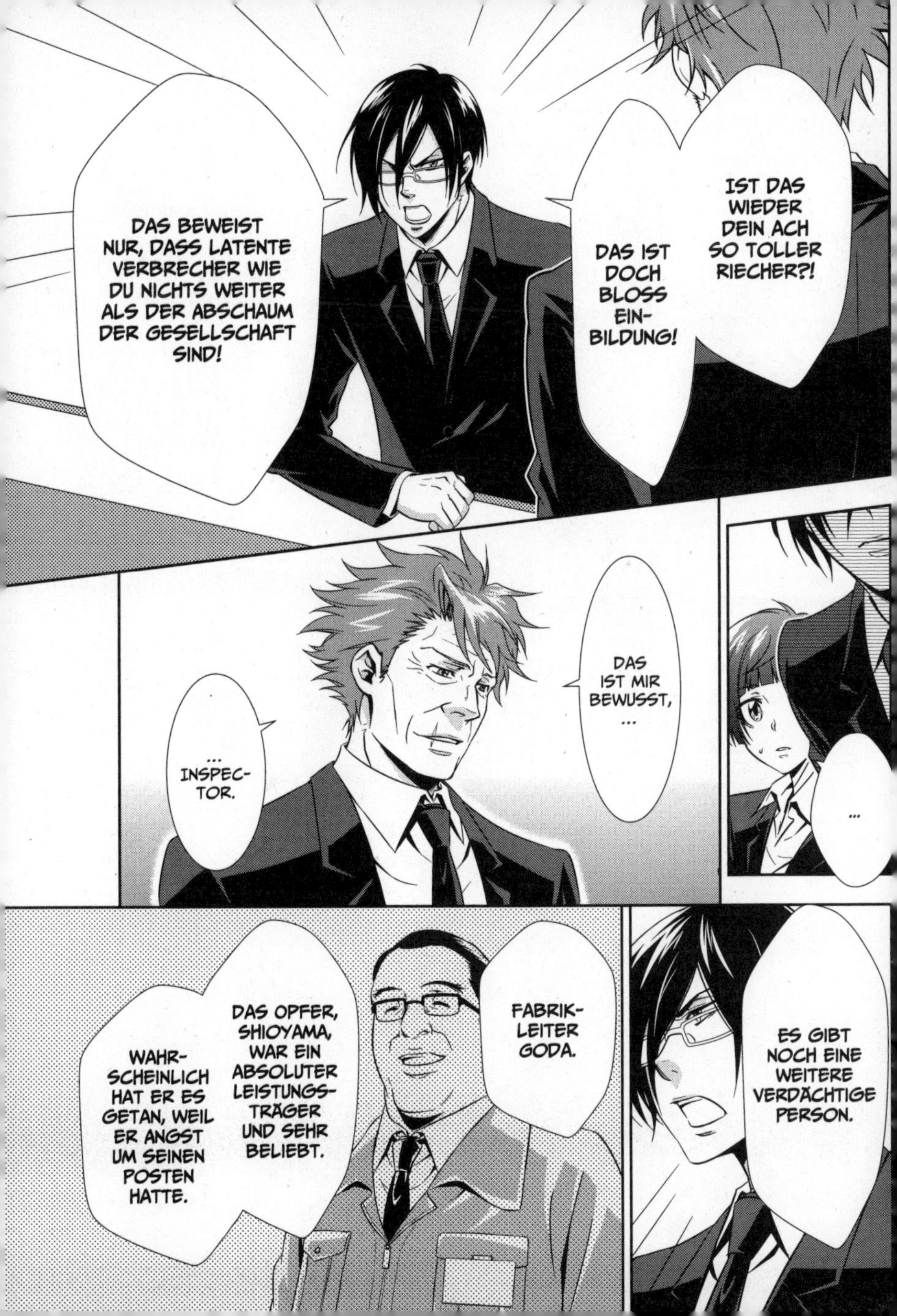
IST DAS WIEDER DEIN ACH SO TOLLER RIECHER?!
DAS IST DOCH BLOSS EINBILDUNG!
DAS BEWEIST NUR, DASS LATENTE VERBRECHER WIE DU NICHTS WEITER ALS DER ABSCHAUM DER GESELLSCHAFT SIND!
...
DAS IST MIR BEWUSST, ...
... INSPECTOR.
ES GIBT NOCH EINE WEITERE VERDÄCHTIGE PERSON.
FABRIKLEITER GODA.
DAS OPFER, SHIOYAMA, WAR EIN ABSOLUTER LEISTUNGSTRÄGER UND SEHR BELIEBT.
WAHRSCHEINLICH HAT ER ES GETAN, WEIL ER ANGST UM SEINEN POSTEN HATTE.

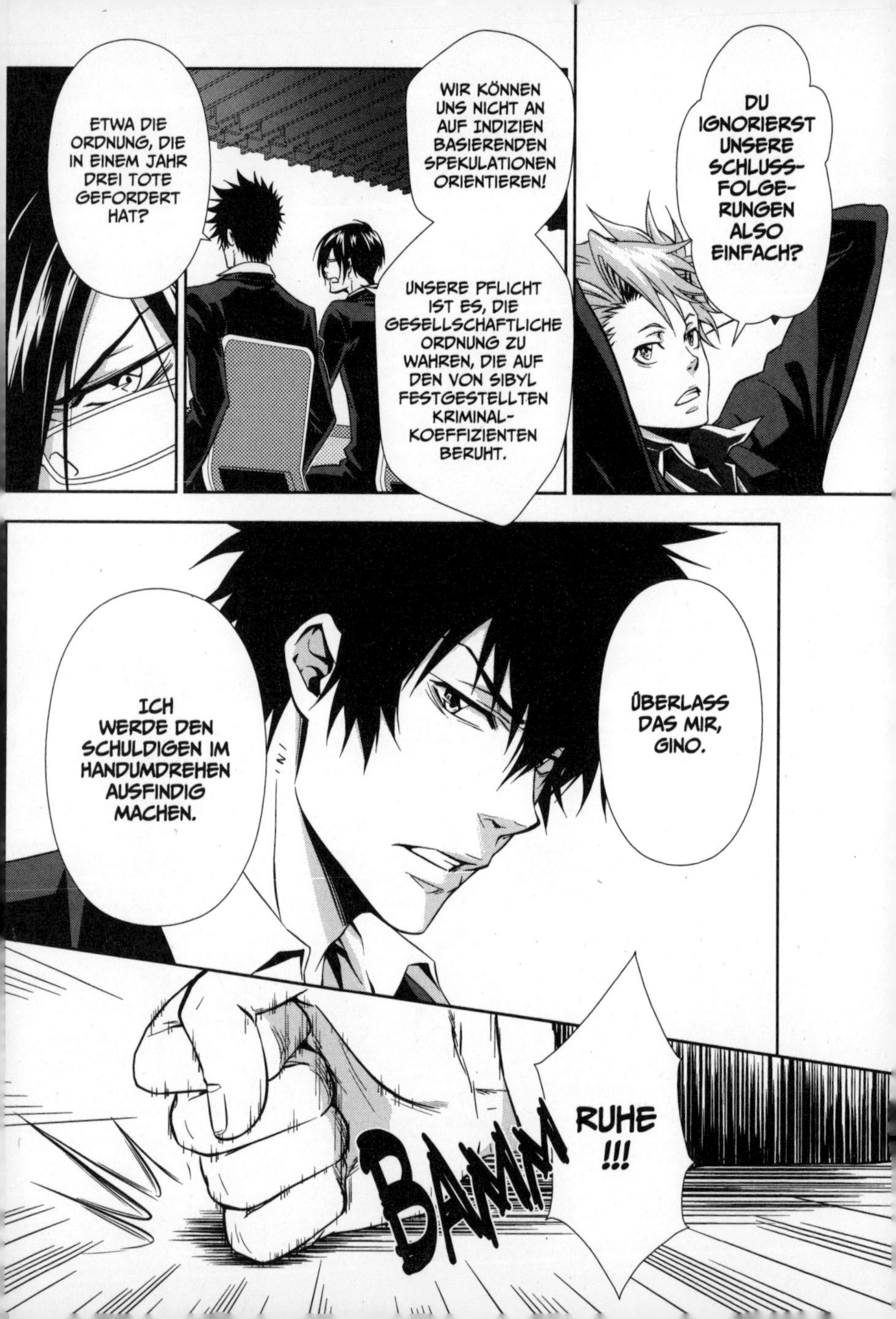
DU IGNORIERST UNSERE SCHLUSS-FOLGE-RUNGEN ALSO EINFACH?
WIR KÖNNEN UNS NICHT AN AUF INDIZIEN BASIERENDEN SPEKULATIONEN ORIENTIEREN!
UNSERE PFLICHT IST ES, DIE GESELLSCHAFTLICHE ORDNUNG ZU WAHREN, DIE AUF DEN VON SIBYL FESTGESTELLTEN KRIMINAL-KOEFFIZIENTEN BERUHT.
ETWA DIE ORDNUNG, DIE IN EINEM JAHR DREI TOTE GEFORDERT HAT?
ÜBERLASS DAS MIR, GINO.
ICH WERDE DEN SCHULDIGEN IM HANDUMDREHEN AUSFINDIG MACHEN.
RUHE !!!
BAMM

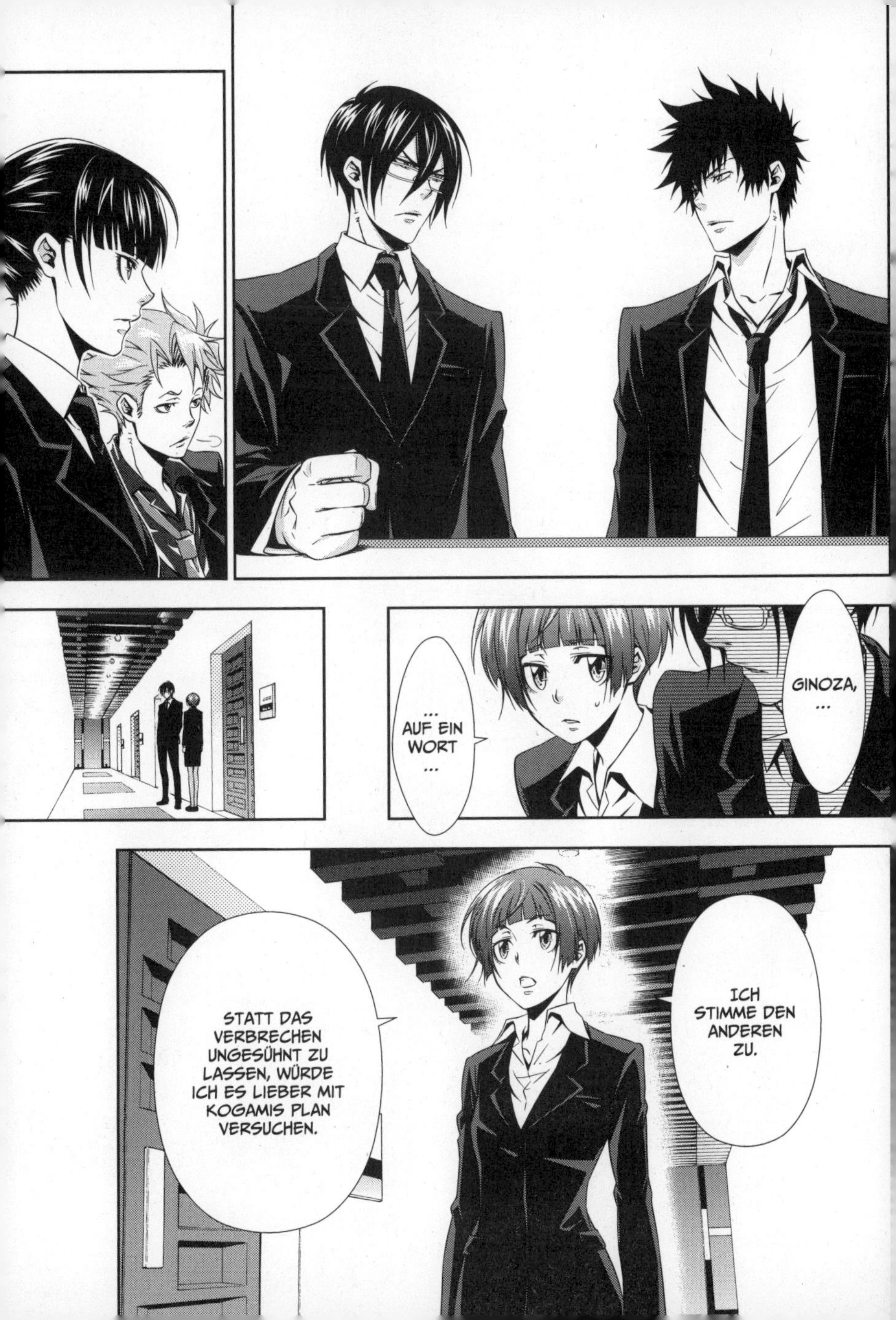
GINOZA, ...
... AUF EIN WORT ...
ICH STIMME DEN ANDEREN ZU.
STATT DAS VERBRECHEN UNGESÜHNT ZU LASSEN, WÜRDE ICH ES LIEBER MIT KOGAMIS PLAN VERSUCHEN.

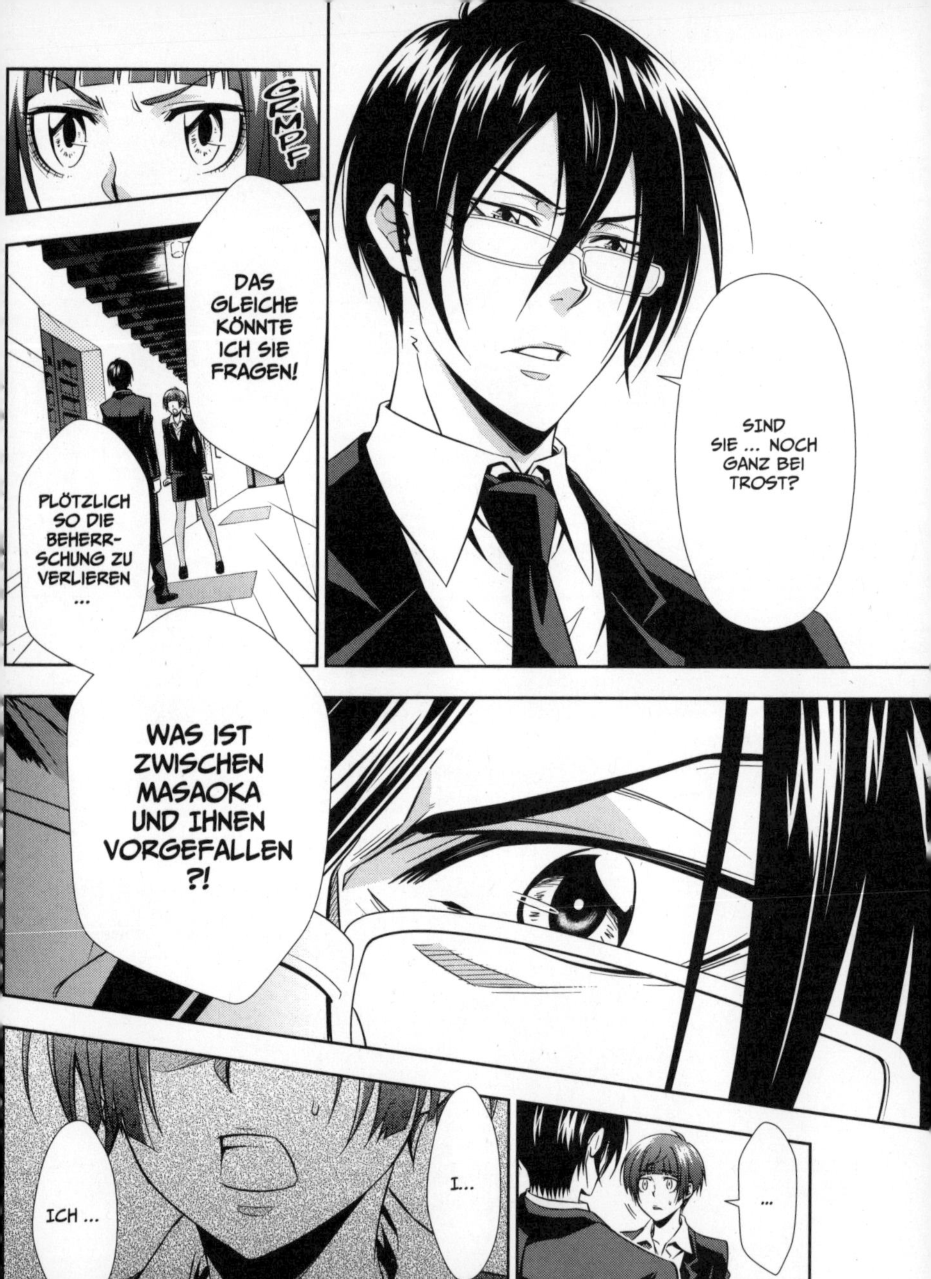

SIND SIE ... NOCH GANZ BEI TROST?
GRMPF
DAS GLEICHE KÖNNTE ICH SIE FRAGEN!
PLÖTZLICH SO DIE BEHERR-SCHUNG ZU VERLIEREN ...
WAS IST ZWISCHEN MASAOKA UND IHNEN VORGEFALLEN ?!
...
I...
ICH ...

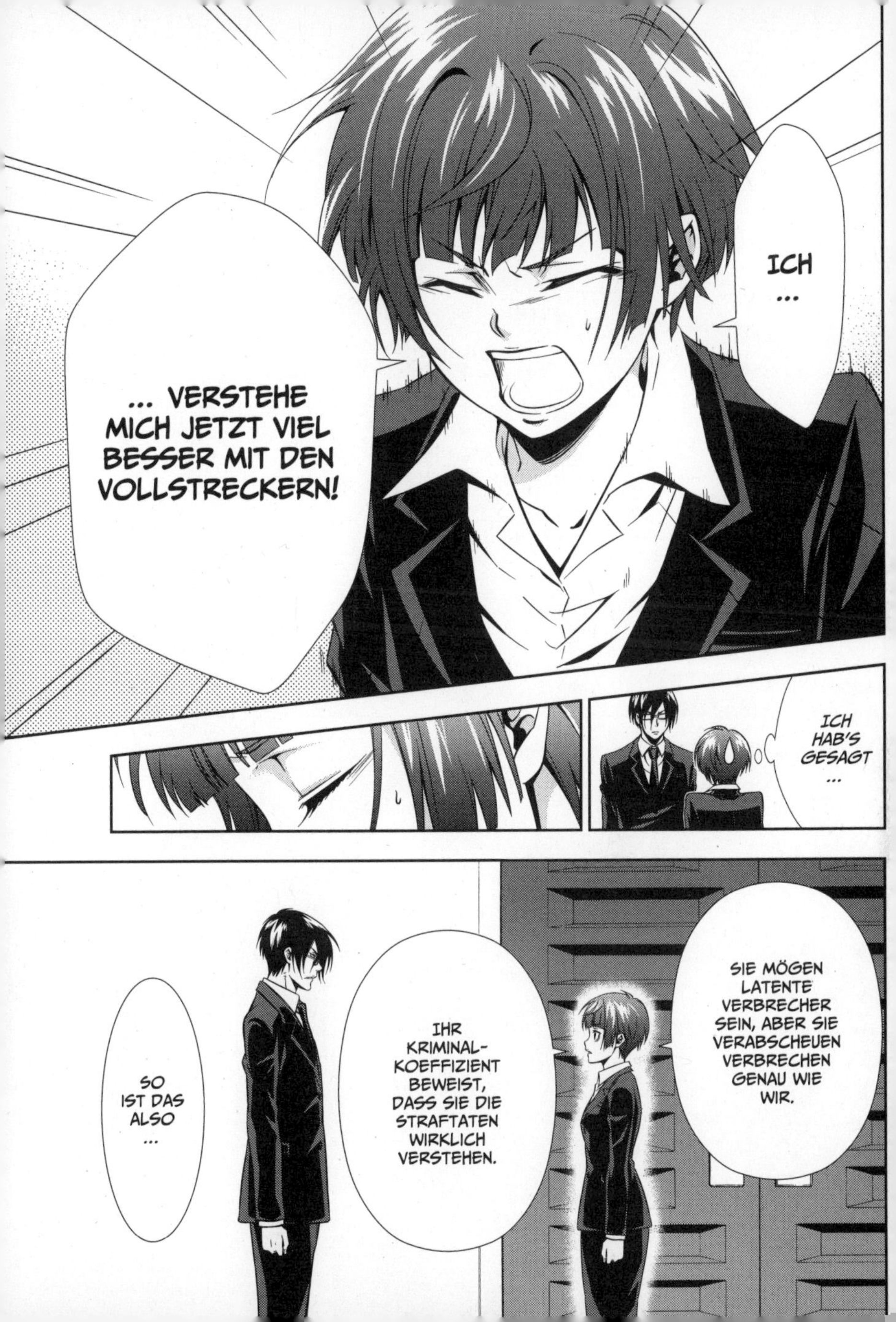
ICH ...
... VERSTEHE MICH JETZT VIEL BESSER MIT DEN VOLLSTRECKERN!
ICH HAB'S GESAGT ...
SIE MÖGEN LATENTE VERBRECHER SEIN, ABER SIE VERABSCHEUEN VERBRECHEN GENAU WIE WIR.
IHR KRIMINAL-KOEFFIZIENT BEWEIST, DASS SIE DIE STRAFTATEN WIRKLICH VERSTEHEN.
SO IST DAS ALSO ...

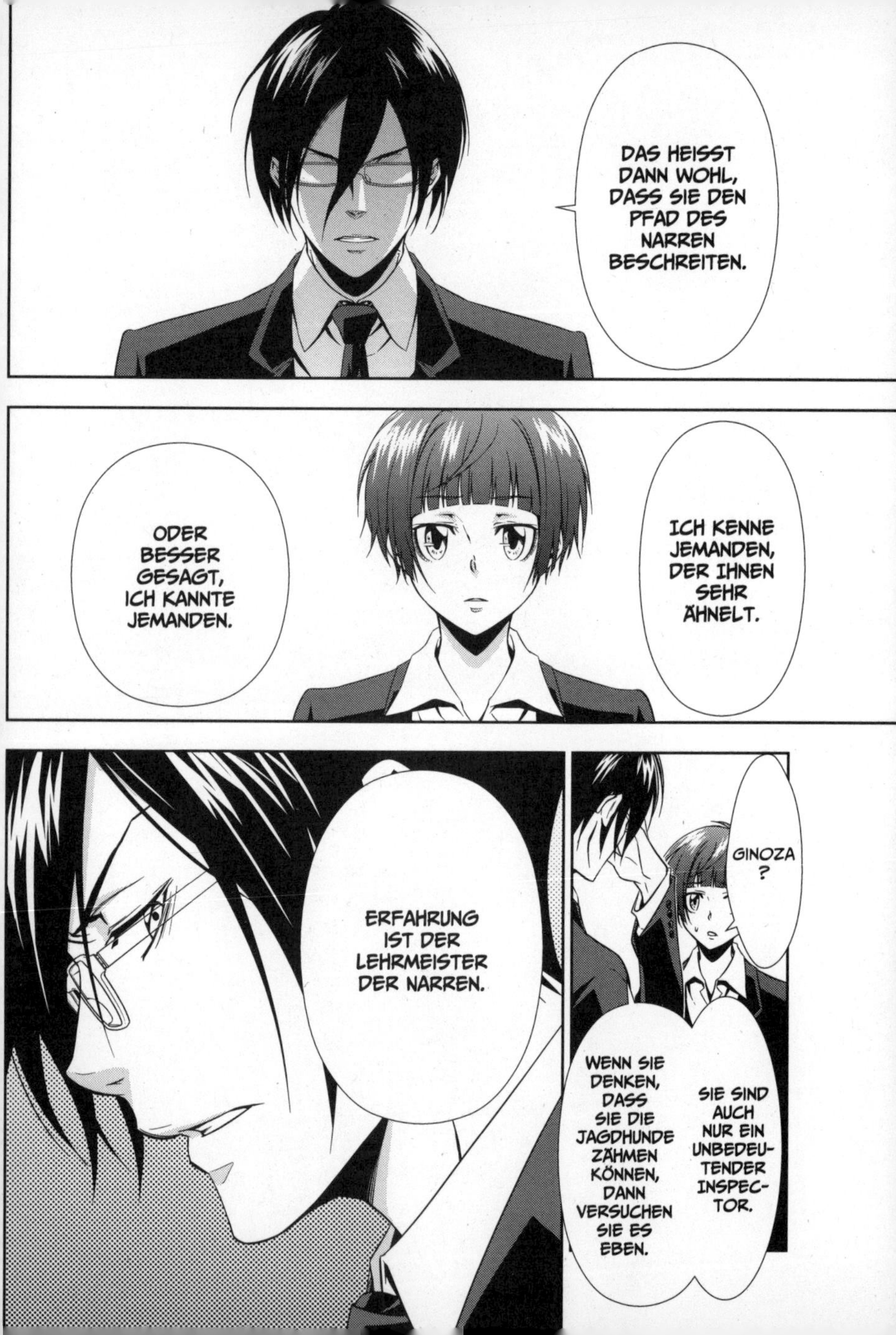
DAS HEISST DANN WOHL, DASS SIE DEN PFAD DES NARREN BESCHREITEN.
ICH KENNE JEMANDEN, DER IHNEN SEHR ÄHNELT.
ODER BESSER GESAGT, ICH KANNTE JEMANDEN.
GINOZA ?
SIE SIND AUCH NUR EIN UNBEDEU-TENDER INSPEC-TOR.
WENN SIE DENKEN, DASS SIE DIE JAGDHUNDE ZÄHMEN KÖNNEN, DANN VERSUCHEN SIE ES EBEN.
ERFAHRUNG IST DER LEHRMEISTER DER NARREN.

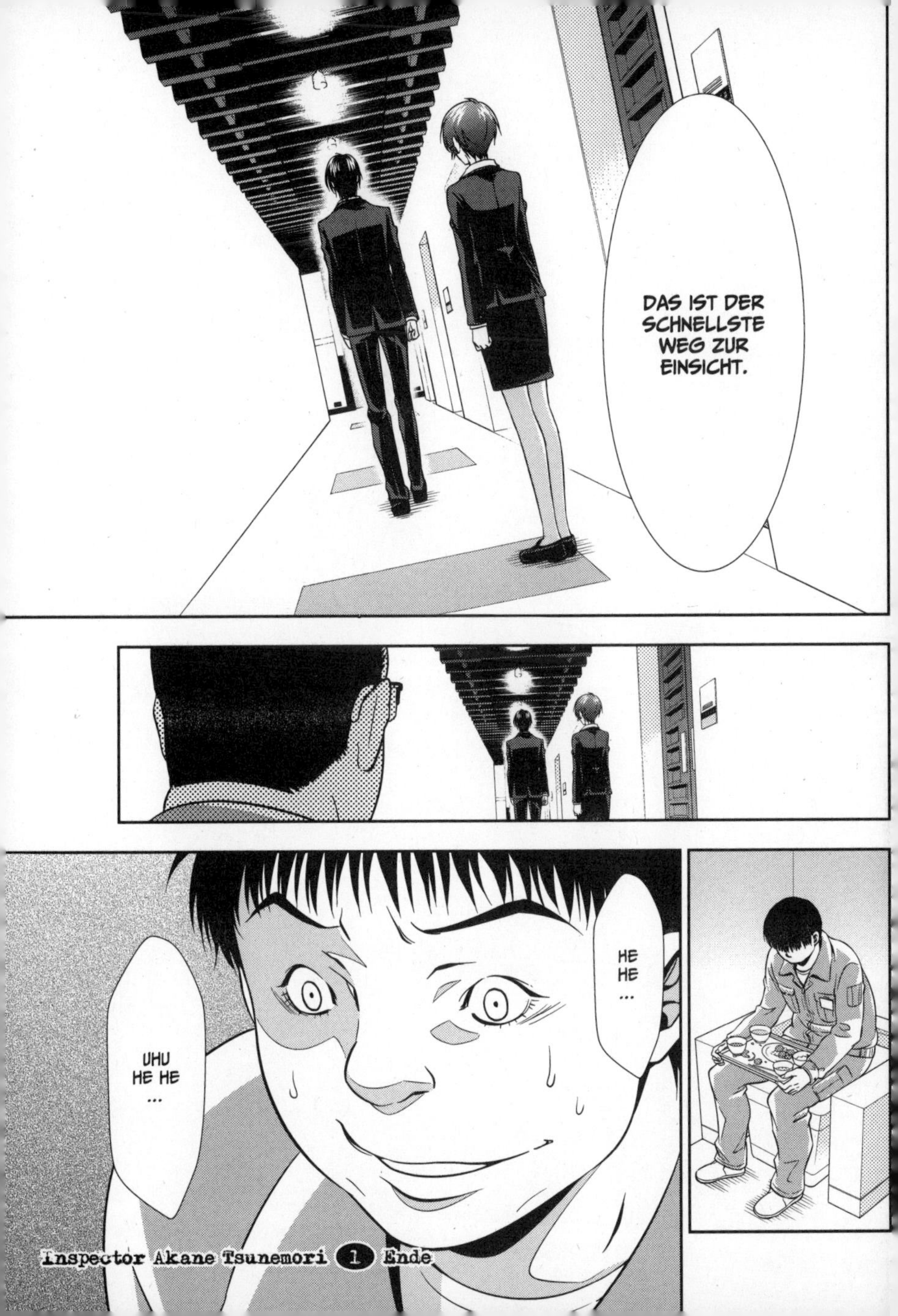

Inspector Akane Tsunemori 1 Ende

To be continued

INSPECTOR AKANE TSUNEMORI

Staff List

Original Story:	Psycho-Pass Committee	
Storyboard:	Gen Urobuchi (Nitroplus)	
Character Design:	Akira Amano	
Manga:	Hikaru Miyoshi	
Mitwirkende:	Minami Asagaya	Osamu Nishi
	Osamu Edogawa	Fujie
	Mitsunori Zaki	Kazuya Furutani
	Suzuki Tatsuya	Aoi Michiyuki
	Hanna Tsukuda	Yamagishi
	Terashima	Yuuki
Verantwortlicher Redakteur:	Takuma Yui	
Redaktion:	Hitoe Fujiwara (Nao-Kikaku-Verlag)	
Einband:	Takumi Yokohama (Beeworks)	

INSPECTOR
AKANE TSUNEMORI

KANSHIKAN TSUNEMORI AKANE

First published in Japan in 2012
by SHUEISHA Inc., Tokyo.

German translation rights in Germany, Austria,
German-speaking Switzerland and Luxembourg
arranged by SHUEISHA Inc.

3. Auflage

Verlegt unter dem Label KAZÉ MANGA
durch Crunchyroll SA

Aus dem Japanischen von Markus Lange

Redaktion: Frederike Brandt
Produktion: Dorothea Styra
Lettering: Studio CHARON
Druck und Bindung: GGP Media GmbH, Pößneck

ISBN 978-2-88921-977-3